STUDY ON THE REFORM OF
TICKET PRICES MANAGEMENT IN
SCENIC AREA

景区门票价格管理改革研究

吴普 宁志中 著

前　言

2015年，李克强总理在国务院第69次常务会议指出，景区门票价格是民生问题，社会关注度高，要做好门票价格管理与改革工作。2018年政府工作报告明确提出，降低重点国有景区门票价格。2018年6月，国家发展改革委出台《关于完善国有景区门票价格形成机制降低重点国有景区门票价格的指导意见》（发改价格〔2018〕951号），要求9月底前，偏高的重点国有景区门票降价取得明显成效。2019年4月，国家发展改革委办公厅下发《关于持续深入推进降低重点国有景区门票价格工作的通知》（发改办价格〔2019〕333号），指出，降低重点国有景区门票价格的景区范围仍然偏小，部分地区落实降价措施力度不够，需要进一步推进落实降价工作。

景区门票价格事关民生，社会关注度高，事关旅游消费的稳定扩大，事关旅游业供给侧结构性改革和高质量发展。近年来，各级政府、有关部门加强景区门票价格监管，对遏制门票价格过快上涨发挥了一定作用，但门票价格管理和定价机制中的深层次矛盾问题依然存在，一些地方过分依赖门票经济，门票价格"额外负担"过重问题突出，现行价格机制对不合理定价行为有效约束不够，定价科学性、规范性亟待提高，导致部分重点国有景区门票价格水平被不断推高，一定程度上抑制了旅游消费增长。

景区门票价格管理有其现实困境。自2000年国家下放了管理权限之后，由于地方政府利益驱动、资源保护经费投入不足，以及原材料、人工成本、运营管理成本的不断增长，景区门票价格不断攀高，掀起一股涨价潮。特别是2013年4月，凤凰古城景区发布"门票新政"，在全国范围内引起轩然大波，人民网连续发布8篇专题报道，将门票问题再次推到了舆论的风口浪尖。景区门票价格始终处在不断地调整和改革之中，有其客观原因。一是"分灶吃饭"的财税体制，导致投入不足，不得不向市场筹资,增加了门票成本。二是门票价格既要兼顾公平,又要调动经营者甚至地方政府的积极性,这个度很难把握,高了有舆论压力,低了担心冲击经营者和地方政府积极性,使景区陷入"公地悲剧"。三是舆论对门票价格管理改革决策形成巨大压力,甚至一定程度上左右了价格政策的走向。四是包括景区门票在内的涉及民生服务领域的价格形成机制本身是个复杂的命题,需要不断地创新探索,不可能一蹴而就。

景区门票价格管理改革是一个复杂的系统工程,仅就门票价格谈价格、研究价格管理是行不通的,必须从制度联动改革角度进行顶层设计,才能从根本上系统解决门票问题。因此,我国景区门票价格管理改革的基本思路是在全面深化体制改革的大背景下,按照完善主要由市场决定价格的机制的要求,紧紧围绕市场在资源配置中起决定性作用这个核心,通过联动制度改革提供相关配套保障措施,探索创新门票价格管理和形成机制,形成合理的市场价格关系,并通过加强门票价格的监管规范门票价格行为,让门票价格发挥价格杠杆作用,有效地反映景区资源价值、市场供求关系和游客满意度,破除"门票经济",为旅游业健康持续发展营造良好的价格环境,推动旅游业高质量发展。

笔者长期关注旅游景区发展和门票价格管理工作,连续十年主持全国景区门票价格统计分析工作,编印《全国A级景区门票价格便览》。依托文化和旅游部(原国家旅游局)相关门票价格研究课题,在广泛调研基础上形成的成果,被文化和旅游部智库要报采用,并得到了国家领导人批示。本书是结合笔者长期调研成果,以国家社科基金重点课题"全面深化改革视域下景区门票价格管理与改革研究"结项报告为主体整理而成。在成稿和编辑出版过程中,得到中国科学院地理资源所杨雪春、胡新均,以及商务印书馆编辑老师等大力支持和帮助,在此一并表示感谢!

虽景区门票仅为景区管理工作的一环,但景区资源公共属性及经营市场化特点,导致景区门票价格管理工作涉及政府、公众和市场主体的利益关系,门票价格改革目标、阶段任务及其市场承受能力和社会接受程度等更是一个复杂的系统工程。相应的景区门票价格理论、定价机制、定价方法等基础问题,尚需资源、经济、法律、管理等多学科展开深入研究。本书的出版,旨在抛砖引玉,在诚恳接受读者批评指正的同时,也期望引起各界对景区门票价格问题的广泛关注,为门票价格改革的持续推进提供决策参考。

目 录

第一章 概述及研究进展 ·· 1
    第一节 景区发展及门票价格概述 ··· 1
    第二节 国外研究进展 ·· 4
    第三节 国内研究进展 ·· 6
    第四节 国内外研究总结 ··· 10

第二章 景区门票价格管理问题及其成因 ··· 11
    第一节 景区门票价格管理现状 ·· 11
    第二节 景区门票价格管理存在的主要问题 ······························· 45
    第三节 景区门票价格管理问题的成因分析 ······························· 49

第三章 景区门票价格管理问题的理论解析 ······································· 61
    第一节 关于对景区公共属性的探讨 ·· 61
    第二节 景区免票或低票价是否有利于公平 ······························· 65
    第三节 景区收入是否应该多元化而非依赖门票 ······················· 71
    第四节 景区"本地居民优惠"与游客身份歧视 ······················· 75
    第五节 门票价格变化趋势研判 ·· 80

第四章 景区门票价格管理改革的现实困境 ······································· 88
    第一节 央地财政"分灶吃饭"和地方"诱导需求" ··················· 88
    第二节 价格管理目标与景区发展动机的现实博弈 ····················· 89

第三节　舆论对价格管理改革决策的巨大压力 …………………… 90
　　第四节　完善价格形成与监督机制的复杂性 …………………… 91

第五章　景区门票价格管理改革的目标与对策 …………………… 94
　　第一节　总体要求 ………………………………………………… 95
　　第二节　改革目标 ………………………………………………… 95
　　第三节　对策建议 ………………………………………………… 96

附录一　2015年全国分区域门票价格变化情况 ………………… 108
附录二　全国景区门票价格热点事件分析 ……………………… 231
附录三　境外景区门票制度分析及启示 ………………………… 249
附录四　景区门票降价、影响及应对 …………………………… 260

注　　释 …………………………………………………………… 267

第一章
概述及研究进展

第一节　景区发展及门票价格概述

一、景区发展概述

景区又称旅游区，根据《旅游区（点）质量等级的划分与评定》(2003)[1]的规定，是以旅游及其相关活动为主要功能或主要功能之一的空间或地域，是具有参观游览、休闲度假、康乐健身等功能，具备相应旅游服务设施并提供相应旅游服务的独立管理区。该管理区应有统一的经营管理机构和明确的地域范围，包括风景区、文博院馆、寺庙观堂、旅游度假区、自然保护区、主题公园、森林公园、地质公园、游乐园、动物园、植物园及工业、农业、经贸、科教、军事、体育、文化艺术等各类旅游区（点）。景区作为旅游活动的核心与空间载体，是旅游系统的重要组成部分和旅游产业的核心，其开发与运营状况对旅游业的可持续发展至关重要。

从景区数量、品牌和类型看，数量增长迅速，品牌不断丰富，类型更加多样。自 2002 年修订景区质量等级管理办法以来，我国景区数量增长较快，从 2002 年的 1 万多家增长到目前近 10 万家。2018 年全国 A 级旅游景区总数为 11 924 家，其中 5A 级旅游景区 259 家，4A 级旅游景区 3546 家，3A 级旅游景区 5724 家，2A 级旅游景区 2292 家，1A 级旅游景区 103 家。各级各类品牌不断丰富。截至 2018 年底，我国列入《世界遗产名录》的世界自然和文化遗产 53 项，世界地质公园 37 个。国家公园体制试点 10 个，国家级自然保护区 474 处，国家级风景名胜区 244 处，全国重点文物保护单位 8 批共 5058 处，国家级森林公园 898 个，国家地质公园 212 处。类型更加多样。目前，全国景区类型主要有自然景观类、历史文化类、休闲娱乐类和其他四个大类，往下又可分为森林景观、河湖湿地、地质遗迹、古村古镇、文化遗迹、文博院馆、红色旅游、宗教文化、主题游乐、度假休闲、乡村旅游、城市公园、商贸旅游等 14 个子类。

从景区体制结构看，公有制的景区所占比例达 60% 以上。从景区经营效益方面看，绝大部分景区的主要收入来源为门票收入，自然类和人文类旅游景区表现最明显。从景区开发经营模式看，主要由企业化经营和非企业化经营两类，围绕景区所有权和经营权的所属关系展开。从景区发展趋势看，我国旅游业蓬勃发展的趋势及在国民经济中所占比例的提高，旅游景区在未来无论是在数量、质量，还是经营体制等方面都必将得到发展和提升[2]。

二、门票价格概述

对景区而言，门票既是游客进入景区的凭证，又可以带来一定的经济收益，同时还可以作为实践景区管理策略的工具与手段之一[3-8]。

1. 景区门票价格的定义

景区门票价格有狭义与广义之分。从狭义上说，它是指游客为了欣赏景区的景观，向景区经营单位支付的门槛费用。从广义上说，景区门票价格包括自然景区、文化景区、娱乐（演艺活动、运动中心、赌场、主题公园、综合乐园等）、大型活动（节日、商品交易会、民俗活动、宗教活动、体育活动、攀岩、休闲、游泳、潜水、打球、骑车、雪上运动等）向游客收取的观赏与参与费用，包括园中园费用与景区内载人工具（索道、电梯、电车、飞行器、汽车、游船等费用）、导游讲解费用等[9]。综合来看，门票价格不仅反映了没有投入人类劳动的自然资源价值或文化资源价值，同时也反映了景区在经营开发管理过程中的人类劳动价值。

2. 景区门票价格形式和特点

主要分为免费和收费两种。景区门票价格具有垄断性、稳定性、公益性、保护性和由政府定价等特点[10]。

3. 景区门票价格功能

主要包括：1）管理功能。这实际上就是价格的杠杆作用。出于对景区资源、环境、生态的保护，景区可能选择通过制定较高的门票价格，增加游客支付成本，对一些游客决策产生影响，进而降低游客量。而在淡季，景区为了吸引游客，增加收入，往往会推出优惠活动，降低门票价格。通过门票价格高、低的设置，景区实现对客流量的科学管理和调控。2）经济功能。景区是旅游消费的重要环节，相对其他消费而言，具有刚性。门票作为进入景区的凭证，除免费景区外，门票收入对景区而言是一笔相对稳定可观的收益。特别是一些具有准公共性质的重点国有景区，年门票收入往往达数亿元。除直接收益外，一旦门票收入发生，则意味着可能产生关联的餐饮、住宿、交通等费用，从而带动相关产业发展。3）信号功能。价格是价值的反映。景区门票价格是反映景区吸引力、服务质量水平的信号。较高的门票价格，往往意味着景区具有全国性，甚至国际吸引力，服务质量有保障，反之亦然。当然，不排除因管理体制、财政补贴力度等因素差异，较低的门票价格并不意味着吸引力不强，服务质量不高。如故宫，门票仅40元。

三、我国景区门票价格管理历程

我国景区门票价格管理和变化主要经历四个阶段，即20世纪80年代之前的福利低价阶段、20世纪80年代至90年代中期的双轨价格、20世纪90年代末期至21世纪初期的政府主导向市场主导过渡阶段和2000年以来的主要由市场定价的阶段（见表1-1）。

表1-1 我国景区门票价格管理阶段划分表

名称	时间	主要标志
福利低价阶段	20世纪80年代之前	景区是福利事业
双轨价格阶段	20世纪80年代至90年代中期	1990年：国家计委《关于调整1991年度特殊游览参观点和甲种门票价格的通知》
		1996年：国家计委《关于游览参观点甲乙两种门票价格实行并轨的通知》
过渡阶段	20世纪90年代末期至21世纪初期	1999年：国家计委《游览参观点门票价格管理办法》
市场定价阶段	2000年以来	2000年：国家计委《关于改革国家级特殊游览参观点门票价格管理体制的通知》
		2000年：国家发改委《游览参观点门票价格管理办法》（修订）
		2005年：国家发改委《关于进一步规范游览参观点门票价格管理工作的通知》
		2007年：国家发改委《关于进一步做好当前游览参观点门票价格管理工作的通知》
		2008年：国家发改委等八部委《关于整顿和规范游览参观点门票价格的通知》
		2010年：国家发改委《关于做好法定节假日期间游览参观点门票和道路客运价格管理工作的通知》
		2015年：国家发展改革委、国家旅游局《关于开展景区门票价格专项整治工作的通知》
		2018年：国家发改委《关于完善国有景区门票价格形成机制 降低重点国有景区门票价格的指导意见》
		2019年：国家发改委《关于持续深入推进降低重点国有景区门票价格工作的通知》

四、我国景区门票价格研究的总体特点

我国景区门票价格研究的总体特点是和实践保持高度协同。门票价格管理与变化的每一个阶段都引起社会广泛关注，特别是 2000 年之后景区门票不断涌现的涨价潮。由于门票价格与民生戚戚相关，属典型的应用型研究，因而，学术界对门票价格的研究与我国景区门票管理呈现高度相关性（见图 1-1）。下图为在中国知网以"门票价格"为关键词，并经过准确匹配和筛选后的收录在 SCI、EI、核心期刊、CSSCI 及 CSCD 等的文献年度趋势。由下图可见，我国景区门票价格研究，在 2005 至 2008 年和 2012 年至 2013 年是两个相对高产的时期。2005 年至 2008 年期间，正好对应我国门票价格管理两次重大政策的出台。而 2012 年至 2013 年是恰逢 2008 年政策规定的五年涨价周期解封之际，彼时，景区门票涨价潮来袭，社会舆论广泛关注。

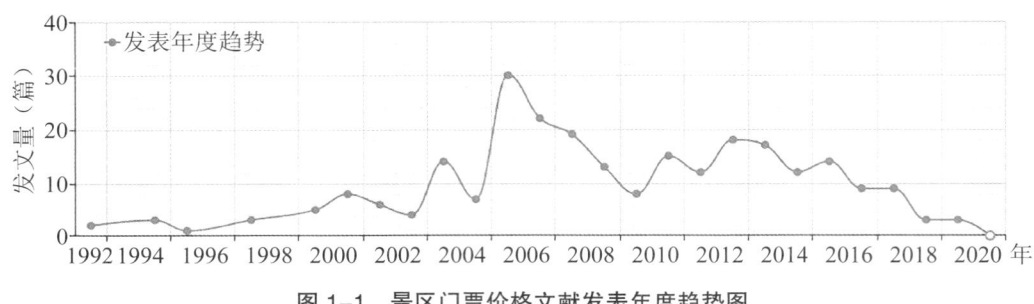

图 1-1 景区门票价格文献发表年度趋势图

第二节 国外研究进展

国外学者从 20 世纪初便开始对景区门票价格进行研究，早期的研究热点集中在景区特别是国家公园等具有公共产品属性的公共景区，门票收取的合理性，即是否应该收取门票费用。随着研究的深入和实践经验的积累，学者对公共景区"收取门票是合理的"这一观点达成一致，门票价格研究热点转变为门票定价和公众对门票价格的预期和反应。

一、门票收取的合理性

1908 年，美国维尼亚山国家公园对进入公园的车辆征收"机动车准入费"（Auto Permit Fee）。自此之后，关于国家公园及其他景区是否应该收取门票费用成为研究

关注的焦点。Hardin 认为，国家公园等景区的旅游资源为全民所有，因此这些景区是公共产品，应该由政府免费提供给全体国民，公园一切费用都应该由税收等财务来源解决[11]。也有学者认为，应该坚持"谁使用谁付费"，对使用者收取费用，而不是由那些未使用者来承担使用者的消费[7]。

反对景区收费或主张降低收费的学者，其主要理由是：对景区特别是公共景区收费，会导致公共资源分配的不平衡，不利于公平。Keuy 指出，人们有平等享受公共旅游资源的权利，因此，对公共旅游资源的分配要从公平保障角度入手，而不能由价格来决定。若公共景区收费，会剥夺低收入者享用公共资源的机会，因为价格变化对低收入人群的旅游行为影响更大[12]。例如当野营收费较低时，低收入者多于高收入者参与；收费较高时，则低收入者被拦在了之外[13]。景区收费后，高收入人群凭借其强大的支付能力和购买力，享受旅游休闲服务，而低收入人群却因付不起门票费用而被拒之门外，这不符合经济学意义上的帕累托最优[14]。并且，通过对美国社会结构的分析发现，无论景区收费多少，总有中低收入者恰好被排除在市场之外[15]。

赞成景区收费的学者中，很多也是基于社会公平考虑，他们认为，既然游客享受了旅游服务，就应该支付相应的成本。此举既有利于促使游客更加珍惜环境和生态，同时减轻了财政负担，并出于市场的考虑，更加有效地去配置资源和服务。旅游经营者也更愿意去持续投资，进而带动了就业[16]。Vaux 和 Bulterna 等研究表明，除学生外，国家公园的旅游者大部分收入与社会地位较高，低收入旅游者占比较低[17-18]。因此，如果免费的话，实际上是对富人进行补贴，对低收入群体不公平，纠正"劫贫济富"的最好办法就是收费[14]。Kerry 等通过对过去 20 年间加拿大国家公园的研究发现，公众对国家公园的需求明显上升，但是政府财政预算逐年减少，使得很多公园没有足够的资金来维护设施[19]，社会对公园的需求与政府对公园的资助出现了相反的发展趋势，因此收取费用可以在一定程度上弥补公园运营的资金。Jan 等认为，收费会提高效率和公平程度，是促进环境可持续发展的一个很好的手段[20]。

二、景区门票的定价

到 20 世纪 80 年代初期，多数学者对公共景区"收取门票是合理的"的观点基本达成一致，研究的焦点转向景区门票应该如何定价，即收多少的问题[21]。20 世纪 90 年代之后，随着研究的深入，门票收取的合理性得到更进一步的认同。Chase 等研究表明，收取景区门票或提高景区门票价格，其根本原因还是国家财政投入有限，对景区的支持不足。美国等发达国家，尚且没有足够的财力保障公共景区运营服务的资金需求，发展中国家这一问题会更加突出。发展中国家通过提高自然景区门票价格，有助于减轻政府负担，增加收入，提升运营管理和服务水平，并更好地保护生态环境。具体到门票定价而言，发展中国家应该采用差别定价法计算收入最大化的门票价格[7][22]。研究发现，发展中国家景区适度提高门票价格，会显著增加国际游客收入，但国际游客接待量也不会出现明显的下降，这也为景区收取门票或提高门票价格提供了更多的理论支撑。

景区门票价格受很多因素影响，因此，学者对门票定价研究的切入点也不尽相同。Thomas A. More 认为，门票定价不仅要考虑公平、效率和经济收入，提供公共产品是公有景区的"天职"，门票的定价也必须要有利于这个基本点[23]。Jukka Pellinen 通过对六个不同类型景区研究发现，景区的门票定价往往是以头部景区门票价格为基准的，并且根据不同的目的，采用不同的价格策略。比如，为了扩大市场份额，往往会制定较低的价格水平。而如果是为了引导顾客正确判断产品质量，则会发挥价格的杠杆作用，较高的价格意味着较高的产品质量[24]。

三、公众对门票价格的预期和反映

进入21世纪，国外景区门票价格研究更加深入，更加注重人本化，关注旅游者和公众对门票价格的预期和反应[25]。Gerard T. Kyle 通过大量的案例实证研究指出，门票价格是一回事，而应对和控制消费者的价格预期则是另一回事，二者之间并没有必然关系，即价格高低不在于具体的数字，取决于游客预期[26]。这一观点也得到了很多学者的印证。Robin Naido 探讨了门票价格和经济收入、生物多样性保护、环境保护以及可持续发展等关系。研究表明，生态旅游者愿意为景区较高的生物多样性买单，并支付更多的门票成本。Tijen Arin 和 Randall A. Kramer 的研究也表明，潜水爱好者也愿意为海洋保护区支付更高的保护费用[27]。

第三节 国内研究进展

相比国外研究，我国景区门票价格研究起步较晚。20世纪90年代初期，我国学者对旅游景区门票价格才有零星研究，2000年之后相关研究多了起来（见图1-1）。研究内容主要集中在门票价格构成、定价原则、方法与模式，价格形成机制研究及门票价格优化管理研究等方面。

一、门票价格构成

门票价格构成是复杂且分层次的。20世纪90年代,我国相关学者就对旅游景区门票价格构成要素进行了探讨。戴斌认为,景区价格形成除了旅游效用量和生产费用两项决定因素外,还受到正相关变量(政治环境、经济环境、旅游偏好、所在地形象、企业营销推广、客源地状况、交通运输状况、相关企业产品质量等)和负相关变量(同类企业竞争状况、相关企业价格、替代旅游产品、多级开发中的破坏、客源结构、语言风俗障碍、危险估计程度等)的影响[28]。多数研究表明,景区门票价格除了受景区资源、特色、等级、规模、服务质量等景区自身特点影响外,还受到市场和供需关系等影响,如原材料成本价格增长、旅游淡旺季、市场规模大小等[29-32]。由此可知,门票价格的构成和影响因素有很多,但通过对国内景区门票价格进行定量的统计分析和定性的理论探讨,通常认为影响旅游景区门票价格制定因素,按重要程度依序分别为景区等级、管理运营体制机制、产品结构和类型、景区景气程度、景区范围、市场环境以及经济社会发展水平等[33-36]。此外,政府对价格的管理政策也对门票价格有重要影响[37]。

二、门票定价原则与方法

门票价格构成复杂,因而其定价原则要统筹兼顾,方法也不宜采用单一因素导向来确定。

(一) 定价原则研究

学者针对各门票价格的构成和影响因素,提出相应的门票价格制定原则。虽然不同学者提出的原则不尽相同,但总结发现,各学者对门票价格制定的主要原则达成一定共识,认为主要包括以下几项:(1)质价相符原则,即资源等级要与价格相符;(2)市场供需相符原则,即景区门票价格水平应与目标顾客的需求相符;(3)保护与适度开发原则,即门票价格水平应有利于资源保护和可持续发展;(4)客主权益兼顾原则,及门票价格水平要兼顾游客和经营者的权益;(5)公平与比照原则,即价格制定要参考国际,合理收费,要有利于增加社会效益;(6)差别定价原则,即对不同的消费对象实行不同的价格政策;(7)灵活性与相对稳定性原则,即应考虑季节变化、需求变化的影响灵活调节门票价格水平,同时要限定最高价格,避免价格涨幅过高[38-41]。

(二) 定价方法与模式研究

景区定价模式主要分为定性研究和定量研究两类。

1. 定性研究

定性研究分为两种：一种是将现有定价模式进行归类，然后综合分析和阐述，可称为综合研究；另一种是对某单一定价模式进行深入的定性分析和探讨，可称为单一模式研究。综合研究阐述的定价模式较多，归纳性较强，但对各类定价模式分析程度较浅。如田里对旅游定价的方法进行了探讨，总结出景区门票三大定价方法：成本导向定价法、需求导向定价法和竞争导向定价法[42]。而李玺则将景区的定价行为归结为主体效益导向模式、功能管理导向模式和营销策略导向三种模式[43]。张昌贵等则认为，合理的景区门票价格不应只考虑某一种定价方法，应综合考虑多种定价法，灵活地制定[44]。

单一模式研究虽然只是对某一种特定定价模式进行探讨，但分析程度较为深入。如张成杰、王晓东等对方法较新，研究较少的收益管理定价模式各自进行了深入探讨[45-46]。王庆伟则深入分析了营销策略导向定价模式及其适用性，研究指出景区门票价格是景区参与竞争和开展营销推广活动的重要工具，风景区宜采用营销策略导向定价模式，而其他景区门票价格的制定适用市场竞争策略和发展战略[47]。而孙平、王庆丰通过对需求导向定价模式进行分析，认为旅游景区可根据需求曲线的临界点制定产品价格，并以产品质量为依托[48]。

综合看来，主体效益导向模式或成本导向定价模式多被收入来源单一，或者处于发展早期，旅游产品层次低、类型少、规模小的景区采用。这类景区的门票收入占景区总收入比例极大，而随着经营成本的上升，景区门票价格也终会上涨。因此该模式具有向上的价格刚性，也被称为刚性定价模式。功能管理导向定价模式一般被承担某些特殊社会、经济和生态功能的景区采用。该模式相对于主体效益导向模式而言相对灵活，可在相对稳定的价格变化范围内以特定目标为依据较为灵活地定价，因此也被称为中性定价模式。营销策略导向定价模式、需求导向定价模式或竞争导向定价模式最具有变通性和灵活性，可根据季节变化、游客量变化等灵活制定不同的价格。因此该定价模式也被称为柔性定价模式。

2. 定量研究

定量研究主要通过构建评价指标体系来构建定价模型。马永立、谈俊忠等采用建立经济模型的方式设计了包含八大因子和六个等级的评价指标体系[30]。田勇等将门票价格制定因素拆分为两部分，一部分是客观反映景区自身状态的，另一部分主要是反映市场情况的，根据实际情况调整[49]。卢润德等则从国内旅游景区价格制定影响因素实证研究结论出发，倒推出各因素与景区门票价格的相关关系及权重，标准化之后构建了景区门票定价模型[50]。高栓成分析了影响旅游景区门票价格制定的景区特色、规模、服务质量、经营状况等因素,分别对各因子相应地予以赋值,最终构建旅游景区门票定价的数学模型[35]。郑玉凤等总结发现,构建旅游景区门票定价指标体系的评价指标主要包括法律伦理、宏观经济环境、市场供需、竞争环境等外部因素以及景区等级、规模、特色、服务、体制及运营等内部因素[51]。

旅游景区价值的多元性和类型的多样性,决定了景区门票价格制定的复杂性,定价方法、原则和目标等不能一概而论,要视具体情况而论[52]。有的研究根据景区性质来分别构建不同的门票定价模型。丁加栋等分别探讨了社会公益型以及兼顾社会公益和企业盈利型的风景名胜区门票定价模型[53]。郭强等研究了资源保护型景区门票定价模型,针对不同的侧重点,即景区的季节性、必要的收益以及公共性,分别构建了三个基本模式相同但又有所区别的门票定价模型[54]。另一些学者基于数学模型构建了较为复杂的门票定价模型[55-56]。

此外,一些学者结合评价指标体系和数学方法,构建综合门票定价模型。高书军等从经济学角度分析了企业和游客的行为理性,构建评价指标,量化为模型的一个指标,再结合相关因素,运用数理模型,综合构建景区门票定价模型[57]。

张雪晶等[58]、张捷雷[59]等认为景区门票定价模型研究的着眼点主要是景区,忽视了游客消费意愿和价值感知,提出服务感知价值也应纳入门票定价模型中,探索提出"值回票价"。遗憾的是,个别研究仅停留在了理论分析层面,没有构建具体的模型。

三、门票价格形成机制

当前,景区门票经济依赖严重,特别是在中西部欠发达地区,门票收入占景区收入比重高达80%以上,门票成为景区收入的主要来源[60]。但是目前我国门票价格形成机制不明确、价格调控不够灵活,价格监管不到位,门票没有起到价格杠杆的作用。

门票价格形成机制是复杂且分层次的,价格不能仅依据单一因素导向的定价模式来确定。产品本身的价值、市场供求关系、竞争态势以及政府宏观调控都会影响门票价格的形成[42]。柏宁等指出,不同理论背景下的价格形成机制有所不同。如在"劳动价值论"下,产品价格主要取决于凝结的社会必要劳动的多少;而在"效用价值论"下,产品的价格主要取决于消费效用,包括消费取向、消费满意度等[61]。广东省物价局课题组认为,不同性质的景区,应采取不同的价格形式:依托公共资源建设的省级以上重点文物保护单位、风景名胜区和自然保护区,实行政府定价或政府指导价;商业投资的景区门票一律实行市场调节价[62]。虽然门票价格的形成机制非常复杂，但有研究指出，目前我国旅游门票价格形成机制问题实际上是景区管理体制问题。2000年以后，国家下放了景区门票的定价权，"只给政策不给钱"，一些地方政府不得不从市场筹集资金，增加了门票成本价格，推高了景区门票价格，而少数欠发达地区更是将景区当成了"摇钱树"[63-65]。戴斌指出，通常情况下，价格由市场供求关系决定，价格变动很正常。但一些国有景区，具有实质上的垄断地位，这种情况下，一些非市场因素对价格调整产生重要影响[66]。

四、门票价格管理优化

2000年以后，随着门票价格不断高企，门票价格管理优化成为研究的热点。罗来武等分析了各国旅游景区门票价格特征，提出制定灵活的价格手段、增加景区投入渠道和社会参与等门票价格管理的优化措施，从而使价格总体水平与区域经济和社会发展水平相适应，实现景区的公益性和资源环境的可持续发展[67]。严泽民指出：要理顺景区管理体制，实行景区管理权和经营权的分离；要加强门票价格监管，建立灵活、科学的景区门票价格体系，同时转变经营方式和经营理念，开展多样化经营，摆脱门票经济的"枷锁"[68]。郭建伟等指出门票价格管理在政府和市场双失灵的情形下，出路在于创新景区门票价格管理模式，一方面要加强分级管理，另一方面对国有景区应实施低票价。刘卫东等指出应加强门票价格的顶层设计，来优化门票价格管理。

第四节　国内外研究总结

通过对比，可看出国外研究起步早，也相对比较成熟。国内尽管起步晚，但受政策及社会舆论等影响，研究文献数量增长迅猛。综合来看，国内外研究有如下几点异同。

一是由于体制不同，国外对景区门票价格研究关注的热度远低于国内；关注的热点也不同，国外更多地考虑公平，而国内则更多关注如何使景区门票回归合理的价格区间。

二是国外景区门票价格构成相对单一，易研究；而国内门票价格构成相对复杂，裹挟了地方政府、运营方、景区所在地居民等多方利益，研究及破解难度大。

三是门票的定价方法都是研究的重点和难点。关键是如何能在公平与效率、市场与政府、游客与本地居民之间找到一个平衡点。

第二章
景区门票价格管理问题及其成因

第一节 景区门票价格管理现状

一、景区门票价格现状

（一）门票价格基本情况

2015年，国家不断加大对全国旅游景区门票价格的监管和调控力度。国家发改委、国家旅游局联合发布《关于开展景区门票价格专项整治工作的通知》，从9月起开展为期一年的门票价格专项整治工作。要求各地实行政府定价、政府指导价的景区，原则上不出台新的上调门票价格方案[69]。国家旅游局开展为期三年的创建"全国旅游价格信得过景区"活动，1801家旅游景区成为首批"全国旅游价格信得过"景区。同年8月，中国旅游景区协会发出倡议，号召5A、4A级景区带头不涨门票价。截至8月31日，已有2050家5A级和4A级景区签订"不上涨门票价格"承诺，约占全部5A和4A级景区的80%，其中山东省191家，江苏省169家，浙江省132家，四川省116家，河北省和黑龙江省都有超过100家景区承诺不涨价。

经过规范和整治，自2015年之后，景区门票价格形势逐渐向好，价格总水平趋于理性。2018年，我国A级旅游景区平均门票价格仅为28元，其中5A级旅游景区门票平均价格为97元，200元以上门票景区仅3家。景区门票收入占景区综合收入比重逐渐下降，总体来看，占比在20%左右。门票价格上涨势头得到有效遏制，门票经济特征不明显。因此，本节着重对2015年景区门票价格现状进行了深入分析（分区域情况见附录一）。

1. 景区门票价格的总体情况

截至2015年底，全国共有A级旅游景区8233家，较上年增加207家，增长2.58%（其中282家缺乏经营数据，以下分析以完成经营数据填报的7951家景区为统计基准）。在全国7951家A级景区中，免门票和收门票景区分别为3378家和4573家，分别占全国A级景区总数的42.49%和57.51%。景区旅游总收入为3479.08亿元，门票收入801.16亿元，占比23.03%。景区游客接待总量为37.77亿人次，其中政策性免票游客量和购票游客量分别为16.75亿人次和21.02亿人次，分别占全国A级景区游客接待总量的44.35%和55.65%。

2015年全国4573家收取门票的A级景区中，1073家景区票价实行淡旺季。全年平均景区门票价格为30元，较上年略有下降，降幅为3.23%，淡、旺季平均门票价格分别为29元、33元。

表2-1 2014—2015年全国A级景区全年及淡旺季平均门票价格总体情况（元/景区）

全年平均门票价格			淡季平均门票价格	旺季平均门票价格
2015年	2014年	增长率（%）		
30	31	-3.23	29	33

景区游客门票负担及门票福利：景区游客人均门票负担可分为所有游客人均门票负担和购票游客人均门票负担两种。其中所有游客人均门票负担可通过某景区门票收入与所有游客接待量的比值来反映；购票游客人均门票负担可通过某景区门票收入与购票游客接待量的比值来反映。景区门票福利可通过某景区平均门票价格与免票游客接待量相乘来得到。2015年全国A级景区所有游客人均门票负担和购票游客人均门票负担分别为21.21元/人次和38.12元/人次，其中所有游客人均门票负担较上年减少2.49元/人次，下降10.51%，购票游客人均门票负担较上年增加0.82元/人次，上涨2.20%。此外，2015年全国A级景区政策性免票游客16.75亿人，较上年增长44.15%。所产生的门票福利共计519.23亿元，较上年增加159.00亿元，增长44.14%。

表2-2 2014—2015年全国A级景区分等级门票负担及门票福利统计

	2014年	2015年	增量	增长率（%）
所有游客门票负担（元/人次）	23.70	21.21	-2.49	-10.51
购票游客门票负担（元/人次）	37.30	38.12	0.82	2.20
门票福利（亿元）	360.23	519.23	159.00	44.14

全国居民门票可承受力：居民门票可承受力可通过某地景区平均门票价格占某地居民人均月可支配收入或占人均月消费支出比重来反映。2015年全国城镇、农村及全国居民人均月可支配收入分别为2600元、952元和1863元，全国城镇、农村及全国居民人均月消费支出为1783元、769元和1309元。A级景区平均门票价格分别占城镇、农村及全国居民人均月可支配收入的1.15%、3.15%和1.61%，分别占三类居民月消费支出的1.68%、3.90%和2.29%。从中可以发现，与国外发达国家景区平均门票价格占国民月收入小于1%相比，我国A级景区门票价格相对较高。

与上年相比，2015年六个比值均呈下降态势，其中全国A级景区平均门票价格与农村人均月消费支出占比下降幅度最快，为9.10%，平均门票价格与城镇人均月消费支出占比下降幅度最慢，为6.67%。

表2-3 2014—2015年全国A级景区平均票价占居民人均月收入及月消费支出比重（%）

年份	居民可支配收入			居民消费支出		
	城镇	农村	全国	城镇	农村	全国
2015年	1.15	3.15	1.61	1.68	3.90	2.29
2014年	1.25	3.43	1.79	1.80	4.29	2.48

2. 分等级景区的门票价格

（1）全年及淡旺季平均票价

从景区等级结构来看，2015年全国A级景区数量呈"中间大、两头小"的纺锤形结构，4A、3A和2A级景区数量占所有A级旅游景区总量的96.15%。5A和1A级景区所占比重较小，低于总量的4.00%。其中3A级景区数量最多，为3018家，占全国A级景区总量的37.96%；其次是4A和2A级旅游景区，分别为2580家和2047家，占比分别为32.45%和25.75%；5A和1A级旅游景区数量相对较少，分别为212家和94家，占比分别为2.67%和1.18%。

各等级A级景区全年平均门票价格以5A级景区最高，为118元/景区，其次是4A和3A级景区，分别为51元/景区、21元/景区，2A和1A级景区相对较低，分别为10元/景区和7元/景区。淡旺季平均门票价格同样也以5A级景区最高，分别为112元/景区和126元/景区，其次是4A级景区，分别为48元/景区和55元/景区，1A级景区淡旺季平均门票价格最低，分别为6元/景区和7元/景区。

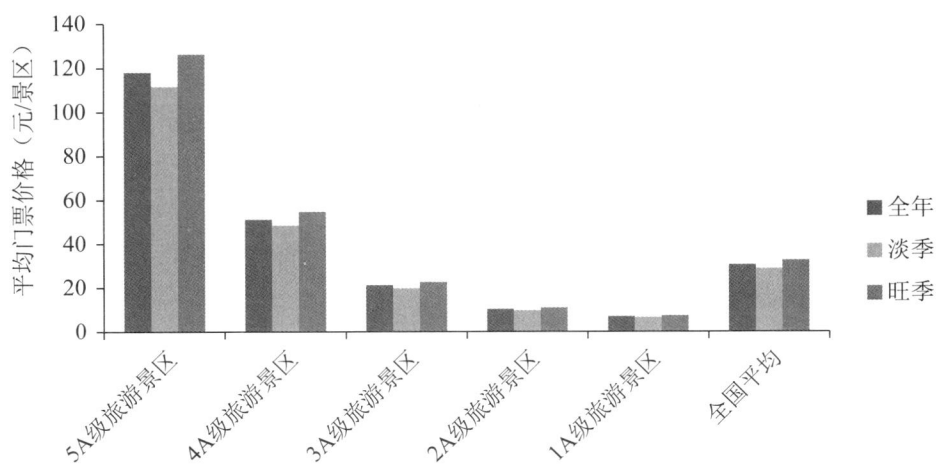

图 2-1 2015 年全国 A 级旅游景区分等级平均门票价格

（2）门票负担及门票福利

①门票负担

从等级结构来看，2015 年 5A 级景区所有游客和购票游客人均门票负担最大，分别为 42.35 元 / 人次和 53.94 元 / 人次；2A 级景区两类游客人均门票负担最小，分别为 2.91 元 / 人次和 8.39 元 / 人次。

与上年相比，所有游客人均门票负担除 4A、2A 级景区下降外，其他等级景区均呈增长态势。其中 1A 级景区增速最快，增长 151.05%，2A 级景区降幅最快，下降 22.61%。购票游客人均门票负担除 4A、2A 级景区下降外，其他等级景区呈增长态势，其中以 1A 级景区购票游客人均负担增长最快，为 134.12%，2A 级景区购票游客降速最快，下降 21.15%。

表 2-4　2014—2015 年全国 A 级旅游景区分等级人均门票负担统计表（元 / 人次）

景区等级	2014 年		2015 年					
	所有游客	购票游客	所有游客	增量	增长率（%）	购票游客	增量	增长率（%）
5A 级旅游景区	41.89	49.22	42.35	0.46	1.10	53.94	4.72	9.59
4A 级旅游景区	24.93	37.47	20.33	−4.60	−18.45	36.19	−1.28	−3.42
3A 级旅游景区	9.02	20.27	10.02	1.00	11.09	24.49	4.22	20.84
2A 级旅游景区	3.76	10.64	2.91	−0.85	−22.61	8.39	−2.25	−21.15
1A 级旅游景区	1.90	5.92	4.77	2.87	151.05	13.86	7.94	134.12
全国平均	23.70	37.30	21.21	−2.49	−10.51	38.12	0.82	2.20

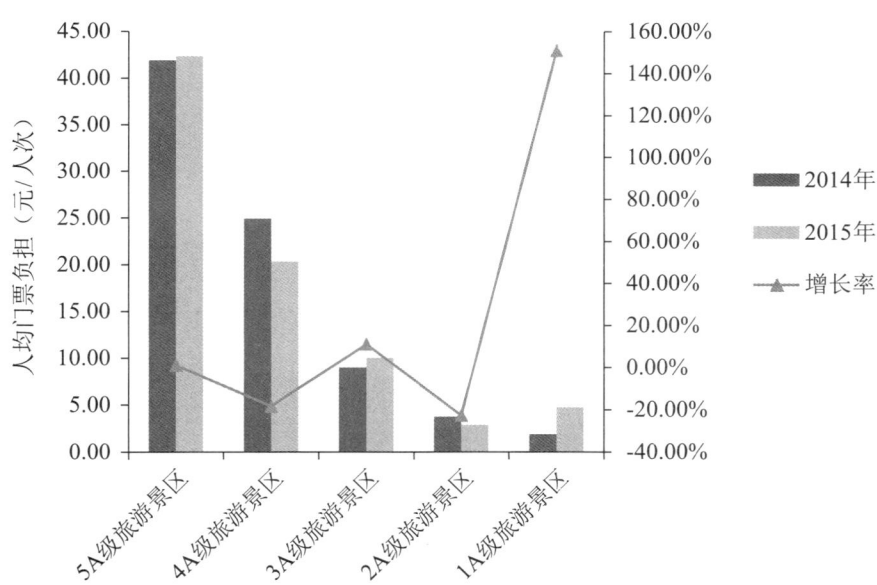

图 2-2　2014—2015 年全国 A 级景区分等级所有游客人均门票负担情况

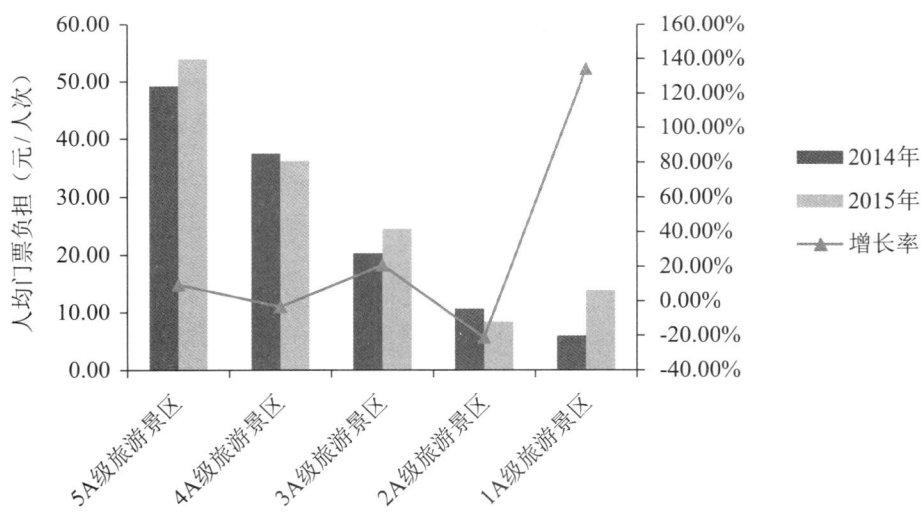

图 2-3　2014—2015 年全国 A 级景区分等级购票游客人均门票负担情况

②门票福利

从景区等级结构来看，4A 级景区贡献门票福利最高，高达 397.26 亿元；其次是 5A 和 3A 级景区，门票福利分别为 207.47 亿元和 102.67 亿元；2A 和 1A 级景区门票福利相对较低，分别为 22.67 亿元和 0.32 亿元。

与上年相比，除 1A 级景区门票福利下降外，其他等级景区均呈增长态势，其中以 5A 级景区门票福利增长最快，较上年增加 98.67 亿元，增长 90.69%；其次是 4A 和 2A 级景区，分别较上年增加 134.02 亿元和 4.81 亿元，分别增长 50.91% 和 26.93%；3A 级景区门票福利较上年增长最慢，为 20.99%；1A 级景区较上年下降 23.81%。

表 2-5　2014—2015 年全国 A 级景区分等级门票福利统计表（亿元）

景区等级	2014 年	2015 年		
	门票福利	门票福利	增量	增长率（%）
5A 级旅游景区	108.80	207.47	98.67	90.69
4A 级旅游景区	263.24	397.26	134.02	50.91
3A 级旅游景区	84.86	102.67	17.81	20.99
2A 级旅游景区	17.86	22.67	4.81	26.93
1A 级旅游景区	0.42	0.32	−0.10	−23.81
合计	360.23	519.23	159.00	44.14

（3）居民门票可承受力

从景区等级结构来看，5A、4A 级景区平均门票价格占全国居民人均月收入及消费比重高于全国平均水平，其中 5A 级景区平均票价所占比重最高，分别占城镇、农村及全国人均月可支配收入的 4.54%、12.40% 和 6.45%，分别占该三类居民人均月消费支出的 6.62%、15.35% 和 9.01%。1A 级平均票价所占比重最低，分别占该三类居民人均月可支配收入的 0.27%、0.74% 和 0.38%，分别占该三类居民人均月消费支出的 0.39%、0.91% 和 0.53%。

表 2-6　2015 年全国 A 级景区分等级平均票价占居民人均月收入及月消费支出比重（%）

景区等级	居民可支配收入			居民消费支出		
	城镇	农村	全省	城镇	农村	全省
5A 级旅游景区	4.54	12.40	6.45	6.62	15.35	9.01
4A 级旅游景区	1.96	5.36	2.79	2.86	6.64	3.90
3A 级旅游景区	0.81	2.21	1.15	1.18	2.73	1.60
2A 级旅游景区	0.38	1.05	0.55	0.56	1.30	0.76
1A 级旅游景区	0.27	0.74	0.38	0.39	0.91	0.53
全国平均	1.15	3.15	1.64	1.68	3.90	2.29

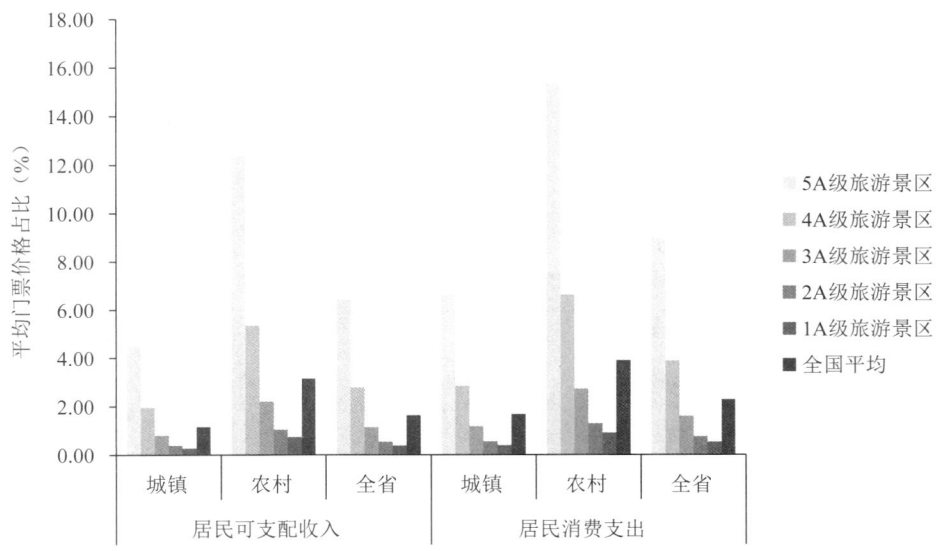

图 2-4　2015 年全国 A 级景区分等级平均门票价格占居民人均月收入及月消费比重情况

3. 分类型 A 级景区的门票价格

（1）全年及淡旺季平均票价

从景区类型来看，2015 年全国 A 级景区以自然景观类数量最多，共 2295 家，占全国 A 级景区总数的 28.86%；其次是历史文化类和度假休闲类景区，分别为 1484 家和 1324 家，占比分别为 18.66% 和 16.65%；乡村旅游、博物馆、其他、红色旅游、主题游乐、工业旅游类景区相对较少，分别为 705 家、581 家、586 家、382 家、317 家和 184 家，占比分别为 8.87%、7.32%、7.37%、4.80%、3.99% 和 2.31%，科技教育类景区最少，为 93 家，占比仅 1.17%。

各类型 A 级景区全年平均门票价格以主题游乐类景区最高，为 69 元 / 景区，其次是自然景观类和度假休闲类景区，分别为 40 元 / 景区和 36 元 / 景区，科技教育、历史文化等六类景区平均门票价格相对较低，分别为 28 元 / 景区、27 元 / 景区、22 元 / 景区、18 元 / 景区、15 元 / 景区和 14 元 / 景区，红色旅游类景区平均门票价格最低，为 8 元。淡旺季平均门票价格同样也以主题游乐类景区最高，分别为 65 元 / 景区和 73 元 / 景区；其次是自然景观类景区，分别为 37 元 / 景区和 42 元 / 景区；度假休闲类景区名列第三，分别为 33 元 / 景区和 39 元 / 景区；红色旅游类景区最低，分别为 8 元 / 景区和 9 元 / 景区。

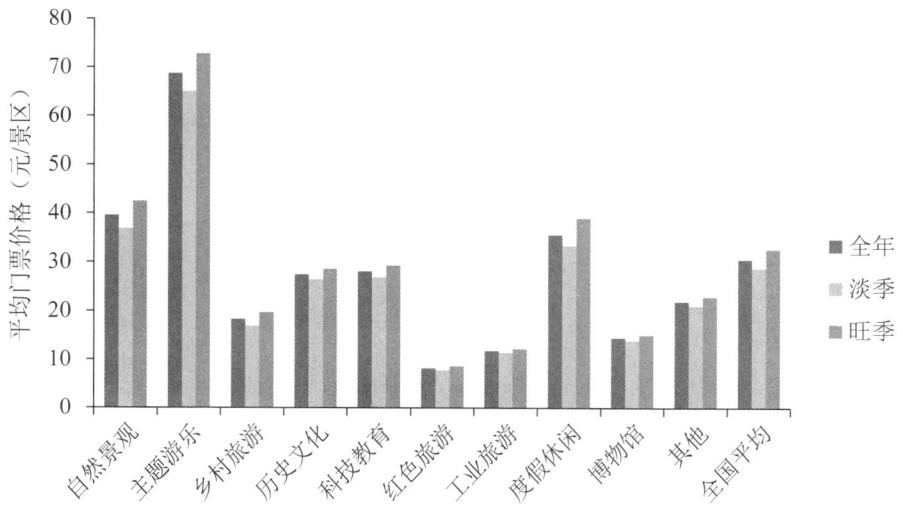

图 2-5　2015 年全国 A 级旅游景区分类型平均门票价格

（2）门票负担及门票福利

①门票负担

从景区类型来看，主题游乐类景区所有游客和购票游客人均门票负担最大，分别为 53.77 元 / 人次和 74.58 元 / 人次；其次是自然景观类景区，两类游客人均门票负担分别为 28.45 元 / 人次和 44.68 元 / 人次；红色旅游类景区所有游客和购票游客人均门票负担最小，分别为 3.66 元 / 人次和 12.38 元 / 人次。

与上年相比，除主题游乐、科技教育和度假休闲类景区人均门票负担增长外，其他类型景区均呈下降态势。其中主题游乐类景区人均门票负担增速最快，高达 219.49%，历史文化类景区人均门票负担降幅最快，下降 77.44%。购票游客人均门票负担除自然景观、主题游乐和度假休闲三类景区增长外，其他类型景区均呈下降态势，其中主题游乐类景区人均门票负担增速最快，高达 198.56%，历史文化类景区降速最快，下降 68.72%。

表 2-7　2014—2015 年全国 A 级景区分类型人均门票负担统计表（元 / 人次）

景区类型	2014 年		2015 年					
	所有游客	购票游客	所有游客	增量	增长率（%）	购票游客	增量	增长率（%）
自然景观	29.61	39.83	28.45	-1.16	-3.92	44.68	4.85	12.18
主题游乐	16.83	24.98	53.77	36.94	219.49	74.58	49.60	198.56

续表

景区类型	2014年		2015年					
	所有游客	购票游客	所有游客	增量	增长率(%)	购票游客	增量	增长率(%)
乡村旅游	22.60	36.49	10.37	-12.23	-54.12	23.68	-12.81	-35.11
历史文化	68.89	87.11	15.54	-53.35	-77.44	27.25	-59.86	-68.72
科技教育	11.28	35.81	12.39	1.11	9.84	26.96	-8.85	-24.71
红色旅游	10.88	22.78	3.66	-7.22	-66.36	12.38	-10.40	-45.65
工业旅游	6.86	22.24	4.27	-2.59	-37.76	13.26	-8.98	-40.38
度假休闲	3.84	15.63	23.80	19.96	519.79	42.50	26.87	171.91
博物馆	17.08	29.89	10.39	-6.69	-39.17	27.33	-2.56	-8.56
其他	25.03	40.44	13.66	-11.37	-45.43	27.81	-12.63	-31.23
全国平均	23.70	37.30	21.21	-2.49	-10.51	38.12	0.82	2.20

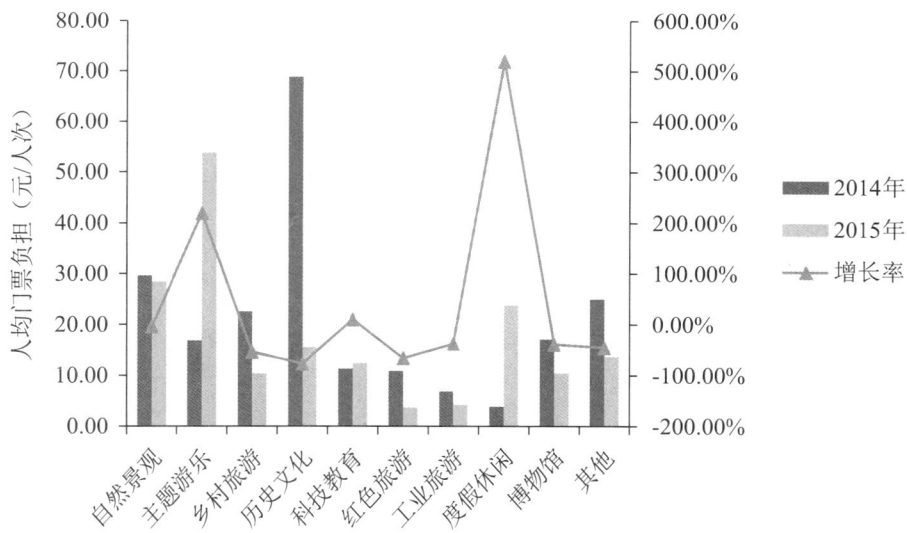

图 2-6 2014—2015 年全国 A 级景区分类型所有游客人均门票负担情况

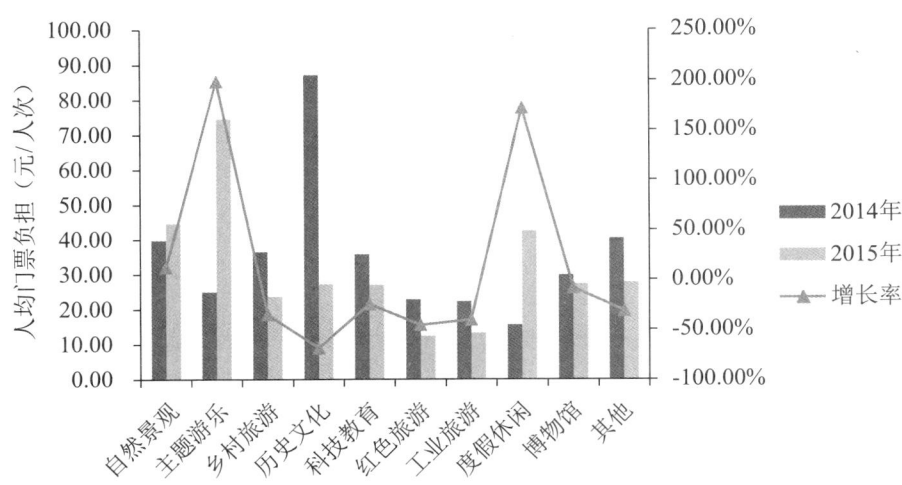

图 2-7 2014—2015 年全国 A 级景区分类型购票游客人均门票负担情况

②门票福利

从景区类型来看，自然景观和历史文化类景区贡献门票福利相对较高，分别为 168.00 亿元和 110.75 亿元；其次是度假休闲和主题游乐类景区，分别为 76.12 亿元和 40.59 亿元；科技教育和工业旅游类景区门票福利相对较低，分别为 4.57 亿元和 3.56 亿元。

与上年相比，除主题游乐、乡村旅游、科技教育和工业旅游四类景区门票福利下降外，其他类型景区均呈增长态势，其中以历史文化和博物馆类景区门票福利增长最快，分别较上年增加 100.87 亿元和 15.01 亿元，分别增长 1020.95% 和 962.18%。科技教育类景区下降最快，较上年减少 27.56 亿元，下降 85.78%。

表 2-8 2014—2015 年全国 A 级景区分类型门票福利统计表（亿元）

景区类型	2014 年	2015 年		
	门票福利	门票福利	增量	增长率（%）
自然景观	99.98	168.00	68.02	68.03
主题游乐	181.43	40.59	-140.84	-77.63
乡村旅游	27.01	22.60	-4.41	-16.33
历史文化	9.88	110.75	100.87	1020.95
科技教育	32.13	4.57	-27.56	-85.78
红色旅游	6.57	11.13	4.56	69.41
工业旅游	9.62	3.56	-6.06	-62.99

续表

景区类型	2014年	2015年		
	门票福利	门票福利	增量	增长率（%）
度假休闲	45.04	76.12	31.08	69.01
博物馆	1.56	16.57	15.01	962.18
其他	20.62	33.32	12.70	61.59
合计	360.23	519.23	159.00	44.14

（3）居民门票可承受力

从景区类型来看，主题游乐、自然景观和度假休闲三类景区平均门票价格占全国居民人均月收入消费比重高于全国平均水平，其中主题游乐类景区平均票价所占比重最高，分别占城镇、农村及全国居民人均月可支配收入的2.65%、7.25%和3.77%，分别占该三类居民人均月消费支出的3.87%、8.98%和5.27%。红色旅游类景区平均票价所占比重最低，分别占该三类居民人均月可支配收入的0.31%、0.84%和0.44%，分别占该三类居民人均月消费支出的0.45%、1.04%和0.61%。

表2-9　2015年全国A级景区分类型平均票价占居民人均月收入及月消费支出比重（%）

景区类型	居民可支配收入			居民消费支出		
	城镇	农村	全省	城镇	农村	全省
自然景观	1.54	4.20	2.19	2.24	5.20	3.05
主题游乐	2.65	7.25	3.77	3.87	8.98	5.27
乡村旅游	0.69	1.89	0.98	1.01	2.34	1.37
历史文化	1.04	2.84	1.48	1.51	3.51	2.06
科技教育	1.08	2.94	1.53	1.57	3.64	2.14
红色旅游	0.31	0.84	0.44	0.45	1.04	0.61
工业旅游	0.46	1.26	0.66	0.67	1.56	0.92
度假休闲	1.38	3.78	1.97	2.02	4.68	2.75
博物馆	0.54	1.47	0.76	0.79	1.82	1.07
其他	0.85	2.31	1.20	1.23	2.86	1.68
全国平均	1.15	3.15	1.64	1.68	3.90	2.29

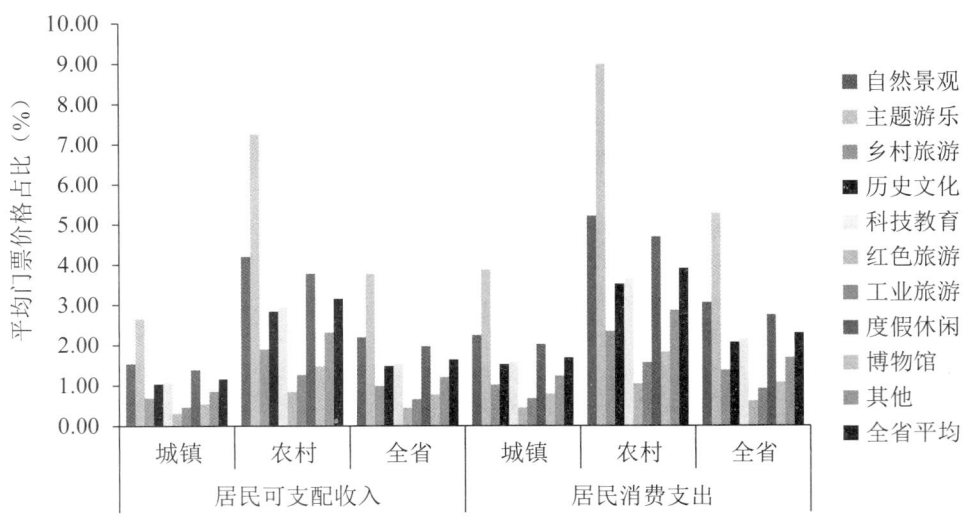

图 2-8　2015 年全国 A 级景区分类型平均票价占居民人均月收入及月消费比重情况

4. 分体制 A 级景区的门票价格

（1）全年及淡旺季平均票价

从景区经营体制来看，2015 年全国 A 级景区以企业为经营主体的景区数量最多，共 5449 家，占全国 A 级景区总数的 68.53%；其次是事业单位为经营主体的景区，共 2302 家，占比为 28.95%；行政单位为经营主体的景区相对较少，为 1978 家，占比为 2.49%，部队为经营主体的景区仅有 3 家，占比 0.04%。

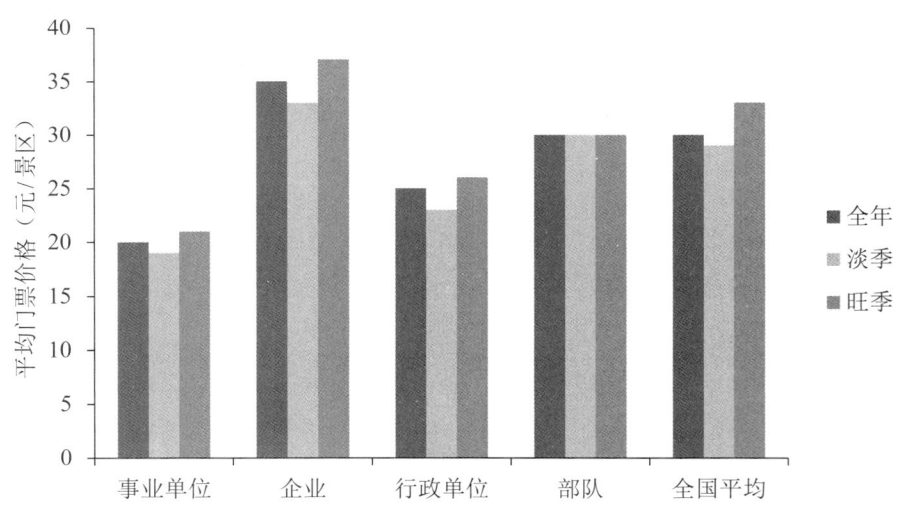

图 2-9　2015 年全国 A 级旅游景区分体制平均门票价格

各经营体制 A 级景区全年平均门票价格以企业为经营主体的景区最高，为 35 元 / 景区，其次是以部队为经营主体的景区，为 30 元 / 景区，以行政单位和事业单位为经营主体的景区相对较少，分别为 25 元 / 景区和 20 元 / 景区。淡旺季平均门票价格同样也以企业为经营主体的景区最高，分别为 33 元 / 景区和 37 元 / 景区，其次是以部队为经营主体的景区，淡旺季平均门票价格均为 30 元 / 景区，以行政单位为经营主体的景区相对较低，分别为 23 元 / 景区和 26 元 / 景区，以事业单位为经营主体的景区淡旺季平均门票价格最低，分别为 19 元 / 景区和 21 元 / 景区。

（2）门票负担及门票福利

①门票负担

从景区经营体制来看，企业性质景区所有游客和购票游客人均门票负担最大，分别为 24.47 元 / 人次和 40.72 元 / 人次；此外，事业单位性质景区所有游客人均门票负担最小，部队性质景区购票游客人均门票负担最小，分别为 16.13 元 / 人次和 25.83 元 / 人次。

与上年相比，所有游客人均门票负担除事业单位性质景区增长外，企业、行政单位及部队性质景区均呈下降态势，其中部队性质景区下降最快，较上年下降 33.29%，事业单位性质景区所有游客人均门票负担较上年增长 1.38%。购票游客人均门票负担除事业单位、行政单位性质景区增长外，企业和部队性质景区均呈下降态势，其中事业单位性质景区较上年增速最快，增长 14.00%，部队性质景区较上年降速最快，下降 30.99%。

表 2-10　2014—2015 年全国 A 级景区分体制人均门票负担统计表（元 / 人次）

景区体制	2014 年		2015 年					
	所有游客	购票游客	所有游客	增量	增长率（%）	购票游客	增量	增长率（%）
事业单位	15.91	29.22	16.13	0.22	1.38	33.31	4.09	14.00
企业	28.86	41.97	24.47	-4.39	-15.21	40.72	-1.25	-2.98
行政单位	23.76	33.50	21.36	-2.40	-10.10	37.18	3.68	10.99
部队	24.36	37.43	16.25	-8.11	-33.29	25.83	-11.60	-30.99
全国平均	23.70	37.30	21.21	-2.49	-10.51	38.12	0.82	2.20

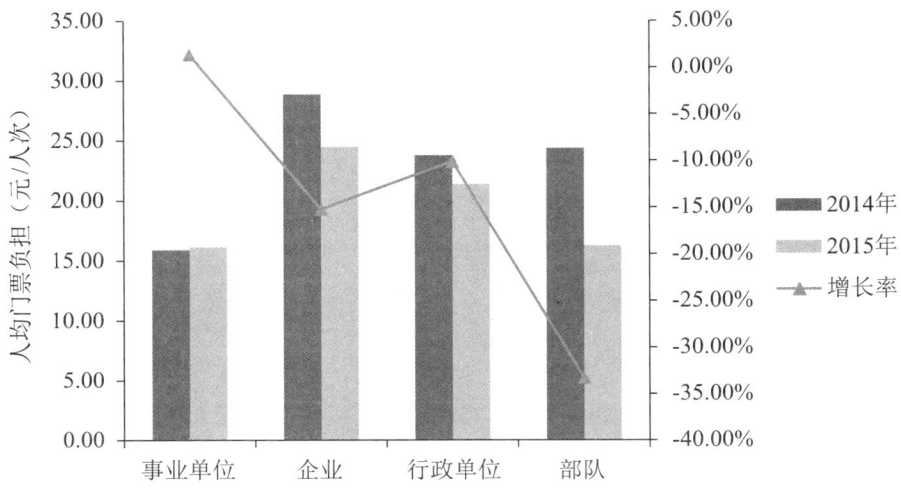

图 2-10　2014—2015 年全国 A 级景区分体制所有游客人均门票负担情况

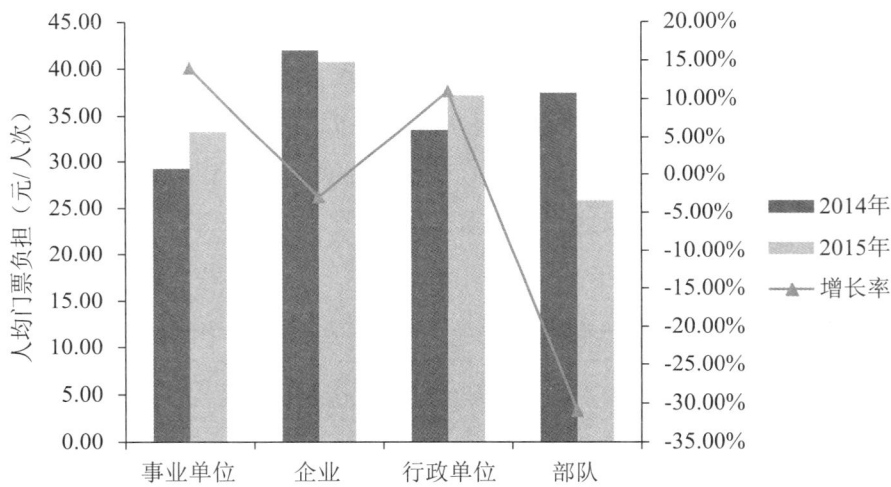

图 2-11　2014—2015 年全国 A 级景区分体制购票游客人均门票负担情况

②门票福利

从景区经营体制来看，企业性质景区贡献门票福利最高，高达 301.20 亿元，其次事业单位性质和行政单位性质景区，分别为 143.43 亿元和 26.02 亿元，部队性质景区门票福利最少，为 0.15 亿元。

与上年相比，各经营体制景区均呈增长态势，其中以行政单位景区门票福利增长最快，较上年增加 9.76 亿元，增长 60.00%；其次是企业和事业单位性质景区，分别较上年增加 100.56 亿元和 35.59 亿元，分别增长 50.12% 和 33.00%；部队性质景区增速最慢，较上年增加 0.03 亿元，增长 25.00%。

表 2-11 2014—2015 年全国 A 级景区分体制门票福利统计表（亿元）

景区体制	2014 年	2015 年		
	门票福利	门票福利	增量	增长率（%）
事业单位	107.84	143.43	35.59	33.00
企业	200.64	301.20	100.56	50.12
行政单位	16.26	26.02	9.76	60.00
部队	0.12	0.15	0.03	25.00
合计	360.23	519.23	159.00	44.14

（3）居民门票可承受力

从景区经营体制来看，企业性质景区平均门票价格占全国居民人均月收入消费比重高于全国平均水平，分别占城镇、农村及全国居民人均月可支配收入的 1.35%、3.68% 和 1.91%，分别占该三类居民人均月消费支出的 1.96%、4.55% 和 2.67%。部队性质景区平均门票价格占全国居民人均月收入及消费比重与全国平均水平持平。事业单位性质景区平均票价所占比重最低，分别占该三类居民人均月可支配收入的 0.77%、2.10% 和 1.09%，分别占该三类居民人均月消费支出的 1.12%、2.60% 和 1.53%。

表 2-12 2015 年全国 A 级景区分体制平均票价占居民人均月收入及月消费支出比重（%）

景区体制	居民可支配收入			居民消费支出		
	城镇	农村	全省	城镇	农村	全省
事业单位	0.77	2.10	1.09	1.12	2.60	1.53
企业	1.35	3.68	1.91	1.96	4.55	2.67
行政单位	0.96	2.63	1.37	1.40	3.25	1.91
部队	1.15	3.15	1.64	1.68	3.90	2.29
全国平均	1.15	3.15	1.64	1.68	3.90	2.29

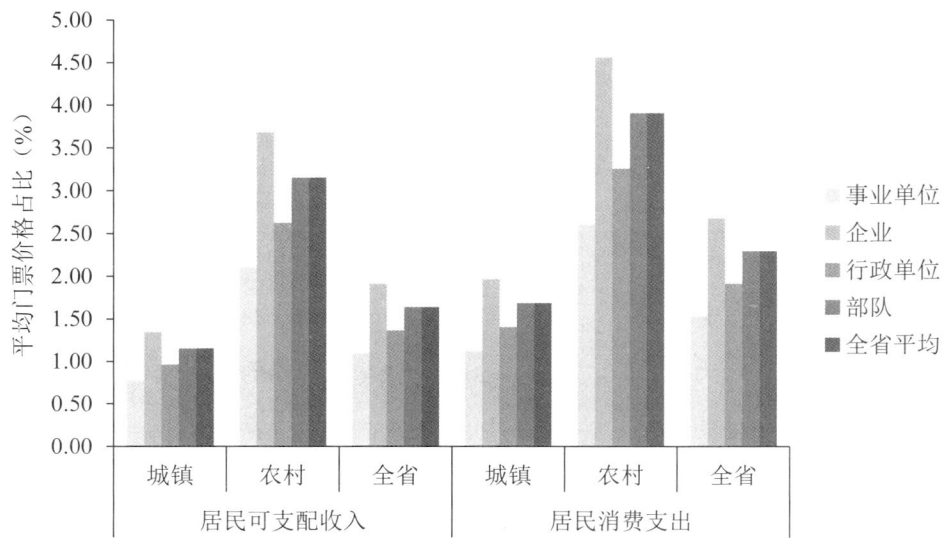

图2-12 各A级景区平均门票占居民人均月可支配收入及月消费支出比重

5. 分地域景区的门票价格

（1）分区

从分区情况来看，中南地区A级次景区全年平均门票价格最高，为44元/景区，高于全国平均水平46.67个百分点；其次是西南地区，为31元/景区，高于全国平均水平3.33个百分点；华北、华东和东北三个地区A级景区全年平均门票价格相对较低，分别为29元/景区、29元/景区和24元/景区；西北地区A级景区平均门票价格最低，为21元/景区，低于全国平均水平30.00个百分点。

中南地区A级景区淡季平均门票价格同样最高，为42元/景区，高于全国淡季平均水平44.83个百分点；西南地区和淡季全国平均水平持平，均为29元/景区；华东、华北和东北三个地区淡季平均门票价格相对较低，分别为28元/景区、27元/景区和22元/景区；西北地区A级景区淡季平均门票价格最低，为19元/景区，低于全国淡季平均水平34.48个百分点。

中南地区A级景区旺季平均门票价格也最高，为46元/景区，高于全国旺季平均水平39.39个百分点；华北和西南两个地区与全国旺季平均水平持平，均为33元/景区；华东和东北地区A级景区旺季平均门票价格相对较低，分别为31元/景区和26元/景区；西北地区A级景区旺季平均门票价格最低，为24元/景区，低于全国旺季平均水平27.27个百分点。

表2-13 2015年全国A级旅游景区门票价格分区统计表(元/景区)

分区	全年	淡季	旺季
华北	29	27	33
东北	24	22	26
华东	29	28	31
中南	44	42	46
西南	31	29	33
西北	21	19	24
全国平均	30	29	33

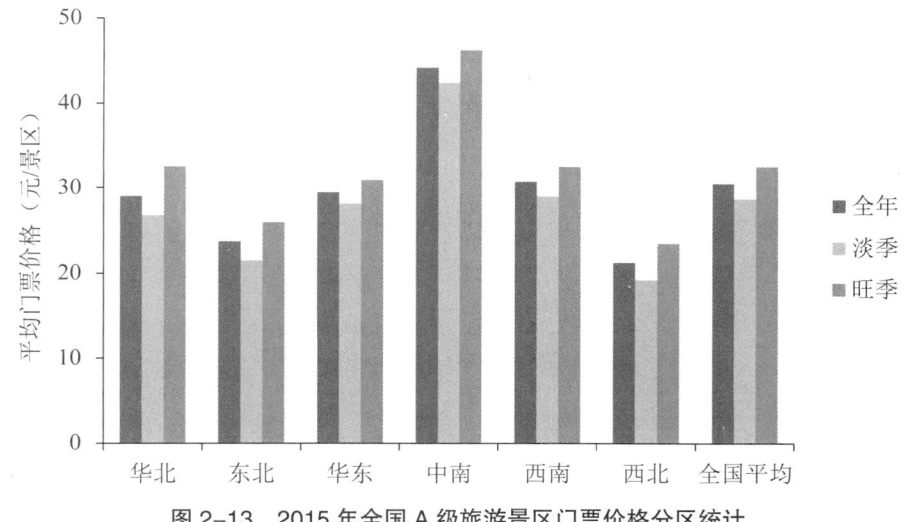

图2-13 2015年全国A级旅游景区门票价格分区统计

（2）分省

从分省情况来看，西藏自治区、海南省和山西省等18个省（市、自治区）A级景区全年平均门票价格高于全国平均水平，其中以西藏自治区A级景区全年平均门票价格最高，高达68元/景区，高于全国平均水平126.67个百分点，其次是海南省、山西省和广西壮族自治区，分别为55元/景区、51元/景区和51元/景区，分别高于全国平均水平83.33、70.00和70.00个百分点；北京市A级景区全年平均门票价格与全国平均水平持平，为30元/景区；甘肃省和新疆生产建设兵团A级景区平均门票价格相对较低，分别为16元/景区和10元/景区，分别低于全国平均水平46.67和66.67个百分点。

西藏自治区、海南省和山西省等15个省（市、自治区）A级景区淡季平均门票价格高于全国淡季平均水平，其中西藏自治区A级景区淡季平均价格最高，为68元/景区，高于全国淡季平均水平134.48个百分点；天津市和河北省A级景区淡季平均门票价格与全国淡季平均水平持平，均为29元/景区；甘肃省和新疆生产建设兵团A级景区淡季平均门票价格相对较低，分别为15元/景区和8元/景区，分别低于全国淡季平均水平48.28和72.41个百分点。

西藏自治区、海南省和山西省等17个省（市、自治区）A级景区旺季平均门票价格高于全国旺季平均水平，其中西藏自治区A级景区旺季平均价格最高，为68元/景区，高于全国旺季平均水平106.06个百分点；陕西省A级景区旺季平均门票价格与全国旺季平均水平持平，均为33元/景区；甘肃省和新疆生产建设兵团A级景区旺季平均门票价格相对较低，分别为17元/景区和11元/景区，分别低于全国旺季平均水平48.48和66.67个百分点。

表2-14　2015年全国A级旅游景区门票价格分省统计表（元/景区）

省级行政区	全年平均票价	淡季平均票价	旺季平均票价
北京市	30	28	32
天津市	31	29	32
河北省	31	29	38
山西省	51	49	55
内蒙古自治区	17	15	19
辽宁省	31	28	34
吉林省	25	24	27
黑龙江省	18	16	20
上海市	37	35	39
江苏省	19	18	20
浙江省	42	41	43
安徽省	26	25	28
福建省	37	35	39
江西省	40	39	41
山东省	27	25	29
河南省	36	34	38
湖北省	43	41	45
湖南省	43	42	45
广东省	45	44	47
广西壮族自治区	51	49	54

续表

省级行政区	全年平均票价	淡季平均票价	旺季平均票价
海南省	55	50	59
重庆市	25	23	28
四川省	24	23	26
贵州省	42	39	45
云南省	39	38	40
西藏自治区	68	68	68
陕西省	29	26	33
甘肃省	16	15	17
青海省	17	15	18
宁夏回族自治区	34	31	38
新疆维吾尔自治区	17	16	19
新疆生产建设兵团	10	8	11
全国平均	30	29	33

（二）门票价格变动情况

1. 变动历程

从20世纪50年代初至今，门票价格变动大致经历了三个阶段，即长期稳定阶段，短期波动阶段和连续上涨阶段。

长期稳定阶段：20世纪50年代初至70年代末，其特点是价格低廉，计划经济，政府控制，长期稳定，持续时间大概为30年。

短期波动阶段：20世纪80年代初至90年代初，持续时间7年左右。本阶段的特点是有升有降，但总体稳定，波动幅度较小。此阶段门票价格随政策及物价因素上涨，后期又随物价因素回落，基本上体现了"市场化"的特点。此时国内旅游业尚未起步，旅游市场需求不足，旅游景区"资源垄断"的自然属性尚未起作用，地方政府也尚未介入景区的经营与开发，对门票价格干扰较少，门票价格总体上遵循市场规律，使得这一阶段成为我国景区门票发展的"自由价格"试验期。这一阶段的历程表明我国旅游景区门票价格管理在"政府"和"市场"的双重作用下，曾经取得过良好的成绩。这一阶段可划分为前后两期。

前期，即20世纪80年代初期，国家为了加快景区景点的建设，快速改变景区基础设施和风貌，上调了部分景区的门票价格；同期我国物价指数大幅上涨，也在一定程度上推动了门票价格的上涨，使得1985年成为门票价格的一个阶段性高点。

后期，1985年后，我国物价指数开始回落，景区门票价格也开始出现回调。特别是 1989 年之后，我国经济进入紧缩时期，一直持续到 1992 年，这三年也是门票价格回落的三年。虽然这一时期国家对国家级游览参观点的门票价格进行了上调，但并没有改变我国旅游景区门票价格总体下行的趋势。

长期连续上涨阶段：1993 年至今，这一阶段目前还在持续中，时间已经超过 20 年，目前还未看到周期转换的迹象。这一阶段可划分为三期。

1993—1996 年：超高速上涨期。1992 年我国经济过热，1993—1994 年连续两年物价高走，在此推动了我国旅游景区门票价格在 1993 年开始上涨，并拉开了至今仍在上涨的上升周期。

1996—2004 年：高速上涨期，持续时长 8 年。

2004 年至今：快速上涨期，持续时长至今已达 18 年。

2. 变动趋势

课题组前期有大量的研究积累。以下分析主要基于课题组 2013 年在全国选取 104 个景区进行门票价格变动趋势分析的抽样调查。根据各省、市、自治区数量统筹、类型和等级兼顾的原则，以平均每个省（市、自治区）3.35 个景区、平均每个类型 13 个景区的数量，在全国范围内选取自然生态类、历史遗迹、古镇村、主题公园、乡村休闲、博物纪念、城市公园及综合等八大类 5 个级别的 104 个景区进行问卷调研，并选取部分景区进行实地走访调研。

抽样调查结果显示，抽样景区的门票价格在 1992 年以前较为平稳，之后呈逐年增长的态势。增长幅度分别在 1994 年、2001 年和 2005 年出现峰值。其中，1994 年涨幅超过 40%，2001 年超过 30%，2005 年接近 20%。2005 年以来，抽样景区门票价格进入 40 元的较高位运行，门票价格涨幅开始回落，基本维持在年涨幅 4% 左右，旅游景区门票价格进入平缓增长期，但总体上仍高于我国居民消费价格指数（CPI）（见图 2-14）。

3. 变动频次

我国旅游景区门票价格变动间隔年限越来越短。抽样调查的 104 家 A 级景区，1985 年至 2013 年间，平均调价时间间隔为 4.63 年，且间隔时间在逐渐减小。1985 年之前时间间隔为 17.57 年，1985 年以来小于 8 年，2010 后仅为 2 年（见图 2-15）。

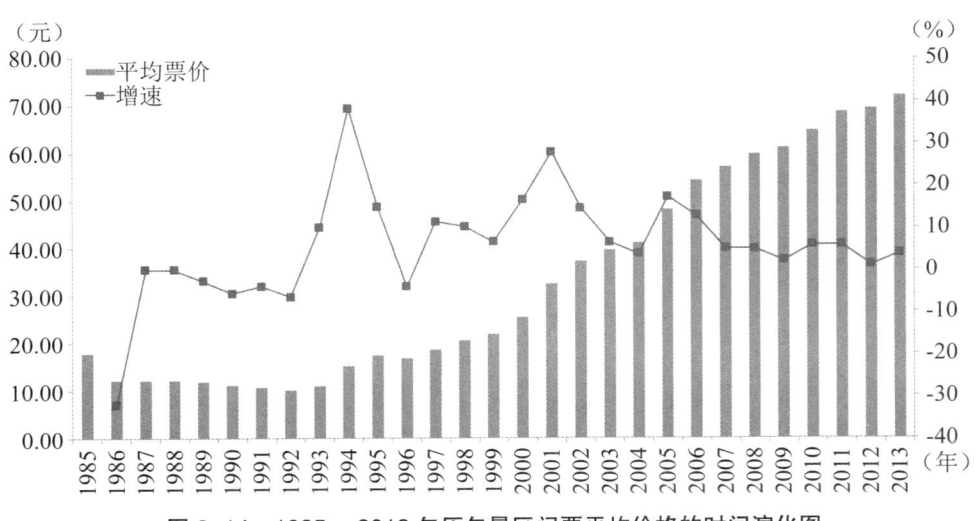

图 2-14　1985—2013 年历年景区门票平均价格的时间演化图

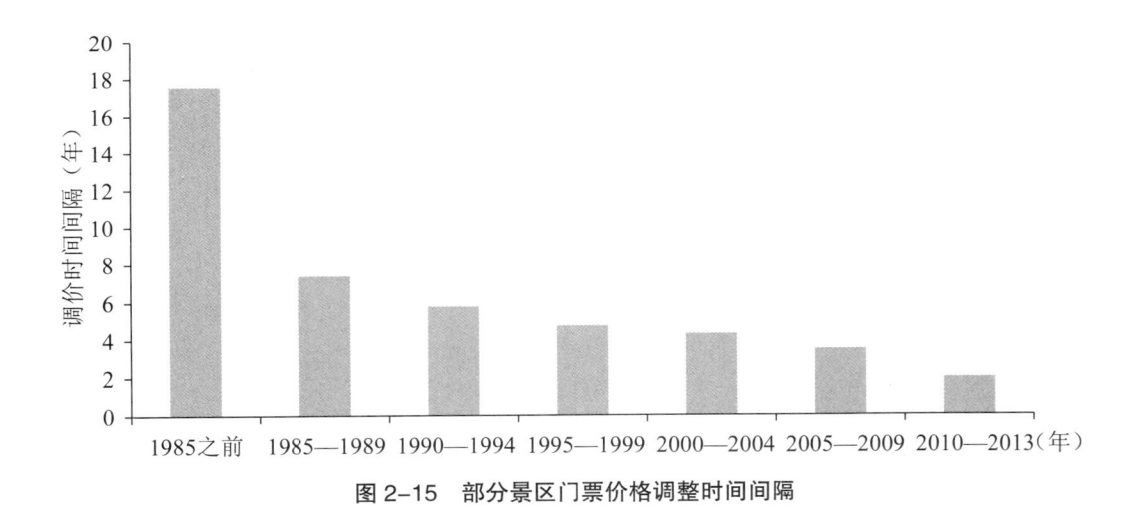

图 2-15　部分景区门票价格调整时间间隔

4. 变动幅度

抽样调查显示，104 家景区的门票价格调整变动率存在一个先升高后降低的过程，这一过程中，绝对增长量始终在放大。

1990 年至 1994 年为门票价格回落期。1995 年至 2004 年期间，为价格超高速上涨期，其中 1995 年至 1999 年 4 年间，累计增速超过 60%，2000 年至 2004 年达到 85%。2005 年至今，为价格快速上涨期，其中 2005 年至 2009 年为 59%，2010 年至 2013 年回落为 21%。

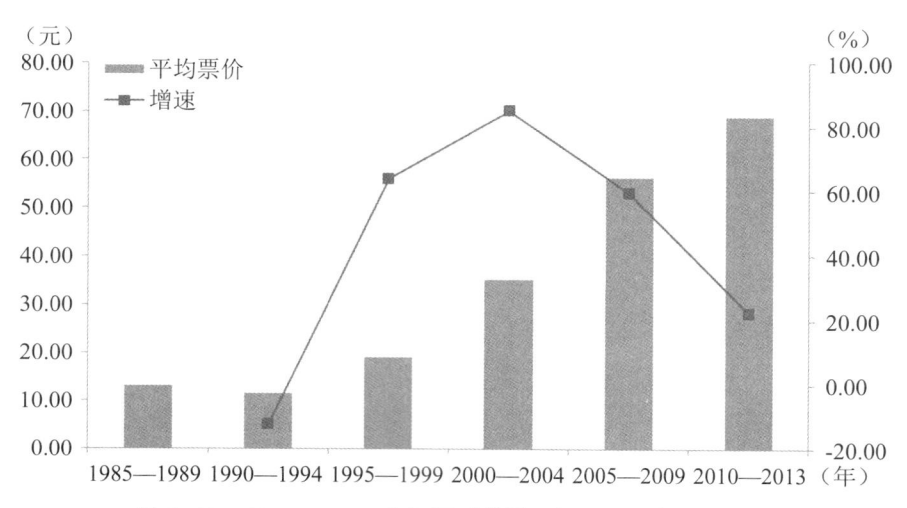

图 2-16　1985—2013 年不同时段景区门票平均价格演化图

从门票价格绝对增长量来看，抽样调查的 104 个景区的门票价格调整幅度均值为 26.95 元，但总体上绝对增长量在不断放大。1985 年至 1989 年间，调整幅度平均仅为 0.45 元；1990 年至 1994 年间为 4.52 元；1995 年至 1999 年间上升至 12.33 元；2000 年至 2004 年间为 28.67 元，2005 年至 2009 年间为 33.84 元，到 2010 年至 2013 年间为 37.1 元。

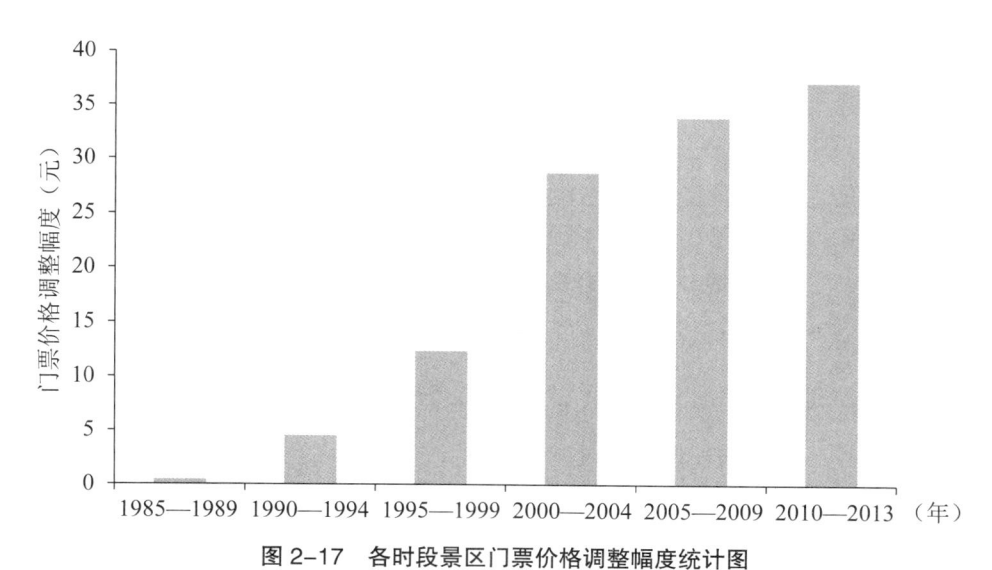

图 2-17　各时段景区门票价格调整幅度统计图

（三）门票收费形式

由于我国 A 级景区受区位、性质、资源类型及管理体制等因素的影响，目前我国景区门票收取方式众多，且差异也较大。依据我国 A 级景区的门票收取情况，可总结为完全开放、完全免费、一票制、景点门票制、双重门票制和门票替代等六种基本模式。通过对全国 104 家 A 级旅游景区的门票收取方式调查发现，一票制景区数量为 62 个，占比 59.62%，是目前景区最主要的门票收取模式；其次为门票复合模式（主要有景点门票模式和双重门票模式两种），景区数量为 7 个，占比 6.73%；完全开放模式景区数量为 5 个，占比 4.81%；完全免费模式景区数量为 4 个，占比 3.85%；门票替代模式景区数量为 2 个，占比 1.92%。

表 2-15　我国 A 级旅游景区门票收取模式

收取模式	典型景区	模式说明
完全开放	上海黄兴公园	景区全部范围及景点全部免费对外开放，且通过取消围挡或管制，游客可以 24 小时无障碍游览
完全免费	北京首都博物馆	景区门票定价为零，在规定时间内，对游客采取身份证登记入内或免费换取门票的模式
一票制	嘉兴乌镇景区	景区将所有景点游费用采用全包价形式，游客只需购买一次门票（俗称通票），即可游览景区全部景点
景点门票	杭州西湖景区	景区免收景区门票，但收取景区内各核心景点门票
双重门票	北京天坛景区	游客进入景区需购买景区门票（俗称大门票），选择游览核心景点时，需购买子景点门票（俗称二次购票）
门票替代	丽江古城景区	景区不收取门票，游客以资源占用费、资源维护费等替代方式，补偿游览行为的服务价格

1. 完全开放模式

完全开放模式指的是景区全部范围及景点全部免费对外开放，且通过取消围挡或管制，游客可以 24 小时无障碍游览的方式。

2. 完全免费模式

完全免费模式指的是景区门票定价为零，且在规定时间内，游客可凭有效证件（例如身份证、驾照、护照、军官证、士兵证、中小学学生证等）登记入内、免费换取门票及其他形式的免票的模式。

3. 一票制模式

一票制模式指的是景区将所有的景点游览、设施使用和服务费用采用全包价形式，游客只需购买一次门票（俗称通票）即可游览景区全部景点的模式。

一票制模式是我国旅游景区目前较普遍采用的门票收取方式，采用该门票类型的景区数量较多，类型也较丰富。该类票制景区一般具有或景观资源无法分割，或产品类型相对单一、或规模较小等特点。

（1）资源无法分割景区

景观资源无法分割是指旅游资源在景区内部既是观光的载体又同时承担休闲的功能，功能无法具体进行切分。如古镇类景区，传统的建筑和设施本身就是吸引游客前来观光旅游的载体，同时又作为承载景区内游客休闲或度假功能的设施，为游客提供多种服务，因此无法根据功能对资源进行切分，故而采用一票制模式较为适宜。该门票模式类型景区有古镇类的宏村和乌镇、休闲娱乐类的清明上河园景区和雁南飞茶田旅游度假区等。

（2）产品类型相对单一类景区

产品类型相对单一是指景区内部资源或产品类型较为一致，主题较为明确，属于单一资源或单一产品类景区，该类型景区类型最广且数量最多。一般而言，景区或依托纯自然类资源，通过自然资源打造纯观光类产品，如黄山风景区和泰山风景区；或依托纯历史文化类资源，打造文化教育类产品，如福建土楼（南靖）景区和黄帝陵景区等；或依托人造设施，打造纯主题游乐类产品，如常州环球恐龙城休闲旅游区和北京欢乐谷等；或依托纯红色资源，打造红色教育类产品等，如井冈山风景区等。

（3）规模较小类景区

景区规模较小是指景区内部或资源类型多样，或产品类型多样，或服务内容多样，但由于占地规模小，使得产品、设施、服务等内容较为集中，且对所有游客均平等提供，因此实行一票制即可平衡游客和经营者双方利益的景区。如民俗主题体验类景区海南陵水的椰田古寨等。

4."景点门票"模式

"景点门票"模式指的是游客可免费进入景区，但在选择游览景区内部分景点时需购买子景点门票的模式。该类票制景区一般具有景区总体规模大、子景点（分景区）规模较大或空间分布较为分散、空间上与非景区有交差重合等特点。具体表现主要为"大景区＋小景点型"与"大景区＋分景区型"两种情况。

（1）大景区＋小景点型

大景区＋小景点型，是指景区以免费开放空间为主，相较于整个景区，内部收费景点空间较小且分布较为零散，故根据游客自主选择付费游览，提高游客的选择自主性。如杭州西湖景区。

（2）大景区＋分景区型

大景区＋分景区型，是指景区由若干资源独立的分景区组成，免费开放的空间较小,游客选择的自主性相对也较高。如北京明十三陵景区。

5."双重门票"模式

"双重门票"模式指的是游客进入景区需购买景区门票(俗称大门票),在选择游览核心景点时,需再次购买子景点门票(俗称二次购票)的模式。大部分该类景区提供低于景区门票和子景点门票价格总和的景区内联票,以提高门票的性价比。该类票制景区一般具有景区总体规模大、总体资源品级高,核心景点数量较多且个体规模小,保护与管制要求较高等特点。

大部分此类景区收取二次门票的目的是控制核心景点游客量。采用"双重门票"的景区数量较多,类型也较丰富,如颐和园、天坛景区、五台山风景名胜区等历史文化类景区以及张家界景区、喀纳斯景区等自然景观类景区。

6."门票替代"模式

"门票替代"模式指的是景区不收取门票,游客以资源占用费、资源维护费等替代方式,补偿游览行为的服务价格。

该类票制景区一般具有核心资源整体性强、自然或人文资源品级高、稀缺性强、保护难度大、旅游空间与居民生产生活重叠、旅游商业业态丰富等特点。该类型景区的主要建设和营运目的是以旅游作为资源保护的手段,通过一定限制性的人类活动保障资源利用的可持续性,并通过特定名目的收入增加资源保护经费,以达到对资源的强化保护,使资源的历史价值和艺术价值等得以永久传世。目前,我国实行此类票制的景区极少,以5A级景区丽江古城最为典型。

(四)门票价格的主要影响因素

如前所述,景区门票价格受到景区性质、等级、规模等诸多因素影响。以下就景区性质、等级、类型和投入四个主要影响因素作分析。

1.景区性质

研究和实践证明,景区性质是景区门票定价主要依据之一。根据价值导向,可以将景区简化地分为社会公益型、资源保护型及商业投资型三大类[55]。社会公益型景区主要是指为提高公民素质、满足人们日常精神文化需求,带有明显公益性质的旅游景区。其核心价值体现的是社会公平,门票定价更多考虑"公平优先、效率兼顾"的原则,所以该性质景区一般采取较低的票价或免票策略,政府补贴往往占景区收入的绝大部分。社会公益型景区的主要类型有城市公园类、文博院馆类、红色旅游类、科技教育类、历史文化类等。资源保护型景区主要是指以保护自然或文化资源为目的而建设的景区。这类景区具有公共或准公共属性,虽然也存在经营,但不是以利润最大化为主要目的,其保护目的更重于盈利目的,以维护景区存在价值及代际价值为重点,因此其门票定价的基本原则是"保护与适度开发"。资源保护型景区的主要类型是以风景名胜区、自然保护区等为主体的自然景观类。商业投资型景区是指主要由社会资本投资建设的景区,采用市场调节价,以市场供求关系为定价原则,以获得一定的商业投资回报和正常利润为定价的落脚点[55]。商业投资型景区的主要类型是以主题度假村、主题公园为主体的度假休闲类和主题游乐类等。

图2-18是按照国家景区分类标准下的2018年各类景区平均门票价格。其中平均价格最高的是主题游乐,为67元;排第四位的是度假休闲,为36元,二者同属商业投资型景区。而宗教文化、文博院馆、红色旅游、城市公园等社会公益类门票价格相对较低。

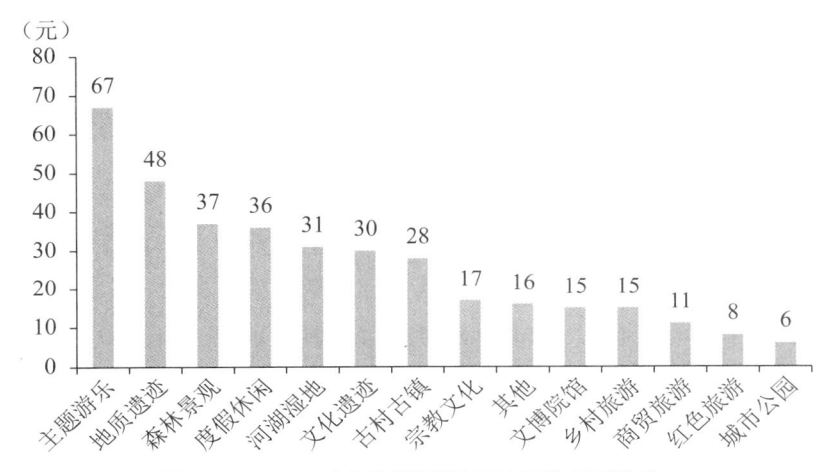

图2-18 2018年不同类型景区的平均门票价格

排名第二、第三、第五、第六位的分别是地质遗迹、森林景观、河湖湿地和文化遗迹。理论上讲,这四类应属于资源保护型景区,门票价格不应该排得如此靠前,这主要和这类景区具有的资源垄断性导致的票价的垄断性以及我国的财政投入机制有关。该类型景区是以优质资源为核心,并配套相关服务和产品,在定价过程中,很难对单纯的观光服务和享受配套服务分别收取费用,只能将二者进行捆绑收费。然而,由于其资源的垄断性以及资源保护和利用投入比较大,且在短时间内很难迅速收回投资而导致成本沉淀性很大[70],进而易造成经营者利用其垄断地位而抬高门票价格。此外,由于经营者对经济利益的追求,使得很多经营者对景区进行过量或不恰当配套服务的开发,以凭借其核心资源的垄断性与配套服务的多样化来追求更高的收益。社会广泛关注的景区门票价格问题主要就是这种类型的。因此,资源保护型景区要实行政府定价或政府指导价,门票价格不能完全交给市场调节。

2. 景区等级

景区等级是景区门票价格的直接表现因素之一，因为其直接体现核心资源的质量，而"质价相符"一直是管理者和游客追求的目标，也是二者对于景区门票价格的一个平衡点。景区门票价格与景区等级的相关性最高，即在市场经济的基本规则下，景区门票一定程度上能够反映景区的等级规制。

目前我国进行景区等级评价的指标体系主要依据2005年国家质量监督局发布的《旅游区（点）质量等级标准》（GB/T17775-2003），该标准综合了景区所含资源的本体品质、社会综合价值以及旅游市场影响等要素，通过旅游交通、游览区域、旅游安全、接待能力等12项具体指标考察，将旅游景区（点）划分为AAAAA级、AAAA级、AAA级、AA级、A级五个等级。其中AAAAA级是全国旅游景区（点）最高等级，代表了世界级旅游品质，是中国旅游精品景区的标杆。2018年，全国共有A级旅游景区11 924家，其中5A级旅游景区259家、4A级旅游景区3546家、3A级旅游景区5724家、2A级旅游景区2292家、1A级旅游景区103家。

总体而言，景区的质量等级直接影响着其门票价格。通过2018年我国各等级景区平均门票价格的分析发现，景区门票价格与景区等级成正比，5A级景区的门票价格大约为4A级的2倍，约为3A级景区的5倍，约为2A级景区的10倍。相对而言，3A级以下景区的门票价格相对较低，且2A级景区和1A级景区的门票价格差异较小（见图2-19）。

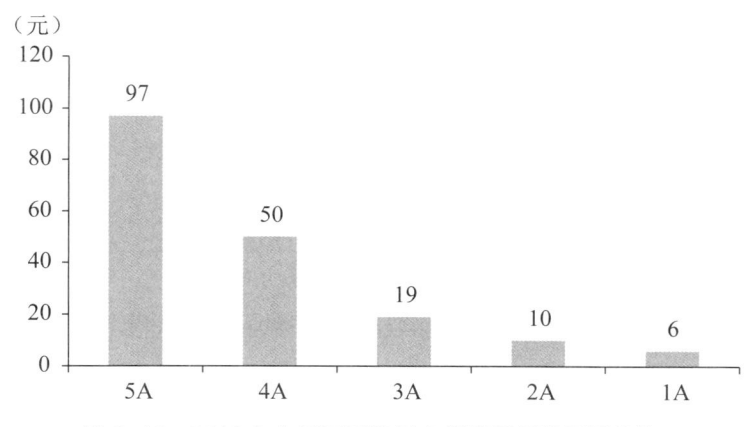

图2-19 2018年全国不同等级A级景区平均门票价格

我国景区等级划分两个核心的本底指标，分别是资源价值和市场价值。较高的景区等级，意味着较高的资源价值和市场吸引力。一般而言，资源价值越高、市场吸引力越大，其价格需求弹性就越小，其产品也就具有一定的不可替代性，门票价格的刚性也就越大。

3. 景区类型

旅游景区类型及其产品的丰富程度、服务内容及质量和景区门票价格紧密相关，产品和服务共同构成游客游览景区的主要内容和景区体验的重要方面。其中景区类型的差异是景区差别定价的基础，同时景区服务是游客出游寻求享受的一个方面，是消费的构成之一。因此，门票价格在一定程度上体现景区产品的层级和服务的质量，同时二者彼此影响，对景区门票的定价也起到一定的决定作用。

图2-20是我国四大类型景区门票平均价格。从自然景观到休闲娱乐，再到历史文化依次价格递减。

通过定量分析发现，门票价格通常根据景区产品类型有效市场需求的变化而不同，产品类型与景区门票价格呈负相关关系，即产品类型越普通、市场需求越广泛则门票价格越高，而产品类型越高级、市场需求越单一则门票价格越低[71]。因而，自然观光类景区门票价格高于休闲娱乐类和历史文化类（见图2-20）。自然观光类景区是最传统和普及的景区类型，其产品几乎适应所有旅游者的需求，因而门票平均价格最高。历史文化类景区对旅游者的文化素养要求较高，因而，需求范围相对较小，门票平均价格相对较低。

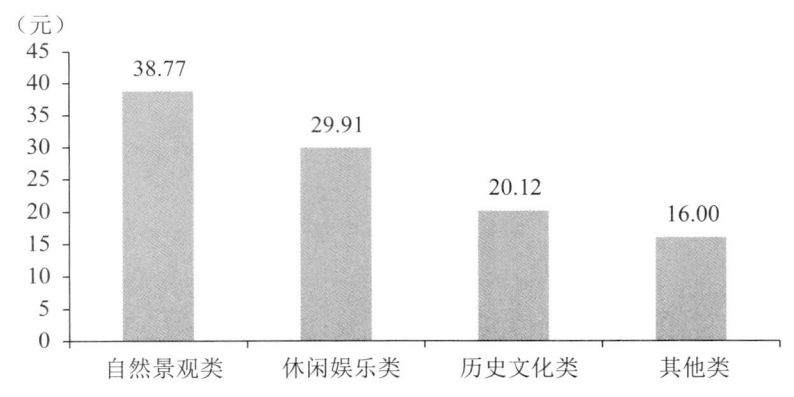

图2-20 2018年四大类型A级旅游景区的平均门票价格

4. 景区投入

景区门票价格的制定，很大程度上还受景区投入的影响[28]。通常而言，投入越大，则门票价格越高。下图是2018年各类型景区的平均投入。

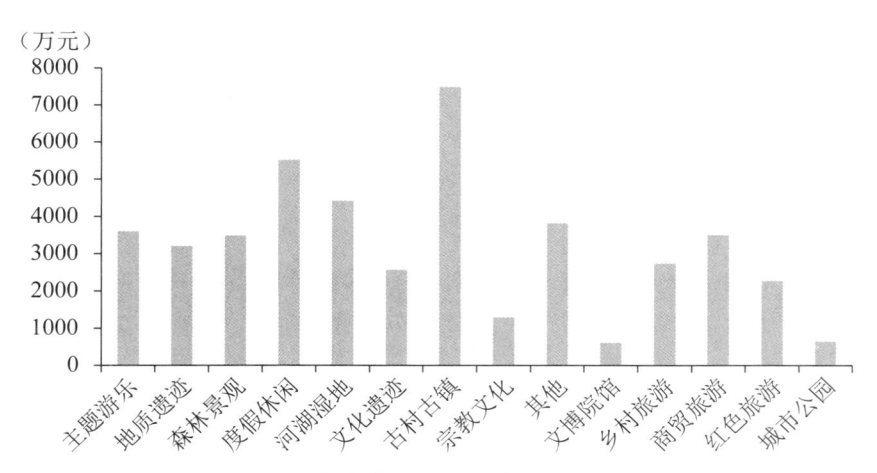

图 2-21 2018 年各类型 A 级旅游景区平均投资强度

我们将图 2-21 中的投资强度与图 2-18 中的平均门票价格进行了相关分析，相关系数仅为 0.3958。这表明我国景区门票价格和投资强度不存在显著相关关系，似乎和经济学常识相悖，其实不然。事实上，除了投资强度外，还要看投资的主体以及景区的价值导向。

目前，我国景区投资主体主要有三大类，一是以政府部门或社会团体为核心的投资主体；二是纯商业性质，以投资为目的的非政府和社会团体的投资主体；三是同时依托国有资源和商业资本进行开发的非政府和社会团体的投资主体。

其中，以政府部门或社会团体为核心投资的景区，公益性质更强，主要是公共资源型景区，主要依托自然景观、文物古迹、文教设施等社会公共资源，由政府部门或社会团体代表国家行使管理权。该类型景区在功能上强调综合效益的实现，除在经济上具有促进区域经济发展的作用外，还在区域社会文化保护和自然环境优化等方面起到重要作用[72]。因此，为了体现公平共享原则，避免垄断，以达到最大的社会公益效果，该类型景区一般多采用低门票价格甚至免票策略，而旅游景区的保护、维护和开发等成本多由政府来承担。古村古镇类景区就是这种情况，投入的资金第一，但门票价格却居第七位。

纯商业化投资的景区，往往不依托所在地的传统旅游资源，而是依靠开发商投入资本、土地、文化创意等旅游要素，人为建造景区，从事商业性经营，以经济效益最大化为经营管理目标。其旅游资源具有很强的可替代性和风险性，是纯市场化产品，客源市场需求往往变动明显，因此该类型景区的门票价格完全由市场来决定，根据市场供需关系，企业自主定价，自负盈亏，独立承担门票价格涨落的市场后果，而不承担社会公益义务。投入较大的度假休闲和主题游乐类景区,其门票价格也高,分别列第一和第四位。因为这类景区市场化程度高,所以符合投入大、门票就高的经济学常识。

最后一种投资主体投资建设的景区由于所依托的旅游资源具有国有性质,同时依靠开发商投入资金、土地和文化创意等旅游发展要素,属于资源保护型景区,因此兼具公益性和商业性。该类型景区的旅游资源属于公共资源,企业作为开发商获得经营权,在一定年限内,根据承包经营权合同投入资本,开发出市场化的旅游产品并以此获利。由于其旅游资源的公共属性,因此在开发时,需注重保护资源和环境,同时需要具备一定的公益性,即具有一定的教育、人文、爱国、生态等公益层面的正外部效应;由于其商业资本建设的特殊性,使其具有部分市场性,为了追逐投资回报,门票价格在一定程度上也将受到市场供求关系的影响。因此该类型景区在门票价格上必须在企业利益和公众利益之间寻求平衡点,既要以获利为目标实行自主的市场定价,又必须进行必要的政府干预[72]。这类景区由于受到政府宏观调控影响,门票价格和投入关系不明显,比如投入第三位的河湖湿地,门票价格排名第五位。

二、景区门票价格管理现状

(一)门票价格管理主体

《中华人民共和国价格法》第五条规定:"国务院价格主管部门统一负责全国的价格工作。国务院其他有关部门在各自的职责范围内,负责有关的价格工作"。1994年之前,国家物价局是价格主管部门。1994年国家物价局并入国家发展与改革委员会,成为发改委物价司,即现在的国家发改委价格司。根据国务院批准的国家发改委"三定"方案,在宏观调控职能中的一项就是完善价格管理,做好价格总水平调控。很显然,国家发改委就是价格主管部门。具体到景区门票而言,国家发展改革委价格司是唯一负责景区门票价格总体管理部门。

1999年,原国家计委出台的《游览参观点门票价格管理办法》第六条规定:"国务院价格主管部门管理的游览参观点门票价格的制定与调整,由游览参观点所在省、自治区、直辖市政府价格主管部门征求有关部门意见后提出方案,报国务院价格主管部门审批"。2000年修订后的《游览参观点门票价格管理办法》第四条规定:"国务院价格主管部门负责全国游览参观点门票价格政策的制定,加强对价格总水平调控。省级及省级以下政府价格主管部门负责贯彻落实国家有关游览参观点门票价格的政策,做好本地区游览参观点门票价格管理工作"。这一修订,将原来由国家计委直接定价的,在国内外享受有较高声誉的全国重点文物保护单位、大型博物馆、国家级风景名胜区和自然保护区等极少数重要游览参观点门票价格权限也全部下放给了地方。国家层面主要负责全国性的政策制定，具体执行由景点所在地的省级价格主管部门，即意味着景区门票价格政策权限下放给了地方。各地根据自身情况，由不同层级政府价格主管部门负责景区门票价格。比如，安徽省规定5A级景区门票及景区内相关服务价格由省级价格主管部门管理，而2015年江西则将所有省管景区游览参观点门票价格进一步下放至设区市价格主管部门管理。

（二）门票价格管理依据

我国景区门票价格管理的上位法是《中华人民共和国价格法》和《中华人民共和国旅游法》。宏观管理的具体依据，主要是国家发改委（含原国家计委）及景区相关管理部门的有关政策规定，如《游览参观点门票价格管理办法》、中宣部《关于全国博物馆、纪念馆免费开放的通知》等。由于我国景区门票价格管理实行的是属地管理，各地根据全国性政策要求，制定本地区管理办法和依据等。

表2-16 我国旅游景区门票价格管理的法规依据体系

类别	制定机构或部门	法律法规和规章名称	颁布时间
法律	全国人民代表大会和全国人民代表大会常务委员会	《中华人民共和国价格法》	1997年
		《中华人民共和国旅游法》	2013年
部门政策文件	国家发展与改革委员会（含原国家计委）等	《政府制定价格听证办法》	2008年
		《游览参观点门票价格管理办法》	2000年
		《关于改革国家级特殊游览参观点门票价格管理体制的通知》	2000年
		《关于进一步规范游览参观点门票价格管理工作的通知》	2005年
		《关于建立游览参观点门票价格及相关信息报告制度的通知》	2006年
		《关于进一步做好当前游览参观点门票价格管理工作的通知》	2007年
		《关于整顿和规范游览参观点门票价格的通知》	2008年
		《关于做好法定节假日期间游览参观点门票和道路客运价格管理工作的通知》	2010年
		《第一批降价和免费的游览参观点名单》	2012年
		《第二批降价和免费的旅游参观点名单》	2012年
		《中秋、国庆期间降价的5A级景区名单》	2012年

续表

类别	制定机构或部门	法律法规和规章名称	颁布时间
部门政策文件	国家发展与改革委员会（含原国家计委）等	《关于开展景区门票价格专项整治工作的通知》	2015 年
		《关于完善国有景区门票价格形成机制 降低重点国有景区门票价格的指导意见》	2018 年
		《关于持续深入推进降低重点国有景区门票价格工作的通知》	2019 年
	中共中央宣传部	《关于全国博物馆、纪念馆免费开放的通知》	2008 年
地方政府规章	省、自治区、直辖市的人民政府	各省、自治区、直辖市分别出台的《政府制定价格听证办法实施细则》	2008—2014 年
		各省、自治区、直辖市分别出台的《游览参观点门票价格管理办法实施细则》	2008—2014 年
地方政府和地方部门文件	省、自治区、直辖市物价主管部门	各省、自治区、直辖市分别出台的《政府定价目录》和《价格听证目录》	不定期更新

（三）门票价格审批程序

1. 价格制定（或调整）审批主体

《中华人民共和国价格法》规定，国务院政府价格主管部门负责价格的制定，即国家发改委是价格制定的审批主体。2000 年出台的《国家计委关于改革国家级特殊游览参观点门票价格管理体制的通知》和《游览参观点门票价格管理办法》，将景区门票定价权力下放给各省政府价格主管部门。国务院价格主管部门负责全国游览参观点门票价格政策的制定和负责对全国游览参观点门票价格总水平的调控。除受省级价格主管部门授权外，市、县人民政府价格主管部门不具有门票价格定价权力，仅负责门票价格制定或调整过程的组织。

2. 价格制定（或调整）审批适用范围

根据 2008 年国家发展改革委员会下发的《关于整顿和规范游览参观点门票价格的通知》，价格制定或调整的审批对象的范围为部分游览参观点，即"依托国家自然资源或文化资源投资兴建的游览参观点"，具体范围与名单由国务院政府价格主管部门审定的各省、自治区、直辖市"地方定价目录"确定。如湖南省需要进行门票价格审批的游览参观点由《湖南省定价目录》确定，浙江省则由《浙江省定价目录》确定，等等。以浙江省为例，浙江省适用门票价格政府定价的范围如下。

表 2-17 《浙江省定价目录》中"游览参观点门票价格政府定价范围"

定价项目	定价内容	定价形式	定价部门	定价范围	备注
重要公益性服务	游览参观点及游览参观点内配套的交通运输服务	门票价格收费标准	政府定价政府指导价	省价格主管部门	省内依托国家自然资源或历史文化资源投资兴建的国内外知名度较高、游览人数较多的部分高等级游览参观点	实行政府定价、政府指导价的具体项目见有关文件
				市、县人民政府	辖区内依托国家自然资源或历史文化资源投资兴建的游览参观点	省定价除外

注：2010 年最新修定。

对于非依托国家自然资源和文化资源、由商业性投资兴建的人造景观门票价格实行市场调节价，不在政府定价之列。

3. 价格制定（或调整）审批流程

第一步：游览参观点经营单位向物价主管部门提出门票价格制定或门票价格调整的书面申请，并提交定价听证方案和定价成本监审报告。

第二步：物价主管部门审查"申请"是否符合国家有关游览参观点门票价格调整频次的规定。

第三步：对于符合国家相关规定的"申请"，属于需要进行听证的，进入听证程序；无需进行听证的，对调价方案进行审核后，进入第五步。

第四步：进行价格听证。

第五步：报请本级人民政府或者上级定价机关批准。

第六步：公布实施。

另外，根据《游览参观点门票价格管理办法》的规定，游览参观点门票价格制定或调整实行上级备案制度，即省级政府价格主管部门审批的游览参观点门票价格制定或调整需向国务院价格主管部门备案；市级政府审批的游览参观点门票价格需向省级价格主管部门备案；县级政府审批的游览参观点门票价格需向市级价格主管部门备案。

各省、自治区、直辖市政府价格主管部门向国务院政府价格主管部门报备名单已由国家发展改革委员会办公厅于 2006 年下发的《关于建立游览参观点门票价格及相关信息报告制度的通知》进行确定，计 109 家，名录如下。

表 2-18　纳入国家价格主管部门门票价格变动报备的主要游览参观点名录

地区	景点名称	数量（家）
北京	故宫博物院、颐和园、八达岭长城、天坛公园、北海公园、明皇家陵寝	6
天津	水上公园、黄崖关长城	2
河北	秦皇岛老龙头、承德避暑山庄、清皇家陵寝	3
山西	晋祠博物馆、五台山风景区、平遥古城、王家大院、云冈石窟	5
内蒙古	昭君墓、成吉思汗陵、成吉思汗庙	3
辽宁	沈阳故宫博物院、本溪水洞、大连冰峪沟	3
吉林	净月潭、伪皇宫、长白山	3
黑龙江	五大连池风景区、镜泊湖风景区、太阳岛风景区	3
上海	豫园	1
江苏	南京中山陵、南京明孝陵、南京总统府、苏州拙政园、苏州虎丘、周庄	6
浙江	灵隐寺（飞来峰）、普陀山	2
安徽	黄山、九华山	2
福建	武夷山、泉州清源山、连城冠豸山	3
江西	庐山、井冈山、三清山、龙虎山	4
山东	孔庙、孔府、孔林、泰山	4
河南	少林寺、洛阳龙门石窟、开封清明上河园、焦作云台山	4
湖北	黄鹤楼、武当山、宜昌三峡、神农架旅游风景区	4
湖南	张家界核心景区、韶山滴水洞、岳阳楼	4
广东	七星岩、鼎湖山风景区、丹霞山风景区	3
广西	桂林游江、七星公园、桂平西山	3
海南	天涯海角、南山文化旅游区	2
重庆	大足石刻、丰都名山、巫山小三峡	3
四川	都江堰、杜甫草堂、乐山大佛、峨眉山、三星堆、九寨沟、黄龙	7
贵州	黄果树风景名胜区：1.瀑布景点　2.天星景点	1
云南	世博园、石林、丽江玉龙雪山、西山龙门、金殿风景名胜区、云南民族村、野象谷、丽江古城	8
西藏	布达拉宫、罗布林卡	2

续表

地区	景点名称	数量（家）
陕西	秦兵马俑博物馆、陕西历史博物馆、华清池、西安碑林、华山、法门寺、大雁塔、秦始皇陵	8
甘肃	莫高窟、麦积山、嘉峪关关城	3
宁夏	沙湖生态旅游区、西夏王陵	2
青海	湟中塔尔寺、青海湖鸟岛	2
新疆	天池、葡萄沟、喀纳斯	3
合　计		109

（四）门票价格管理形式

依据《中华人民共和国价格法》，景区门票价格管理形式和其他价格管理一样，主要有三种：市场调节价、政府指导价及政府定价。对于景区如何确定采用何种价格管理形式，原国家计委和之后的国家发改委有明确规定。1999年印发的《游览参观点门票价格管理办法》第五条规定："游览参观点门票价格依其关系社会文化生活和国际国内旅游的重要程度，分别实行政府定价、政府指导价"。2008年国家发改委《关于整顿和规范游览参观点门票价格的通知》明确要求规范门票价格管理："对于依托国家自然资源或文化资源投资兴建的游览参观点门票价格，实行政府定价或政府指导价；对于非依托国家自然资源和文化资源、由商业性投资兴建的人造景观门票价格实行市场调节价"。

第二节　景区门票价格管理存在的主要问题

一、部分景区门票价格虚高

部分景区门票价格虚高。以5A级景区为例，2012年至2014年我国5A级旅游景区门票平均价格分别为109元、110元和112元。2014年，5A级景区门票价格为100—200元的占比接近一半，为49.69%，200元（含）以上景区达16家。2012年至2014年我国5A级景区门票平均价格与当年农村居民月度人均纯收入之比分别为16.52%、14.84%和13.59%，与当年城镇居民月度人均可支配收入之比分别为5.32%、4.9%和4.66%。同时，新增5A级景区的门票平均价格与农村和城镇居民人均月收入之比分别为 14.25%、12.01%、11.4% 和 4.59%、3.96%、3.91%。

表 2-19　2014 年全国 5A 级景区门票平均价格分档情况

价格分档	景区数量（家）	比重（%）
0 元	12	7.36
1—19 元	2	1.23
20—49 元	12	7.36
50—99 元	40	24.54
100—200 元	81	49.69
200 元（含）以上	16	9.82

我国门票价格相对于国民人均收入水平而言较国外普遍偏高。国外景区门票价格占居民月收入的比重很低，一般不超过人均月收入的 1%，而我国景区门票平均价格占居民月收入比重较高，其中城镇居民为 7.6%，农村居民为 32%。

表 2-20　各国景区门票在该国居民人均月收入中的比重（%）

国别	中国	比利时	法国	菲律宾	意大利	日本	巴基斯坦	捷克
比重	城镇：7.6 农村：32	0.33	0.4	1.7	<1	<1	0.2	<0.35

二、门票价格上涨过快

涨势强劲。1993 年以来，我国门票价格一直处于快速上涨期，持续时间已经超过 20 年，其中经历了 1 个超高速上涨期、1 个高速上涨期，2004 年至今为快速上涨期。旅游基础设施、旅游产品等没有多大改变和提升，门票价格几年内却成倍地上涨，涨幅过大，有的甚至连续几年都在涨价，涨价频率过快。根据趋势线分析，目前还未看到周期转换的迹象。

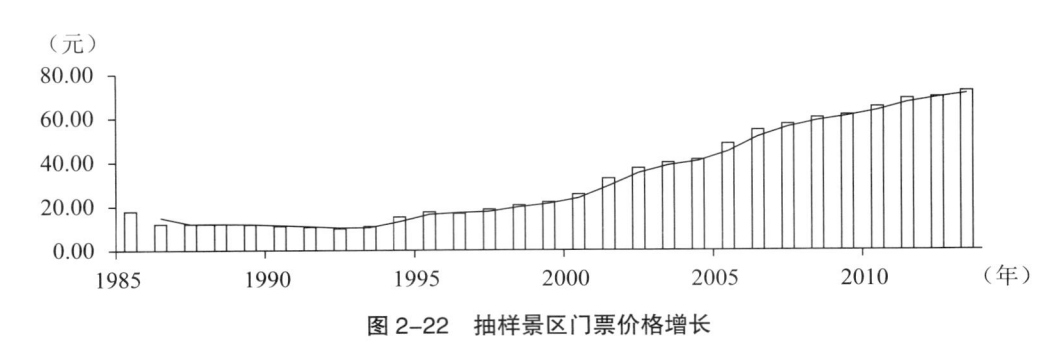

图 2-22　抽样景区门票价格增长

增长过快。根据分析对比，景区门票价格增长率自 1997 年以来一直高于我国居民消费价格指数（CPI）。

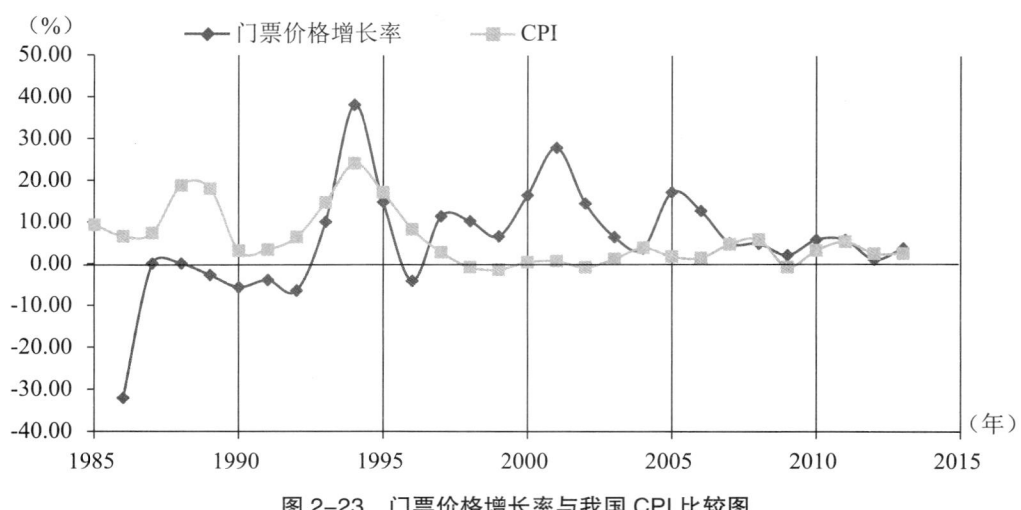

图 2-23　门票价格增长率与我国 CPI 比较图

游客是门票的"埋单者"，景区门票价格"一路飙涨"，增加了游客的出游成本，由于收入的差异，无形中形成了差异化的国民待遇。门票价格是景区消费的第一道门槛，过高的门票价格，事实上使得旅游这一公民基本权利，成为中高收入群体的专属权利，而将低收入群体排除在外，低收入群体只能望"票"兴叹，正当的旅游权利得不到保障。另外，目前我国大部分旅游景区，票价并轨，国际国内游客一个票价，且享有财政补贴，这就产生了穷人向富人的逆向财政转移，即用低收入群体的纳税去补贴中高收入群体的旅游消费，"劫贫济富"，有失公平。

一些景区，特别是依托国家风景名胜区、自然保护区、文物保护单位、国家公园等全民所有的公共资源建设的国有景区具有较强的社会和公益属性。由于景区资源的相对垄断性，特别是那些具有不可替代性的重点国有景区，即使门票价格提高，其需求也不会显著减少。景区特别是重点国有景区门票价格过高，导致景区社会效益、生态效益和经济效益不统一，社会功能式微。这是景区门票价格饱受诟病的一个非常重要的逻辑起因。

三、"门票经济"依赖严重

统计显示，2016 年全国 A 级旅游景区营业收入达到 3858.20 亿元，门票收入达到 906.2 亿元，占整个景区营业收入的 23.5%。北京、上海、河北等多个省份门票收入占整个景区营收比重都超过50%。购物、酒店、餐饮等营收对景区收入贡献较低。2017年我国A级景区收入构成中,门票收入占比略有下降,占22.80%,餐饮收入占25.61%,住宿收入占18.7%,演艺收入占2.05%,其他收入占2.29%;门票收入占比最高的是上海(60.53%),其次是海南(46.41%),最低的是江西(9.26%)。除河南(45.46%)、天津(43.64%)、云南(41.35%)、广东(41.34%)之外,其他地区景区门票收入占比都在20%以上。和国际上门票收入占10%左右相比,我国景区门票收入占比较高,是景区收入的主要来源,门票经济特征明显。

四、不规范价格行为时有发生

一是存在乱收费情况。这种现象多发生在一些古村镇旅游景区和其他景区内个人承包经营的项目收费方面。一些村镇类型景区,没有经过相关部门审批,在村镇主要入口,设置收费点,非法收取进村费或停车费等。一些景区内部私人承包的项目,往往"一口价",坐个滑竿,坐个小船,收费从几十元到一二百元不等。个别景区内出现强买强卖的情况,收取"取景费""合影费"等五花八门的费用。

二是景区门票比差价关系不合理。旅游景点门票级差定价机制尚不完善,不同等级景点门票价格级差不规范,景点等级与价格标准不协调,比价关系尚未理顺。其一是全国同类景区门票价格横向不可比。如同为5A级人文景区,故宫旺季票价60元,淡季40元;河南少林寺门票100元;西藏布达拉宫旺季票价200元,淡季100元。其二是同地区不同等级景区价格差不合理。比如某地(出于保护考虑,不具体指名)地市管理的景区门票价格高于省管理的景区门票价格。还有一些低等级区为吸引旅行社带团采取高额回扣的办法虚高定价,严重偏离旅游接待品质。有的中心城市人文景点门票价格也悬殊明显。

三是"票中票""园中园"等现象仍存在。除了直接提高景区门票价格涨价方式外,有些景区还通过设置"园中园""票中票"等多次收费方式变相涨价。近年来,尽管国家相关部门一直在整治,但"园中园""票中票"等现象仍时有发生。不少景区除了常规的收取"园中园""票中票"门票,偶尔还会因为临时节庆、展览的存在,而收取临时门票。

四是相关门票优惠政策、制度落实不到位。对青少年、学生、老年人、残疾人等特殊群体的门票价格减免优惠措施没有落实到位。价格公示制度执行不到位,门票价格不够透明,尤其是存在"园中园""票中票"情况的时候,通常游客不能获取足够的信息。价格听证走过场,外地游客参与人数过少,专家学者、社会舆论、旅游协会、NGO等不能有效参与监督,导致调价听证制度不能真实反映景区各相关利益主体的诉求，形成了景区门票价格"逢听必涨"的现象。

第三节 景区门票价格管理问题的成因分析

景区门票价格管理相关问题的出现，既有因管理、生产、材料、人力等成本上升推高票价的客观因素，也有我国现阶段在旅游资源保护、景区发展和价格宏观调控等诸多方面体制机制根源。

一、直接成本价格上涨

旅游景区的建设和经营管理成本受管理水平和人力、物价、通胀、地价等关联成本价格变动影响。

（一）管理效率不高，增加运营成本

我国旅游景区管理机制不健全，景区往往采用的条块分割、多头管理、交叉管理和分散管理为主的管理模式[73]，僵化的人事机制，以及落后的运营机制，导致众多旅游景区权力争夺、责任真空、运营成本总体偏高。一是资源多头管理。我国景区管理体制主要依据其资源类型的垂直管理体系，并实行属地化开发管理，逐渐形成了多头多级的管理局面。特别是"公共资源"属性的景区，涉及林业、农业、水利、环保、建设、文化、文物、宗教等众多管理部门，在旅游开发和管理中，存在审批多头、标准不一等诸多问题，直接影响旅游景区的管理与经营效能。二是用人机制僵化。我国大部分旅游景区，特别是"公共资源"属性的景区，其管理机构为行政事业单位，政企不分，政事不分。在劳动人事制度上，机构臃肿，冗员众多，缺少用人机制；在分配制度上，发固定工资，吃"大锅饭"，实行平均主义，导致管理效率低下，管理成本偏高。三是运营机制落后。景区自身开发市场的能力有限，过度依赖旅行社，只有高额门票回扣才能吸引旅行社组织游客，以致在国内旅游市场出现一种怪象：门票价格越高的景区，越能吸引更多的旅行社组团，而规模越大、组团能力越强的旅行社，拿到的门票回扣也越高。旅行社的门票回扣，一方面提高了景区经营成本；另一方面合力推高门票价格，成为旅行社与景区共同"做大蛋糕"的有效手段。

（二）人力成本快速上升

旅游业属于劳动密集型产业。2018年全国11 924家A级旅游景区总就业283.13万人，其中固定就业134.48万人，临时就业148.65万人，平均每个景区127人就

业。随着我国城镇居民年可支配收入的不断增长，景区人力成本支出增量巨大。同时，旅游景区经营和管理属于劳动生产率增长率较低的工种，随着景区游客量的增加，景区管理和服务人员相应增加，导致人力成本持续增长。

（三）通胀与物价上涨

CPI上涨以及连带的通货膨胀，推高了中国的物价，建筑材料价格上涨推动建设成本和维护成本不断上升；水电等也是多次提价，并按商业使用类型收费，没有得到优惠。景区的成本主要包括：（1）自然、文化遗产等资源保护支出；（2）相关旅游服务设施的运维费用；（3）人员工资；（4）财务成本以及固定资产折旧。随着整体经济形势的波动，相关的支出也发生相应变化，最终都体现在门票价格上，转嫁到游客头上[74]。

（四）土地资源价格上涨

作为存在的先决条件，旅游景区需要占用大量土地，土地资源的稀缺性和土地价格的提升导致其土地资源的绝对成本迅速上升。土地资源的价格决定着景区的用地规模，直接决定了景区提供相关旅游服务的能力和竞争力。随着我国经济的不断增长，城市化进程加快，过去十年，大城市及周边地区土地增值迅猛，增加了景区的机会成本[75]。景区必须不断提供利润水平，也对冲不断高企的机会成本，形成对经营收入的巨大压力，而提高景区门票价格是最快、最稳当的增收办法。目前景区发展中出现的景区地产模式，实质就是土地资源在不同行业之间的逐利行为。该发展模式因其投资大、营运成本高等特点，对其门槛价格和门槛需求量要求较高。

深圳华侨城模式的成功带动了国内一批主题公园和旅游地产项目的纷纷兴建上马。主题公园往往用地面积较大，以我国三大欢乐谷景区为例，面积最大的为北京欢乐谷100万平方米，最小的深圳欢乐谷也达到56万平方米。同时，主题公园需要大客流支撑，往往布局在人口聚集的大中型以上城市，这些地区往往寸土寸金，因此，主题公园在土地这方面的投入巨大。加上主题公园设施设备运维费用很高，导致很多主题公园盈利状况不理想。另外，度假区等产品用地规模也较大，土地成本也很高。要支付如此之高的土地成本，就必须增加收入和利润，但客流的增长及接待量都是有限度的，因此，最终都摊到了门票成本上，这也是主题乐园类产品和度假类产品门票价格高（2018年，前者平均门票价格排各类型景区票价的第一位，后者排第四位）的主要原因之一（见图2-18）。

二、门票成本构成范围"额外"扩大

在产业思维导向下，景区过于侧重经济发展功能，利益相关者"妙手回春"，巧立成本名目以及其他"额外"名目，附加到景区门票成本构成中，导致景区的成本构成要素范围进一步扩大，抬高门票价格。

（一）巧立成本名目

经过几十年发展，我国旅游产业不断壮大。众所周知，我国旅游业一开始是事业性质的。20 世纪 90 年代初，国家关于旅游的经济意识和产业观念逐步增强。1998 年，中央经济工作会议确定了"旅游是经济发展增长点"的角色定位。"十五"时期，全国有 27 个省区市将旅游业定位为支柱产业或先导产业。2009 年，旅游业被定位为国民经济的战略性支柱产业。2019 年，我国旅游业总收入 6.63 万亿元，对 GDP 的综合贡献为 10.94 万亿元，占 GDP 总量比重为 11.05%。几十年间，旅游业的经济成效和作用十分显著。

进入"十三五"时期，原国家旅游局对旅游业的定位和工作部署发生了明显的变化，强调要充分发挥旅游业的综合功能，即文化交流、对外交往、扶贫等。事实上，这是对过去侧重于强调经济功能的一个补位。

在产业思维下，景区作为旅游业发展的重要组成部分，各地必然十分重视景区的经济效益。我国许多世界遗产、自然保护区、森林公园、地质遗址等申办的目的就是旅游，着眼点是为经济利益服务[76]。在 GDP 崇拜的时代，景区奔着"钱景"一骑绝尘，社会功能往往被有意无意地忽视。为了增加收入，抬高门票价格，景区门票收入相关利益者巧立成本名目。还有比较隐蔽的操作是，虽未新立名目，但这些成本，政府通过直接补贴或其他收费补偿以及特许经营等方式返还景区，景区在核定门票成本构成时仍然计入，造成实质上的涨价。

（二）"额外"负担纳入成本构成

旅游景区门票反映景区景点与服务设施的建设成本、旅游服务与管理的经营成本以及环境资源的维护成本等，在学术界已成为共识，但目前我国景区门票成本构成远不止这些，"额外"负担重，致使门票价格居高不下。主要体现在以下三个方面。

一是门票收入成为部分地区旅游发展的重要资金来源。由于我国旅游业起步较晚，景区及其周边地区基础设施、配套服务设施不足，资金缺口较大。通常景区经营管理主要职能是负责景区范围内事务，而景区之外，应由地方负责。但地方财力往往难以支撑，进而将原本应由政府承担的部分，以及与景区正常运营无关的支出转移给了景区。以国内某知名国有重点景区为例，景区门票成本构成中，包含了机场建设费、公路建设费、防洪水利建设费等配套服务成本。经测算，配套服务成本占直接运行成本 30%，占门票价格 20% 以上。而经历一个五年周期的涨价后，配套服务成本占直接运行成本的比重超过了 50%。10 年间，累计有 2 亿多元的配套成本从门票收入中支出，从而在短时间内完成了机场建设、景区周边公路改扩建以及水库灾害隐患消除等工作[77]。

二是门票收入成为部分地区财政增收的重要来源。我国大部分"公共资源"类景区主要实行事业型单位企业化经营的模式，只给政策不给钱。许多景区在承担自身生存、维护、发展以及社区发展的使命时，不但没有得到地方财政支持，反而要"反哺"地方。景区经费管理往往收支两条线，即先上缴地方，地方再返还景区，但往往都不是全额返还。这种情况下，景区不得不做大门票蛋糕，从而保证返还部分与实际开支接近，来维持发展。

三是门票成本中资源保护支出的"糊涂账"。资源环境保护对于景区，特别是公共属性景区而言，是持续发展的重要保障。通常，资源环境保护的费用应由财政投入，但由于我国财政投入不足，景区承担资源环境保护费用已是惯例，谁使用、谁付费。公共属性景区中，资源环境保护支出往往是第一位。以国内另一著名国有重点景区为例，200多元的景区门票中，资源环境保护费用为90多元，接近一半，实际运行成本仅占32%强。当然，对资源环境保护的大投入是应当的，问题在于保护费用是如何核算出来的，存不存在挂羊头卖狗肉、以保护之名行其他收费之实的情形，实际收入有多少真正投入保护中去了呢？更有甚者，资源环境的破坏就是由景区过度商业化、不恰当的开发建设造成的，最后还得让游客买单。

三、门票价格垄断加剧

旅游市场供需矛盾突出，高A级景区需求弹性小，景区产品类型结构性失衡，导致我国旅游景区门票价格垄断加剧。主要体现在以下三个方面。

（一）市场供需矛盾突出，门票价格自发上涨

现代意义上的旅游可以说是社会发展到一定阶段的产物，是一种高消费的活动，因此经济发展的程度、居民可支配收入的多少等都会对旅游行为产生巨大的影响[75]。通常情况下，旅游活动对于收入的变化处于高度敏感的状态。旅游消费的收入弹性大于1。

随着我国居民可支配收入的不断提高，我国旅游的出游人数也相应地增长，旅游产品的消费与收入呈正相关。我国的年平均经济增长率在7%以上，居民的人均可支配收入尽管由于地区发展不平衡、城乡差别较大，但是增长率也是相当可观的[75]。2012年全国国内旅游人数29.57亿人次，收入22 706.22亿元人民币，分别比上年增长12.0%和17.6%；接待入境旅游1.32亿人次，实现国际旅游（外汇）收入500.28亿美元，分别比上年下降2.2%和增长3.2%。

表 2-21 1990—2010 年中国国内旅游统计

统计年份	1990 年	1995 年	2000 年	2005 年	2010 年
城镇居民人均可支配收入（元）	1387	3893	6280	10493	19109
农村居民人均可支配收入（元）	630	1578	2253	3255	5919
出游总人数（亿次）	2.8	6.29	7.44	12.12	21

相对庞大的游客基数和迅速增长的旅游需求，我国旅游景区数量尤其是高级别景区数量明显不足。2012 年，我国各类旅游景区数量近 3 万家，A 级景区 6042 家，每千人拥有 A 级景区数仅为 0.0045 处。全国接待游客规模前 50 位的景区，2012 年平均接待规模达到 752.5 万人次，但总接待人次仅为全国景区年游客量的 12.7%。同时，我国许多高 A 级景区，如自然景观类和古村镇类，资源类别、景观品位具有一定的天然垄断性，但生态和环境容量有限，旅游供需矛盾突出，这些均为旅游景区门票价格的上涨提供了基本条件。个别景区虽多次上调门票价格，游客量不降反增，加剧了门票的上涨速度。

此外，从近 20 年来，我国 4A 级旅游景区门票价格变化及其占我国城镇居民可支配收入的比重情况来看（见图 2-24），虽然门票价格的绝对水平在增长，但相对于居民可支配收入的增长，其相对值不增反降，一定程度上反映了景区门票价格上涨的必然性。

（二）高级别景区需求弹性小，成为价格上涨的主体

"质价不符"，是很多景区尤其是高级别景区要求提价的理由之一，景区等级不同直接影响其门票价格的高低。从 2012 年我国 6042 家各等级 A 级景区的平均门票价格分布来看（见图 2-25），景区资源类型的独特性和等级的高低，与门票价格存在高度的正相关，其中，5A 级景区与 1A 级景区的门票价格之比高达 14:1，总体符合"优质优价"的"质价相符"理论。

从经济学角度看，高级别景区资源价值高、独特性和垄断性强，基本不受来自 3A、2A 和 1A 级景区的竞争威胁，市场上可替代产品少，因而需求价格弹性小，门票价格表现出较大刚性，近年来呈持续上涨态势[78]。

此外，从不同级别景区所吸引的市场范围来看，高 A 级景区吸引的市场范围最广，价格需求弹性最小，涨价的可能性也最大。如 2A 级以下景区主要面向当地游憩市场，3A 级景区主要面向区域旅游市场，高 A 级（4A 级以上）景区则重点面向国内远距离和国际旅游市场[79]，广阔的市场空间、旺盛的市场需求让高 A 级景区成为近年景区价格上涨的主体。

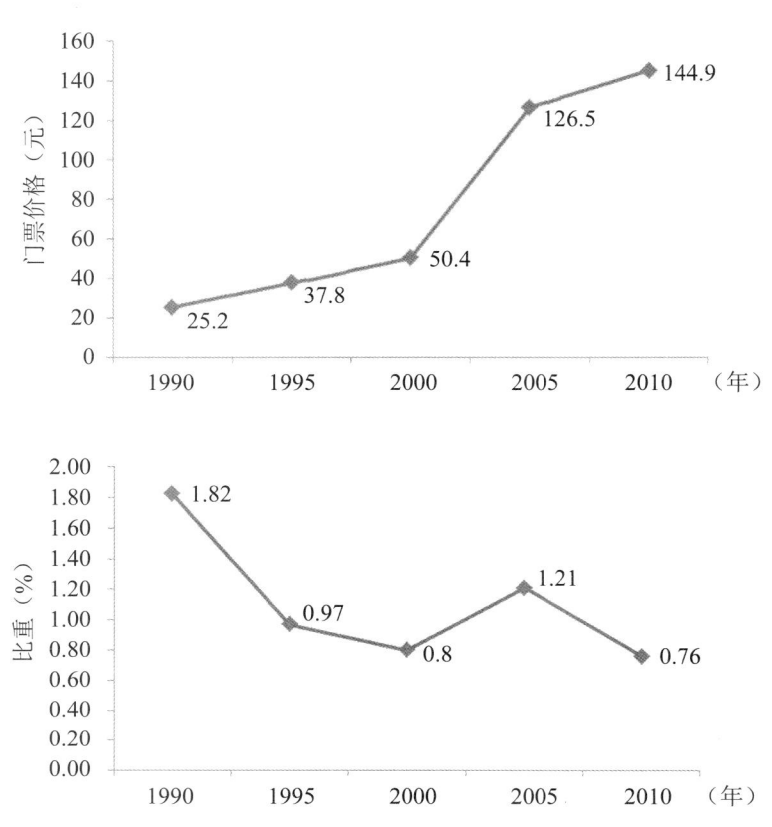

图 2-24 我国 4A 级景区近 20 年来门票价格变化（上）及占城镇居民可支配收入比重变化情况（下）

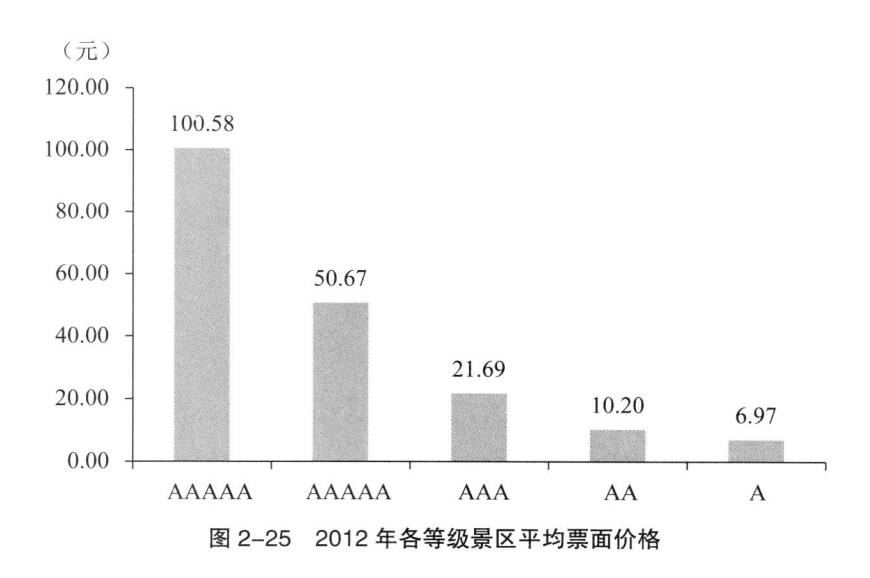

图 2-25 2012 年各等级景区平均票面价格

(三)景区产品类型结构性失衡,门票整体价格较高

相关研究发现门票价格与产品类型显著相关,门票价格随着产品类型的有效市场需求变化而变化。如自然类景区几乎适应所有旅游者的需求,旅游需求价格弹性较小,价格上涨空间大;历史文化类景区要求旅游者有一定的文化素养,需求范围相对减小;休闲度假类景区有效需求规模最小。在一定程度上反映出,产品类型越普通门票价格越高,产品类型越高级门票价格越低。如通过对 2012 年全国 A 级景区不同类型数量及平均价格的对比分析发现(见图 2-26),自然景观类、历史文化类以及度假休闲类景区在数量和平均价格方面均占明显优势,其中,自然景观和历史文化两类景区共占景区总数的 55.30%,且两类景区门票的平均价格在所有景区中位居前列,三者当中自然景观类景区平均价格最高。

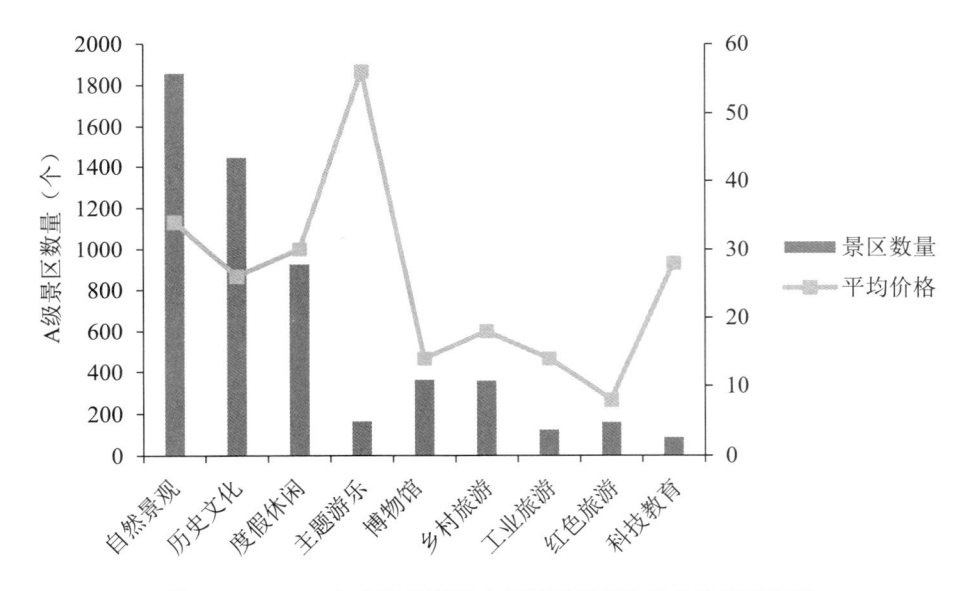

图 2-26 2012 年全国各类型 A 级景区数量和平均价格对比图

此外,从目前我国旅游景区产品的现状构成来看,观光型的旅游产品仍然占据着主导地位。尽管游客的消费需求逐渐多样化、复杂化和个性化,但其他类型的产品如度假、商务、体育、休闲等尚未发育成熟,人们只好寻求观光产品来替代,以满足长期积压的出游欲望,从而造成了观光旅游产品长期"一枝独秀"的局面[74]。结构性失衡给以观光为主要功能的景区(如自然景观类和历史文化类景区)创造了涨价理由。在供小于求的情况下,"无形的手"必然提升门票价格。

（四）景区功能定位错位，过度强调"门票经济"

旅游景区，特别是依托国有资源建设的景区，具有一定的公共产品属性，因此，景区门票价格一方面要保证合理的经营收益，另一方面要保障社会公平。景区门票的定价，要补偿合理成本、保障合理利润，同时要充分体现景区的公益属性[80]。由于缺乏充分的社会监督，加之价格监管不到位，景区提升国民精神文化生活水平和爱国情操的公益性职责往往被有意无意地忽视或敷衍应付。

加之目前我国旅游消费不成熟，旅游产品结构不合理，观光旅游占据主导地位，旅游产品链尚未建立。由于观光旅游产品缺乏体验性、创收性项目，景区门票之外的旅游综合收入少，这种对景区内项目参与少、旅游舒适度要求低、以门票消费为主的低层次消费形式，导致景区不重视内部硬件和管理服务软件的提升，不重视新项目的引进，而是简单地通过提高门票价格来增加景区的效益[81]。

再加之我国旅游景区经营者对游客食、宿、行、娱、购等消费大项难以从中收益，因此，旅游经营部门非常重视景区门票收入，形成了强烈的门票经济意识，经营者致力于通过门票收入来获得经济效益，尤其在旅游欠发达地区，门票收入成为经营者收入的主渠道。

这种低层次认识及财力的匮乏，直接导致对景区门票的制定采取了市场化的方式。过于强化门票的经济效益，必然淡化对旅游社会效益和生态效益的追求。于是，门票收入成了景区收入的主要经济来源，与此同时，国家实行的允许景区门票退税的政策，把门票当作经营性收入允许景区自留，这导致了景区为增加收入而不肯让利于民、降低票价。由于地方政府财政、当地经济发展与景区之间存在着过密关系[82]，景区门票收入也不仅仅作为景区的主要收入，甚至成了某些地方政府重要的财政收入之一，使旅游事业公益性和非营利的本质荡然无存。

四、价格形成机制不完善

景区门票价格现状和存在的不足，最根本的原因是价格形成机制不完善，核心是尚未探索出符合服务业特点、体现旅游业和景区特色的景区门票定价方法。在其他各种因素叠加下，景区门票价格管理改革难度增大。

一是景区门票价格成本构成范围各地差异明显。如上所述，由于景区承载了过多的额外负担后，门票价格成本要素构成范围不断扩大，各地成本要素构成五花八门。对依托公共资源建设的国有景区，门票定价成本应严格限定在景区游览区域范围内，维持景区正常运营所需的合理支出，主要包括资源保护支出、为游客提供必要旅游服务所发生的设施运行维护、人员薪酬、财务费用等方面的成本支出，以及为游客提供基本游览服务相关设施设备的固定资产折旧。而依法应由各级政府承担的，与景区正常运营无关的支出，不得计入景区门票定价成本等。

二是定价方法不科学。现行景区门票定价方法主要是成本定价法。一方面，由于包括旅游业在内的服务业，既有有形产品，也包含无形的服务，其定价本身是一个难题。成本定价法更适合相对标准化的产品的定价，无法精准体现服务的价值。另外，由于地方"诱导需求"的存在，成本定价法"失灵"，已不能适应需要，必须考虑引入新的定价法，除了考虑成本因素，还要根据景区旅游资源的分类等级、服务质量和游客满意度等，采取定性评价和定量评价相结合的方法。

三是价格监管不到位。对不严格履行定价程序、不规范价格行为，以及不按规定明码标价、执行门票减免优惠政策、擅自涨价、通过捆绑销售变相涨价等违法违规行为要加强监管。另外，价格主管部门对价格情况了解，而对各景区实际发展运营情况，还是景区主管部门熟悉，仅从门票成本等纯价格因素方面去监管门票价格是片面的。

五、关联机制不健全

（一）节假日制度不完善

景区的"人山人海"和节假日制度密不可分。假日经济有其重要的贡献，但随着经济社会发展、游客需求的变化、游客理性程度和对服务质量关注的提升等内外环境的变化，假日经济的副作用也逐步显现。我国实施的是比较整齐划一的节假日制度，缺乏机动性和灵活性，因此，每到节假日，供需矛盾十分突出。在需求远大于供给的情况下，景区门票价格即使再高，也未必能"撼动"旺盛的市场需求。类似九寨沟游客滞留事件，各种恶性踩踏事件等影响犹在。景区根本不敢有降价的念头，担心面临更大的客流，从而使早已"过载"的管理面临崩盘的风险。

（二）景区管理体制机制改革滞后

以全国5A级旅游景区为例，运营管理主体中43.49%是行政单位和事业单位，有的是景区管理委员会（政府派出机构，等同于一级政府），有的则直接就是一级政府，地方主管同时兼任景区主要负责人。而剩下的一半左右的企业主体中，还有不少是国企或者有国资背景等。公益类、准公益类景区政企不分、政事不分、政资不分导致景区产权归属不清晰，导致社会资本对投资进入持谨慎态度，市场机制的配置效率低下，过度依赖门票收入。同时，在景区所有权与经营权分离的基础上，政府职能转变不充分。政府职能转变并不是将景区经营完全推向市场，政府无所作为，而是变经营性政府为服务型政府，充分履行对景区经营者的规制与服务职能，使景区资源在效率配置的基础上，不偏离公益性的目标，防止经营者的机会主义行为，同时规范市场秩序，为经营者创造良好的经营环境。

（三）多元化的投入机制不健全

欧美国家在景区管理上资金来源渠道多样化，资金筹措方式有很多，如减免税收、贷款、公用事业拨款、发行奖券等形式。景区保护资金既包括传统上来自公共财政的资助和税赋优惠，还包括来自私人（基金会、企业、家庭或个人）的投入、资助与捐赠。而我国旅游景区无论是财政投入，还是社会化投入都明显不足。

一是由于我国经济发展阶段的限制，目前政府财政投入有限。中国旅游景区，特别是遗产型景区主要实行事业型单位企业化经营的分权化管理体制，国家只给政策不给经费。景区承担自身生存、维护、发展以及社区发展的使命[75]。门票收入仍是中国旅游景区收入的重要来源之一，根据《2012年全国A级旅游景区发展报告》数据显示，2012年全国A级旅游景区营业综合收入达2898.93亿元，其中门票收入达到927.06亿元，占总收入的31.98%，与景区的其他类别收入相比，门票收入所占比例较高。而相对门票收入，景区的另一个重要收入来源——国家财政投入却少得可怜。十几年来，中国每年在177处国家重点风景名胜区建设上的全部财政资金投入仅为1000万元。而与之对比鲜明的是，近10年来，美国每年在国家公园体系上的投入平均为160亿元。

为解决财政投入不足和发展问题，国家下放公共景区管理权限，意图是调动地方的积极性，同时发挥地方的管理能动性。但是，这个美好的意愿在实践中却不尽如人意。实际运转中，各地政府对这些景区景点的财政投入总体偏低，无力全部承担公益性景区景点的维护和运营，更无法进行新项目的投资和运营。通常政府对景区门票收入执行较低的税率或免税，视作对游览参观点资源、环境保护和管理的资金投入。景区实行属地管理，国家只给政策，基本不给经费，一些地方，特别是中西部经济欠发达地区，旅游业是地方的主要税源和财源，门票收入的增长即意味着地方经济的增长[62]。这些景区非但没有得到政府补贴，反而成为地方政府的"摇钱树"。景区尤其是那些世界遗产之类的景区具有唯一的资源价值，下放地方管理后，景区与地方的利益共同体就形成，难免会出现一些地方财政会从公共景区挖走一部分收益的情况。因此，一方面地方政府不会阻止景区门票提价；另一方面由于"诱导需求"的存在，地方政府往往只顾景区的短期发展和收益，忽视景区的效率和长远利益。在现行体制下，旅游景区管理部门既具有保护的职能，又具有发展经济、解决就业和社区管理的职能。因为财政投入不足，很多地方将经营权交给市场，采取市场化的经营管理模式，同时将一些本不应该由企业承担的公共事务，也交给了景区。这种情况下，景区管理部门经营时，既要充分考虑自身利益、短期利益，又要兼顾社会利益和长期利益。而在精力无暇兼顾时，从经济学理性人角度出发，景区往往会优先考虑自身利益和短期收益[83]。而一旦景区将自身发展放在前面的话，经营者则会充分利用公共景区资源的垄断地位，坐地起价，实现利润最大化，而产权所有人因投入不够及利益联结关系，往往也只能默许了[62]。

二是社会参与景区建设程度低。国外的景区建设，除部分财政经费支持外，社会、企业通过捐助、设立基金或赞助等，不同程度参与景区建设和发展，有效缓解景区运营管理经费的不足。而我国，因为体制、发展阶段、景区管理机制以及社会氛围等因素，景区建设和发展缺乏社会的广泛参与和支持。事实上，景区客流量大，是一个很好的对外宣传的窗口，企业赞助景区，既能够为企业树立良好的社会形象，又能起到广告宣传的作用，对双方而言是一种双赢的发展策略[84]。如果我国社会捐助、社会基金参与景区建设的氛围形成，则景区可以减轻资源保护投入的压力，集中精力提供更好的产品和服务，同时还可以较低的门票价格来维护社会公平。当然，除社会投入渠道不畅外，景区自身投资经营的理念也需要调整，由门票经济向产业经济转变，设法从吃住行购娱等方面增加收入[60]。

（四）景区行业资源有偿使用和生态补偿制度亟待构建

十八届三中全会明确提出要实行资源有偿使用制度和生态补偿制度。近年来，在资源环境相关领域，资源有偿使用制度和生态补偿制度不断完善。相比来看，在旅游领域，特别是景区行业，资源有偿使用制度和生态补偿制度建设滞后，进而影响了对景区资源环境保护的投入。要坚持使用资源付费和谁污染环境、谁破坏生态谁付费的原则，逐步将资源税扩展到景区行业。坚持谁受益、谁补偿原则，完善景区及其所在地区间的横向生态补偿制度，缓解景区资源环境投入不足的问题。

（五）价格听证制度不完善

2005年4月国家发改委正式发布了《关于进一步规范游览参观点门票价格管理工作的通知》，明确了景区门票定价的基本原则，详细规定了门票价格调整的听证会制度，并规定同一景点门票价格上调应与上次上调间隔三年以上，并合理确定调整幅度。

通过法律明确价格听证，是必要之举，也是无奈之举，价格听证能否对景区门票形成有效约束在于听证制度本身是否存在问题。目前国内旅游景区价格调整机制中听证人员的遴选和听证程序均存在问题，如听证人员的遴选，一方面在组成比例上，消费者代表过少，部门代表过多；另一方面在遴选程序上，不够公开透明，社会公众参与度不高，以致于公信力缺失，专家代表也往往沦为利益说客。另外，在听证程序上，由于信息不对称，听证代表并没有更多的发言权，也没有更多的选择权，只能在利益相关者提供的涨价方案中做"最不坏的选择"。而除了要面对这些问题，景区价格听证还要面对更大的考验，即必须超越地方的保护主义和既得利益。

景区价格听证与其他公共产品的价格听证的不同之处，在于景区价格听证需要面向一个更加广阔而开放的市场，面对更加广泛而众多的消费者。游客来自全国四面八方，他们付出了昂贵的门票，在景区消费，带动了当地经济增长，却并不能分享由此带来的利益。国内游客作为国民一员，也是景区资源名义所有者，不应被门票"宰客"。同时，他们带来的内需增长和经济利益，应抵销部分门票支出。因此，如果景区价格听证足够公正，就需要有崭新的制度设计。如消费者代表的选择要面向全国，且保证比例；价格听证主持者，恐怕不能再由或只由当地价格部门担当。

（六）第三方评估、监督不足

如前所述，景区实行属地管理。门票价格的审定、监管权都在地方。施蒂格勒的政府管制俘虏理论指出，由于管制者存在自利动机，也就是前文所说的地方诱导需求，地方会寻租，从而使政府管制者成为被管制者的俘虏，双方共同分享垄断利润。当景区提出涨价申请时，同级价格监管部门包括当地政府，因利益的一致性而产生合谋，很容易做出景区门票价格上涨的决策。换句话说，只要政府既当运动员，即分享来自景区门票的财政收益，又当裁判员，负责景区门票价格管理，"逢听必涨"的现象就无法避免。

要建立一套完善的第三方评估制度，如对纳入考核范畴的主要景区门票价格执行情况、门票收入水平、景区运营支出、旅游资源价值、配套设施水平、旅游服务质量、接待服务人数等情况进行全面考核和客观公正的评估，从而对门票价格调整的合理性、合法性做出客观审定结论，适时调整门票价格。

第三章
景区门票价格管理问题的理论解析

实施景区门票价格管理改革，有一个科学前提，即对门票的认识问题，景区是否属于公共物品或准公共物品，免费或低票价是否有利于实现更大范围的公平等。只有厘清这个科学问题，才能找到景区门票价格管理改革的出发点，并最终结合景区门票发展趋势，制定科学合理的管理改革方案。

第一节 关于对景区公共属性的探讨

根据笔者参加国家发改委和旅游部门景区门票相关工作座谈会的经历，两部门似乎对景区门票的公共属性问题有分歧。国家发展改革委《关于完善国有景区门票价格形成机制 降低重点国有景区门票价格的指导意见》的首要原则即是坚持公益导向原则，并明确"对利用公共资源建设的国有景区，以补偿合理运营成本、保持收支总体平衡为改革方向"，也即门票主要体现合理经营成本。而旅游部门则认为在现行"分灶吃饭"的财政体制下，如果过度强调公共性，则市场机制可能会退出，容易陷入公地悲剧。两个部门视角不同，无法置评，但确实引出了一个科学问题，即景区的公共属性问题。

2000年，国家下放景区门票价格管理权后，我国景区，特别是依托公共资源建设的景区，门票价格一直在上涨，引起社会各界广泛关注和议论。尽管国家有关部门已制定限制门票上涨的相关政策，如国家发改委在2005年4月下发了《关于进一步规范游览参观点门票价格管理工作的通知》，要求对实行政府定价、政府指导价的门票价格等进行审核，要求重点文物保护单位、国家重点风景名胜区等重要的游览参观点门票价格的制定和调整，要按照各地听证目录规定实行听证。并于2007年1月又下发《关于进一步做好当前游览参观点门票价格管理工作的通知》文件，要求对实行政府定价和政府指导价管理的门票价格，因成本支出大幅增加确需调整的，应当在调价前两个月向社会公布。但这些政策规定同一门票价格上调频率不得低于3年，使得"够3年就涨"成为景区可以操作的空间。因此在2005年、2009年和2013年分别形成了中国旅游景区门票三大涨价年，引发三次全国范围的网络舆论风暴（见表3-1）。

表3-1 2005、2009、2013年全国景区门票涨价举例

年份	景区	涨价情况		涨幅（%）
		涨价前（元/人次）	涨价后（元/人次）	
2005	故宫、天坛、颐和园、八达岭长城景点	淡季：110	淡季：230	109
		旺季：150	旺季：310	107
	张家界武陵源风景区	158	245	55
2009	乐山大佛景区	70	90	29
	云南石林景区	140	175	25
2013	瘦西湖景区	120	150	25
	婺源景区	180	210	17
	凤凰古城景区	0	148	—

对于我国旅游景区门票价格一路上涨的态势，业内人士及普通民众也在关注和思考：作为公共资源的旅游景区的公益性、传世性、教育性功能如何较好发挥？进而对旅游景区的公共物品特性产生怀疑。实际上，问题的实质是旅游景区这一准公共物品的"公共性程度"，因此本节从"公共物品"概念出发，对该焦点问题进行解读。

一、"公共物品"的概念

1."公共物品"的定义

"公共物品"的概念和理论一直处于发展和演变中，比较有代表性的是美国经济学家萨缪尔森和奥尔森、布坎南的定义。1964年、1965年，萨缪尔森在其发表的《公共支出的纯理论》和《公共支出理论概述》中，首先将物品划分为"私人物品"和"公共物品"，并对其下了定义，即任何人对这种物品的消费，都不会导致其他人对该种物品消费的减少。换句话说，每个人对这种物品的消费，不需要从其他人对它的消费中扣除，公共物品的个人消费等于集体消费。布坎南"俱乐部物品"的定

义是任何由集团或社会团体决定，为了任何原因，通过集团组织提供的物品和劳务。奥尔森发展了布坎南的定义，提出"集团物品"，认为公共物品是任何人的消费，不排斥集团内其他人的消费。萨缪尔森的定义表明了公共物品的非竞争性，忽视了非排他性。以上这些界定正式奠定了公共物品理论研究的现代基础[85]。

2."公共物品"的特性

根据"公共物品"定义可知，公共物品具有消费上的两大特性，即"非竞争性"和"非排他性"。所谓"非竞争性"，即一个人对公共物品的消费，不会影响其他人的消费。"非排他性"是指在一个人在消费某种公共物品时，不能排除他人对这一物品的消费。另外，公共物品还有效用的不可分割性，即社会全体共同享用公共物品效用，不能将其分割成若干部分，分别归属个人、家庭或企业。同时，还具有消费的强制性，即公共物品一旦生产出来，个人一般没有选择性。

3.物品类型划分

根据各物品"非竞争性"和"非排他性"程度，可以将物品分为三种类型：纯公共物品、准公共物品和私人物品。纯公共物品具有完全的非竞争性和非排他性，如国防。准公共物品具有有限的非竞争性和局部的非排他性，即在拥挤点之前，具备其中一个特性。如公共图书馆、博物馆、公园等。细分的话，准公共物品还可以分为俱乐部产品（非竞争，有排他）和公共池塘产品（非排他，有竞争）。私人物品具有完全的竞争性和排他性。

当然，理论上来讲，可以较容易区分公共物品与私人物品，但在现实生活中，二者的性质和边界具有不确定性和模糊性，并无十分严格和清晰的边界。刘太刚等认为，"随着人类消费能力的增强和排他技术的发展，任何物品都具有消费上的竞争性和排他性，同时具备消费上的非竞争性和非排他性的物品根本就不存在"。这一观点得到国内多数学者的认可，即非竞争性和非排他性是公共物品的充分必要条件，但严格意义上的纯公共物品是不存在的。而且，物品的属性，在不同的制度安排、不同的需求和不同的文化等现实背景下，其公共程度会发生变化。物品属性会随着经济和科技发展水平不同而发生改变，公共物品可能会转化为私人物品，反之亦然。物品属性的界定要具体分析[85]。而在纯公共物品与纯私人物品之间的，就是准公共物品，如基础设施、部分教育产品、部分卫生产品等，都属于准公共产品。

二、旅游景区"公共物品"特性解读

1.旅游景区的内涵及分类

根据国家景区质量等级划分标准，旅游景区是指以旅游及其相关活动为主要功能或功能之一的空间或地域，是具有参观游览、休闲度假、康乐健身等功能，具备相应旅游服务设施并提供相应旅游服务的独立管理区。依据资源特点和价值导向可以将旅游景区划分为资源依托型和经济开发型两类（见表3-2）。

表3-2 旅游景区的分类

景区分类	具体细分	资源特点
资源依托型景区	风景名胜区、自然保护区、历史人文古迹等	以大自然造物或过去人类活动所创造的独特吸引物为吸引力本原
经济开发型景区	主题公园、旅游度假区、大型休闲娱乐中心等	专门为旅游者使用而建造，以经济开发为主要目的

2. 旅游景区的物品属性分析

通过分析旅游景区"非竞争性"和"非排他性"的程度，能确定旅游景区的物品类型。

（1）经济开发型景区的物品属性分析

经济开发型景区通常是由社会资本投资建设的，以人工景观和设施设备为主，具有投入大、风险高和回报高的特点，以利润最大化为主要追求，通常门票价格较高。在供给限定的条件下，景区内每增加一个游客，就会对其他游客消费产生限制，并且随着游客的增多，景区供给成本也在上升，不像公共物品消费者增多边际成本仍为零，因而，具有竞争性。同时，经济开放型景区不是全社会共享的，有门槛，必须付费才可以消费，具有排他性。综上，经济开发型景区属于私人物品[85]。

（2）资源依托型景区的物品属性分析

目前我国大多数景区为资源依托型景区，其物品属性的分析要根据"收费"和"不收费"两种情况来进行。

不收费的资源依托型景区，如免费的博物馆，在消费上没有设置门槛，所有人都可以进入博物馆游览参观，因而不具有"排他性"。当博物馆内不拥挤，没有超过瞬时游客接待量和日承载接待量，游客增多并不会影响其他游客对博物馆的消费数量和质量，同时，游客增加也不会增加景区供给的成本，即边际成本为零，这时，即拥挤之前，景区不具有"竞争性"，则景区的物品属性为"公共物品"。但是，当进入博物馆的游客达到一定数量后，就会产生拥挤，即一个人的消费，会影响其他人的消费效用，边际拥挤成本不为零，具有竞争性，其物品属性也随之发生改变，成为"公共池塘物品"（非排他，有竞争），属于准公共物品[85]。

实行收费的资源依托型景区，如黄山风景区，游客要享用黄山资源，则要购买景区门票，而付不起门票的就无法进行消费，是有门槛的，具有排他性[85]。当黄山风景区客流量无论是日接待量还是瞬时接待量都没有达到饱和状态以前，任何一个游客的消费不会对其他游客消费产生影响，景区供给的边际成本为零，不具有消费上的"竞争性"，此时景区为"准公共物品中"的"俱乐部物品"（非竞争，有排他）。而当景区的游客接待量超出了一定的临界点后，即饱和了，产生拥挤了，此时，一个游客的消费对其他游客消费产生影响，景区供给的边际成本不为零了，此时，景区具有消费上的"竞争性"，景区成了私人物品（同时具备竞争性和排他性）[85]。

综上，可以看出，不同的景区具有不同的物品属性，而即便是同一景区在不同的条件下，物品属性也会发生变化[85]。经济开放型景区私人物品属性容易判别，其门票价格市场定价的舆论关注度相对较低。而资源依托型景区属性就比较复杂，这其中还要考虑供给的主体、供给的方式等各种不同条件，会直接影响到票价高低和票价策略。舆论对这一类型景区门票价格关注度高，或许和将这类景区认定为纯公共物品有关。事实上，这类景区最多也只是准公共物品，理论上通过高效的管理，可以向纯公共物品看齐，但在现实运行中，受投入、供求关系等因素影响，其价格问题变得十分复杂，类似准公共物品如教育、医疗、卫生等，其价格问题也都十分复杂的，很难一言以蔽之。

第二节　景区免票或低票价是否有利于公平

社会各界高度关注景区门票价格，舆论呼声要求景区，特别是依托公共资源建设的国有景区门票降价，国家发改委、旅游等部门作出积极响应，出台相关文件，发出承诺不涨价的倡议等，景区门票价格上涨过快、价格高的问题得到有效控制。之所以降价呼声这么高，就是因为舆论认为依托公共资源建设的景区是公共的。对于这些大型景区的公共性问题，大家的认识是比较一致的。但为什么价格降不下来呢？抛开地方利益裹挟等因素，无论是理论研究还是实践操作，很难一言以蔽之。

一、提高门票价格的正当性

一些专家赞同收费或者赞同提高景区门票价格。理由是大量游客在景区旅游，造成拥挤，旅游体验差等，带来负外部性，而且游客的严重超载会对景区自然环境、景区形象造成很大破坏和影响（见例3-1[86-87]）。因此，对景区收费能够有效控制游客数量、保护资源生态环境。

【例 3-1】

嵩县旅游景区免费，造成客流"井喷"

新华网 2012 年 10 月 15 日报道，2012 年 10 月 9 日至 19 日，为吸引游客，河南省洛阳市嵩县 A 级景区实施年内第三次免票优惠活动。其中 5A 景区白云山、4A 景区天池山、木札岭和 3A 景区卧龙谷门票是首次免费。首个周末的 13 日和 14 日，游客"井喷"，导致数千名游客滞留景区，有的游客为了上山竟出现了争吵、动手的现象，火爆程度"历史罕见"。嵩县当地旅游部门不得不立即启动应急预案，全力疏散游客，截至 15 日晚 6 时 57 分才疏散完毕。过载的客流，使得旅游体验很糟糕，同时也让景区环境不堪重负。

另一方面，提高门票价格可以增加经济收入，能一定程度上补充景区各项经费支撑。这一观点和美国《纽约时报》专栏作家艾伦·桑德逊是一致的。他在 1995 年发表了一篇题为"拯救公园，又赚了钱"的文章。当时，美国黄石国家公园的门票是 10 美元，人满为患，已经拥挤到不能再让人进来了。为了缓解这种情形，有人建议采取预约制，或者增加财政拨款。而桑德逊认为把门票价格提高到 20 美元是解决拥挤和稀缺资源配置效率低更加有效的方法。现在黄石国家公园的门票已经涨到了 20 美元，但其公益性质在全球范围内得到公认和推崇，这其中深层次的东西值得思考。

二、免票或低门票的逻辑起点

免票或低门票的"呼声"主要还是从保障公益性角度出发的。多数学者认为门票免费或低门票，有利于国情教育，进一步激发爱国热情，有利于国民素质提升等。"西湖免费"模式取得了很好的经济和社会效益，得到业内广泛认同和推崇，一些具体做法和经验，值得其他景区学习借鉴，特别是在景区开放性建设方面（见例 3-2[88-89]）。但关于"西湖模式"的普适性也有很多的讨论，西湖资源的不可比，湖城一体的开放格局，浙江、杭州经济社会发展程度和阶段等是难以复制的。因此，免费模式要因地制宜，不可简单复制。

【例 3-2】

西湖免费模式

2002 年，为恢复西湖生态，实施西湖综合保护工程，杭州市决定"还湖于民"，对西湖景区实行"免费开放"。西湖景区成为当时全国唯一一个5A级免费景区，受到了社会的极大关注，特别是在全国景区门票涨声一片的背景下，一时间，好评如潮。至2012年，西湖相继取消了130多个景点的门票，占景点总数的73%，免费开放的景区面积达到了2000多公顷。每年门票收入减少4000万元。但免费开放以来，游客平均逗留时间延长了，达0.8天。2012年，杭州市旅游总收入较十年前增加了近6倍，达到1392亿元。西湖免费开放以来，不仅经济收益增加了，还给西湖景区和杭州市带来了极大的知名度和美誉度，2011年西湖入选世界遗产，杭州先后获得联合国人居奖、东方休闲之都、中国最具幸福感城市等一系列荣誉称号。

前文中，一些国外学者认为对景区特别是公共景区收费，会剥夺低收入者享用公共资源的机会，导致公共资源分配的不平衡，不利于公平，不符合经济学意义上的帕累托最优。有的研究甚至指出，如果免费的话，实际上是对富人进行补贴，对低收入群体不公平，而纠正"劫贫济富"的最好办法就是收费。就我国而言，目前我国大部分旅游景区，票价并轨，国际国内游客一个票价，且享有财政补贴，这就产生了穷人向富人的逆向财政转移，即用低收入群体的纳税去补贴中高收入群体的旅游消费，有失公平。张凌云也指出，低价门票或免费看似公平，实则不然。一是就中国旅游业实际来看，如果公共景区实施低价或免费，一定会造成游客"超载"，对景区特别是西部地区一些生态环境敏感或脆弱的景区，环境造成极大的负担，陷入公地悲剧，不利于景区的可持续发展。二是从管理上看，如果免费或低门票，则需要采取相应的限流措施，如布达拉宫实行预约参观或故宫设置每天8万人上限等，这样的制度安排会损害假期短而少的中远程游客的利益。三是为体现公益性，以国家和地方财政补贴或转移支付补贴景区，对于那些不去这些景区的纳税人来讲有失公平。而公益性景区受惠者主要是外地游客。尤其对于经济欠发达的西部地区，如果用地方本级财政补贴外地游客的话，等于"劫贫济富"，更无公平和公益可言。这也是一些重点国有景区门票价格难以下降的一个深层原因。

三、国际经验借鉴

尽管国际上也有高门票的景区点，但主流的操作还是免费或低票价，可以说是国际通行做法。相比门票收入，很多国家更看重旅游对国民人文修养的熏陶、民族文化的弘扬等，故而采取较低的票价门槛。主要通过三个渠道实现（当然，在实际运营上，有些景区采用了其中一种方式，也有同时采用多种方式的）：一是直接财政补贴或税收优惠。欧美国家将自然文化遗产、历史文化遗产视为社会共有的资源，因此对其进行财政补贴，许多著名景区不收门票，或象征性地收取较低的门票（见例3-3[90-91]）。如美国多数国家公园是免费的，只有一小部分公园收取门票。对收费的国家公园或世界遗产，还出台了专门的法律规定，设定了门票价格的上限，不得超过20美元[92]。此外，由于国外景区门票价格占居民月收入的比重很低，不超过人均月收入的1%，因此对于平均年龄水平的旅游者来说，不存在景区的进入门槛，可以视作免门票。如美国的国家公园黄石公园门票价格为20美元，以美国家庭人均月收入3600美元计算，门票价格仅占人均月收入的0.56%；日本的横滨八景岛和澳大利亚菲利普岛企鹅保护区的门票价格分别为25美元和11美元，分别占国民人均月收入的0.78%和0.41%[93]。

【例3-3】
意大利旅游景区门票价格管理

为了保障所有公民享有受教育的机会，意大利景区门票或免费，或长期保持在相对低廉的价位。古罗马废墟长期免费开放；1997年以前，著名的古罗马斗兽场是免费开放的，之后象征性收取了5美元的门票。意大利最贵的景点门票价格也不足意大利人均月收入的1%，并且对学生、老人等特殊群体实行免票。意大利景点和文物古迹的保护和修缮资金，约有65%直接来自政府财政。除了直接的补贴外，政府还对企业和个人投资修缮文物，给予税收优惠，鼓励企业和个人参与景区和文物古迹的投入建设，弥补保护经费的不足。另外，还通过发行彩票、接受捐赠等渠道获取保护经费。政府还经常性地举办优惠活动，如每年春天举办一次"文化周"，活动期间全国所有名胜古迹免费开放。

二是广开渠道、寻求多方资金支持。除财政拨款外，国外还通过基金捐赠、企业合作、发行彩票等多种措施，维持景区运营和保护。前面提到，意大利通过发行彩票和接受捐赠来增加景区保护费用。俄罗斯圣彼得堡叶卡捷琳娜宫的琥珀宫则通过与大型企业合作，获取每年高昂的维护经费。

三是利用旅游综合收入，反哺景区保护，也是国外诸多旅游景区惯用的手法。一方面，构建合理的利益相关者共享机制。旅游业产业链长，综合带动能力强。通过旅游景点吸引，可以带动景点所在地酒店、餐饮、交通等发展，增加当地收入。通过利益相关者共享机制的合理构建，从当地经济增量中，拿出一部分返还景区，用于保护和运维。另一方面，盘活商业服务业，弥补保护经费。法国卢浮宫通过设立营业摊点、出租场地以及外部赞助等形式，获取商服收益，补贴保护经费，实现可持续发展[94]。还有一些国外景区，主要通过一系列衍生服务，增加收入，补偿低门票的收益损失。墨西哥金字塔每年绝大部分收入，主要来自酒店、餐饮、纪念品、工艺品销售、出租车和导游费用，从而维持较低的门票价格。不少国外景区的成功案例都证明，降低门票价格，通过带动餐饮、住宿等增加收入，景区的整体发展反而会更好。

四、我国景区票价的路径选择

尽管免费或低票价是国际通行做法，也符合未来的发展趋势，但客观来讲，目前全国多数景区还很难做到，有条件的地区可以逐步实行低价或免票政策。一方面，完全市场化运营的景区，票价应主要由供求关系来决定。另一方面，国有重点景区要率先降价，直至低票价或免费。同时，借鉴其他稀缺公共资源的配给方式，尝试排队、抽签等。

（一）市场依托型景区实行市场调节价

通过前面对旅游景区类别的划分，旅游景区包括资源依托型和市场依托型（经济开发型）景区。其中，经济开发型景区通常是由社会资本投资建设的，以人工景观和设施设备为主，具有占地多、投入大、风险高和回报高的特点，以利润最大化为主要追求。这类景区票价高是必然，国际上亦如此，免费开放完全不现实。抑或者这样说，这类景区消费并非民生消费，接近享受型消费。魏小安指出："对于欢乐谷、迪士尼主题公园等纯商业性质的景区，门票价格随着市场需求上下波动，未来恐怕也很难实现'零门票'"。[95]此外，目前我国市场依托型景区所占比重相对较少，根据《2018年中国A级旅游景区统计便览》，14个类别A级旅游景区中，市场依托型景区主要是度假休闲类和主题游乐类，仅占全部A级旅游景区总数的22.12%。允许市场依托型景区门票市场化发展，不会改变我国景区门票向免票或低价票发展的总体趋势。因此，市场依托型景区应实行市场调节价，根据市场供求关系和竞争力确定门票价格，企业自负盈亏。

（二）资源依托型景区门票要率先实行免票或低门票

资源依托型景区因为其公共物品的属性特征决定了这类景区具有公益性特征，而旅游景区的公益性特征决定景区门票不应成为制约游客进入景区的门槛。旅游景区特别是资源依托型景区肩负着诸多社会功能，其价值导向更多体现公益、传承、教育等功能。这些景区是全世界、全人类的宝贵财富，产权上应当全民所有，不是个别地区和个别企业的财产和"摇钱树"。任何人都有享受这些资源的权利，景区不应设置高昂的门票费用把广大潜在游客拒之门外[85]。因此，资源依托型景区门票价格应以补偿合理运营成本和保持收支总体平衡为方向，面向全体国民，充分体现公共资源的公益性，以追求社会效益最大化为其根本目标[85]，未来应该率先实行免票或者低门票政策。

尽管如此，也必须清醒地认识到，实现资源依托型景区免票或低票价任重而道远，短时间内不现实。一是多数资源依托型景区的资源具有稀缺性、独特性，天然地具有垄断地位，无法复制、无法取代，品位、价值自然也高。另外，由于景区管理体制机制改革滞后，资源型5A级旅游景区中一半是政府或事业单位管理，又不同程度地引入了不同性质的企业（如国企、民企）进行市场化运营和管理，特别是在经济欠发达的中西部地区，这类景区产权关系十分复杂，进而造成景区门票要平衡的利益多，票价容易上涨[96]。二是景区的属地管理，容易出现寻租现象，景区和地方政府之间形成利益共同体，制定较高的门票价格，以利于景区追求自身利益最大化和发展地方经济。三是和医疗、教育、养老等相比，旅游并不是必需消费，在全社会医疗、养老、科教文卫等公共民生服务支出都未实现福利全覆盖的情况下，短期内实现完全公益化的景区零票价或低票价，全民旅游福利全覆盖根本不现实[97]。

（三）票证管理之外的探索

对于公共物品和准公共物品，并不只有免费或低价一种方式。门票属于票证配给方式，除此之外，还有排队配给、抽签配给。以一些大城市的道路机动车通行权的分配为例，城市道路拥挤，尾气排放污染严重已成为目前大城市的"公害"。为此，上海、北京和广州等一些特大型城市先后采取了拍卖号牌、摇号等汽车限购措施，并配合采取机动车限行措施。后来，限购限行政策逐步扩散到二三线城市。上海采取的是竞价拍卖（市场机制），北京采取的是摇号（抽签配给），后期又针对新能源汽车号牌采取排队配给。而广州同时采纳京沪的做法：既有一部分购车指标摇号，又有一部分用于竞价拍卖。

同时，即便采取票证配给，也未必只有免费或低价的方式来保障公益性。公共景区的公益性主要是由资源的产权所致，在财政投入不足的情况下，通过运营经费来补偿也是可以的。前提是资源环境保护经费的核算是科学、客观的，运营经费确实用于资源环境的保护，没有挂羊头卖狗肉。因此，有收入不代表就是非公益的，关键是景区收支的公开透明，必须由独立的第三方中介机构，进行审计。国外的一些非营利组织（NPO）也是这样运作的。根据谁使用、谁付费和谁污染环境、谁破坏生态谁付费原则，游客支付较高的门票，用于补偿景区生态环境的保护和可持续利用的投入，实现了代际公平，达到帕累托最优，这也是公益性的体现。这比用非游客的纳税为游客旅游消费买单更加合理公平，哪怕门票比较便宜。

第三节 景区收入是否应该多元化而非依赖门票

在门票"提价风波"的讨论旋涡中，多数观点认为目前国内景区收入来源单一，直接导致"成本一增长，门票受影响"，解决门票问题的关键在于，转变门票经济为产业经济，积极延伸旅游消费产业链，减少对门票收入的高度依赖。但同时有专家提出并不是所有景区都应该多元化发展，景区的多元化发展必须坚持适度化原则。针对"旅游景区收入是否应该多元化而非依赖门票"这一问题，本研究认为，我国目前门票经济现象严重，需加快"门票经济"向"产业经济"的发展转型，现阶段应大力发展非门票类型景区，但是对于某些特殊类型景区（如资源垄断型），则不应提倡多元化发展。

一、门票经济现象严重，亟待转型

（一）门票经济现象

旅游产业是一个复合型的产业体系，涵盖吃、住、行、游、购、娱等六个要素体系，门票仅仅是其中一项收入来源。根据中国旅游研究院连续多年的景区发展报告、国内旅游发展报告、旅游消费发展报告等研究显示，尽管近几年来，休闲度假的比例在上升，观光游览仍占较高的比重；门票收入占景区总收入的比重已不再是第一位了，但仍始终高居20%左右。一项网络调查显示，绝大多数网友认为景区门票太贵了，严重影响出游决策和旅游的热情。其中九成以上网友觉得5A景区门票的心理价位在100元以内，六成网友认为，门票价格应在60元以内。以上表明，门票收入是目前我国景区收入的重要来源，过高的门票价格成为制约中国游客进入景区的重要门槛，也在一定程度上说明我国不少地方发展旅游缺乏从大旅游产业长远角度去考虑，把旅游带来的直接经济收入看得太重，关注点完全集中在门票收入这种短期利益上，区域旅游收入过分依赖景区收入，进而加剧地方政府和景区企业对景区门票收入的依赖，旅游经济逐渐退化为门票经济。

在以门票经济为主导的发展背景下，景区长期处于门票经济负效应状态中，没有内生动力去改善服务质量、延伸产业链条以及完善吃、住、行、购、娱等各要素的配套，景区发展的局限性很大。不仅如此，景区的公益性也得不到有效保障，景区成为各地政府和经营单位获取经济收益的重要载体[98]。同时"门票经济"承载不了文物作为公共资源所肩负的普通商品所不具有的公共属性和文化功能。单单依靠

"门票经济",难以实现景区的可持续发展,也难以在游客和景区间构建起和谐关系。如果门票价格过高,导致门可罗雀,最终可能不但筹不到资金,还会有损于文物的文化功能。总而言之,"门票经济"现象不利于旅游产业的可持续发展,需推动"门票经济"向"产业经济"转变。

(二)加快"门票经济"向"产业经济"的发展转型

门票经济产生的负面效应从某种程度上彰显出发展旅游不能局限于增加景区门票收入上,而要充分实践大旅游理念,构建综合性的旅游产业体系。主要包括主导产业、辅助产业和关联产业三大体系,其中主导产业主要指食住行游购娱等主体消费,辅助产业主要是指为实现以上旅游消费,必要的辅助性消费等,关联产业是指与旅游业有密切关系的行业和产业,如农业、交通、商贸等[99]。加快"门票经济"向"产业经济"的发展转型,要把门票仅作为拉动、带动旅游产业(涉及吃、住、行、游、购、娱等多个环节)发展的手段和途径,增加产业链消费,有力推动景区的多元化发展(见例3-4[100])。

具体可从三个层面进行推进。一是运用多种定价策略,制定合理的景区门票价格。景区门票价格的制定应遵循价值规律,不能盲目地跟风涨价,要质价相符。运用灵活的门票定价策略,实行差别定价,如单人票、家庭套票、团体票、年票等多种票价形式。二是树立大旅游观念,转变景区经营管理方式,提高景区综合盈利能力。三是淡化门票收入意识,形成全社会公益性办旅游的良好氛围,完善景区管理体制。景区在降低门票价格的同时,应主动寻求社会资助,采取国家补贴、社会捐赠、社会基金补充、企业广告收入、发行彩票等多种手段,使投资主体能正常运转[101]。

【例3-4】

福建泰宁从"门票经济"向"产业经济"转型升级

福建省泰宁县致力打造"四个一"("一瓶水""一条鱼""一袋茶""一只鸡")特色旅游商品品牌,积极践行大旅游观念,有效延长旅游产业链,放缓了游客的脚步,同时带旺了旅游消费市场。从"门票经济"到产业经济,这样的转变,如今在泰宁深入人心。该县经贸、农业、文化、旅游等部门联动,采取"一个项目、一个团队、一笔经费、一个主体"的运作模式,通过民办公助、政府采购、政府推广等方式,扶持一批旅游商品生产企业,发展壮大旅游第三产业。据统计,2016年1—7月,泰宁旅游业共接待中外游客185万人次,实现旅游总收入11.1亿元,旅游主导型县域经济的特征更加凸显,以旅游为主的第三产业占全县GDP的比重超过1/3。

（三）现阶段大力发展非门票类型景区

目前我国旅游景区仍以传统门票类景区为主，该类景区对门票收入依赖性较强，门票是该类景区的进入门槛，门票收入是该类景区的主要来源，旅游经济属于典型的"门票经济"。相反，休闲娱乐、休闲度假，以及综合性等非门票类景区数量相对较少，且旅游景区类型丰度有待提升。如通过对 2018 年全国 A 级旅游景区类别结构分析来看，在全国 14 个类型 11 924 个 A 级景区中，仅有主题游乐和度假休闲两类景区属于非门票类景区，两类数量共计 2638 个，占全部 A 级旅游景区总数的 22.12%。这说明在全国 A 级旅游景区中，非门票类景区所占比重较少。其中主题游乐类和度假休闲类旅游景区数量分别为 543 个和 2095 个，分别占全部 A 级旅游景区总数的 4.56% 和 17.57%。度假休闲类相比于主题游乐类旅游景区，数量优势相对显著（见图 3-1）。

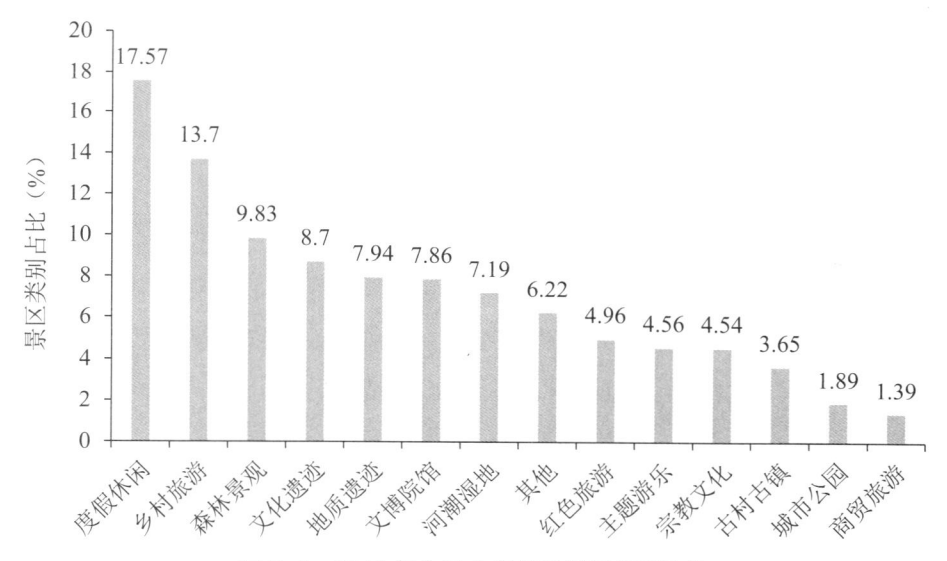

图 3-1　2018 年全国 A 级旅游景区类别结构

随着国家对景区门票价格宏观调控力度的不断加大，景区的供给不断丰富多元以及旅游消费需求的变化，门票经济的老路走不通了，举步维艰。当前，景区亟须由传统门票收入为主向综合收入方向发展，由门票经济向产业经济转变。为适应新形势和新需求，要转变发展方式和发展理念，大力推进非门票型景区建设，加大旅游景区门票的减免优惠力度，降低景区消费的排他性，更好地保障广大游客的旅游权利，实现景区社会效益的最大化[85]（见例 3-5[102]）。

【例3-5】

大力发展非门票类型景区案例：成都宽窄巷景区

成都宽窄巷子，是平行排列的宽巷子、窄巷子和井巷子三条巷子的统称，是成都遗留下来的较成规模的清朝古街道，是成都三大历史文化名城保护区之一。2003年成都市政府对宽窄巷子进行旅游开发。开发伊始，政府即确定了免费开放的原则，专注文化的挖掘和符合现代消费习惯的商业开发。宽窄巷子的定位是有文化品位的现代时尚消费生活的开放街区。这种有品位的现代时尚文化被提炼为"闲""品""泡"（徐昌义，2011）。即"闲在宽巷子"，打造的是现代休闲文化，是休闲消费游憩区，配置考究的私房菜、传统特色茶馆、典雅小酒馆、舒适客栈、会所等。"品在窄巷子"，突出文化品位，是面向精品消费人群的精致生活品位区，配置的是西餐、咖啡、经典饰品、艺术鉴赏等品牌商业业态。"泡在井巷子"，是面向年轻人的时尚动感娱乐区，突出时尚文化，配置的是酒吧、夜店、甜品店、婚场、小型特色零售等现代年轻人时尚消费的商业业态。

宽窄巷子生活文化的挖掘和精准的文化定位，吸引了国内众多文化名流纷纷入驻，如诗人翟永明开了白夜酒吧，诗人石光华开设了川菜餐厅，诗人李亚伟开设了民间精品菜，成功的运营吸引了众多游客纷至沓来，年游客接待量2000万人次以上，成为成都接待量前列的新兴景区，并被评为成都新十景之一。

二、资源垄断型景区不应提倡多元化发展

并不是所有景区都提倡多元化发展，如我国莫高窟、张家界、黄山等世界级的自然与文化遗产，资源品质独具垄断性，但生态环境十分脆弱，从资源生态保护及其可持续性发展的角度来说，不宜向休闲、度假等多元化方向发展，不可能借鉴西湖景区免费模式。作为西湖模式失灵型旅游景区，资源垄断型景区的门票收入仍是景区收入的重要来源。

此外，资源垄断型旅游景区因其旅游资源的稀缺性，天然地具有垄断性和不可替代性，无法复制，也不可能像工业产品那样批量生产，扩大市场供给[97]。因此，这类产品进入市场销售，天然地具有垄断地位，不仅吸引力方面，在价格方面也具有垄断地位。资源的稀缺性、不可替代性决定了，如果没有行政干预的话，在巨大的市场需求推动下，资源垄断型旅游景区门票价格的上涨有其现实的市场基础和必然性。

未来该类资源垄断型旅游景区，应结合正在进行的中国国家公园试点，借鉴国际上国家的管理模式（见例3-6），实施低门票价格政策，充分保障其公益性。对这类景区，首先要分清中央和地方事权和财权，公益的部分由财政保障；其次，通过特许经营等多种渠道补偿日常运营管理维护费用；最后，要按照谁受益，谁付费的原则，象征性收取部分费用，保障代际公平[103]。

【例3-6】

国家公园的国际经验借鉴

国外早在19世纪就开始了国家公园的建设与探索。1872年，世界上第一个国家公园——黄石国家公园在美国诞生。目前全球已有225个国家和地区建立了较为完整的国家公园和保护区体系，多数采取自然保护区、国家公园和其他类型保护区共同构成的多体系并行模式，代表国家有美国、加拿大、英国、德国、日本等。

美国和德国的国家公园，在其保护区体系中属于严格保护的类型，仅有很少部分区域可以开发利用。日本的国家公园在保护前提下，可以进行更多的观光游览和休闲活动，原生自然保全区则禁止一切开发利用行为。在国家公园的管理体制上，虽然各国的政治体制各不相同，但除美国等部分国家实行多部门分工负责外，多数国家由单个部门对国家公园进行统一管理，如新西兰专门设立了"自然保护局"，英国建立了"自然保护委员会"负责自然保护园区的管理，俄罗斯则由自然资源环境部统一管理自然保护区和国家公园。另外，德国、韩国、日本、澳大利亚、芬兰、瑞典、泰国、印度等国家都由环境保护部门统一负责自然保护区管理。

第四节 景区"本地居民优惠"与游客身份歧视

目前全国一些地方陆续推出"本地市民只要持有效身份证件就可以免费游览某旅游景点""市民畅游节"等本地居民优惠活动（见链接3-1[104]），得到本地游客大力支持的同时，引起外地游客的众多不满，他们认为这种行为严重歧视外地游客，侵犯了普通游客平等享受旅游景色提供服务的权利。针对"本地居民优惠是不是一种身份歧视"这一问题，本研究认为，"本地居民优惠"是国际通行做法，是对当地居民参与景区开发的福利性补偿，因此适度和可控的"本地居民优惠"并不是一种身份歧视。

【链接3-1】

外地客坐索道比本地人贵3元，合情合理or身份歧视？

近日，许多乘客在乘坐过江索道时，遇到了一项奇怪的"选择性"涨价政策——如果能出示证明自己是本地人的证件，或是会说重庆话，则依旧收费2元；如果不能证明自己是重庆人，则收费要涨到5元。不少"外地乘客"还发现，自己买的门票也和本地游客的不一样。

记者在连接渝中区和南岸区的长江索道售票处看见，门票确实已经涨到5元，但在购买门票时，只要是会说重庆话的乘客，仍只需花2元便可买到票。如果是外地口音，又不能出示证件证明自己是重庆人，就必须花5元钱才能乘坐索道。

此外，"本地乘客"与"外地乘客"所用的门票也不一样，"本地乘客"的门票质地较薄，白纸红字，很像是普通的公交汽车票。"外地游客"所持的门票制作较精美，上面印有"万里长江第一空中走廊"的字样，背景是索道穿梭在重庆夜色中的景象，门票的背面则印有重庆市客运索道公司几条线路的简介及其招商广告。

对于这次"选择性"涨价，重庆市客运索道公司一位姓雷的负责人表示，索道整体票价确实已经提高到5元，这是一个从政府定价到市场调节价的转变，是经过相关部门批准的。但在现实中，出于满足重庆市民交通需要的考虑，对本地人维持了2元的票价。此外，若持有IC卡便只收1.8元，外地乘客只要去办理IC卡，便可享受此项优惠。

一、"本地居民优惠"是国际通行做法

研究和实践表明，旅游业和景区的发展对当地是一把双刃剑，在带来正面影响的同时，也会产生负面影响。例如在带来经济利益的同时，也产生了诸如环境污染、噪声、拥挤、物价上涨等各种社会问题。而这些负面影响往往都要由旅游发展中经常被忽视的当地社区和本地居民来承担。景区发展的负面影响不仅会影响社区的整体发展，甚至还破坏社区居民个体之间的关系。罗斯调查表明，旅游业是澳大利亚凯恩斯的支柱产业，解决了当地大量的就业，但由于每个居民个体参与旅游业的程度不同，对旅游业态度也不同，进而影响到了居民之间的友谊。Pam等研究指出，旅游景区的发展给澳大利亚北昆士兰旅游社区带来了积极影响，弘扬了当地文化，增加了居民就业，也带来了经济的增长，但同时也产生了消极影响，如本地资源大量为游客挤占、文化的舞台化等[105]。此外，有研究表明，随着旅游景区的快

速发展，大量游客涌入景区所在地，造成交通拥挤、人声嘈杂，甚至犯罪率也上升了，严重影响了景区当地居民的日常生活。因此，旅游景区在进行开发时，应从所在地区全面可持续发展的角度出发，不仅要考虑景区内的景观、环境建设，还要考虑景区之外、和景区密切相关的当地社区的建设[106]，要充分结合当地及社区的经济和社会状况、本地居民对旅游发展的感知，统筹兼顾旅游开发和当地社区建设，最大化旅游发展的积极影响，尽可能降低负面影响，实现经济效益、环境效益和社会效益的协调统一。

作为一种补偿方式，景区门票对"本地居民优惠"是国际通行做法。为了缓解旅游业和景区发展给当地带来的负面影响，通常会从旅游业或景区收益中，拿出一部分对本地居民直接优惠，作为补偿。这在加拿大、美国等很多国家收门票的旅游景区均有效实施。除了门票对本地居民优惠外，国外一些景区还积极引导本地居民参与到旅游景区的开发中来，实现共商共治共享。如英国的南澎布鲁克，作为典型的非政府组织主导型社区，当地社区居民和非政府组织、其他合作伙伴等一道参与社区旅游开发，践行合理的利益分享机制。为维护农村社区居民的正当权益，肯尼亚农村社区管理联合会与投资者们达成一致，给个人和集体组织平等的获取商业发展的机会，并为个体业主提供小额贷款，支持居民发展，为社区居民创造就业机会。社区居民通过旅游就业或者直接参与到旅游经营活动中去，增加了经济收入，进而大幅提升生活质量和生活水平，对当地的旅游开发持积极态度，更愿意参与到旅游开发中去。完善的利益相关主体收入分配机制，能够很好地保障当地居民的合法权益，促进社区的建设，维持稳定发展，同时也有利于保护生态环境以及旅游业的可持续发展（见链接3-2[107]）。

【链接3-2】

肯尼亚景区与当地居民同治理同受益

肯尼亚的生态旅游一直是其经济的重要支柱，政府为了实现景区开发和保护当地居民生活之间的平衡，积极邀请当地居民参与景区的建设和管理，并且乐于分享利益。肯尼亚的安波沙提自然保护区现在是一个非常受欢迎的旅游景点，但它的建立和维护经历了一番波折。安波沙提集水区是当地居民马赛人重要的水资源。起初，因为并未得到实际的利益，马赛人对旅游发展颇有微词。而政府强硬设置景区的措施激怒了马赛人，他们大肆猎杀野生动物进行抗议。后经多方协调，结果是，安波沙提顺利成为国家公园，政府则做出以下承诺回报马赛人的让步：政府须在邻近湖泊兴建取水和引水设施，将水送至马赛人的土地；政府须聘用当地居民从事园区管理工作；增加就业机会。如此，当地村落的基础建设得以推动，学校、医疗站和村民活动中心就建在公园边上，国家公园周边以及区内的道路状况得到改善。为了报偿当地民众在禁猎野生动物方面所作出的努力，政府一开始就回馈当地居民27万美元，从此马赛人觉得拥有这些野生动物是很棒的一件事，因为它们是高经济收益的象征。从此，马赛人开始自觉致力于保护野生动物。

事实上，并不只是旅游业采取对本地居民优惠的政策，对一些公共物品或短缺资源的配给，如教育、医疗、公共交通等，地方政府往往都实行属地优先原则，优先照顾或者只照顾本地居民。

二、属地贡献与"本地居民优惠"的福利性补偿

旅游景区的开发与当地居民的参与密不可分。相对于地方政府和旅游经营者在旅游开发中受益，景区的当地居民从中获得的好处却有限。对当地居民来说，旅游景区的规模化开发给他们的生产活动、生活方式、居住空间等带来了严重冲击，使得生存环境恶化，生活成本提高，而治安不稳定因素也同时增多，甚至还面临着举家搬迁的难题。如世界文化遗产庐山风景区，2011年开始谋划推动庐山旅游上市，加大力度整合包括牯岭镇的名人别墅等在内的优质资源。为顺利完成资源打包任务，庐山风景名胜区管理局在山下新建了社区，世居于牯岭镇的1.2万常住居民要陆续迁离他们生活了一百多年的名山小城[108]。一些当地居民非常不认可这种做法，这样不公平的利益分配机制导致旅游景区的部分当地居民对旅游开发持敌对态度，与旅游经营者处于对抗状态，如何缓和彼此的矛盾成为景区开发的重中之重。作为公共资源的旅游景区实施"本地居民优惠"的门票策略，是对当地居民的反哺，是缓和当地居民与旅游经营者矛盾的有效手段（见例3-7[109]）。

【例3-7】

湖南修正三件地方性法规　武陵源部分收入补偿居民

武陵源世界自然遗产保护给当地老百姓的生活带来了一定的不便和困难。为了解决景区保护和管理资金，包括景区居民补偿、补贴资金短缺的问题，湖南省十一届人大常委会第21次会议表决通过了关于修改《湖南省武陵源世界自然遗产保护条例》《湖南省南岳衡山风景名胜区保护条例》《湖南省崀山风景名胜区保护条例》三件地方性法规的决定。修改后的《湖南省武陵源世界自然遗产保护条例》规定，人民政府收取的武陵源风景名胜区门票收入和资源有偿使用费，除用于武陵源世界自

然遗产的保护和管理外,应提取一定比例资金,专门用于景区居民房屋征收补偿安置和基本生活补助。

同时,政府免费给当地人的"公共福利"补偿,不仅可回报当地居民,缓解矛盾,也可让旅游景区当地居民欣赏到美丽的景点,感受家乡的巨变,增加对景区的热爱之情,更可依靠除门票之外的吃、住、行、游、购、娱来推动当地旅游经济的发展。

三、"本地居民优惠"的适度性和可控性

在全国旅游景区门票价格"再攀新高"的发展背景下,一些旅游景区实施对本地居民门票免费这一公共福利,得到了本地居民的大力支持,为旅游景区带来极旺的人气。然而,随着景区逐渐推进市场化改革,本地居民的大量涌入,公共福利的长期给予,自负盈亏的景区又不得不面对维护、盈利等经营压力。一方面是景区的公有属性,另一方面是旅游企业的市场化运作,公共福利如何与景区的可持续经营并行发展,已经日益成为这些旅游景区继续发展的重要命题。

旅游景区"本地居民优惠"政策的实施,吸引了大量本地居民涌入,在一定程度上给景区的环境卫生、接待水平、服务质量、旅游安全带来压力。如春节黄金周期间,国家5A景区峨眉山—乐山大佛景区游客量猛增(包括大量本地游客),给景区管理带来极大压力(见例3-8[110])。由此看来,旅游景区对本地居民优惠应该适度和可控,在让本地居民获得公共福利的同时保证景区的可持续发展。

【例3-8】

峨眉山—乐山大佛景区吸引大量本地游客,景区管理压力陡增

据峨眉山—乐山大佛景区管委会统计,2011年全年,乐山市本地的自驾车游客数量已占景区游客总量的50%。2011年春节黄金周期间,峨眉山—乐山大佛景区共接待游客30万人次,日均游客量达4.3万人次,给景区旅游安全、交通、秩序管理带来了巨大压力。从峨眉山—乐山大佛景区近几年春节黄金周的接待情况来看,由于自驾车游客数量增长较快,因此景区各大停车场一再扩容也难以满足游客的停车需求。从景区管委会获悉,目前,峨眉山景区所有停车场点的容量约2600辆(台),乐山大佛景区所有停车场点的容量仅1550辆(台)左右。峨眉山景区旅游公路已实行单向通行,路窄、弯急、坡陡,且绝大部分道路为冰雪路面,春节期间景区的交通和人流压力特别大。对此,峨眉山—乐山大佛景区管委会采取景区资源让给游客

的策略,恳请本地居民错峰出游。

为保证旅游景区运营和公共福利的并行发展,未来景区反哺当地居民的公共福利体现模式可更加多样化。如可以效仿成都市部分景区推出年卡制,即办一张卡便可畅游当地所有的景区景点。另外,对本地居民可凭身份证减免门票,还可借鉴电影院等行业做法,推出一周某几天门票打折的优惠活动;同时,节假日可适当向本地居民收取门票来缓解景区压力、分流景区部分人流、减轻经营和维护压力,使外地游客能够在安全、舒适的环境下,更好地享受到高品质本土旅游资源的服务(见例3-9[111])。

【例3-9】

荷花世界拟向本地居民收半价代替免费

今年中秋国庆黄金周,三水荷花世界迎来了客流高峰,位居佛山各大景区前列,但"却旺丁不旺财"。在近8万入场人次中,有6万多名游客是三水本地免票游客。

据了解,自2008年起,荷花世界开始向三水本地居民免费,但长期以来大量本地免票游客进园,对景区接待能力、服务质量、环境卫生、旅游安全等方面压力极大。2012年6月,景区所属的西南街道宣布对荷花世界财政"断奶",景区随之进行市场化改造,但仍面临自负盈亏的经营压力。

对此,景区管理方表示,计划将在节假日或旅游高峰期向本地居民收费半价门票,以调节景区的人流量,目前已向上级部门递交报告申请。

第五节　门票价格变化趋势研判

随着国家及发改、旅游等部门对门票价格调控力度的加大,近年来景区门票价格形势逐渐向好,趋于理性。景区门票收入占景区综合收入比重逐渐下降,总体来看,占比在20%左右。门票价格上涨势头得到有效遏制,逐渐趋缓。随着门票减免优惠政策的逐步落实,加上各地往往在活动期间出台门票减免优惠政策,景区门票减免范围逐步扩大。另外,由于景区数量、类型的不断丰富,景区竞争加大,倒逼价格水平更加合理。价格信息公开更加透明,调控更加有力,长期来看,景区门票价格总水平趋于理性。

一、门票收入占比逐渐下降

统计显示，2011 年 A 级景区营业收入 2658.60 亿元，门票收入 1149.94 亿元，门票比重为 43.23%；2012 年全国 A 级景区门票总收入达 927.06 亿元，占总收入比重的 31.98%。2012 年较 2011 年门票收入减少 223 亿元，比重下降约 11 个百分点。2016 年全国 A 级旅游景区营业收入达到 3858.20 亿元，门票收入达到 906.2 亿元，占整个景区营业收入的 23.5%。北京、上海、河北等多个省份门票收入占整个景区营收比重都超过 50%。购物、酒店、餐饮等营收对景区收入贡献较低。2017 年我国 A 级景区收入构成中，门票收入占 22.80%，餐饮收入占 25.61%，住宿收入占 18.7%，演艺收入占 2.05%，其他收入占 2.29%；门票收入占比最高的是上海（60.53%），其次是海南（46.41%），最低的是江西（9.26%）。除河南（45.46%）、天津（43.64%）、云南（41.35%）、广东（41.34%）之外，其他地区景区门票占比都在 40% 以下。通过对全国 A 级旅游景区 2011 年、2012 年、2016 年、2017 年门票收入占景区总收入比重的对比分析发现，门票收益占总收入比重近年呈下降态势。

此外，旅游景区类型的多元化发展，非门票类景区的不断增多和扩张，有效稀释了门票收益所占比重。如以 2018 年全国 A 级旅游景区为例，全国 A 级景区类型仍然以自然景观类和历史文化类景区为主，但免收门票类的度假休闲类景区呈快速发展态势，其数量已增长到 2095 个，总接待量游客量 8.9 亿人次，成为各类型景区中接待人数最多的。度假休闲类景区总收入达到 821 亿元，居全国各类型景区收入的第二位。

二、门票价格上涨势头趋缓

2008 年"五一"小长假前夕，国务院主要领导对景区门票价格做出了批示，随即国家发改委和国家旅游局开始对全国景区门票价格进行整顿。这之后，几乎每年逢节假日前夕，发改和旅游部门都会对景区门票价格做出要求。特别是 2015 年中国旅游协会发出"承诺不涨价景区"倡议以及 2018 年国家发改委发出降低国有重点景区门票价格通知，全国景区门票价格涨势得到明显缓解。2015 年，中国旅游景区协会向全国旅游景区发出共同遏制门票上涨势头的倡议，倡导高 A 级景区带头表率不涨价。自倡议发出后，全国各地景区积极响应，共有 2050 家 5A 级和 4A 级旅游景区签订"不上涨门票价格"承诺，约占当年全部高等级景区的 80%。自国家发改委《关于完善国有景区门票价格形成机制 降低重点国有景区门票价格的指导意见》（发改价格〔2018〕951 号）发布后，各地发改（物价）部门做出部署，景区门票价格下降明显。截至2018年9月底，全国31个省份都提出了在"十一"前降价或实行免费开放的景区清单。各地已出台实施或发文向社会公布了907个景区降价和74个景区免费开放措施。按景区等级统计，其中4A级以上景区693个（其中5A级159个，4A级534个），占全部降价或免费开放总数的70.6%。按降价幅度统计，降幅超过20%的491个，占54.3%，降幅超过30%的214个，占23.6%。2019年《关于持续深入推进降低重点国有景区门票价格工作的通知》发布后，景区降价范围进一步扩大。据不完全统计，自通知发出后，截至目前，又陆续有314个景区实行降价或免费措施，其中5A级景区120多个，4A级景区150多个，占景区总数近90%的比例，在这些景区中，降价幅度20%的景区超过70个，30个景区免费开放。统计显示，2018年，我国A级旅游景区平均门票价格仅为28元，其中5A级旅游景区门票平均价格为97元，200元以上门票景区仅3家；4A景区门票平均价格为50元，3A景区门票平均价格为19元，2A景区门票平均价格为10元，1A级景区门票平均价格为6元。而2014年，我国5A级旅游景区门票平均价格还在100元以上，达112元，门票在200元以上景区数量为14家，门票价格在100—200元之间的占了近一半的比重。

总体来看，在国家的宏观调控下，我国景区门票价格涨势得到了有效的缓解。同时，受整个宏观环境影响，各地对景区门票价格水平有了更为充分的认识，目前来看，做出涨价决策的可能性很小了，特别是重点国有景区。另外，随着我国景区类型的不断丰富和游客需求的多元，近几年重点国有景区如黄山、庐山等景区接待量已经出现滞涨，甚至下降，这种背景下，短期之内，景区不会再涨价了。

三、门票减免范围逐步扩大

（一）减免票景区数量持续增多

隶属不同部门管理的减免票景区数量均不断增加。2012年全国景区接待免费游客总量达10.58亿人次，占全年A级景区游客接待总量的35.77%。在全国的153个5A景区中，有8个为全年免费。而到了2018年，全国景区接待免费游客总量达35.85亿人次，占全年A级景区游客接待总量的比重上升了近25个百分点，达59.51%。全国5A景区中免费景区翻了一倍多，达20余家。截至2018年底，全国博物馆达5354家，免费开放博物馆数量4743家，占博物馆总数的88.6%。走进博物馆的观众达11.26亿人次，比上年增长16%。另外，全国300家红色景区和473家爱国主义教育示范基地中绝大多数也免费向公众开放。少数没有免费开放的也将陆续加入免费开放行列中来，如河南省自2020年4月1日起，所有红色旅游景区免费向公众开放。

除了常年免费开放外，逢节假日或相关活动期间，各地也陆续推出门票减免优惠活动。每年的 5 月 19 日即中国旅游日，全国多地开展景点免票活动。自 2013 年以来，每临暑期，贵州都会推出景区门票、甚至高速费减免优惠政策。2013 年当年全省 50 家景区对全国中小学生免费。贵州省自 2017 年暑期开始面向全国十个"火炉"城市居民，2019 年后扩大至全国各省和港澳台地区居民，实行景区门票、高速费减免一半的优惠政策。

（二）减免票景区类型增加

2008 年 1 月，中共中央宣传部、财政部、文化部、国家文物局等四部门发布《关于全国博物馆、纪念馆免费开放的通知》，主要涉及文化文物系统的公共博物馆、纪念馆，全国爱国主义教育示范基地。

后来发展到地方，地方政府免票景区类型则更为多样，包括世界自然、人文遗产地和国家级风景名胜区等优质旅游资源类型，环保、林业部门的自然保护区、森林公园，宗教部门的寺庙型景区，农业和旅游部门的休闲农业景区，旅游部门的各 A 级景区，水利部门的水利风景区，国土部门的地质公园等。

（三）减免时间逐渐拉长

我国各类型景区免票时间选择多样，根据其实际情况，长短、日期各有不同，但总体上免票时间在不断增加。从时间的长短上分全年型、季度型、月度型、黄金周型；从时间节点的选择上分节假日型、纪念日型、普通日期型等。

公共博物馆、纪念馆，全国爱国主义教育示范基地，部分城市公园为全年免票。国家发改委公布的两批减免景区的时间选择在黄金周期间，时间长短为七天。

各地方政府免票景区时间也在不断拉长。如西藏通常在淡季实行景区免票优惠政策，2018 年 2 月 1 日至 4 月 30 日，所有 A 级景区免费开放。当年的冬季淡季优惠政策从 2018 年 11 月 1 日持续至 2019 年 3 月 15 日，贯穿整个冬季淡季，时间更长了。四川省则选在震后第一年的 2009 年 5 月 12 日当日对 11 个国有景区（点）实行全免政策，一直到当年年底实行了优惠政策。此外，每年的 5 月 19 日中国旅游日这天，全国多数省份都举行一定规模的免票活动，免票时间为一天，这个日子也有望成为景区的免费开放日。

（四）减免人群不断扩大

根据《中华人民共和国价格法》对门票减免人群的规定、国家发改委历次对景区门票价格调控的相关政策，以及《国务院关于促进旅游业改革发展的若干意见》，全国性的减免人群涉及未成年人、老年人、现役军人、残疾人和低收入人群，后来又增加了宗教人士。对大中小学学生的减免主要是行业性的，如爱国主义教育示范基地等，并且对是否集体参观实行不同政策，集体则全免，个人则半票。对未成年人、在校学生、老人、军人、残疾人等实行门票费用减免。

各地出于回馈社会、感恩社会，或为了宣传营销，也经常对特定人群采取门票减免优惠活动。比如今年的新冠肺炎疫情后，很多景区对医务工作者实行门票减免活动。贵州暑期对中小学生免费开放也属于此类。再如，汶川地震后，2009年四川省11个国有景区（点）在5月12日当天实行全免政策。而在汶川地震十周年的时候，四川省多个景区推出感恩活动，实行免票和优惠，涉及景区有剑门关、九皇山、桃坪羌寨、毕棚沟、卧龙中华大熊猫苑等。另外，汶川特别旅游区国家5A级景区，大禹文化旅游国家4A级景区全年对前来的游客全部实行免票。

四、价格总体水平趋于理性

（一）景区数量高速增长，游客选择性增强

近年来，随着我国旅游景区数量不断增加、品质不断提升，景区资源的垄断随之降低，门票价格亦更加合理。据不完全统计，截至2018年底，全国各类景区约10万家，其中A级景区1.19万家，与2011年A级景区总数（5573家）相比，翻了一倍多，在一定程度上说明游客的可选性进一步增强。在景区的空间分布上呈现不断分散、趋向平衡化的趋势，特别是西部广大地区拥有众多资源丰富、品质优良的旅游景区，随着旅游的进一步开发和可进入性条件的逐步改善，必将成为越来越多游客的新选择[112]。

此外，作为景区主体部分的3A级和4A级景区数量逐步增长，有利于进一步缩小景区质量差距，降低游客集中度，为发挥市场对门票的调节功能打下基础。2018年全国A级景区总数11 924家，结构上呈现"两头小中间大"。其中1A级和5A级景区数量最少，居两端，2A级和4A级景区居近中，3A级景区数量最多5724家，居正中。其中，全国5A级和1A级旅游景区分别为259家和103家，仅占全国A级旅游景区总数的2.17%和0.86%；4A级和2A级旅游景区分别为3546家和2292家，占全国A级旅游景区总数的29.74%和19.22%；3A级旅游景区总计5724家，占全国A级旅游景区总数的48.00%。

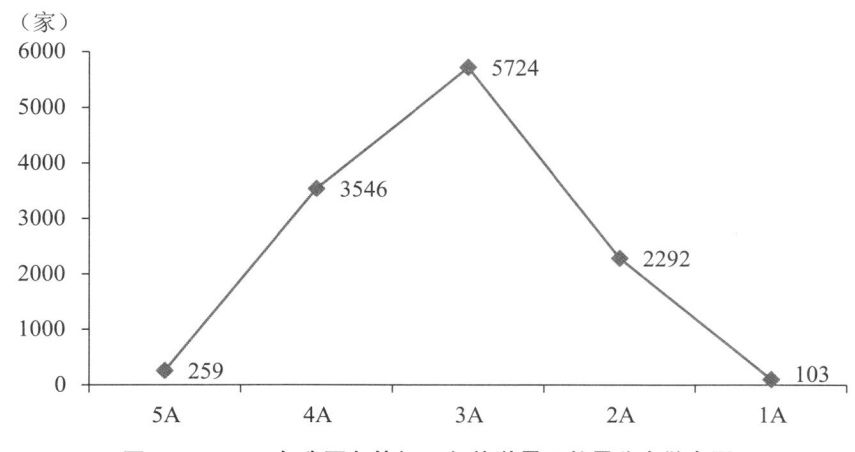

图 3-2　2018 年我国各等级 A 级旅游景区数量分布散点图

随着社会经济的发展，旅游已成为人们闲暇时间必不可少的休闲方式。据统计，2019 年全国国内旅游人数为 60.1 亿人次，比上年增长 8.4%，人均出游率为 4.3%。

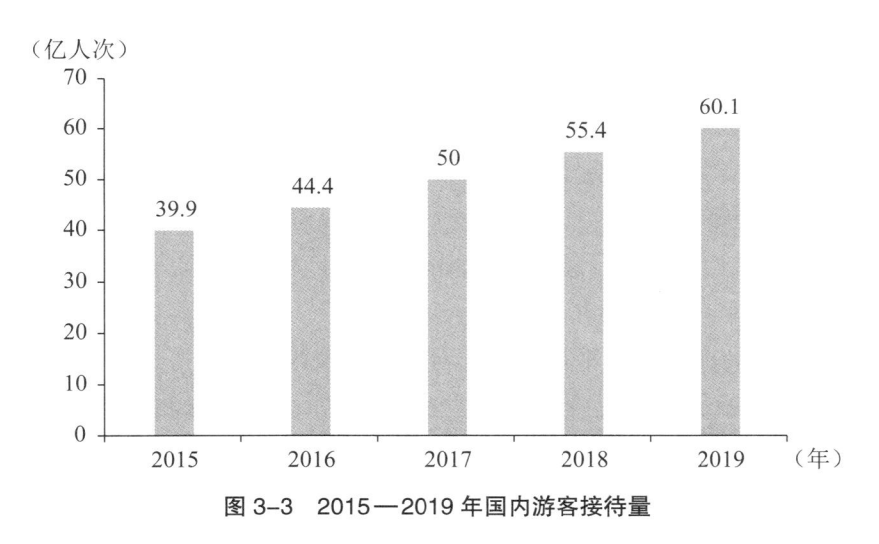

图 3-3　2015—2019 年国内游客接待量

游客年人均出游率在剧增的同时，游客的旅游需求更加多元化。在此背景之下，催生了很多新型类别的旅游景区，如随着"回归乡村""度假体验"等游客消费理念的更新与发展，乡村旅游、度假休闲式的旅游成为更多游客，特别是都市客群的新选择，从而推动近几年乡村旅游类和度假休闲类旅游景区的异军突起，呈现出良好的发展态势。截至 2018 年底，自然景观类（2977 家）和历史文化类（3542 家）两类景区共计 6519 家，占全国 A 级旅游景区总数的 54.67%，说明传统观光型景区仍是目前我国 A 级旅游景区的主体；度假休闲类（2095 家）和乡村旅游类（1635 家）景区作为新型景区类别，共计3730家，占全国A级旅游景区总数的31.28%，特别是度假休闲类景区是近年增长较快景区，在所有类别景区比重中位居第一。

（二）价格信息公开透明，景区竞争更理性

新媒体是传媒领域的一次革命，使得传媒生态发生了颠覆性的变化[113]。新媒体打破了传播者与接受者的边界，人人都是接受者，人人又都是传播者，传播不再是单向地传播与被动地接受的关系，而是双向互动关系。过去新闻媒体是专业机构的工作，当自媒体出现后，每个个体都可以成为一个媒体，发布、传播相关资讯。并且自媒体运用了最新的数字技术，加上相对较低的自由度约束和普通个体个人化、个性化的特点等，自媒体有些时候比传统媒体更及时、更可信、更易于接受，对传统媒体构成极大的冲击[114]。事实上，许多重点、热点事件在自媒体的介入下，得到了更多的关注。在新媒体的倒逼下，传统媒体不得不变得更快、更敏感，管理部门也不得不给予传统媒体越来越多的自由、越来越大的空间。

在这样的背景下，诸如景区门票涨价等社会关注的热点问题将会变得越来越透明，信息也将会越来越对称，民众也将会更加理性地来进行判断。相比以往，景区将会更加积极主动地公开价格信息，游客能够更加清楚地掌握各景区门票价格和服务质量等信息，做出理性地选择。价格信息的公开透明，会倒逼景区更加注重自身的产品开发和建设，注重服务质量的提升，进而使得景区之间的竞争更加理性，而不是一味地打价格战。

（三）价格管控力度加大，市场环境更规范

自2000年景区门票价格进入市场化定价阶段后，国家发改、旅游等部门对价格的宏观管控力度持续加大，平均每年出台1个重大政策文件（见表3-3），推动全国旅游景区门票降价的同时，景区门票价格环境更加规范。2005年4月，国家发展改革委下发了《关于进一步规范游览参观点门票价格管理工作的通知》文件，要求对实行政府定价、政府指导价的门票价格等进行审核，要求重点文物保护单位、国家重点风景名胜区等重要的游览参观点门票价格的制定和调整，要按照各地听证目录规定实行听证。2006年，国家发展改革委办公厅发布《关于建立游览参观点门票价格及相关信息报告制度的通知》，同时公布了主要游览参观点名录，进行重点监管。2007年，国家发展改革委发布了《关于进一步做好当前游览参观点门票价格管理工作的通知》，要求门票价格应充分体现公益性。列入政府定价、政府指导价的游览参观点，不能以门票收入补贴游览参观点以外的其他支出，同一门票价格上调频率不得低于3年。2008年，国家发改委等八部委联合发布了所谓的限价令《关于整顿和规范游览参观点门票价格的通知》，明确规定对于依托国家自然资源或文化资源投资兴建的游览参观点门票价格,实行政府定价或政府指导价,价格调整执行听证制度。2010 年,国家发展改革委发布了《关于做好法定节假日期间游览参观点门票和道路客运价格管理工作的通知》,通知要求对实行政府定价和政府指导价管理的游览参观点不得在法定节假日期间及之前 1 个月内提高门票价格。2015 年国家发改委和旅游局联合发出《关于开展景区门票价格专项整治工作通知》,在全国范围内开展为期一年的景区门票价格专项整治工作,规范价格行为,严格执行定价程序,加强价格监管,并首次提出建立景区质量等级评定与门票价格水平惩戒联动机制等。2018 年国家发改委文件更是直接要求景区在限定时间内降价,确保降低重点国有景区门票价格工作取得实效。2019 年国家发展改革委再次下发文件,要求持续深入推进降低重点国有景区门票价格,要扩大降价景区范围,加大降价力度,进一步推进落实降价工作。

表 3-3　政府部门关于旅游景区门票价格管理的政策文件

年份	主 要 文 件
2000 年	国家计委《关于改革国家级特殊游览参观点门票价格管理体制的通知》
2000 年	国家发改委《游览参观点门票价格管理办法》(修订)
2005 年	国家发改委《关于进一步规范游览参观点门票价格管理工作的通知》
2007 年	国家发改委《关于进一步做好当前游览参观点门票价格管理工作的通知》
2008 年	国家发改委等八部委《关于整顿和规范游览参观点门票价格的通知》
2010 年	国家发改委《关于做好法定节假日期间游览参观点门票和道路客运价格管理工作的通知》
2015 年	国家发改委、国家旅游局《关于开展景区门票价格专项整治工作的通知》
2018 年	国家发改委《关于完善国有景区门票价格形成机制　降低重点国有景区门票价格的指导意见》
2019 年	国家发改委《关于持续深入推进降低重点国有景区门票价格工作的通知》

第四章
景区门票价格管理改革的现实困境

中国价格体制改革早在 1979 年就开始进行，经过 40 余年的改革，目前 97% 以上的商品和服务价格都由市场说了算。但是，价格改革还有"最后一公里"的攻坚战役。随着改革的深入，改革的复杂性和难度增大，涉及诸多深层次的矛盾，面临不少体制机制障碍，相对多的改革内容已超出了经济体制和价格改革的范围，难以区分出是经济和价格问题，还是社会问题、政治问题。

景区门票价格管理改革也一样，往深了说，涉及中央和地方、政府和市场的关系，涉及部门利益格局的调整等，往细了说，各利益主体之间要找到一个平衡点，还要探索符合旅游业自身特点的价格形成机制、调控监管办法等。结合工作实践，笔者认为，当前我国景区门票价格管理改革主要面临四大现实困境。

第一节 央地财政"分灶吃饭"和地方"诱导需求"

2000 年随着极少数国家特殊参观游览点门票定价权的下放，我国景区门票价格进入了以市场为主的政府调控新的价格阶段，同时也意味着我国景区实行了属地管理。国家下放公共景区管理权限，意图是调动地方的积极性，发挥地方的管理能动性，同时解决财政投入不足和发展问题。但是，这个美好的意愿在实践中也附带产生了新的问题，即景区门票价格的持续上涨。也是从那时起，我国景区门票价格开启了涨价的大幕。

景区门票价格的持续上涨，和我国"分灶吃饭"分税制的财政体制有很大的关系。由于中央财政投入有限，地方要承担属地管理的主体责任，景区的资源、环境等保护费用由地方解决。各地区经济发展水平和地方财政能力差异明显，一些落后地区缺乏投入能力。政府财政困难，"只给政策不给钱"，景区不得不通过市场来筹资。本应由财政投入的部分，转移到了景区门票成本上，推高了景区门票价格。

景区尤其是那些世界遗产之类的景区具有唯一的资源价值，下放地方管理后，景区与地方的利益共同体形成后，难免会出现一些地方财政会从公共景区挖走部分收益的情况。因此，一方面地方政府不会阻止景区门票提价；另一方面，同级的价格监审、监管等也就失去了效力，每审必过，每听必涨。同时，由于"诱导需求"的存在[①]，地方政府不但不会阻止涨价，甚至还有涨价的内生动力。

因此，要改革景区门票价格管理，首先面临的一个问题，就是如何解决财政投入不足的问题。笔者参加国家发改委出台降低重点国有景区门票价格政策之前的工作座谈会时，会议现场就有地方代表明确表示，可以降，但降多少取决于中央财政补多少。也就是说只要有财政兜底，景区门票成本中将少了一大块，价格会显著下降。当前我国财力有限，诸多公共领域都投入不足，这可能是景区门票价格管理面临的首要困境。

第二节 价格管理目标与景区发展动机的现实博弈

景区门票价格管理和景区发展都是旅游产业发展的重要内容。景区门票价格管理和景区发展之间的关系不是非彼即此，而是相辅相成，科学合理的价格有利于提升景区竞争力。因此，要将景区门票价格管理改革和培育壮大景区市场主体、提升景区发展质量等作为一个整体，统筹推进，确保二者之间的衔接与耦合。

前文中，笔者提到过，国家发改委在出台降低重点国有景区门票价格文件前，征求相关部门意见时，旅游部门对其中的个别表述有不同意见。重点国有景区门票价格要体现公益性这点没有问题，但在操作上就很困难了，从价格上看，临界点是多少？旅游部门的考虑有其道理，在现行"分灶吃饭"的财政体制下，如果这个度没把握好，景区经营者和地方政府的积极性得不到有效激励，则市场机制可能会退出，容易陷入公地悲剧，显然对景区发展、旅游业发展不利。

因此，景区门票价格管理改革的关键在于如何更好地发挥政府作用，既要保持

---

① 20世纪70年代，美国斯坦福大学的Tuchs教授和加拿大R.G.Ecans教授首先研究提出了"诱导需求"理论，医生在具有对自身经济利益的服务中，既是顾问，又是卫生服务的提供者，因此有很强的动力为自身创造额外需求。

价格总水平稳定，又要让市场机制在价格形成中发挥决定性作用，确保景区经营者的积极性被充分调动，使得门票价格既兼顾依托公共资源建设景区的公益性，又兼顾经营者合理的保本盈利性与可持续发展能力。

第三节　舆论对价格管理改革决策的巨大压力

　　景区门票价格关乎民生，涉及群众切身利益，每一次变动和改革，都会引起广泛的社会关注，并形成强大的舆论影响。加之当前，互联网技术和新媒体的广泛应用，涉及民生价格问题，很容易形成降价、低价的舆论场，对改革决策形成极大的影响。回顾几次重要的门票价格政策的出台，都和舆论有很强的关系，比如2008年发改和旅游部门联合开展景区门票价格整顿和规范工作和2018年下发的降低国有重点景区门票价格的文件。

　　固然，涉及民生的价格改革问题，老百姓能承受得起、老百姓满意是非常重要的评价标准。但同时也要清醒地认识到，作为旅游产品消费者的游客，在"消费"旅游产品时，希望以最小的个人投入来获得最大的旅游资源消费权，游客"用脚投票"，对门票价格改革的直接预期是降价，越多越好，免费最好，以节约更多的个人成本。

　　景区门票价格改革，还是要依据科学的数据支撑和理论方法，要找准问题的症结所在，要综合施策，要看实际效果。统计数据显示以及不少的学者如张凌云都证实目前我国景区门票价格总体水平合理，并分析指出免费未必有利于普惠公平，对于中西部地区景区免费，还有"劫贫济富"之嫌。

　　事实上，舆论对景区门票的关注，除了部分票价高原因之外，还是其他多个因素叠加的结果。一是部分隐性支出的"火上浇油"。国有重点景区特别是一些自然景观类景区，面积大，海拔高，游览线路长，现行常规的做法要么是内部观光车，要么是缆车索道。这些支出看似具有选择性，实际上是刚性的支出，基本上是各景区投入产出比最好或一本万利的好项目。有些价格整体来看似乎不高，实际上定价往往不合理。比如某景区，一段3—5km的观光车收费20—30元，原高于本地同类交通运输价格。这些支出最终都累加到了门票上。二是不规范价格行为时有发生。涨价频率快，逢听必涨，价格政策不透明，园中园、票中票、价格欺诈等不规范价格行为，给游客造成不好的印象。三是"假日经济"的副作用。我国节假日制度的安排，多数景区平常除周末，客流较少。而一旦到了节假日，各景区人满为患。这种供需严重失衡的情况下，景区一定要把握好假日经济的大好机会，除被政府限定的节假日期间是不得涨价的，市场调节的各环节价格水平在节假日期间都很高，一些知名景区周边的普通农家乐价格水平在 100—200 元 / 晚甚至以上，高于我国 5A 景区门票平均价格。由于占据良好的位置或便利等，事实上已经具备了价格垄断地位。尽管价格高，游客也不得不消费，吃哑巴亏。这就是为什么景区门票价格舆论往往都在节假日前夕爆发，并进而推动国家政策也在此时间前后出台。游客以上所有的负面情绪最终都化为声讨景区门票价高的风暴，再经由各类媒体的"炮制"和放大，对价格主管部门和行业管理部门造成极大的压力。

第四节 完善价格形成与监督机制的复杂性

景区门票价格形成机制涉及门票定价方法、程序，价格管理方式，跟踪监测调整，规范价格行为和价格监管等全部流程各个环节。适应新形势，还需要不断创新探索新的办法和规则，这里主要从定价方法、价格听证公示制度以及成本监审价格监管等三个关注度比较高的方面进行阐述。

一、成本定价方法的失灵性

服务产品的无形性、差异性、不可分离性以及不可存储等特性，决定了服务产品价格的特殊性。不同于实物产品价值的确定，生产成本相对标准。服务产品价格除了包含凝结的劳动价值外，还应取决于消费者的满意度。因此，服务产品价格的定价本身是个难题。而一旦这种服务，涉及民生，具备公共或准公共属性，其定价方法就变得更加复杂。这也是包括医疗、教育、交通、水电气等领域服务价格一直在改革的重要原因。

现行的景区门票价格定价方法主要采取的是成本定价法。前文提到，由于地方"诱导需求"的存在，成本定价法"失灵"，已不能适应需要，必须考虑引入新的定价法，除考虑成本因素，还要根据景区旅游资源的分类等级，采取定性评价和定量评价相结合的方法。也有学者提出，对于旅游业这类竞争性服务业产品的定价，要跳出传统定价思维，按照市场化改革要求，探索和完善"模拟市场定价"。它是以存在产品替代关系、市场竞争比较充分的"参考市场"价格为依据制定价格，依托成本又不完全依据成本，运用市场发现价值，减少盲目性，通过市场倒逼机制促使企业节约成本，提高效率。近年来，国家在实行煤电标杆电价制度、成品油价格改革以及广东、广西在制定天然气销售气价时，都采用了"模拟市场"定价方法，取得了较好效果。

二、价格听证制度的特殊性

价格听证制度，又称价格决策听证制度，是价格决策民主化和科学化，消费者直接参与定价的重要形式[115]。但由于代表选取的公开公正性、代表性等因素，听证会几乎就是走过场，逢听必涨，社会反映强烈。对于大型公共景区，其客源大多数是外省游客，即旅游产品的消费者具有"域外"特性，因此，旅游景区门票价格听证环节具有一定的特殊性。一是门票价格听证会召开前十个工作日，拟定价或调价景区需将提交听证会有关材料，报送与有定价权的价格部门同级的旅游部门；旅游部门代表需在听证会上出具职能范围内关于景区经营、管理、服务水平等的听证意见。二是听证会代表中消费者代表不得少于听证代表人数的1/2；以外地、外省旅游者为主要客源的景区，外地、外省消费者听证代表不少于消费者听证代表总数的2/3。考虑到邀请外地代表参加听证会相关费用等具体环节不便执行的情况，线上听证会可以是一个选择。三是景区财务审计报告应提交价格听证会审核。四是听证代表的具体信息、听证会过程和详细情况，在符合有关保密规定下，应及时全面准确地向社会公开，接受社会监督。

另外，进入听证会之前的公告制度也很重要。一是实行政府指导价的景区，凡申请门票定价或调价，至少要提前6个月进行公告。二是公告的内容应包括提前向价格部门提供真实的，且经会计师事务所或审计等政府部门审计的资产、负债情况，投资、运营情况，收入、支出明细情况，以及定价成本监审报告、涨价理由、拟涨价幅度，与本省（区、市）标杆景区对比分析情况材料（涉及国家秘密、商业机密的内容除外）。三是价格部门受理后，5个工作日内向社会公告。公告结果不影响定价调价的，按有关规定进入听证会程序。

三、价格监管机制的复杂性

成本监审是规范政府价格行为的重要制度，通过成本监审的具体实施，掌握政府定价或服务的真实合理成本，作为政府定价的基础，进一步提高了政府价格决策的科学性和合理性。建立和完善定期成本监审制度，及时掌握企业的经营状况、成本情况、利润流向、人员配置、设施更新、改造或扩建以及产量等方面的内容，对企业定价特别是垄断企业定价成本进行科学有效的控制。因此，成本监审的独立性十分必要，既当运动员，又当裁判员，最后结果可想而知。应由独立第三方机构开展成本监审。

　　价格是景区门票价格监管的主体。但对于各景区的情况、市场的情况等，行业主管部门则更清楚，抛开门票定价的一套技术规范不谈，价格定得合适不合适，在全行业中有无可比性和依据，行业主管部门能够有明确的判断。要建立旅游景区价格监管合作体系，在价格主管部门的牵头下，建立包括景区主管部门，如文化旅游、住建、国土、林业等部门在内的价格监管合作体系，明确合作形式，建立信息定期通报制度，为价格主管部门履行旅游景区门票价格监管职责提供更加科学的依据。

第五章
景区门票价格管理改革的目标与对策

　　中国共产党第十八届三中全会研究部署全面深化改革重大问题，全会通过了《中共中央关于全面深化改革若干重大问题的决定》（以下简称《决定》）。《决定》提出要完善主要由市场决定价格的机制，凡是能由市场形成价格的都交给市场，政府不进行不当干预。推进水、石油、天然气、电力、交通、电信等领域价格改革，放开竞争性环节价格。这为全面深化价格改革指明了方向，即必须用市场机制推进价格改革，不能放的领域，也要不断完善价格形成机制。同时，《决定》也指出了公共服务领域价格改革的艰巨性和复杂性。一方面，涉及多方面的利益调整，涉及诸多深层次矛盾和问题，面临不少体制机制障碍，统筹协调难度很大；另一方面，价格调整关系群众切身利益，要确保价格不发生异常波动、不影响群众基本生活。就好比医疗服务价格改革，不是单纯的价格调整，而是涉及医疗体制、社保制度改革等多个联动制度的改革。

　　《决定》有关精神为景区门票价格改革提供了基本遵循，要把坚持市场主导放在首要位置。同时，由于景区门票价格改革是一个复杂的系统工程，涉及多方利益，涉及多个关联制度的改革，仅就门票价格谈价格、研究价格管理是行不通的，必须统筹兼顾，必须从制度联动改革角度进行顶层设计，才能从根本上系统解决门票问题。

第一节　总体要求

一、指导思想

全面贯彻落实党的十八大和十八届三中、四中全会精神，按照《中华人民共和国价格法》、《中华人民共和国旅游法》以及《国务院关于促进旅游业改革发展的若干意见》（国发〔2014〕31号）相关规定，围绕使市场在资源配置中起决定性作用和更好发挥政府作用，通过联动制度改革提供相关配套保障措施，着力理顺旅游景区门票及相关服务价格形成机制，健全监管体制，规范价格秩序，为国内外旅游者营造良好消费环境，充分发挥景区建设运营对餐饮、住宿等相关行业消费的拉动作用，促进旅游业逐步摆脱对"门票经济"的过度依赖，实现旅游业转型升级和高质量发展。

二、基本原则

坚持市场主导，放管结合。区分不同类型景区、游览服务特点，实行不同价格管理形式，能放开的要坚决放开，继续实行政府管制的也要朝着市场化方向，完善监管方式，充分发挥市场机制在价格形成中的决定作用。

坚持统筹兼顾，协调联动。统筹考虑维护旅游消费者合法权益、促进旅游资源保护开发的要求，协调平衡景区门票价格与收入增长，不同等级景区差比价，景区建设运营与财政收支、相关领域消费增长等关系，促进旅游景区与当地经济社会协调发展。门票价格改革要做好和国家公园体制、生态补偿制度、假日制度等的联动和衔接。

坚持依法履责，强化监管。政府部门依法履行对景区门票及相关价格的监管职责，理顺价格结构体系，规范经营管理者的价格行为，维护市场正常价格秩序。

第二节　改革目标

建立公开透明、规范有序、科学合理的价格形成机制，逐步理顺价格关系，严格控制价格水平过高过快上涨，努力使门票价格总体水平保持在与居民收入相适应的合理区间；构建职责明确、相互协调、运行有效的门票及相关服务价格监管体制，使社会反映较为集中的随意设置园中园门票、捆绑销售、强制消费以及门票价格减免优惠政策落实不到位等问题得到明显缓解。

第三节 对策建议

一、创新门票定价机制

将自然垄断资源和世界遗产、国家 5A 景区等重点公益类景区纳入中央政府定价目录，由中央给出统一的基准价格，允许地方根据区域经济发展水平和旅游业发展阶段，在一定幅度内浮动，报中央备案。中央综合社会经济发展、物价水平等，定期对基准价格进行复核更新，地方相应地进行调整。或者中央收回自然垄断资源和世界遗产、国家 5A 景区等公益类景区的定价权，做好资源价值评估，采用收支两条线管理。

旅游主管部门综合考虑游览参观点的知名度、观赏价值、历史文化价值、科学价值、可进入性、环境容量、环境质量、旅游季节性强弱以及游览参观点所在地的经济社会发展情况等因素，对景区做出分类分级，各级价格主管部门根据管辖权限对某一类、某一级景区门票定出参考价。全国同级同类景区门票价格要形成合理的比差价关系。对不同的时间段、季节段和不同的游客群体，在明确规范的基础上，做出不同的规定，同时可参考使用个人票、团体票、家庭票、套票等多种门票形式。

二、推动关联制度改革

（一）提升《游览参观点门票价格管理办法》法律效力

提升《游览参观点门票价格管理办法》法律效力，最好以国务院"条例"的形式颁布实施。否则约束力小，无法落实财政对景区的投入问题。经费如不能保障，景区的社会性和公益性也就无从谈起。建议参照国外相关法律以及国内相关法律的执行情况，加大惩罚力度，提高价格主管部门和旅游主管部门的使命和国家职责，加强景区管理和资源保护经费的审计力度。

（二）结合国家公园探索建立旅游领域自然垄断资源有偿使用制度和生态补偿制度

十八届三中全会明确提出建立国家公园体制，并开展了试点。国家公园设立的根本目的就是要保障其公益性，为全民所享有，为世代所享有。国家公园试点目的就是要进行机制体制的创新，其中包括关于公益性的投入方面的创新。一方面，待国家公园试点完成后，及时梳理相关政策，考虑将一些国有重点景区纳入管理范畴或在国家公园试点成功经验上，开展景区公益性投入的改革创新。另一方面，旅游景区大部分公共资源都具有不可再生性和不可替代性，探索建立完善的旅游领域自然垄断资源有偿使用制度和生态补偿制度十分必要。一是坚持使用资源付费和谁污染环境、谁破坏生态谁付费原则，逐步将资源税扩展到占用各种自然生态空间；二是景区门票价格定价体系中应反映出旅游资源的市场供求、资源稀缺程度；三是通过从景区门票中提取设立调节基金，用于每年旅游资源的生态环境损害成本和修复效益；四是坚持谁受益、谁补偿原则，完善对重点生态功能区的生态补偿机制，推动旅游地区间建立横向生态补偿制度；五是建立吸引社会资本投入生态环境保护的市场化机制，推行环境污染第三方治理。

（三）深化旅游领域政企、政事分开改革

理顺管理体制，实行管理权与经营权分离。一些地方过分依赖门票经济，门票价格"额外负担"过重问题突出。目前，我国大多数景区，特别是依托全民共有资源建设的国有景区，收入主要来源于门票。由于资源的垄断性，经营方相比管理方，位势弱。门票收入除了支付景区日常运营、维护，以及员工工资等直接成本外，一些地方还要求拿出门票收入的一定比例，用于生态环境、文化等保护及其他本该由地方财政承担的费用。更有甚者，将景区门票收入当作地方财政的"摇钱树"。随着市场经济改革的不断深入，以分散管理、多头管理和交叉管理为特征的景区管理体制，已经不适应我国的实际情况，而且易导致权力的争夺、责任的真空、运营成本的增加。因此，要从根源上转变现在的管理体制，把管理权与经营权分离，才能从根本上解决问题。

（四）完善节假日制度

落实职工带薪休假制度。各级人民政府要把落实职工带薪休假制度纳入议事日程，制定带薪休假制度实施细则或实施计划，并抓好落实。鼓励错峰休假。在全国统一的既有节假日前提下，各单位和企业可根据自身实际情况，将带薪休假与本地传统节日、地方特色活动相结合，安排错峰休假。鼓励弹性作息。有条件的地方和单位可根据实际情况，依法优化调整夏季作息安排，为职工周五下午与周末结合外出休闲度假创造有利条件。

鼓励旅游景区运用智慧旅游手段，建立门票预约制度、景区拥挤程度预测机制和旅游舒适度的评价机制，建立游客实时评价的旅游景区动态评价机制，对景区游客进行最大承载量的控制，最大限度避免旅游景区旅游容量超载，保证游客能够在旅游景区享受良好的旅游环境，同时也避免旅游景区长期超载，进而导致自然资源的毁坏以及生态环境的快速破坏。

（五）探索建立旅游与价格主管部门在景区门票价格管理上的工作协调机制

根据《中华人民共和国价格法》，价格监管的主要部门是各级发改委（物价局），旅游景区的管理部门则是旅游局、建设局、国土局、文物局等不同单位。价格部门尽管有监管职责，但对景区除价格信息外的其他各项信息的掌握不如旅游景区的直接主管部门。景区主管部门虽然掌握的信息更翔实、更及时，但他们又没有价格管理权。因此，加强旅游与价格主管部门间的协作势在必行。一方面，应共同界定游览参观点的属性及其门票价格制度（公益性、商业性还是复合型），加强价格监督检查，确保各项旅游优惠政策的贯彻落实；另一方面，应建立旅游景区价格监管合作体系，在价格主管部门的牵头下，建立包括景区主管部门，如旅游、建设、国土、林业等在内的价格监管合作体系，明确合作形式，建立信息定期通报制度，为价格主管部门履行旅游景区门票价格监管职责提供更加科学的依据。

三、配套门票改革措施

（一）不断扩大减免范围，强化景区社会效益

不断扩大景区门票减免范围，强化景区的社会效益，逐步达到经济效益、社会效益和生态效益的统一，是景区门票制度优化的主要方法之一。景区对公共资源的保护、利用和开发，应充分发挥其自然生态效益和人文社会效益。在对其门票价格进行定价的时候，世界各国，尤其是社会经济与旅游业均发达的国家，旅游景区门票价格日益重视社会效益，淡化经济效益[116]。各国重视通过政府及社会的多重调控，不断降低门票价格，甚至以众多景区参观点免费的方式，达到利用参观点对国民进行爱国主义教育、国民素质教育，使旅游业更为接近提高区域社会科学文化水平、提高国民素质、丰富国民生活的终极目标。应当理智地将我国旅游景区门票价格降下来，使之与国民收入形成一个适当的比例，通过低定价、优惠、免费等多种形式鼓励国民进入旅游者行列，使旅游成为国民经常性的社会活动，成为国民日常生活的重要组成部分[117]，从而达到提高国民素质教育、推进社会和谐公平的目的。

1.扩大政策性免费景区

根据2008年中宣部等四部门发布的《关于全国博物馆、纪念馆免费开放的通知》，应进一步扩大博物馆、纪念馆、展览馆和爱国主义教育示范基地等"三馆一地"景区的免费开放；开展宗教、文物、城市公园类景区免费试点工作；鼓励乡村旅游类景区逐步免费开放。

以西湖景区免费对公众开放为例，免费并没有给西湖带来损失，反而带来更多的效益。西湖免费开放的成功模式，为国内其他景区的免费开放提供了丰富的经验。在诸多因素和条件相似的情况下，西湖免费开放的具体经验和示范效应[103]，可为那些已经免费或者即将免费的景区所在地的旅游经济的发展提供有益的借鉴。但是否能复制西湖免费模式，各景区需要进行具体分析和判断。

首先，杭州西湖景区免费模式的实质是"收费"与"免费"景点数量的合理搭配。其次，该模式是一种"免费+周边消费"的商业模式。西湖景区免费旅游的举措促进了杭州城市旅游在食、宿、行、游、购、娱等相关服务业的发展[103]。西湖免费带动了景区商业网点经营价值的提升，直观上降低了游客的旅游成本，游客逐年增加，逗留时间延长，使杭州市餐饮、旅馆、零售、交通等服务行业都获得了新的发展空间，促进了城市的整体经济发展[118]。

基于此，某些与西湖景区自然人文条件、知名度、旅游设施条件等相似的景区如北海银滩、南京玄武湖、济南大明湖等可全面复制西湖的免门票制度，而一些与西湖条件迥异的世界遗产类景区如九寨沟、张家界、武当山、神农架、黄山、布达拉宫、莫高窟等，从保护及其可持续性发展的角度来说则不宜采取免费模式，这些景区应或维持现状，或走类似美国黄石公园的管理模式。

2. 扩大政策性减免人群

资源依托型景区具有一定的社会福利性质，旅游景区除实现经济效益外，还应进一步实现景区的社会效益，发挥景区的教育功能、政治功能、文化功能和情感功能。

为促进社会的公平正义，保障特殊群体的利益，应进一步统一规范针对老年人、现役军人、残疾人、学生、儿童等社会群体的减免优惠政策[119]；逐步实施森林公园、地质公园和其他科普类景区对学生、儿童群体的免费开放；对一些有特定纪念意义的重要景区，在特定时间内向游客提供一定数量的免费或低价门票；具有教育意义的爱国主义教育示范基地和红色旅游区应进一步加大政府扶持力度，实行免票或奖励政策。

3. 扩大政策性减免时段

景区游览量的淡旺季差异是景区经营不可避免的现象，尤其是国家法定假期的集中出游使得这一现象加剧。错峰出游是分流景区游客量的必要之策，在景区淡季实行门票减免，不仅缓解了旺季景区的经营压力，还可一定程度上扩大全年的游客总量，扩大景区非门票经营收入。政府可从整体上协调各级景区门票减免的时段，缓解冷热点景区的客流差异。另外在每年5月19日中国旅游日及9月27日世界旅游日可实行部分景区免票制度。

4. 鼓励实施本地居民优惠措施

本地居民承担着景区开发对当地生态环境、社会环境和经济环境的负面影响，因而多数地方政府和景区经营者都对当地居民游览景区实施了一定的优惠政策，作为福利性补偿。但引起了外界对于这种做法的质疑，认为这是对外地游客的身份歧视。尽管如此，实施对本地居民的价格优惠，仍然是促进景区利益分配公平，协调当地居民与旅游景区利益的有效手段。

对于本地居民，可以试行月卡或年卡制；实施节假日优惠、季节优惠等，支持组织当地居民"本地游"、景区景点开放日等活动。同时为避免出现本地居民和外地游客集中出游的冲突，可借鉴部分景区实行非节假日免费，节假日收取半价门票的做法[120]。通过门票价格返利、让利于民，促进旅游业的良性发展。

（二）多维合力，降低景区管理成本

通过建设智慧景区、招募景区志愿者、多样化营销方式并举，合理规范游客的旅游行为等多种方式，降低景区管理成本，减少景区对门票收入的过分依赖。

1. 招募志愿者，降低人力运营成本

近年来，景区工作人员工资上涨，是运营成本上升的一个重要因素。景区管理部门可以招募志愿者为游客提供线路指引、旅游咨询、免费讲解、宣传教育、应急药品提供、免费地图提供等各种服务。也可推出优惠措施，鼓励游客以志愿者身份在景区从事旅游和志愿活动。如世界自然遗产美国大峡谷国家公园有近600名正式员工，加上园内小卖部和其他部门的人员，总共有近1500人。但与每年500万人次的游客接待量相比，这些工作人员远远不够。为解决这个矛盾，公园管理部门出台了鼓励游客以志愿者身份在园内工作的决定。仅在一个部门工作的志愿者就已累计工作了约3万个小时。志愿者的工作内容非常广泛，包括观察秃鹫的生长情况、锄草、照料珍稀植物和为游客担任导游等[121]。

2. 规范旅游行为，降低景区维护成本

游客在旅游目的地逗留的异地性和暂时性，常常使游客放松行为约束，加之对异地风土人情的陌生感，会疏忽自己行为对当地社会文化和环境造成的影响[122]。例如游客随意丢弃垃圾、乱涂乱画等。黄山景区目前配备了300多人的环卫工作人员，每年仅这项支出就高达2000万元，加重了景区支出成本。

加强各种类型的旅游者行为规范的制定、宣传和实施，有助于降低景区维护成本。所制定的行为规范一定要切实可行，并通过各种手段进行宣传和采取有效的监管措施，培养游客的环境意识和文化保护责任感，自觉对旅游景区设施设备、生态环境、人文景观的保护给予支持，使游客认识到哪些行为是正当的，哪些行为是不文明的，意识到自己对旅游景区环境应负的责任，从而有效约束自己的行为[123]。例如：在进入生态旅游地或遗产地之前，先让游客观看通过生动形象手段布置的展览或现代化技术摄制的短片，使游客增长知识，唤醒游客的责任意识，自觉进行文明旅游；在景区入口处，免费发放《入园须知》或旅游指南，提前向游客告知一些禁止的行为，使游客在入园前就了解有关规定，在游玩过程中自觉遵守；在景区醒目的地方利用大型电子显示屏滚动播出游览须知及文明宣传短片，在显要位置悬挂文明标语，设置文明提示牌等。

3. 创新营销方式，降低景区营销成本

景区经济是一种典型的注意力经济，创新性采用典型事件、网络营销、事件营销、合作营销、影视营销等多种低成本而有效的营销手段，调动游客的好奇心和注意力，满足游客探索的需求，可以较为迅速地扩大景区知名度，树立鲜明的品牌形象[124]。

如中国市场学会等机构评出的"2010—2011中国最具影响力的优秀旅游营销事件奖"，张家界借助《阿凡达》将"乾坤柱"改名"哈利路亚山"事件入选。张家界借助这部红极一时的电影收获了无数眼球，在欧美市场做了一系列无成本广告。旅游局提供的数据显示：仅2010年正月初四一天，武陵源核心景区接待海内外游客达3万人次，创历年春节旅游黄金周单天最高纪录。又如2008年"5·12"大地震后，成都邀请梦工厂动画团队来蓉采风，并在《功夫熊猫2》中植入大量成都元素。随着电影的全球热映，成都让广大观众了解到"熊猫的国籍在中国，熊猫的故乡在成都"[125]。该事件于2011年获得"中国最具影响力的十大旅游营销事件奖"。

（三）多样化经营，完善景区造血补血机制

1. 推动景区多样化经营

从欧美等旅游发达国家的经验看，旅游收入的提升很少依赖景区门票收入来拉动，而是由政府和景区合力推动景区运营。政府不断加大对利用社会公共资源建成的景区的投资力度，发挥其公益属性，景区则注重提升精细化管理水平，提高景区的盈利能力，拓展景区市场化运作模式，推进景区由"门票经济"向产业经济转型。如江西婺源提出景区未来的发展方向是逐步取消门票，推动由门票经济向产业经济、由资源竞争向文化竞争、由观光旅游向休闲度假养生旅游转变。

然而转型困难不言而喻，即使在北京，门票收入仍占据A级景区所有营业收入的一半以上，商品销售收入所占总收入比重不到3%。推动景区的多样化经营，需要景区打破以门票作为主要甚至唯一收入的单一经营模式，拓宽景区收入的渠道，以

旅游休闲功能为主导,辐射产业链两端的产业集聚化发展模式,使景区经营收益综合化(见例 5-1)。同时,区分景区保护性资源和经营性资源,把能够让市场经营的资源大胆推向市场,实现景区经营性资源所有权与经营权的分离[126]。对于不涉及文物保护因素的景区,可以从整个旅游产业链的角度提升创收,积极开发旅游商品、餐饮、住宿、文化娱乐等新兴增长点。此外,要将旅游建设重点从纯粹景区建设转向整体旅游休闲环境建设,延长景区的产业经营链条,增强景区的综合盈利能力[119]。从 2010 年开始,北京试水"北京礼物",将曾经各自为战的京味儿旅游商品统一打造。2012 年北京礼物销售收入达 5500 万元。

【例 5-1】

北京生态岛

对于商业投资的景区,北京郊区"生存岛"景区的做法值得推广,生存岛是国内首创的一个新概念旅游基地。生存岛基本上克服了目前大多数景区只靠门票收入的弊病,在广开财源上做了一些有益的探索。生存岛目前实行一票制,即入门时买一张通票(学生 48 元,成人 80 元),所有的游乐项目都涵盖其中,包括飞降、插花、攀岩、机动车驾驶、陶艺、制作蛋糕、冰淇淋、豆腐等近 20 个项目。虽然门票收入在生存岛总收入中也占相当大的比例,但这个门票和普通景区的门票已大不相同。

除门票收入外,生存岛还有来自住宿、餐饮等方面的收入,可以满足不同消费者的个性化需求。特别是阳光公寓,除结构合理,富有特色外,价格低廉也是它的一大优势,每晚 30 元的价格在北京旅游市场上极具竞争力。自 1998 年向社会开放以来吸引了大量的机关、企业、学校、专业培训机构,受到社会广泛认可。

然而并非提倡所有景区都多样化经营,一些资源垄断性景区,如我国莫高窟、张家界、黄山等世界级的自然与文化遗产,资源品质独具垄断性,但生态环境十分脆弱,从资源生态保护及其可持续性发展的角度来说,不宜向休闲、度假等多元化方向发展。未来应该考虑借鉴美国国家公园融资管理模式,由中央政府(而不是地方政府)财政拨款,结合特许经营收入社会捐赠门票和设施服务使用费的合理分配和其他收入的支持,实施景区门票低价格方案,采用门票预约制度,以保证让世人共享世界遗产,实现景区的公共福利性[103]。

2. 建立景区生态补偿机制

尽管生态保护能产生巨大的社会效益,但保护者一般不能从市场上自动获得经济效益和补偿[127]。由于缺乏相关的法律保护,不少景区都存在着旅游项目和周边房地产开发强度过大的现象。发展生态保护受益区的经济的同时，却又未考虑应承担的环境成本，助长了资源开发者把开发造成的生态破坏的外部不经济性转嫁给社会和环境的行为。生态补偿机制是以保护旅游自然和人文资源、促进人与自然和谐为目的，根据旅游资源服务价值、保护成本、发展机会成本，综合运用行政和市场手段，调整资源保护和建设相关各方之间利益关系的经济政策[128]。

建立并完善景区生态补偿机制，建全生态补偿政策，国家才能在优化开发、重点开发旅游区与限制开发、禁止开发旅游区之间进行平衡和调整，才能通过公益补偿机制寻求经济资本和生态资本的平衡[129]。具体做法是：开展旅游景区生态和人文补偿机制和标准核算研究，建立健全国家对生态、文物、文化等旅游资源保护资金投入的长效机制[130]。在风景名胜区所在地政府设立生态补偿资金，加大财政转移支付力度，用于因设立、保护风景名胜区而受到影响的单位和个人的相应补偿，促进风景名胜区所在地产业结构调整、生产生活方式转变、生态保护和修复、公共基础设施建设、环境综合整治。

3. 积极拓宽景区融资渠道

世界上很多国家对带有公益性质的景区景点都实行低价策略。所有这些国家景点的日常支出主要来自国家投入、配套商业运营、发行彩票、社会捐赠等四个方面，门票收入只占很小一部分。对于限制客流量，各国则主要采取预约、限售门票、限时参观等办法。解决景点维护费用和人流拥挤的问题，并非只有门票涨价一个办法，在保护景区的前提下，多渠道综合利用开发景区才是根本的解决之道[131]。我国景区应借鉴国外普遍做法，建立旅游资源保护基金制度，鼓励社会捐赠，研究发行旅游彩票，吸收社会资金进入资源保护领域，支持符合条件的旅游企业发行短期融资券、企业债券和中期票据，积极鼓励符合条件的旅游企业在中小企业板和创业板上市融资。资产证券化是景区旅游企业融资途径的创新性尝试。金融机构对商业性开发景区可以开办依托景区经营权和门票收入等质押贷款业务[132]。

旅游资产证券化，是指景区（或其他可以产生稳定现金流的资产或业务）将自己缺乏流动性，但能产生可预见现金流的那部分旅游资产转化为在金融市场上可以出售和流通的证券，即以特定资产为支撑发行的融资活动。开发商基于旅游资源进行资金筹措时，往往需充分权衡各种融资渠道的可行性、融资成本及财务风险，创新使用或复合上述各类融资方式以优化自身的资本结构，提高旅游资源的资产化收益。旅游资产证券化，不仅可以解决景区投资的资金来源，更有利于在现有的旅游景区管理体制下实现经营模式创新[133]。

深圳华侨城的旅游证券化道路就是景区经营创新和景区资产市场化的成功探

索[134]。它把未来5年中每年5月到10月期间的门票收入作为质押融资,由计划管理人设立并管理专项资产管理计划,担保人华侨城集团签订担保合同作担保,景区作为原始权益人签署基础资产买卖协议,资产由托管银行来进行托管,景区与托管人和监管银行签订监管协议,做出授权和承诺。投资者签认购协议,付出认购资金,买债券,然后资金转给原始权益人来募集资金。

(四) 与时俱进,创新门票市场化机制

1. 允许门票价格适度浮动

门票价格牵涉复杂的利益关系,没有各方关系的平衡就不会有稳定的门票价格。市场经济环境下,门票价格变动是正常的、绝对的,门票价格稳定才是相对的,应理性看待门票价格变动,应用门票价格变动的内在规律,在政府控制景区游客量的基础上,允许门票价格适当浮动。

随着国民经济的发展,国民收入和消费水平逐年提高,门票价格变动如果与国民消费承受能力相适应,将是景区和旅游者双赢的局面。理论上如果门票价格有上涨的动力和空间,上涨频率和幅度就是"二选一"的问题,被媒体戏称为"悄然涨价"的景区没有遭到游客的强烈反对,以实践证明了小幅涨价是能够被接受的[78]。假如某景区2005年门票价格为50元,3年才有一次调价机会,景区将考虑3年的收益,或许要求2006年直接提价为100元。如果每年都有提价机会,该景区就可以2006年提价为60元,后提价为70元,最终实现2010年提为100元。后一种方案,不仅让消费者在心理上容易接受,而且在经济上更加符合消费能力,对景区企业也更加有利。

门票价格是多种因素共同作用的结果,影响因素中某个或多个变化必然会对门票价格产生升或降的压力,要求景区3年内对各种影响因素的变化做出准确判断是不可能的。根据景区门票价格的规律,建议行业管理通过政策引导景区"小幅"提价,允许相对较高的调价频率。此外,在淡旺季门票价格浮动的基础上,鼓励条件适合的景区实施早晚门票价格浮动,以实现旅游景区景点游客量在时间上均衡的目的和效果。

2. 提供多样化门票选择

旅游景区景点应该制定灵活多样的优惠价格,以各种方式吸引旅游者。根据不同旅客需求、不同季节、不同时间段、景点不同游览段分别制定差异化的收费标准。实行多种套票形式,如单人票、家庭套票、团体票、周期票等,供游客进行多重选择。可跨区域、跨景点销售套票(游客自愿买),套票给予较大幅度优惠,还可以有季节优惠、团体优惠、节假日优惠、现金优惠等各种优惠措施,以增加各景点整体收入。

此外，还可将门票转变为二次消费代金券等方式提高游客的成行率、重游率，提高景区经济效益。例如2009年杭州市首推城市旅游消费券的做法，尽管其使用加了诸多限制，游客的实际使用效果并不尽如人意，但在全球经济不景气的背景下，为杭州旅游的平稳发展起到了立竿见影的效果，此做法示范作用明显，值得进一步推广。

3. 建立景区门票预约制度

随着旅游业、旅游电子商务的发展和自助游时代的到来，游客们的旅游需求不断提升，对旅游体验、舒适度要求更高。而目前我国多数景区严重超负荷运转，节假日往往人满为患，如根据全国假日旅游部际协调会议办公室发布的《2013年国庆假期假日旅游统计报告》，针对8612人进行的黄金周出游体验调查显示，黄金周期间，28.7%的受访者感觉较好，31.9%的受访者表示一般，31.1%的受访者感觉较差。堵、挤、贵是受访者黄金周旅游的最大感受。

为减少目前国内多数景区的超负荷运转，减少游客在景区的旅游压力，提高游客的舒适度体验。《国务院关于促进旅游业改革发展的若干意见》要求，全国众多景区应抓紧建立门票预约制度，对景区游客进行最大承载量控制。通过门票预约制度，严格控制景区每天各个时段进入景区的游客人数，一方面可有效缓解景区拥堵的现状，另一方面可有效保护景区内的生态环境，推动景区的可持续发展。

（五）严格把关，规范门票价格变动监管

2008年，国家发展改革委等八部委下发通知，要求用一年的时间，对旅游参观点门票价格进行整顿与规范。自此，政府定价与免费参观、市场调节价格之间矛盾开始凸显。部分景区实行免费参观后，节假日大量居民进入参观点，导致维护成本大幅度上升，远远超出实行购票参观的维护成本。但若实行市场调节价格的企业自主定价，对于如何规范企业的价格行为，国家却没有相关的具体规定。因此，如何科学合理地运用价格杠杆，在促进旅游业发展的同时，满足人民不断增长的物资和文化的需求，是旅游价格管理要通盘考虑的核心问题。

对于游客反映强烈的景区涨价问题，要严格把关，综合考虑各方利益，引入与收入管理方无利益关系、保证公开公正运作的第三方监管，并将收支情况与审计结果定期向社会公开。现在面临的问题是怎样保证涨价后的收入能够全部用于维修方面而不被挪作他用[84]。没有严格的预结算审计制度作为监督保障，涨价就只能满足部分既得利益者扩权的企图，不仅将加重普通百姓的负担，而且在景区保护方面会进一步导致政府公共管理的失控，既无法控制门票收入的使用，也无法确定是否该支付经费补贴维修。因此，公益性服务机构管理机构的运行成本及各项开支由谁来监控，很值得关注。要想真正建立一套科学灵活的价格管理体制，需要全社会的关注和参与，尤其是全社会的监督，在发展中不断摸索前进[135]。旅游景区作为一种公共资源，应该做到对公众信息公开，财务公开，接受全社会的监督。管理与监督相结合，形成良性循环，才能实现我国旅游业可持续发展[84]。

1. 规范门票成本审核

门票价格的审批权下放以后，各地对门票成本核算内容不一致，景点的投资经营从过去单一的国有投资，变为国有投资、国有控股、股份企业、上市公司、民营承包等模式。不同的经营体制，执行不同的财务制度，导致同类的景点成本核算口径不一样，因而价格也就不一样。而同类或类似景点之间，常常对不同经营体制的门票价格水平高低进行比较，相互攀比。建议在门票审批权不变的前提下，制定全国统一的旅游景区门票成本核算项目，并定期整顿，以加强门票成本监审。

2. 制定门票最高限价

自从2000年发改委将风景区门票价格规制权下放到景区所在的地方政府以来，国家发改委由原来的主管权力拥有者变成宏观指导和监督权力的拥有者，只负责公布景区门票定价原则以及监督，由地方价格规制部门行使门票的定价权[70]。因为在这种景区属地化管理体制下，国家只是宏观上的调控者，基本只给政策，不给经费，结果导致地方政府以及其所管辖的景区规制单位为了扩大最终利润而不惜以狂涨门票价格为代价。除了体制问题，国家在法律、制度上的监督措施还存在缺失问题，使得地方政府发生逐利行为的可能性更大；较低级别的地、县政府只从地方政绩和局部利益出发，而不能站在国家这种全方位的立场上考虑问题；相关地方政府还将部分门票收入纳入了地方财政收入，通过门票价格上涨赚取更多收益[70]。有些地方的景区已经成了准经营主体，经济利益被景区看作首位影响其经营的因素。

在此背景下，有必要由各级价格主管部门联合旅游主管部门，在综合考虑大众消费水平、国民收入水平、旅游景区社会公益性、旅游景区管理开发成本、景区资源保护投入等因素的基础上，制定分级、分类景区门票的最高限价[136]。

3. 建立门票收支公示制度

对非投资性景区，特别是在国内外享有较高声誉的自然文化遗产等重要景区，景区主管部门应定期对管辖景区的人员编制、财务收支情况进行公示；各级旅游和价格主管部门对景区门票收支情况进行监督；景区门票价格调整前，必须主动向社会公示申请调价前的景区经营状况和调价理由[28]。

此外，所有景区都要在醒目位置公示门票价格、另行收费项目的价格及团体收费价格，以防止景区任意变相涨价。

4. 完善景区门票听证制度

近几年我国旅游景区多次上调门票价格，虽然有的景区在调价前也举行了景区门票价格听证会，但听证制度存在较多缺陷。例如听证会代表的产生和构成不科学，参加听证会的代表并没表达出最广大群众的心声，听证会信息严重不对称，价格主管部门决策缺乏独立性等。

合理的听证会制度能反映消费者的心声、代表政府部门及相关专家的意见，应确保景区门票价格审核过程的民主化和公开化。明确规定本地消费者、外地消费者、旅行社、政府官员、有关专家、行业协会等代表的合理比例及人数，以加强与社会各界人士的有效沟通，确保价格调整听证会的民主性，使会议决策代表广大人民的利益[137]。在旅游景区门票价格审核的过程中，应诚邀各新闻媒体参与，及时向公众传达听证会的审核过程、审核结果，为公众提供公开、透明、方便的门票价格调整信息交流渠道。听证会的整个过程要受到法律的监督，杜绝违法行为的出现，确保旅游景区在听证会上所提供材料的真实性，以求调价方案的科学性，保证听证会的公平合理性。要严格执行 2001 年 7 月颁布的《政府价格决策听证暂行办法》，扩大旅游景点门票价格听证会的景区范围；针对旅游景区的市场特点，听证会举行之前应当进行广泛的市场调查，并将市场调查结果作为听证会的公开信息；探索网上听证制度，扩大征求意见的范围；进一步增强票价制定过程的规范性、透明性、公开性[138]。

附录一
2015年全国分区域门票价格变化情况*

一、华北片区A级景区门票价格情况

我国华北片区主要包括北京市、天津市、河北省、山西省和内蒙古自治区五个省（直辖市、自治区）。华北片区旅游资源丰富，旅游景区数量较多，其中A级景区1024家，5A级景区23家，拥有故宫、八达岭长城、明十三陵、颐和园、云冈石窟、元上都遗址等世界级旅游资源。该片区A级景区全年平均门票价格为29元/景区，其中山西省最高，为51元/景区，高于全片区A级景区平均票价75.86个百分点。内蒙古自治区A级景区全年平均门票价格最低，为17元/景区，低于全片区平均票价43.33个百分点。

（一）北京市

北京市位于华北平原北部，毗邻渤海湾，上靠辽东半岛，下临山东半岛。北京与天津相邻，并与天津一起被河北省环绕。西部是太行山山脉余脉的西山，北部是燕山山脉的军都山。北京市历史悠久，文化灿烂，是首批国家历史文化名城、中国四大古都之一和世界上拥有世界文化遗产数最多的城市，3060年的建城史孕育了故宫、天坛、八达岭长城、周口店北京人遗址、明十三陵、颐和园等世界级文化遗产。

2015年，北京市共有A级旅游景区193家，其中5A级景区7家，免门票和收门票景区分别为46家和147家，分别占全市A级景区总数的23.83%和76.17%。景区旅游总收入达50.56亿元，其中门票收入为22.70亿元，占景区旅游总收入的44.90%。游客接待量共计1.67亿人次，其中政策性免票游客和购票游客分别为

---

* 本书中部分数据合计数或相对数，由于单位取舍不同而产生的计算误差，或因小数点保留位数不同而产生的四舍五入误差，均未做机械调整。

0.64亿人次和1.03亿人次，分别占全市A级景区游客接待总量的38.32%和61.68%。

2015年，北京市A级景区积极响应中国旅游景区协会发起的"5A、4A级景区带头不上涨门票价格"倡议，33家4A级景区承诺不涨价，包括孔庙、明城墙遗址公园、圆明园遗址公园等景区。此外，国庆期间北京市旅游、物价等相关部门加大对景区门票和消费的监管，加强对景区乱涨价和消费欺诈现象的依法处罚。国庆期间北京各景区门票均未上涨，且同等级景区门票价格在全国范围内最低。

1. 总体价格情况

2015年，北京市共有147家A级景区收门票，其中28家景区票价实行淡旺季。全市A级景区全年平均门票价格为30元/景区，较上年略有上涨，增幅为7.14%，且与全国A级景区平均门票价格持平。全省A级景区淡旺季平均门票价格分别为28元/景区和32元/景区。

表1 2014—2015年北京市A级景区全年及淡旺季平均门票价格总体情况（元/景区）

全年平均门票价格			淡季平均门票价格	旺季平均门票价格
2015年	2014年	增长率（%）		
30	28	7.14	28	32

景区游客负担及门票福利：2015年北京市A级景区所有游客人均门票负担和购票游客人均门票负担分别为13.63元/人次和22.07元/人次，其中所有游客人均门票负担较上年减少0.21元/人次，下降1.52%，购票游客人均门票负担较上年增加5.28元/人次，上涨31.45%，分别低于全国平均水平35.74%和42.1%。此外，2015年北京市A级景区门票福利共计21.00亿元，占全国景区门票福利总额的4.04%，较上年增长13.71亿元，增长188.07%。

表2 2014—2015年北京市A级景区分等级门票负担及门票福利统计

	2014年	2015年	增量	增长率（%）
所有游客门票负担（元/人次）	13.84	13.63	-0.21	-1.52
购票游客门票负担（元/人次）	16.79	22.07	5.28	31.45
门票福利（亿元）	7.29	21.00	13.71	188.07

景区平均门票价格与居民平均月收入、消费占比：2015年北京市城镇、农村居民平均月可支配收入分别为4405元和1714元，北京市城镇、农村居民平均月消费支出为3024元和1318元。A级景区平均门票价格分别占城镇和农村居民平均月可支配收入的0.68%和1.75%，分别占城镇和农村居民平均月消费支出的0.99%和2.28%。

与上年相比，四个比值均呈下降态势。

表3 2014—2015年北京市A级景区平均门票价格与居民平均月收入、消费支出占比（%）

年份	居民可支配收入			居民消费支出		
	城镇	农村	全市	城镇	农村	全市
2015年	0.68	1.75	0.74	0.99	2.28	1.06
2014年	0.77	1.66	—	1.20	2.31	—

2. 分等级A级景区门票价格

从景区等级结构来看，2015年北京市2A、3A和4A级景区相对较多，分别为35家、88家和58家，分别占全市A级景区总数的18.13%、45.60%和30.05%；1A级和5A级景区相对较少，分别为5家和7家，分别占全市A级景区总数的2.59%和3.63%。

各A级景区平均门票价格以5A级景区最高，为51元/景区，其次是4A、3A和2A级景区，分别为41元/景区、26元/景区和20元/景区，1A级景区门票价格最低，为13元/景区。淡旺季平均门票价格同样也以5A级景区最高，淡旺季价格分别为46元/景区和56元/景区，其次是4A级景区，淡旺季价格分别为38元/景区和44元/景区，1A级景区淡旺季平均门票价格最低，分别为11元/景区和14元/景区。

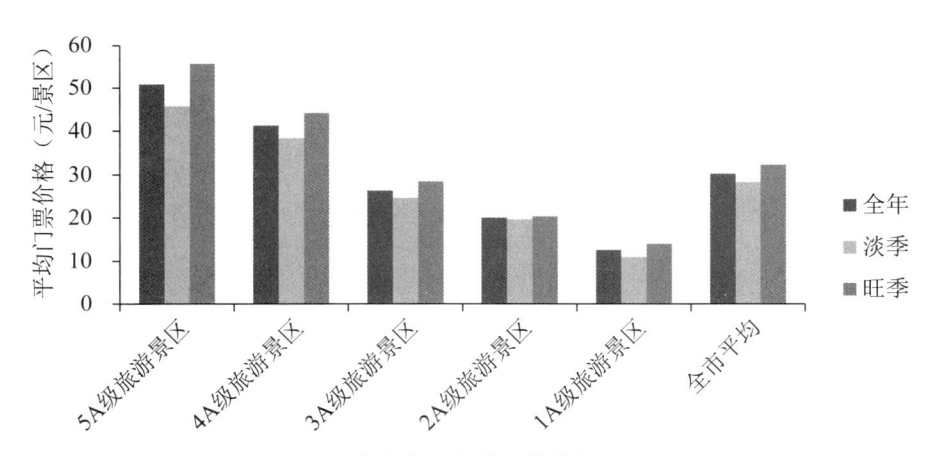

图1 2015年北京市A级景区分等级平均门票价格

3. 分类型A级景区门票价格

从景区类型来看，2015年北京市A级景区以自然景观类景区数量最多，共69

家，占全市 A 级景区总数的 35.75%；其次是历史文化和博物馆类景区，分别为 37 家和 20 家，分别占比 19.17% 和 10.36%；度假休闲和主题游乐类景区分别为 17 家和 14 家，分别占比 8.81% 和 7.25%，乡村旅游、红色旅游、工业旅游和科技教育类景区相对较少，分别为 5 家、4 家、3 家和 1 家，分别占比为 2.59%、2.07%、1.55% 和 0.52%。

全年平均门票价格以科技教育类景区最高，为 84 元/景区，其次是主题游乐类景区，为 52 元/景区，红色旅游类景区平均门票价格最低，为 13 元/景区。此外，淡季平均门票价格中科技教育类景区最高，为 68 元/景区，其次是主题游乐类景区，为 49 元/景区。旺季平均门票价格同样是科技教育类景区最高，为 100 元/景区，其次是主题游乐类景区，为 55 元/景区，红色旅游类景区淡旺季价格一致且最低，为 13 元/景区。

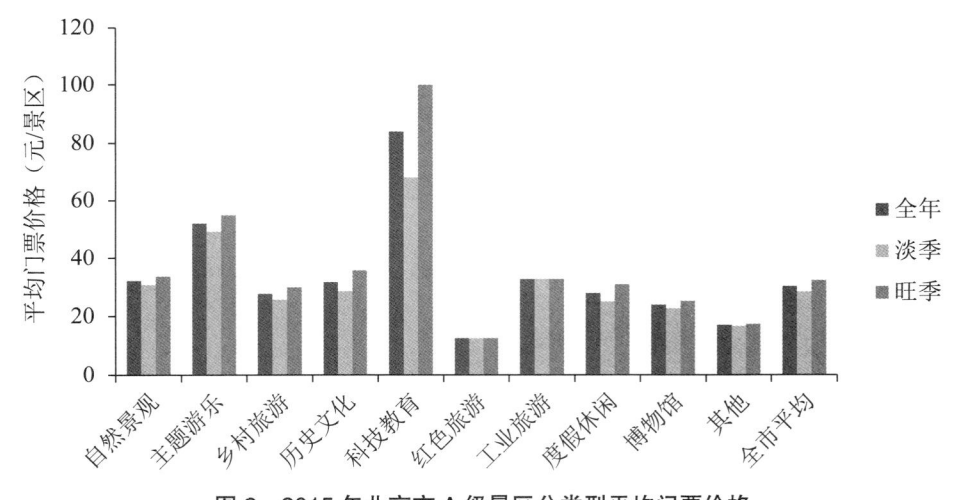

图 2　2015 年北京市 A 级景区分类型平均门票价格

4. 分体制 A 级景区门票价格

从景区经营体制来看，2015 年北京市 A 级景区以企业为经营主体的景区数量最多，共 134 家，占全市 A 级景区总数的 69.43%；其次是以事业单位为经营主体的景区，共 54 家，占比为 27.98%；以行政单位为经营主体的景区较少，共 4 家，占比为 2.07%；以部队为经营主体的景区最少，仅 1 家，占比为 0.52%。

全年平均门票价格以部队为经营主体的景区最高，为 40 元/景区，其次是以企业和事业单位为经营主体的景区，分别为 35 元/景区和 20 元/景区，以行政单位为经营主体的景区平均门票价格最低，仅为 8 元/景区。淡旺季平均门票价格同样也以部队为经营主体的景区最高，均为40元/景区，以行政单位为经营主体的景区最低，均为8元/景区。此外，淡季平均门票价格以企业为经营主体的景区最高，为33元/景区，以事业单位为经营主体的景区淡季平均门票价格为19元/景区，旺季平均门票价格除以部队为经营主体的景区最高和以行政单位为经营主体的景区最低外，最高的是以企业为经营主体的景区，为38元/景区，最低的是以事业单位为经营主体的景区，为21元/景区。

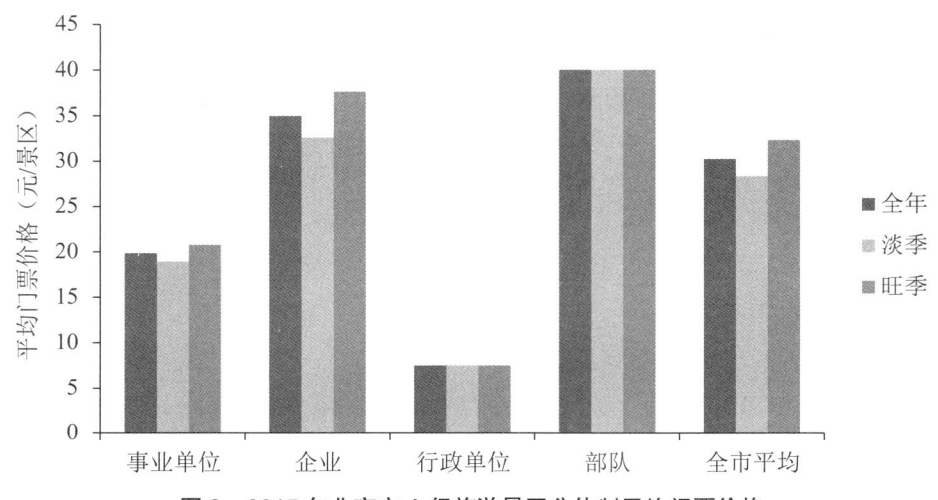

图3　2015年北京市A级旅游景区分体制平均门票价格

（二）天津市

天津市位于华北平原海河五大支流汇流处，东临渤海，北依燕山，海河在城中蜿蜒而过，海河是天津的母亲河。天津滨海新区被誉为"中国经济第三增长极"。天津是北京通往东北、华东地区铁路的交通咽喉和远洋航运的港口，享有"河海要冲"和"畿辅门户"之称。境内黄崖关古长城是世界文化遗产。

2015年，天津市共有A级旅游景区102家，其中5A级景区2家，免门票和收门票景区分别为42家和60家，分别占全市A级景区总数的41.18%和58.82%。景区旅游总收入达16.74亿元，其中门票收入为6.09亿元，占景区旅游总收入的36.38%。游客接待量共计0.45亿人次，其中政策性免票游客和购票游客分别为1580.91万人次和2938.25万人次，分别占全市A级景区游客接待总量的34.98%和65.02%。

2015年，天津市积极响应国家旅游局为期三年的"全国旅游价格信得过景区"创建活动，全市55家A级景区上榜，承诺三年内景区门票价格不上涨。55家天津旅游景区中，既包括古文化街、盘山等5A景区，以及热带植物观光园、杨柳青博物馆、五大道、杨柳青庄园等众多4A景区，也包括一些3A景区、2A景区。此外，天津市还推出"旅游赶大集"活动，滨海航母、欢乐谷、黄崖关、瓷房子等20余家A级景区联合推出低至5折的门票优惠，极地海洋世界等景区还将提供免费年卡、套票、门票等优惠大礼包。

1. 总体价格情况

2015年，天津市共有60家A级景区收门票，其中10家景区票价实行淡旺季。全市A级景区全年平均门票价格为31元/景区，与上年保持一致，但较A级景区平均门票价格略有提升，高出1.80个百分点。全市A级景区淡旺季平均门票价格分别为29元/景区和32元/景区。

表4 2014—2015年天津市A级景区全年及淡旺季平均门票价格总体情况（元/景区）

全年平均门票价格			淡季平均门票价格	旺季平均门票价格
2015年	2014年	增长率（%）		
31	31	0.00	29	32

景区游客门票负担及门票福利：2015年天津市A级景区所有游客人均门票负担和购票游客人均门票负担分别为27.56元/人次和13.47元/人次，其中所有游客人均门票负担较上年减少14.09元/人次，下降51.12%，购票游客人均门票负担较上年减少22.65元/人次，下降52.23%，分别低于全国平均水平36.49和45.65个百分点。此外，2015年天津市A级景区门票福利共计4.90亿元，占全国景区门票福利总额的0.94%，较上年增加1.83亿元，增长59.61%。

表5 2014—2015年天津市A级景区分等级门票负担及门票福利统计

	2014年	2015年	增量	增长率（%）
所有游客门票负担（元/人次）	27.56	13.47	-14.09	-51.12
购票游客门票负担（元/人次）	43.37	20.72	-22.65	-52.23
门票福利（亿元）	3.07	4.90	1.83	59.61

景区平均门票价格与居民平均月收入、消费占比：2015年天津市城镇、农村居民平均月可支配收入分别为2842元、1540元，天津市城镇、农村居民平均月消费支出分别为2186元和1228元。A级景区平均门票价格分别占城镇、农村居民平均月可支配收入的1.09%、2.01%，分别占城镇、农村居民平均月消费支出的1.42%和2.52%。与上年相比，平均门票价格与城镇居民可支配收入占比下降7.63%，平均门票价格与农村居民可支配收入占比下降8.22%。

表 6 2014—2015 年天津市 A 级景区平均门票价格与居民平均月收入、消费支出占比（%）

年份	居民可支配收入			居民消费支出		
	城镇	农村	全市	城镇	农村	全市
2015 年	1.09	2.01	—	1.42	2.52	—
2014 年	1.18	2.19	—	—	—	—

2. 分等级 A 级景区门票价格

从景区等级结构来看，2015 年天津市 3A 和 4A 级景区数量相对较多，分别为 48 家和 31 家，分别占全市 A 级景区总数的 47.06% 和 30.39%；5A 级和 2A 级景区相对较少，分别为 2 家和 21 家，分别占全市 A 级景区总数的 1.96% 和 20.59%。

4A 级景区全年平均门票价格最高，为 62 元 / 景区，其次是 5A 级景区，为 32 元 / 景区，3A 级和 2A 级景区相对较低，分别为 16 元 / 景区和 18 元 / 景区。淡旺季平均门票价格同样也以 4A 级景区最高，分别为 60 元 / 景区和 64 元 / 景区，其次是 5A 级景区，分别为 25 元 / 景区和 39 元 / 景区。

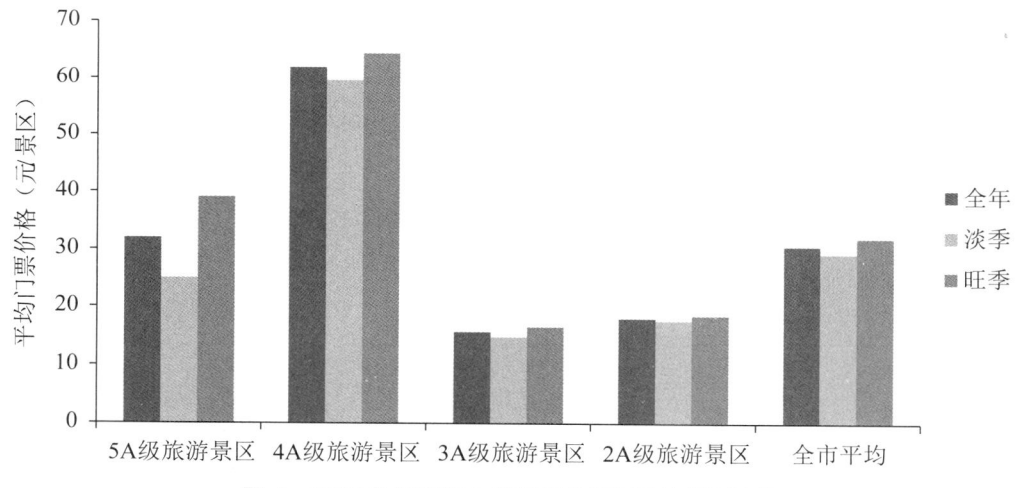

图 4 2015 年天津市 A 级景区分等级平均门票价格

3. 分类型 A 级景区门票价格

从景区类型来看，2015 年天津市 A 级景区以历史文化类景区数量最多，共 22 家，占全市 A 级景区总数的 21.57%；其次是度假休闲和博物馆类景区，均为 20 家，占比 19.61%；红色旅游、工业旅游和科技教育类景区相对较少，分别为 4 家、4 家和 1 家，占比分别为 3.92%、3.92% 和 0.98%。

各类型 A 级景区除工业旅游类景区免门票外，其他类型景区均收门票。其中全年平均门票价格以科技教育类景区最高,高达220元/景区,其次是主题游乐类景区,为129元/景区,乡村旅游、博物馆和红色旅游类景区全年平均门票价格相对较低,分别为23元/景区、16元/景区和5元/景区。此外,淡季平均门票价格同样以科技教育类景区最高,为220元/景区,其次是主题游乐类景区,为129元/景区。旺季平均门票价格同样以科技教育类景区最高,为220元/景区,其次是主题游乐类景区,为129元/景区。

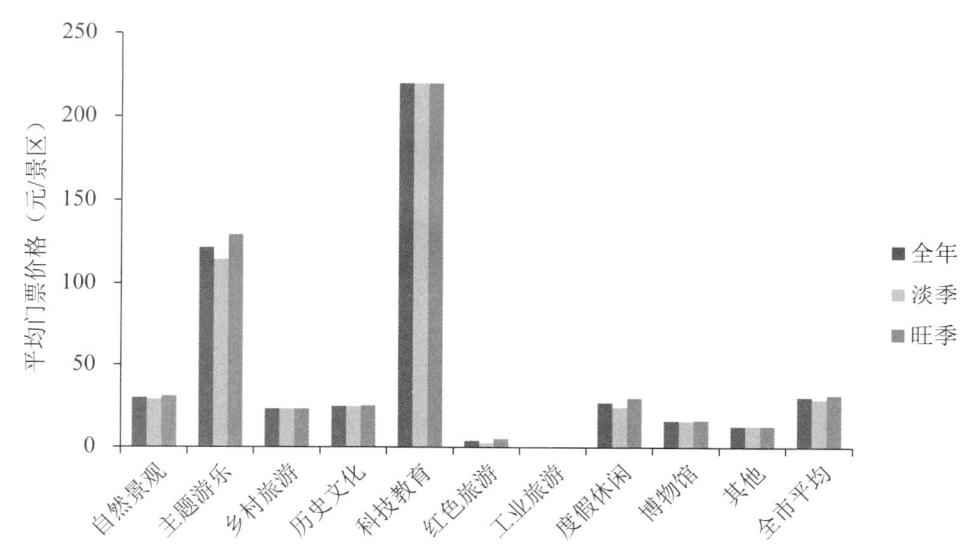

图5 2015年天津市A级景区分类型平均门票价格

4. 分体制A级景区门票价格

从景区经营体制来看,2015年天津市A级景区以企业为经营主体的景区数量最多,共65家,占全市A级景区总数的63.73%;其次是以事业单位为经营主体的景区,共33家,占比为32.35%;以行政单位为经营主体的景区最少,仅4家,占比为3.92%。

全年平均门票价格以企业为经营主体的景区最高,为40元/景区,其次是以事业单位为经营主体的景区,为15元/景区,以行政单位为经营主体的景区平均门票价格最低,为14元/景区。淡季平均门票价格同样也以企业为经营主体的景区最高,为38元/景区,其次是以事业单位为经营主体的景区,为14元/景区。旺季平均门票价格也是以企业为经营主体的景区最高,为41元/景区,其次是以事业单位和行政单位为经营主体的景区,均为15元/景区。

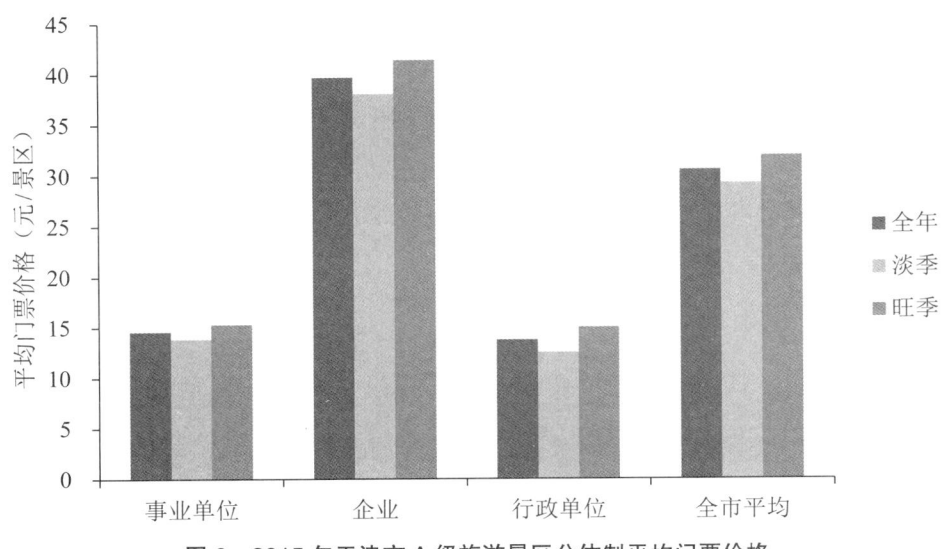

图6 2015年天津市A级旅游景区分体制平均门票价格

（三）河北省

河北省古属冀州，地处华北、漳河以北，东临渤海、内环京津，西为太行山，北为燕山。河北是中华民族的发祥地之一，境内拥有长城、避暑山庄及周围寺庙群、清东陵和清西陵、京杭大运河河北段等世界文化遗产。2015年，河北省共有A级旅游景区329家，其中5A级景区6家，免门票和收门票景区分别为112家和217家，分别占全省A级景区总数的34.04%和65.96%。景区旅游总收入达84.18亿元，其中门票收入为19.50亿元，占景区旅游总收入的23.16%。游客接待量共计0.98亿人次，其中政策性免票游客和购票游客分别为3964.26万人次和5791.58万人次，分别占全省A级景区游客接待总量的40.63%和59.37%。

2015年河北省A级景区积极响应中国旅游景区协会的倡议，纷纷做出了今后三年不涨价的承诺。主要包括5A级景区石家庄西柏坡、秦皇岛山海关、保定野三坡和保定安新白洋淀，4A级景区石家庄驼梁、沕沕水、嶂石岩、承德兴隆溶洞、秦皇岛长寿山、唐山清东陵、张家口鸡鸣山、保定满城汉墓、冉庄地道战遗址、邢台天河山、邯郸娲皇宫等。

然而仍有部分景区出现景区门票上涨现象，如承德避暑山庄门票价格于当年8月15日上涨，旅游旺季（4月1日至10月31日）门票价格调整为每人次145元，上涨20元，淡季（11月1日至次年3月31日）门票价格维持每人次90元不变；石家庄抱犊寨景区门票由旺季50元、淡季30元，调整为旺季65元、淡季40元；石家庄五岳寨景区门票价格由旺季50元、淡季30元，调整为旺季70元、淡季50元。

1. 总体价格情况

2015年，河北省共有217家A级景区收门票，其中67家景区票价实行淡旺季。全省A级景区全年平均门票价格为31元/景区，较上年略有下降，降幅为3.13%，但与全国A级景区平均门票价格相比，仍高出4.99个百分点。淡旺季平均门票价格分别为29元/景区和38元/景区。

表7　2014—2015年河北省A级景区全年及淡旺季平均门票价格总体情况（元/景区）

全年平均门票价格			淡季平均门票价格	旺季平均门票价格
2015年	2014年	增长率（%）		
31	32	-3.13	29	38

景区游客门票负担及门票福利：从A级景区游客门票负担来看，2015年河北省A级景区所有游客人均门票负担和购票游客人均门票负担分别为19.98元/人次和33.66元/人次，其中所有游客人均门票负担较上年减少4.84元/人次，下降19.50%，购票游客人均门票负担较上年减少9.25元/人次，下降21.54%，分别低于全国平均水平5.80和11.70个百分点。此外，2015年河北省A级景区门票福利共计12.29亿元，占全国景区门票福利总额的2.37%，较上年增加2.18亿元，增长21.56%。

表8　2014—2015年河北省A级景区分等级门票负担及门票福利统计

	2014年	2015年	增量	增长率（%）
所有游客门票负担（元/人次）	24.82	19.98	-4.84	-19.50
购票游客门票负担（元/人次）	42.91	33.66	-9.25	-21.54
门票福利（亿元）	10.11	12.29	2.18	21.56

景区平均门票价格与居民平均月收入、消费占比：2015年河北省城镇、农村居民平均月可支配收入分别为2179元和921元，河北省城镇、农村居民平均月消费支出为1466元和752元。A级景区平均门票价格分别占城镇、农村居民平均月可支配收入的1.42%和3.37%，分别占城镇、农村居民平均月消费支出的2.12%和4.12%。与上年相比，平均门票价格与农村居民消费支出占比降速最快，为8.65%，平均门票价格与农村居民人均月可支配收入占比降速最慢，为7.67%。

表 9 2014—2015 年河北省 A 级景区平均门票价格与居民平均月收入消费、支出占比（%）

年份	居民可支配收入			居民消费支出		
	城镇	农村	全省	城镇	农村	全省
2015 年	1.42	3.37	—	2.12	4.12	—
2014 年	1.54	3.65	2.23	2.30	4.51	3.12

2. 分等级 A 级景区门票价格

从景区数量等级结构来看，2015 年河北省 2A 级和 4A 级景区数量相对较多，分别为 128 家和 119 家，分别占全省 A 级景区总数的 38.91% 和 36.17%；其次是 3A 级景区，为 75 家，占比为 22.80%；1A 级和 5A 级景区相对最少，分别为 1 家和 6 家，占比分别为 0.30% 和 1.82%。

从景区门票价格分等级情况来看，5A 级景区全年平均门票价格最高，为 117 元 / 景区，其次是 4A 级景区，为 52 元 / 景区，3A 级和 2A 级景区相对较低，分别为 25 元 / 景区和 12 元 / 景区。淡季平均门票价格同样也以 5A 级景区最高，为 105 元 / 景区，其次是 4A、3A 级景区，分别为 48 元 / 景区和 24 元 / 景区，2A 级景区最低，为 11 元 / 景区。旺季平均门票价格也以 5A 级景区最高，为 128 元 / 景区，其次是 4A 级和 3A 级景区，分别为 67 元 / 景区和 26 元 / 景区。

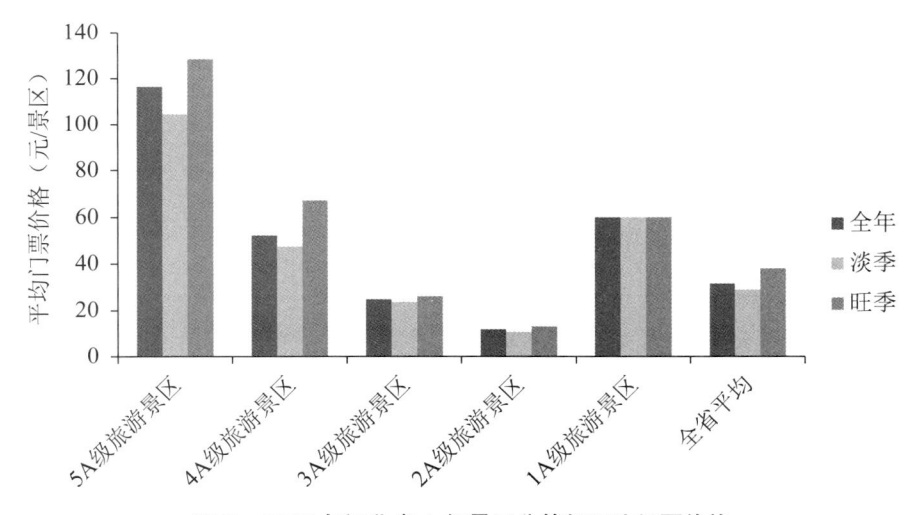

图 7 2015 年河北省 A 级景区分等级平均门票价格

3. 分类型 A 级景区门票价格

从景区数量类型结构来看，2015 年河北省 A 级景区以自然景观类景区数量最多，共 98 家，占全省 A 级景区总数的 29.79%；其次是历史文化和度假休闲类景区，分别为72家和47家，占比分别为21.88%和14.29%；主题游乐、工业旅游和博物馆类景区相对较少，分别为8家、12家和16家，占比分别为2.43%、3.65%和4.86%。

从景区门票价格分等级情况来看，主题游乐类景区全年平均门票价格最高，为75元/景区，其次是自然景观和度假休闲类景区，均为45元/景区，博物馆、红色旅游和工业旅游类景区全年平均门票价格相对较低，分别为6元/景区、9元/景区和13元/景区。此外，淡季平均门票价格仍以主题游乐类景区最高，为69元/景区，其次是自然景观和度假休闲类景区，均为41元/景区。旺季平均门票价格也以主题游乐类景区最高，为81元/景区，其次是度假休闲和自然景观类景区，分别为75元/景区和49元/景区，博物馆、红色旅游类景区最低，分别为6元/景区、11元/景区。

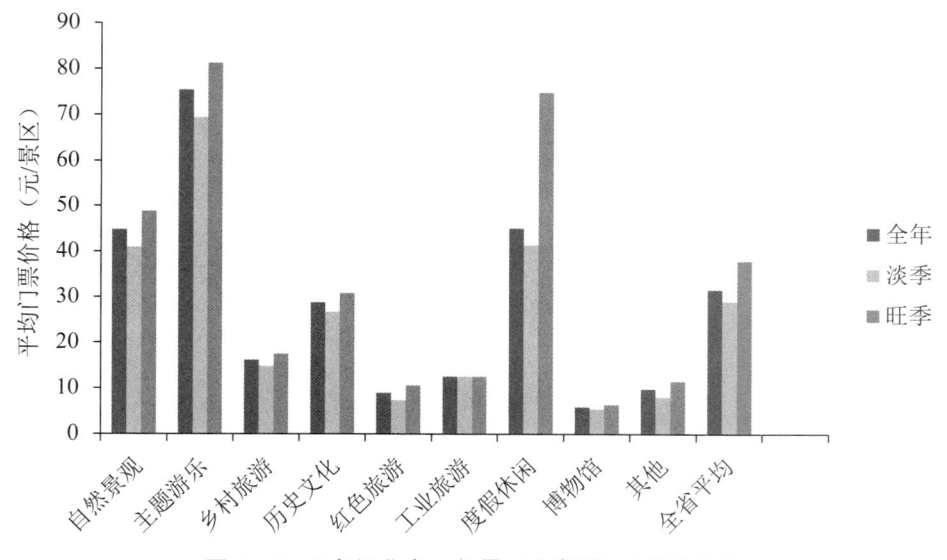

图8 2015年河北省A级景区分类型平均门票价格

4. 分体制A级景区门票价格

从景区经营体制来看，2015年河北省A级景区以企业为经营主体的景区数量最多，共224家，占全省A级景区总数的68.09%；其次是以事业单位为经营主体的景区，共102家，占比为31.00%；以行政单位为经营主体的景区最少，仅3家，占比为0.91%。

从景区门票价格分体制情况来看，以企业为经营主体的景区全年平均门票价格最高，为34元/景区，其次是以行政单位和事业单位为经营主体的景区，分别为29元/景区和27元/景区。淡季平均门票价格仍以企业为经营主体的景区最高，为31元/景区，其次是以行政单位为经营主体的景区，为28元/景区，以事业单位为经营主体的景区最低，为 24 元 / 景区。旺季平均门票价格也以企业为经营主体的景区最高，为 42 元 / 景区，其次是以行政单位和事业单位为经营主体的景区，分别为 30 元 / 景区和 29 元 / 景区。

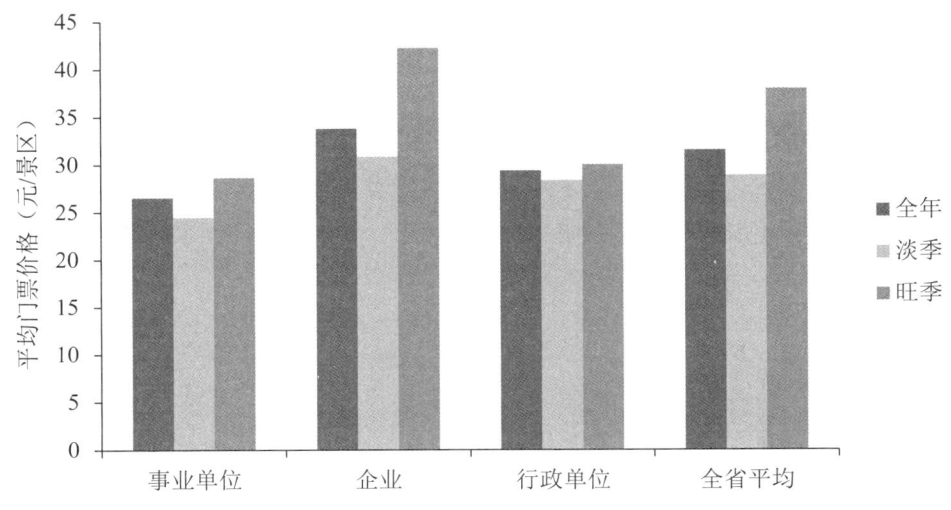

图 9 2015 年河北省 A 级旅游景区分体制平均门票价格

（四）山西省

山西，因居太行山之西而得名，简称"晋"，又称"三晋"。东依太行山，西、南依吕梁山、黄河，北依古长城，与河北、河南、陕西、内蒙古等省区为界。山西是中华民族发祥地之一，山西有文字记载的历史达三千年，被誉为"华夏文明的摇篮"，素有"中国古代文化博物馆"之称，境内保存完好的宋、金以前的地面古建筑物占全国的 70% 以上，拥有云冈石窟、平遥古城和五台山等世界文化遗产。

2015 年，山西省共有 A 级旅游景区 106 家，其中 5A 级景区 6 家，免门票和收门票景区分别为 19 家和 87 家，分别占全省 A 级景区总数的 17.92% 和 82.08%。景区旅游总收入达 96.88 亿元，其中门票收入为 15.38 亿元，占景区旅游总收入的 15.88%。游客接待量共计 0.47 亿人次，其中政策性免票游客和购票游客分别为 1722.63 万人次和 2956.54 万人次，分别占全省 A 级景区游客接待总量的 36.81% 和 63.19%。

2015 年，山西省积极支持响应中国旅游景区协会"5A、4A 级景区带头不上涨门票价格"倡议。全省 89 家旅游景区签订"不上涨门票价格"承诺，其中 6 家是 5A 级景区，主要包括五台山、云冈石窟、绵山、皇城相府、乔家大院和平遥古城。

1. 总体价格情况

2015 年，山西省共有 87 家 A 级景区收门票，其中 33 家景区票价实行淡旺季。

全省 A 级景区全年平均门票价格为 50 元 / 景区，与上年保持一致，但与全国 A 级景区平均门票价格相比，仍高出 61.29 个百分点。全省 A 级景区淡旺季平均门票价格分别为 49 元 / 景区和 55 元 / 景区。

表 10　2014—2015 年山西省 A 级景区全年及淡旺季平均门票价格总体情况（元 / 景区）

全年平均门票价格			淡季平均门票价格	旺季平均门票价格
2015 年	2014 年	增长率（%）		
50	50	0.00	49	55

景区游客负担及门票福利：2015 年山西省 A 级景区所有游客人均门票负担和购票游客人均门票负担分别为 32.88 元 / 人次和 52.03 元 / 人次，其中所有游客人均门票负担较上年增加 4.25 元 / 人次，上涨 14.84%，购票游客人均门票负担较上年增加 12.64 元 / 人次，上涨 32.09%，分别高于全国平均水平 55.02% 和 36.49%。此外，2015 年山西省 A 级景区门票福利共计 8.61 亿元，占全国景区门票福利总额的 1.66%，较上年增长 3.10 亿元，增长 56.26%。

表 11　2014—2015 年山西省 A 级景区分等级门票负担及门票福利统计

	2014 年	2015 年	增量	增长率（%）
所有游客门票负担（元 / 人次）	28.63	32.88	4.25	14.84
购票游客门票负担（元 / 人次）	39.39	52.03	12.64	32.09
门票福利（亿元）	5.51	8.61	3.10	56.26

景区平均门票价格与居民平均月收入、消费占比：2015 年山西省城镇、农村及全省居民平均月可支配收入分别为 2152 元、788 元和 1465 元，山西省城镇和农村居民平均月消费支出为 1318 元和 618 元。A 级景区平均门票价格分别占城镇、农村及全省居民平均月可支配收入的 2.32%、6.35% 和 3.41%，分别占城镇和农村居民平均月消费支出的 3.79% 和 8.09%。与上年相比，平均门票价格与城镇居民月消费支出占比降速最快，下降了 7.56%，平均门票价格与农村居民月消费支出占比降速最慢，为 5.71%。

表 12　2014—2015 年山西省 A 级景区平均门票价格与居民平均月收入、消费支出占比（%）

年份	居民可支配收入			居民消费支出		
	城镇	农村	全省	城镇	农村	全省
2015 年	2.32	6.35	3.41	3.79	8.09	—
2014 年	2.49	6.81	3.63	4.1	8.58	—

2. 分等级 A 级景区门票价格

从景区等级结构来看，2015 年山西省 4A 级景区数量最多，为 62 家，占全省 A 级景区总数的 58.49%；3A 级和 2A 级景区数量一样，均为 18 家，均占全省 A 级景区总数的 16.98%；5A 级和 1A 级景区数量相对较少，分别为 6 家和 2 家，分别占全省 A 级景区总数的 5.66% 和 1.89%。

5A 级景区全年平均门票最高，为 120 元/景区，其次是 4A 级景区，为 59 元/景区，3A 级、2A 级和 1A 级景区平均门票价格相差不大，分别为 30 元/景区、26 元/景区和 27 元/景区。淡季平均门票价格同样也以 5A 级景区最高，为 115 元/景区，其次是 4A 级景区，为 56 元/景区，2A 级景区最低，为 25 元/景区；旺季门票价格以 5A 级景区最高，为 125 元/景区，其次是 4A 级景区，为 63 元/景区，2A 级门票价格最低，为 27 元/景区。

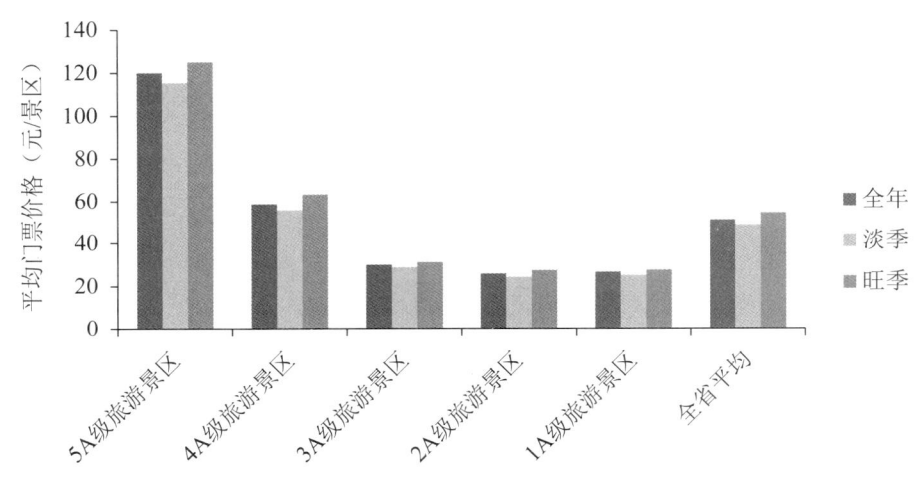

图 10　2015 年山西省 A 级景区分等级平均门票价格

3. 分类型 A 级景区门票价格

从景区类型来看，2015 年山西省 A 级景区以历史文化类景区数量最多，共 39 家，占全省 A 级景区总数的 36.79%；其次是自然景观类景区，分别为 34 家，占比为 32.08%；度假休闲和博物馆类景区，分别为 9 家和 7 家，分别占比为 8.49% 和 6.6%，工业旅游和红色旅游类景区均为 5 家，占比均为 4.72%，主题游乐类景区最少，仅 1 家，占比为 0.94%。另外，山西省 A 级景区没有科技教育类景区。

全年平均门票价格以主题游乐类景区最高，为 198 元/景区；其次是自然景观和度假休闲类景区，分别为 62 元/景区和 60 元/景区，红色旅游类景区平均门票价格最低，为 22 元/景区。淡季平均门票价格同样也是主题游乐类景区最高，为 198 元/

景区，其次是自然景观、度假休闲和博物馆类景区，分别为61元/景区、56元/景区和47元/景区，红色旅游和工业旅游类景区价格最低，均为20元/景区；旺季平均门票价格仍是主题游乐类景区最高，为198元/景区，其次是自然景观、度假休闲和博物馆类景区，分别为67元/景区、64元/景区和50元/景区，红色旅游类景区旺季平均门票价格最低，为24元/景区。

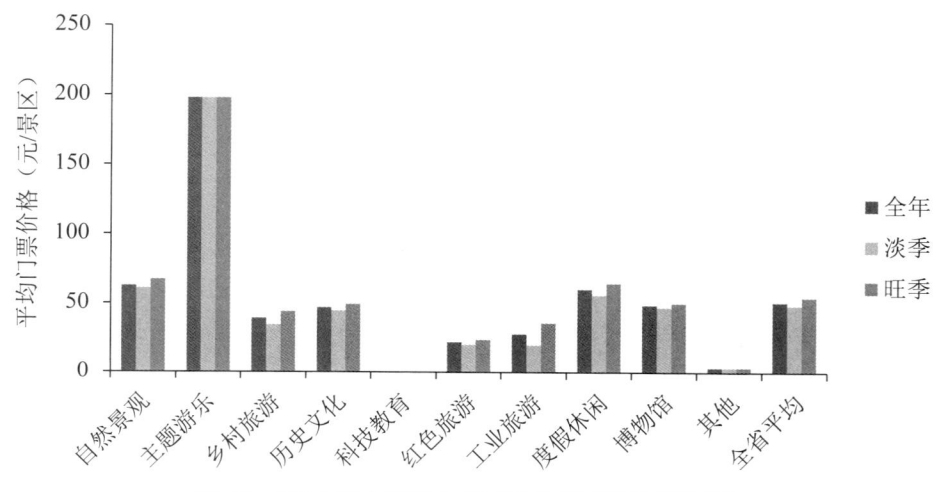

图11 2015年山西省A级景区分类型平均门票价格

4. 分体制A级景区门票价格

从景区经营体制来看，2015年山西省A级景区以企业为经营主体的景区数量最多，共73家，占全省A级景区总数的68.87%；其次是以事业单位为经营主体的景区，共32家，占比为30.19%；以行政单位为经营主体的景区最少，仅1家，占比为0.94%。

全年平均门票价格以行政单位为经营主体的景区最高，为153元/景区，其次是以企业为经营主体的景区，为53元/景区，以事业单位为经营主体的景区平均门票价格最低，为44元/景区。淡季平均门票价格同样也以行政单位为经营主体的景区最高，为140元/景区，其次是以企业为经营主体的景区，为50元/景区，以事业单位为经营主体的景区淡季平均门票价格最低，为43元/景区；旺季平均门票价格以行政单位为经营主体的景区最高，为168元/景区，其次是以企业为经营主体的景区，为57元/景区，以事业单位为经营主体的景区最低，为45元/景区。

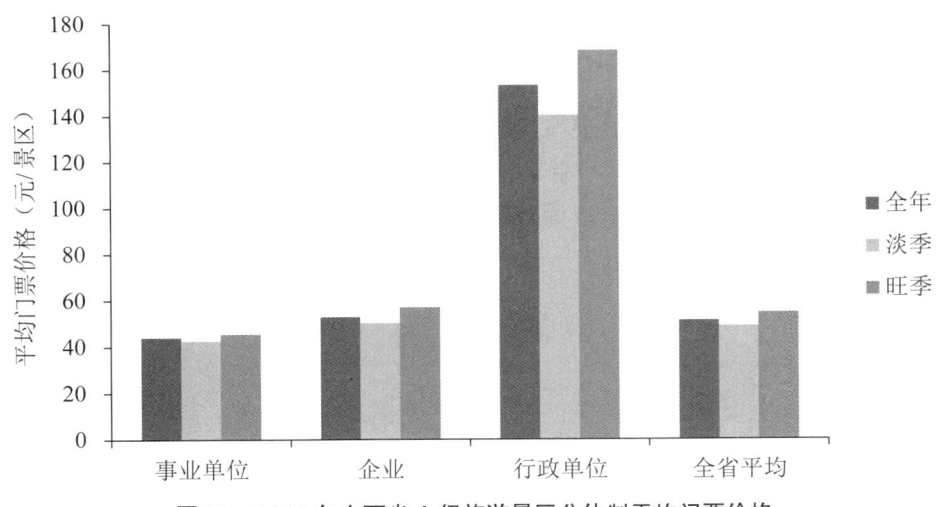

图12 2015年山西省A级旅游景区分体制平均门票价格

（五）内蒙古自治区

内蒙古自治区地处中华人民共和国北部边疆，呼和浩特是其首府，它横跨华北、东北、西北地区，接邻的省区达到八个，是中国邻省最多的省级行政区之一，北边与俄罗斯联邦和蒙古国接壤。内蒙古历史悠久，文化底蕴深厚，是草原文明的发祥地之一，境内元上都遗址是世界文化遗产。

2015年，内蒙古自治区共有A级旅游景区294家，其中5A级景区2家，免门票和收门票景区分别为155家和139家，分别占全区A级景区总数的52.72%和47.28%。景区旅游总收入达31.77亿元，其中门票收入为7.05亿元，占景区旅游总收入的22.19%。游客接待量共计0.43亿人次，其中政策性免票游客和购票游客分别为1973.18万人次和2333.38万人次，分别占全区A级景区游客接待总量的45.82%和54.18%。

2015年，内蒙古自治区积极响应中国旅游景区协会的倡议，全区84家A级景区纷纷承诺门票"不涨价"，主要包括2家5A级景区和82家4A级景区。5A级景区主要有响沙湾旅游景区和成吉思汗陵旅游景区。

1. 总体价格情况

2015年，内蒙古自治区共有139家A级景区收门票，其中97家景区票价实行淡旺季。全省A级景区全年平均门票价格为17元/景区，与上年保持一致，但与全国A级景区平均门票价格相比，仍低出45.16个百分点。淡旺季平均门票价格分别为15元/景区和19元/景区。

表13　2014—2015年内蒙古自治区A级景区全年及淡旺季平均门票价格总体情况（元/景区）

全年平均门票价格			淡季平均门票价格	旺季平均门票价格
2015年	2014年	增长率（%）		
17	17	0	15	19

景区游客负担及门票福利：2015年内蒙古自治区A级景区所有游客人均门票负担和购票游客人均门票负担分别为16.37元/人次和30.22元/人次，其中所有游客人均门票负担较上年减少2.35元/人次，下降12.55%，购票游客人均门票负担较上年减少13.53元/人次，下降30.93%，两者分别较全国平均水平低22.82%和20.72%。此外，2015年内蒙古自治区A级景区门票福利共计33.39亿元，占全国景区门票福利总额的6.43%，较上年增长6.50亿元，增长24.17%。

表14　2014—2015年内蒙古自治区A级景区分等级门票负担及门票福利统计

	2014年	2015年	增量	增长率（%）
所有游客门票负担（元/人次）	18.72	16.37	-2.35	-12.55
购票游客门票负担（元/人次）	43.75	30.22	-13.53	-30.93
门票福利（亿元）	26.89	33.39	6.50	24.17

景区平均门票价格与居民平均月收入、消费占比：2015年内蒙古自治区城镇、农村及全区居民平均月可支配收入分别为2550元、898元和1859元，内蒙古自治区城镇、农村及全区居民平均月消费支出为1823元、886元和1432元。A级景区平均门票价格分别占城镇、农村及全区居民平均月可支配收入的0.67%、1.89%和0.91%，分别占城镇、农村及全区居民平均月消费支出的0.93%、1.92%和1.19%。与上年相比，除城镇居民月平均可支配收入有所上升，其他五个比值均呈下降态势，其中平均门票价格与城镇居民月消费收入占比上升了5.56%，平均门票价格与全区居民可支配收入占比降速最快，为8.08%，平均门票价格与全区居民消费支出占比降速最慢，为4.80%。

表15　2014—2015年内蒙古自治区A级景区平均门票价格与居民平均月收入、消费支出占比（%）

年份	居民可支配收入			居民消费支出		
	城镇	农村	全区	城镇	农村	全区
2015年	0.67	1.89	0.91	0.93	1.92	1.19
2014年	0.72	2.05	0.99	0.98	2.05	1.25

2. 分等级 A 级景区门票价格

从景区等级结构来看，2015 年内蒙古自治区 2A 级和 3A 级景区数量相对较多，分别为 114 家和 100 家，分别占全区 A 级景区总数的 38.78% 和 34.01%；1A 级和 5A 级景区相对较少，分别为 1 家和 2 家，分别占全区 A 级景区总数的 0.34% 和 0.68%。

除 1A 级景区免门票外，其他等级 A 级景区均收门票。其中 5A 级景区全年平均门票价格最高，为 125 元 / 景区，其次是 4A 级景区，为 34 元 / 景区，3A 级和 2A 级景区相对较低，分别为 13 元 / 景区和 7 元 / 景区。淡旺季平均门票价格同样也以 5A 级景区最高，均为 125 元 / 景区，其次是 4A 级景区，均为 29 元 / 景区。

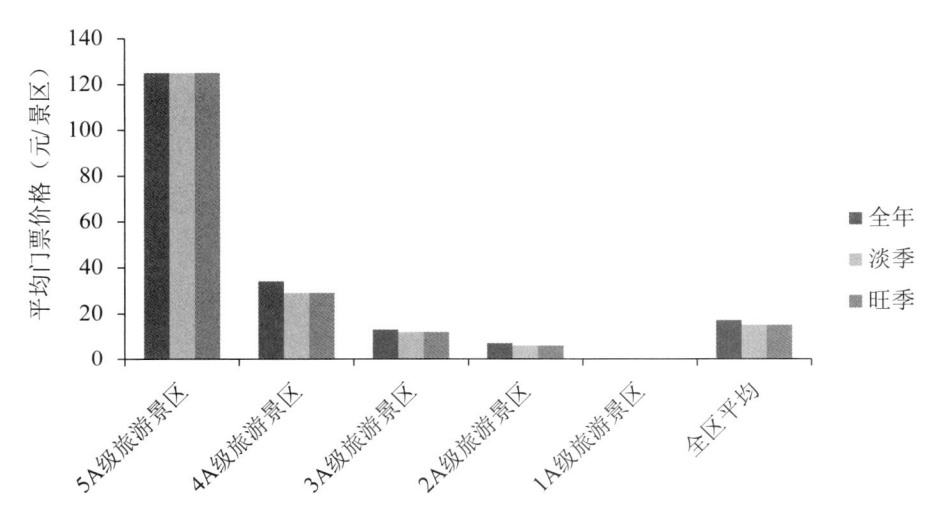

图 13　2015 年内蒙古自治区 A 级景区分等级平均门票价格

3. 分类型 A 级景区门票价格

从景区类型来看，2015 年内蒙古自治区 A 级景区以度假休闲类景区数量最多，共 85 家，占全区 A 级景区总数的 28.91%；其次是自然景观类景区，分别为 75 家，占比为 25.51%；历史文化和博物馆类景区，分别为 44 家和 32 家，占比分别为 14.97% 和 10.88%，工业旅游、乡村旅游、主题游乐以及科技教育类景区相对较少，分别为 9 家、9 家、4 家以及 4 家，占比分别为 3.06%、3.06%、1.36% 以及 1.36%。

各类型 A 级景区除工业旅游类景区免门票外，其他类型景区均收门票。其中全年平均门票价格以自然景观类景区最高，为 25 元 / 景区，其次是历史文化和度假休闲类景区，分别为 19 元 / 景区、17 元 / 景区，科技教育和乡村旅游类景区全年平均门票价格相对较低，分别为 3 元 / 景区和 4 元 / 景区。此外，淡季平均门票价格同样以自然景观类景区最高，为 21 元 / 景区，其次是历史文化和度假休闲类景区，分别为 18 元/景区、14 元/景区。旺季平均门票价格还是自然景观类景区最高，为 21 元/景区，其次是历史文化和度假休闲类景区，分别为 18 元/景区和 14 元/景区。

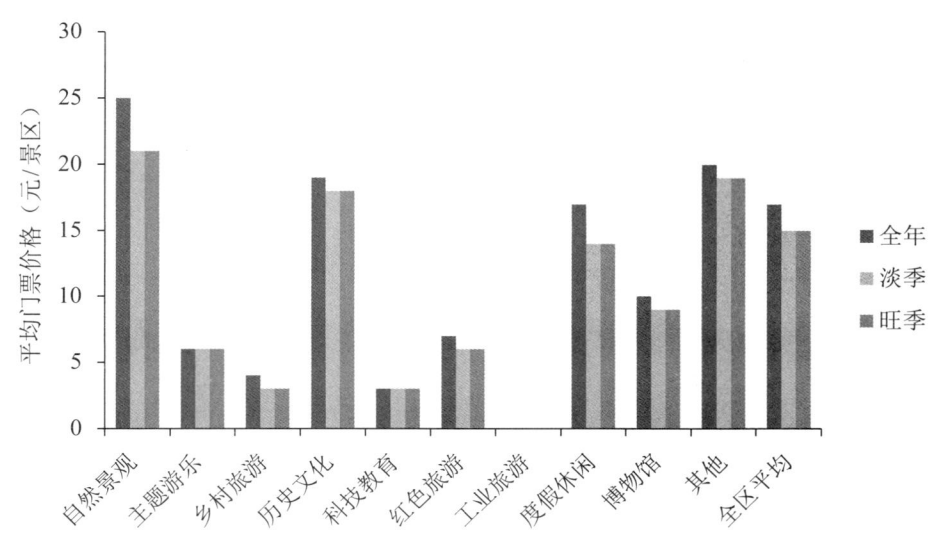

图 14　2015 年内蒙古自治区 A 级景区分类型平均门票价格

4. 分体制 A 级景区门票价格

从景区经营体制来看，2015 年内蒙古自治区 A 级景区以企业为经营主体的景区数量最多，共 227 家，占全区 A 级景区总数的 77.21%；其次是以事业单位为经营主体的景区，共 65 家，占比为 22.11%；以行政单位为经营主体的景区最少，仅 2 家，占比为 0.68%。

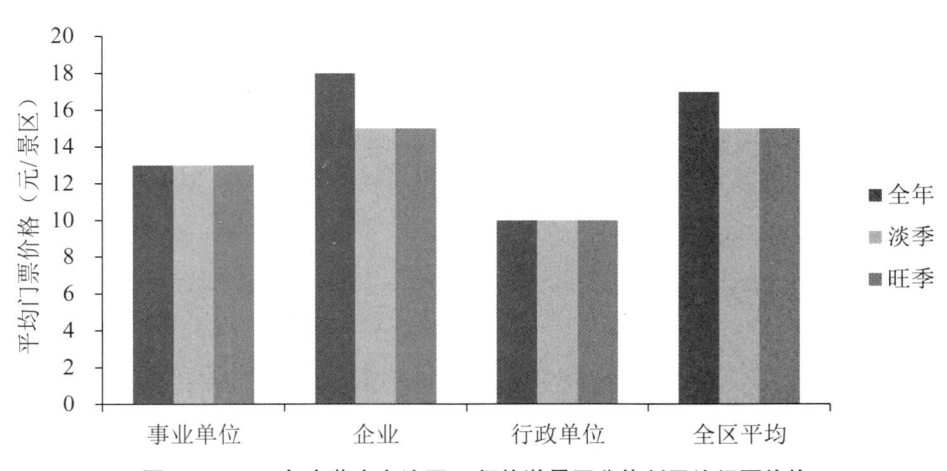

图 15　2015 年内蒙古自治区 A 级旅游景区分体制平均门票价格

全年平均门票价格以企业为经营主体的景区最高，为 18 元 / 景区，其次是以事业单位为经营主体的景区，为 13 元 / 景区，以行政单位为经营主体的景区平均门票价格最低，为 10 元 / 景区。淡旺季平均门票价格同样也以企业为经营主体的景区最高，均为 15 元 / 景区，其次是以事业单位为经营主体的景区，均为 13 元 / 景区，行政单位为经营主体的景区淡旺季平均门票价格最低，均为 10 元 / 景区。

二、东北片区 A 级景区门票价格情况

我国东北片区主要包括黑龙江省、吉林省和辽宁省三个省份。东北片区旅游资源丰富，旅游景区数量较多，其中 A 级景区 921 家，5A 级景区 14 家，拥有高句丽王城、沈阳故宫、五大连池等世界级旅游资源。该片区 A 级景区全年平均门票价格为 24 元 / 景区，其中辽宁省最高，为 31 元 / 景区，高于全片区 A 级景区平均票价 29.17 个百分点。黑龙江省 A 级景区全年平均门票价格最低，为 18 元 / 景区，低于全片区平均票价 25.00 个百分点。

（一）黑龙江省

黑龙江省是中国位置最北、最东，纬度最高，经度最东的省份，是亚洲与太平洋地区陆路通往俄罗斯远东和欧洲大陆的重要通道。黑龙江省西部属松嫩平原，东北部为三江平原，北部、东南部为山地，多处平原海拔 50—200 米。境内拥有五大连池世界地质公园。

2015 年，黑龙江省共有 A 级旅游景区 410 家，其中 5A 级景区 5 家，免门票和收门票景区分别为 219 家和 191 家，分别占全省 A 级景区总数的 53.41% 和 46.59%。景区旅游总收入达 48.75 亿元，其中门票收入为 12.11 亿元，占景区旅游总收入的 24.84%。游客接待量共计 0.60 亿人次，其中政策性免票游客和购票游客分别为 3035.43 万人次和 2992.18 万人次，分别占全省 A 级景区游客接待总量的 50.36% 和 49.64%。

2015 年，黑龙江省积极支持响应中国旅游景区协会"5A、4A 级景区带头不上涨门票价格"倡议，全省 100 多家景区签订"不上涨门票价格"协议，承诺三年内不涨价。

1. 总体价格情况

2015 年，黑龙江省共有 191 家 A 级景区收门票，其中 64 家景区票价实行淡旺季。全省 A 级景区全年平均门票价格为 18 元 / 景区，较上年略有上涨，增幅为 5.88%，但与全国 A 级景区平均门票价格相比，仍低出 41.94 个百分点。全省 A 级景区淡旺季平均门票价格分别为 16 元 / 景区和 20 元 / 景区。

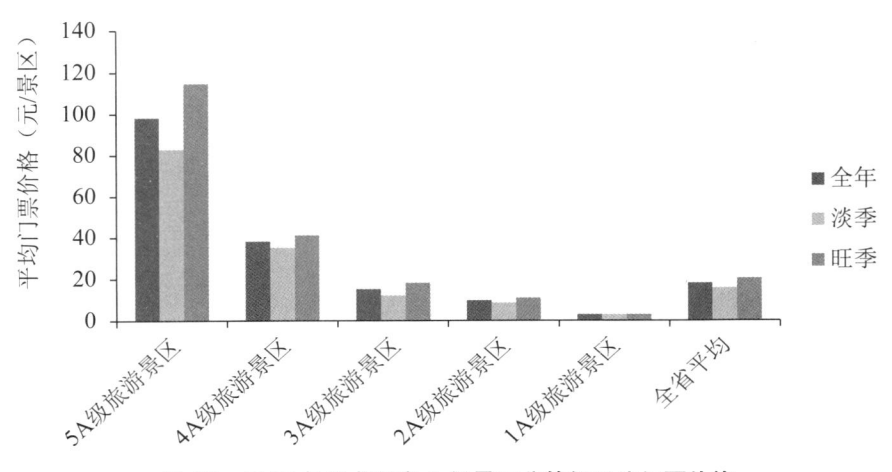

表16 2014—2015年黑龙江省A级景区全年及淡旺季平均门票价格总体情况（元/景区）

全年平均门票价格			淡季平均门票价格	旺季平均门票价格
2015年	2014年	增长率（%）		
18	17	5.88	16	20

景区游客门票负担及门票福利：2015年黑龙江省A级景区所有游客人均门票负担和购票游客人均门票负担分别为20.09元/人次和40.47元/人次，其中所有游客人均门票负担较上年减少0.04元/人次，下降0.20%，购票游客人均门票负担较上年减少0.15元/人次，下降0.37%。所有游客人均门票负担低于全国平均水平5.28个百分点，购票游客人均门票负担高于全国平均水平6.16个百分点。此外，2015年黑龙江省A级景区门票福利共计5.46亿元，占全国景区门票福利总额的1.05%，较上年增加1.47亿元，增长36.84%。

表17 2014—2015年黑龙江省A级景区分等级门票负担及门票福利统计

	2014年	2015年	增量	增长率（%）
所有游客门票负担（元/人次）	20.13	20.09	−0.04	−0.20
购票游客门票负担（元/人次）	40.62	40.47	−0.15	−0.37
门票福利（亿元）	3.99	5.46	1.47	36.84

2. 分等级A级景区门票价格

从景区等级结构来看，2015年黑龙江省2A级和3A级景区数量相对较多，分别为158家和138家，分别占全省A级景区总数的38.54%和33.66%；5A级和1A级景区相对较少，分别为5家和25家，分别占全省A级景区总数的1.22%和6.10%。

图16 2015年黑龙江省A级景区分等级平均门票价格

5A 级景区全年平均门票价格最高，为 98 元 / 景区，其次是 4A 级景区，为 38 元 / 景区，3A 和 2A 级景区相对较低，分别为 15 元 / 景区和 10 元 / 景区。淡季平均门票价格同样也以 5A 级景区最高，为 83 元 / 景区，其次是 4A 级景区，为 35 元 / 景区。旺季平均门票价格也以 5A 级景区最高，为 115 元 / 景区，其次是 4A 级景区，为 41 元 / 景区，1A 和 2A 级景区相对较低，分别为 3 元 / 景区和 11 元 / 景区。

3. 分类型 A 级景区门票价格

从景区类型来看，2015 年黑龙江省自然景观和度假休闲类景区相对较多，分别为 125 家和 109 家，分别占全省 A 级景区总数的 30.49% 和 26.59%；其次是乡村旅游和博物馆类景区，分别为 35 家和 29 家，占比分别为 8.54% 和 7.07%；科技教育类景区最少，为 8 家，占比为 1.95%。

全年平均门票价格以主题游乐类景区最高，为 43 元 / 景区，其次是科技教育和自然景观类景区，分别为 27 元 / 景区和 23 元 / 景区，博物馆、工业旅游、红色旅游和历史文化类景区全年平均门票价格相对较低，分别为 3 元 / 景区、3 元 / 景区、7 元 / 景区和 8 元 / 景区。此外，淡季平均门票价格同样以主题游乐类景区最高，为 43 元 / 景区，其次是科技教育和自然景观类景区，分别为 27 元 / 景区和 19 元 / 景区。旺季平均门票价格还是主题游乐类景区最高，为 44 元 / 景区，其次是科技教育和自然景观类景区，均为 28 元 / 景区。

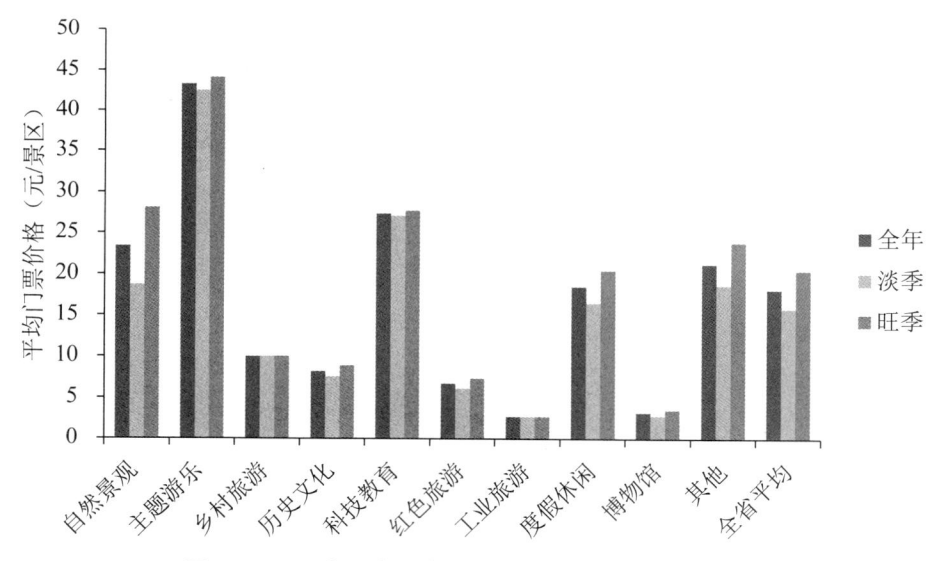

图 17　2015 年黑龙江省 A 级景区分类型平均门票价格

4. 分体制 A 级景区门票价格

从景区经营体制来看，2015 年黑龙江省 A 级景区以企业为经营主体的景区数量最多，共 278 家，占全省 A 级景区总数的 67.80%；其次是以事业单位为经营主体的景区，共 117 家，占比为 28.54%；以行政单位为经营主体的景区最少，为 15 家，占比为 3.66%。

以行政单位为经营主体的景区全年平均门票价格最高，为 31 元/景区，其次是以企业和事业单位为经营主体的景区，分别为 21 元/景区和 9 元/景区。淡季平均门票价格同样也以行政单位为经营主体的景区最高，为 27 元/景区，其次是以企业为经营主体的景区，为 18 元/景区，以事业单位为经营主体的景区淡旺季平均门票价格最低，为 8 元/景区。淡季平均门票价格也是以行政单位为经营主体的景区最高，为 36 元/景区，以企业和事业单位为经营主体的景区紧随其次，分别为 24 元/景区和 11 元/景区。

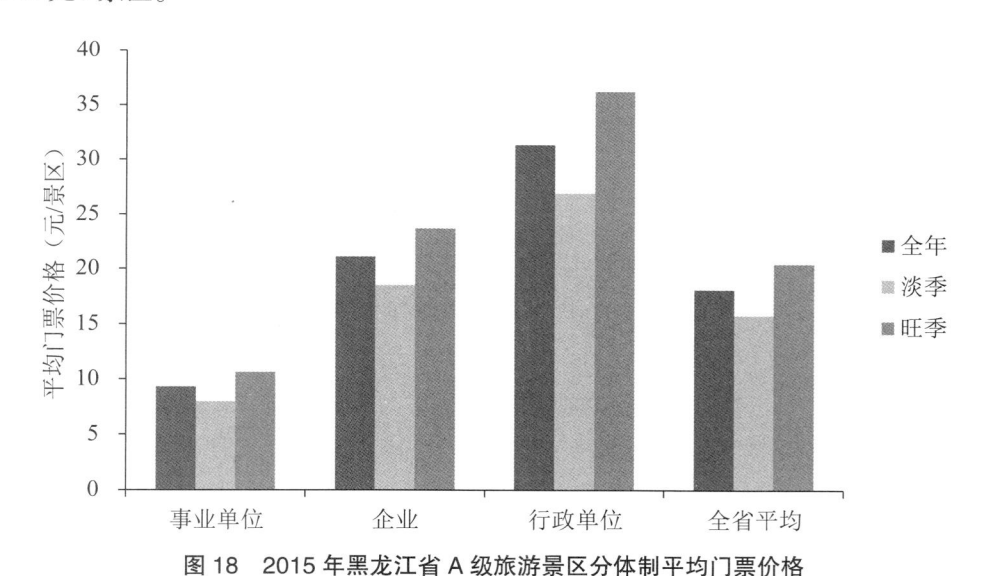

图 18　2015 年黑龙江省 A 级旅游景区分体制平均门票价格

（二）吉林省

吉林省处于东北亚地理中心，中国东北地区腹地，北边与黑龙江省接壤，南边与辽宁省接壤，西边接内蒙古自治区，东边接俄罗斯，东南部以鸭绿江、图们江为界，与朝鲜民主主义人民共和国隔江相望。吉林省历史悠久，人杰地灵。从古到今，奔流不息的松花江，广阔肥沃的黑土地，雄伟神奇的长白山，造就了吉林省富饶的自然资源和瑰丽的生态环境，孕育了灿烂多姿的历史文化和别具特色的北国风光。境内高句丽王城于 2004 年被评为世界文化遗产。

2015年，吉林省共有A级旅游景区230家，其中5A级景区5家，免门票和收门票景区分别为125家和105家，分别占全省A级景区总数的54.35%和45.65%。景区旅游总收入达28.67亿元，其中门票收入为7.44亿元，占景区旅游总收入的25.95%。游客接待量共计0.36亿人次，其中政策性免票游客和购票游客分别为1530.70万人次和2099.72万人次，分别占全省A级景区游客接待总量的42.16%和57.84%。

2015年，吉林省积极支持响应中国旅游景区协会"5A、4A级景区带头不上涨门票价格"倡议。全省共有62家A级景区承诺不涨价，含5A级景区4家，4A级景区58家，主要包括伪满皇宫博物院、长春净月潭国家森林公园、长白山景区、长影世纪城、长春世界雕塑公园、长春莲花山滑雪场、吉林市北山风景区、查干湖旅游度假区等。

1. 总体价格情况

2015年，吉林省共有105家A级景区收门票，其中19家景区票价实行淡旺季。全省A级景区全年平均门票价格为25元/景区，较上年略有上涨，增幅为8.70%，但与全国A级景区平均门票价格相比，低出19.35个百分点。全省A级景区淡旺季平均门票价格分别为24元/景区和27元/景区。

表18 2014—2015年吉林省A级景区全年及淡旺季平均门票价格总体情况（元/景区）

全年平均门票价格			淡季平均门票价格	旺季平均门票价格
2015年	2014年	增长率（%）		
25	23	8.70	24	27

景区游客门票负担及门票福利：2015年吉林省A级景区所有游客人均门票负担和购票游客人均门票负担分别为20.50元/人次和35.45元/人次，其中所有游客人均门票负担较上年增加8.87元/人次，增长76.27%，购票游客人均门票负担较上年增加19.99元/人次，增长129.30%，分别低于全国平均水平3.35和7.00个百分点。此外，2015年吉林省A级景区门票福利共计3.83亿元，占全国景区门票福利总额的0.74%，较上年增加1.91亿元，增长99.48%。

表19 2014—2015年吉林省A级景区分等级门票负担及门票福利统计

	2014年	2015年	增量	增长率（%）
所有游客门票负担（元/人次）	11.63	20.50	8.87	76.27
购票游客门票负担（元/人次）	15.46	35.45	19.99	129.30
门票福利（亿元）	1.92	3.83	1.91	99.48

景区平均门票价格与居民平均月收入、消费占比：2015年吉林省城镇、农村居民平均月可支配收入分别为2075元、944元，吉林省城镇、农村居民平均月消费支出为1498元、732元。A级景区平均门票价格分别占城镇、农村居民平均月可支配收入的1.20%、2.65%，分别占城镇、农村居民平均月消费支出的1.67%、3.42%。与上年相比，平均门票价格与城镇居民可支配收入占比降速最快，为6.98%，平均门票价格与农村居民可支配收入占比降速最慢，为4.57%。

表20 2014—2015年吉林省A级景区平均门票价格与居民平均月收入、消费支出占比（%）

年份	居民可支配收入			居民消费支出		
	城镇	农村	全省	城镇	农村	全省
2015年	1.20	2.65	—	1.67	3.42	—
2014年	1.29	2.78	—	1.75	—	—

2. 分等级A级景区门票价格

从景区等级结构来看，2015年吉林省3A级景区数量最多，为94家，占全省A级景区总数的40.87%；其次是2A和4A级景区，分别为60家和57家，占比分别为26.09%和24.78%；5A级和1A级景区相对较少，分别为5家和14家，占比分别为2.17%和6.09%。

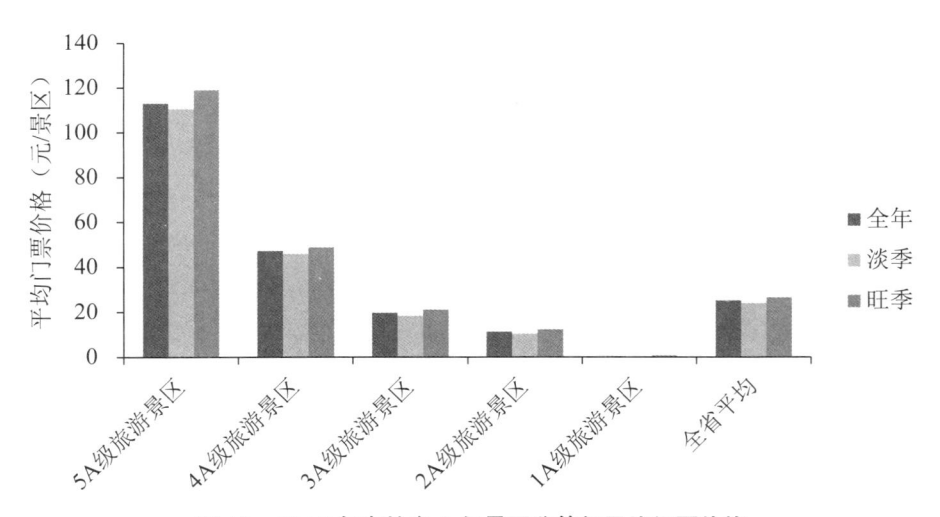

图19 2015年吉林省A级景区分等级平均门票价格

除1A级景区免门票外，其他等级A级景区均收门票。其中5A级景区全年平均门票价格最高，为113元/景区，其次是4A和3A级景区，分别为47元/景区和20元/景区，2A级景区最低，为11元/景区。淡季平均门票价格同样也以5A级景区最高，为 111 元 / 景区，其次是 4A 级景区，为 46 元 / 景区，3A 和 2A 级景区相对较低，分别为 18 元 / 景区和 10 元 / 景区。旺季平均门票价格也以 5A 级景区最高，为 119 元 / 景区，其次是 4A 和 3A 级景区，分别为 49 元 / 景区和 21 元 / 景区。

3. 分类型 A 级景区门票价格

从景区类型来看，2015 年吉林省 A 级景区以自然景观类景区数量最多，共 77 家，占全省 A 级景区总数的 33.48%；其次是度假休闲、乡村旅游和历史文化类景区，分别为 51 家、27 家和 22 家，占比分别为 22.17%、11.74% 和 9.57%；主题游乐和工业旅游类景区相对较少，分别为 3 家和 4 家，占比分别为 1.30% 和 1.74%。

全年平均门票价格以主题游乐类景区最高，为 83 元 / 景区，其次是度假休闲和自然景观类景区，分别为 35 元 / 景区和 29 元 / 景区，红色旅游和乡村旅游类景区全年平均门票价格相对较低，分别为 4 元 / 景区和 11 元 / 景区。此外，淡季平均门票价格同样以主题游乐类景区最高，为 71 元 / 景区，其次是度假休闲、自然景观和历史文化类景区，分别为 33 元 / 景区、28 元 / 景区和 28 元 / 景区。旺季平均门票价格还是主题游乐类景区最高，为 100 元 / 景区，其次是度假休闲和自然景观类景区，分别为 37 元 / 景区和 31 元 / 景区。

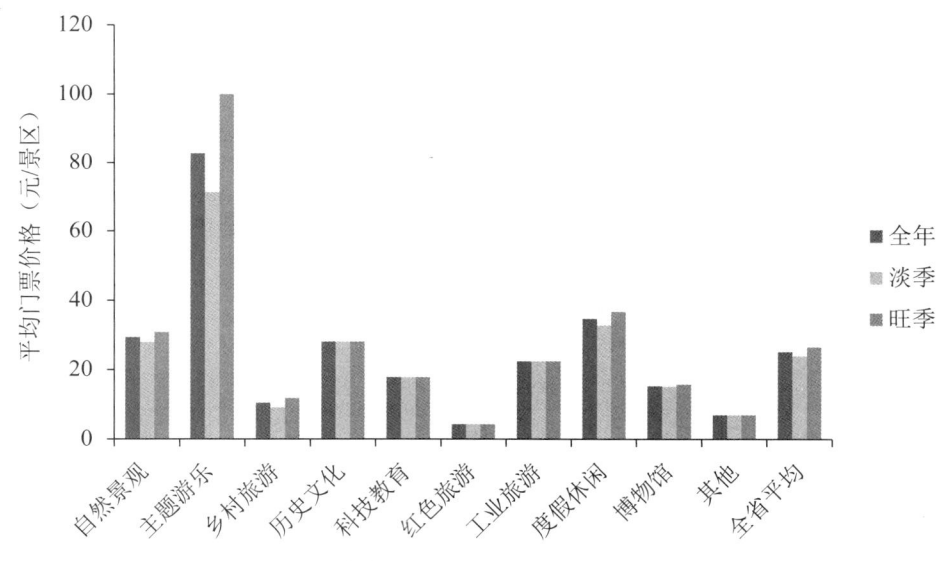

图 20　2015 年吉林省 A 级景区分类型平均门票价格

4. 分体制 A 级景区门票价格

从景区经营体制来看，2015 年吉林省 A 级景区中，以企业为经营主体的景区数量最多，共 181 家，占全省 A 级景区总数的 78.70%；其次是以事业单位为经营主体的景区，共 45 家，占比为 19.57%；以行政单位为经营主体的景区最少，仅 4 家，占比为 1.74%。

以企业为经营主体的景区全年平均门票价格最高，为 29 元 / 景区，其次是以事业单位为经营主体的景区，为 13 元 / 景区，以行政单位为经营主体的景区平均门票价格最低，仅 1 元 / 景区。淡季平均门票价格同样也以企业为经营主体的景区最高，为 28 元 / 景区，其次是以事业单位为经营主体的景区，为 12 元 / 景区，以行政单位为经营主体的景区淡季平均门票价格为 0 元 / 景区。旺季平均门票价格也以企业为经营主体的景区最高，为 30 元 / 景区，其次是以事业单位和行政单位为经营主体的景区，分别为 14 元 / 景区和 3 元 / 景区。

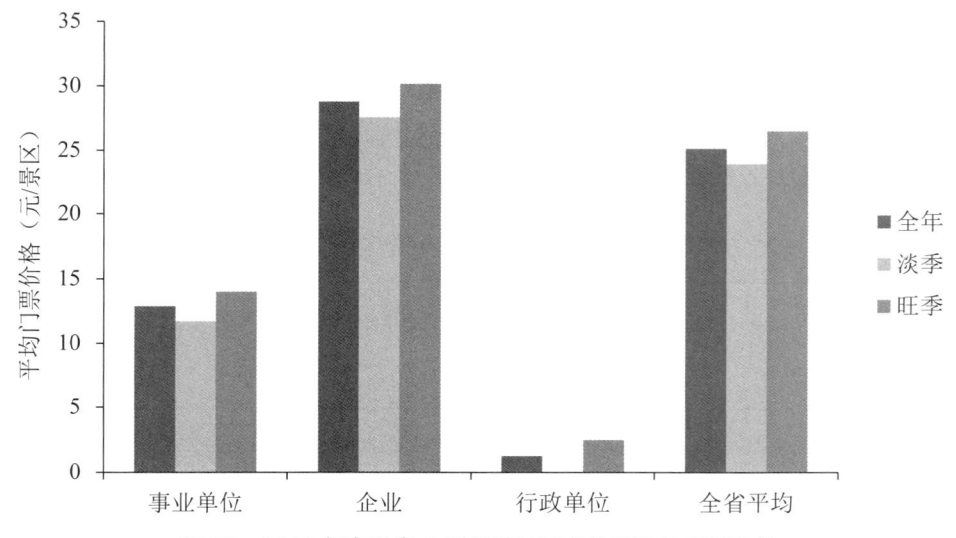

图 21　2015 年吉林省 A 级旅游景区分体制平均门票价格

（三）辽宁省

辽宁省位于中国东北地区南部，南临黄海、渤海，东与朝鲜一江之隔，与日本、韩国隔海相望，是东北地区唯一的既沿海又沿边的省份。辽宁历史悠久，人杰地灵，自然风光秀美，山海景观壮丽，文化古迹别具特色，旅游资源十分丰富。境内九门口长城、沈阳故宫、昭陵、福陵、永陵和五女山城等六处被联合国教科文组织确定为世界文化遗产。

2015 年，辽宁省共有 A 级旅游景区 281 家，其中 5A 级景区 4 家，免门票和收门票景区分别为 107 家和 174 家，分别占全省 A 级景区总数的 38.08% 和 61.92%。景区旅游总收入达 97.83 亿元，其中门票收入为 44.93 亿元，占景区旅游总收入的45.93%。游客接待量共计1.0亿人次,其中政策性免票游客和购票游客分别为3777.17万人次和6227.73万人次,分别占全省A级景区游客接待总量的37.75%和62.25%。

2015年,辽宁省积极响应中国旅游景区协会"5A、4A级景区带头不涨价"倡议,在首批不涨价景区的名单,辽宁省共有42家,其中包括2家5A级景区和40家4A级景区。大连市A级景区一共有10家,包括大连老虎滩海洋公园、大连安波旅游度假区、大连棒棰岛宾馆景区、大连金石滩国家旅游度假区、大连森林动物园、大连紫云花汐旅游景区、大连圣亚海洋世界、旅顺白玉山景区、旅顺东鸡冠山景区、大连铭湖国际温泉滑雪度假区等。此外,许多非A级景区也未实行涨价计划。

1. 总体价格情况

2015年,辽宁省共有174家A级景区收门票,其中47家景区票价实行淡旺季。全省A级景区全年平均门票价格为31元/景区,较上年上涨14.81%,与全国A级景区平均门票价格相比略有上升,高出2.30个百分点。全省A级景区淡旺季平均门票价格分别为28元/景区和34元/景区。

表21 2014—2015年辽宁省A级景区全年及淡旺季平均门票价格总体情况(元/景区)

全年平均门票价格			淡季平均门票价格	旺季平均门票价格
2015年	2014年	增长率(%)		
31	27	14.81	28	34

景区游客门票负担及门票福利:2015年辽宁省A级景区所有游客人均门票负担和购票游客人均门票负担分别为44.91元/人次和72.15元/人次,其中所有游客人均门票负担较上年增加15.28元/人次,增长51.57%,购票游客人均门票负担较上年增加27.88元/人次,增长62.95%,分别高于全国平均水平111.74和89.27个百分点。此外,2015年辽宁省A级景区门票福利共计11.71亿元,占全国景区门票福利总额的2.26%,较上年增加4.09亿元,增长53.67%。

表22 2014—2015年辽宁省A级景区分等级门票负担及门票福利统计

	2014年	2015年	增量	增长率(%)
所有游客门票负担(元/人次)	29.63	44.91	15.28	51.57
购票游客门票负担(元/人次)	44.27	72.15	27.88	62.98
门票福利(亿元)	7.62	11.71	4.09	53.67

景区平均门票价格与居民平均月收入、消费占比:2015年辽宁省城镇、农村及

全省居民平均月可支配收入分别为2594元、1005元和2048元，A级景区平均门票价格分别占城镇、农村及全省居民平均月可支配收入的1.20%、3.09%和1.51%。与上年相比，平均门票价格与全省居民可支配收入占比降速最快，为7.36%，平均门票价格与城镇居民可支配收入占比降速最慢，为6.25%。

表23　2014—2015年辽宁省A级景区平均门票价格与居民平均月收入、消费支出占比（%）

年份	居民可支配收入			居民消费支出		
	城镇	农村	全省	城镇	农村	全省
2015年	1.20	3.09	1.51	—	—	—
2014年	1.28	3.32	1.63	—	—	—

2. 分等级A级景区门票价格

从景区等级结构来看，2015年辽宁省3A级景区数量最多，为141家，占全省A级景区总数的50.18%；其次是4A级和2A级景区，分别为81家和48家，占比分别为28.83%和17.08%；5A级和1A级景区相对较少，分别为4家和7家，占比分别为1.42%和2.49%。

5A级景区全年平均门票价格最高，为97元/景区，其次是4A级和3A级景区，分别为52元/景区和23元/景区，2A级和1A级景区相对较低，分别为15元/景区和16元/景区。淡季平均门票价格同样也以5A级景区最高，为90元/景区，其次是4A级景区，为47元/景区。旺季平均门票价格也以5A级景区最高，为105元/景区，其次是4A级和3A级景区，分别为56元/景区和25元/景区。

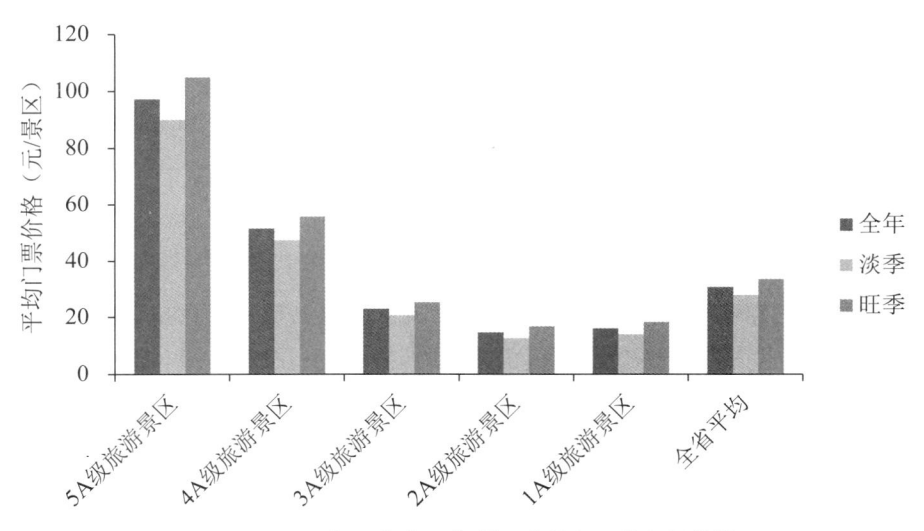

图22　2015年辽宁省A级景区分等级平均门票价格

3. 分类型 A 级景区门票价格

从景区类型来看，2015 年辽宁省 A 级景区以自然景观类景区数量最多，共 97 家，占全省 A 级景区总数的 34.52%；其次是度假休闲和历史文化类景区，分别为 47 家和 40 家，占比分别为 16.73% 和 14.23%；科技教育、工业旅游类景区数量相对较少，分别为 1 家和 7 家，占比分别为 0.36% 和 2.49%。

全年平均门票价格以主题游乐类景区最高，为 108 元/景区，其次是度假休闲和自然景观类景区，分别为 48 元/景区和 31 元/景区，红色旅游和博物馆类景区全年平均门票价格相对较低，分别为 7 元/景区和 14 元/景区。此外，淡季平均门票价格同样以主题游乐类景区最高，为 98 元/景区，其次是度假休闲和自然景观类景区，分别为 45 元/景区和 28 元/景区。旺季平均门票价格还是主题游乐类景区最高，为 119 元/景区，其次是度假休闲和自然景观类景区，分别为 52 元/景区和 33 元/景区。

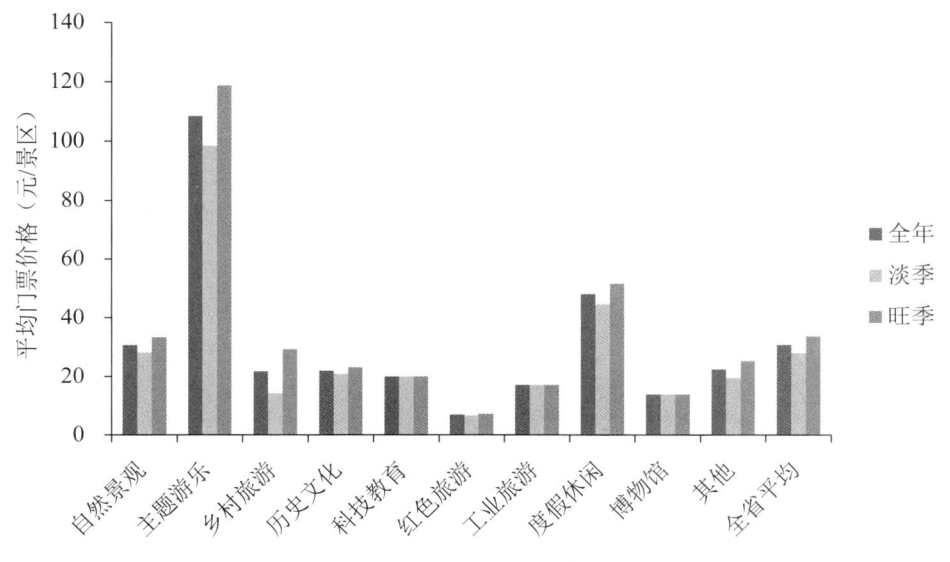

图 23　2015 年辽宁省 A 级景区分类型平均门票价格

4. 分体制 A 级景区门票价格

从景区经营体制来看，2015 年辽宁省 A 级景区以企业为经营主体的景区数量最多，共 200 家，占全省 A 级景区总数的 71.17%；其次是以事业单位为经营主体的景区，共 74 家，占比为 26.33%；以行政单位为经营主体的景区最少，仅 7 家，占比为 2.49%。

以企业为经营主体的景区全年平均门票价格最高，为 33 元/景区，其次是以事业单位和行政单位为经营主体的景区，分别为 26 元/景区和 18 元/景区。淡季平均门票价格同样也以企业为经营主体的景区最高，为 30 元 / 景区，其次是以事业单位为经营主体的景区，为 24 元 / 景区，淡季平均门票价格也以企业为经营主体的景区最高，为 36 元 / 景区，其次是以事业单位和行政单位为经营主体的景区，分别为 28 元 / 景区和 18 元 / 景区。

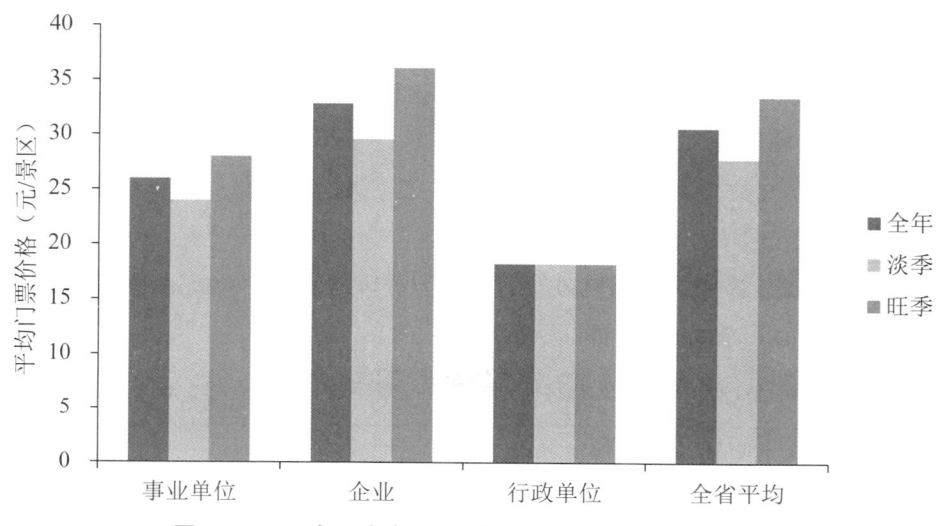

图 24　2015 年辽宁省 A 级旅游景区分体制平均门票价格

三、华东片区 A 级景区门票价格情况

我国华东片区主要包括上海市、江苏省、浙江省、安徽省、江西省和山东省七个省（直辖市）。华东片区旅游资源丰富，旅游景区数量较多，其中 A 级景区 2794 家，5A 级景区 72 家，拥有中国大运河、苏州古典园林、西湖文化景观、黄山、庐山等世界级旅游资源。该片区 A 级景区全年平均门票价格为 29 元 / 景区，其中浙江省最高，为 42 元 / 景区，高于全片区 A 级景区平均票价 44.83 个百分点。江苏省平均门票价格最低，为 19 元 / 景区，低于全片区平均票价 34.48 个百分点。

（一）上海市

上海市位于长江入海口，隔东中国海和日本九州岛相望，南边濒杭州湾，西边与浙江、江苏两省相接。上海是一座国家历史文化名城，拥有繁多的历史古迹和深远的近代城市文化底蕴。江南传统的吴越文化与西方传入的工业文化相融合，从而形成上海独有的海派文化。境内欧黑尔·雪切尔犹太教堂入选 2002 年世界纪念性建筑遗产保护名录。

2015 年，上海市共有 A 级旅游景区 89 家，其中 5A 级景区 3 家，免门票和收门票景区分别为 21 家和 68 家，分别占全市 A 级景区总数的 23.60% 和 76.40%。景区旅游总收入达 31.47 亿元，其中门票收入为 18.23 亿元，占景区旅游总收入的 57.93%。游客接待量共计 0.73 亿人次，其中政策性免票游客和购票游客分别为 3301.69 万人次和 4012.70 万人次，分别占全市 A 级景区游客接待总量的 45.14% 和 54.86%。

2015 年，上海市积极支持响应中国旅游景区协会"5A、4A 级景区带头不上涨门票价格"倡议，全市 53 家景区签订"不上涨门票价格"承诺，之前计划涨价的上海东方明珠电视塔、上海野生动物园、海洋水族馆等均承诺不涨价。

1. 总体价格情况

2015 年，上海市共有 68 家 A 级景区收门票，其中 14 家景区票价实行淡旺季。全市 A 级景区全年平均门票价格为 37 元 / 景区，与上年保持一致，但与全国 A 级景区平均门票价格相比，仍高出 19.35 个百分点。全市 A 级景区淡旺季平均门票价格分别为 35 元 / 景区和 39 元 / 景区。

表 24　2014—2015 年上海市 A 级景区全年及淡旺季平均门票价格总体情况（元 / 景区）

全年平均门票价格			淡季平均门票价格	旺季平均门票价格
2015 年	2014 年	增长率（%）		
37	37	0.00	35	39

景区游客门票负担及门票福利：2015 年上海市 A 级景区所有游客人均门票负担和购票游客人均门票负担分别为 24.93 元 / 人次和 45.44 元 / 人次，其中所有游客人均门票负担较上年减少 1.24 元 / 人次，下降 4.74%，购票游客人均门票负担较上年增加 8.31 元 / 人次，增长 22.38%，分别高于全国平均水平 17.54 和 19.20 个百分点。此外，2015 年上海市 A 级景区门票福利共计 12.22 亿元，占全国景区门票福利总额的 2.35%，较上年增加 3.89 亿元，增长 46.70%。

表 25　2014—2015 年上海市 A 级景区分等级门票负担及门票福利统计

	2014 年	2015 年	增量	增长率（%）
所有游客门票负担（元 / 人次）	26.17	24.93	-1.24	-4.74
购票游客门票负担（元 / 人次）	37.13	45.44	8.31	22.38
门票福利（亿元）	8.33	12.22	3.89	46.70

景区平均门票价格与居民平均月收入、消费占比：2015 年上海市城镇、农村及全市居民平均月可支配收入分别为 4414 元、1934 元和 4156 元，上海市城镇、农村及全市居民平均月消费支出为 3079 元、1346 元和 2899 元。A 级景区平均门票价格

分别占城镇、农村及全市居民平均月可支配收入的 0.84%、1.91% 和 0.89%，分别占城镇、农村及全市居民平均月消费支出的 1.20%、2.75% 和 1.28%。与上年相比，平均门票价格与城镇居民消费支出占比降速最快，为 17.24%，平均门票价格与农村居民消费支出占比降速最慢，为 5.17%。

表 26　2014—2015 年上海市 A 级景区平均门票价格与居民平均月收入、消费支出占比（%）

年份	居民可支配收入			居民消费支出		
	城镇	农村	全市	城镇	农村	全市
2015 年	0.84	1.91	0.89	1.20	2.75	1.28
2014 年	0.93	2.10	——	1.45	2.90	——

2. 分等级 A 级景区门票价格

从景区等级结构来看，2015 年上海市 4A 级和 3A 级景区数量相对较多，分别为 46 家和 40 家，分别占全市 A 级景区总数的 51.69% 和 44.94%；5A 级景区最少，为 3 家，占全市 A 级景区总数的 3.37%。

5A 级景区全年平均门票价格最高，为 117 元/景区，其次是 4A 级景区，为 47 元/景区，3A 级景区最低，为 19 元/景区。淡季平均门票价格同样也以 5A 级景区最高，为 117 元/景区，其次是 4A 级和 3A 级景区，分别为 45 元/景区和 18 元/景区。旺季平均门票价格也以 5A 级景区最高，为 117 元/景区，其次是 4A 级和 3A 级景区，分别为 50 元/景区和 20 元/景区。

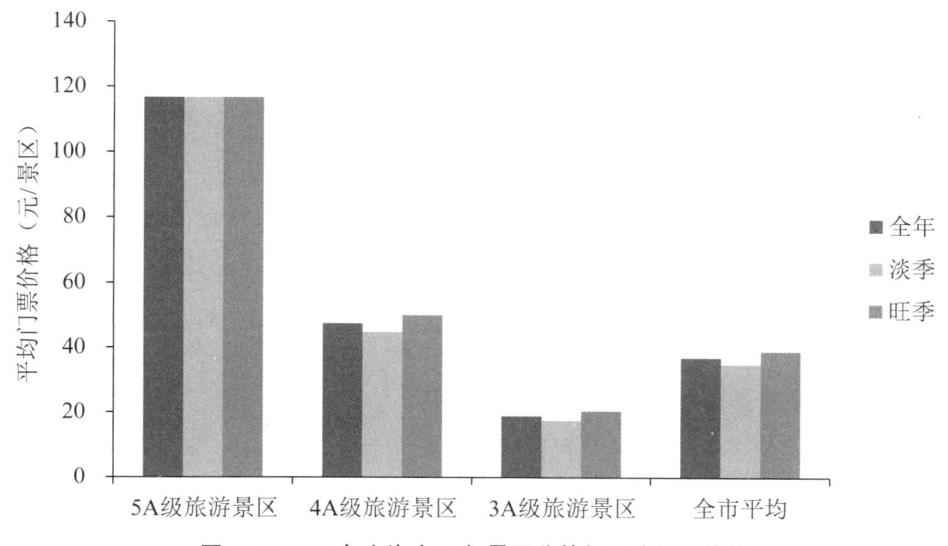

图 25　2015 年上海市 A 级景区分等级平均门票价格

3. 分类型 A 级景区门票价格

从景区类型来看，2015 年上海市 A 级景区以乡村旅游类景区数量最多，共 22 家，占全市 A 级景区总数的 24.72%；其次是历史文化和度假休闲类景区，均为 16 家，占比均为 17.98%；科技教育、红色旅游和工业旅游类景区最少，均为 1 家，占比均为 1.12%。

各类型 A 级景区除红色旅游、工业旅游类景区免门票外，其他类型景区均收门票。其中主题游乐类景区是全年平均门票价格最高的景区，为 88 元/景区，其次是度假休闲和科技教育类景区，分别为 40 元/景区和 50 元/景区，自然景观、博物馆和历史文化类景区全年平均门票价格相对较低，分别为 17 元/景区、20 元/景区和 26 元/景区。此外，淡季平均门票价格同样以主题游乐类景区最高，为 88 元/景区，其次是科技教育和度假休闲类景区，分别为 50 元/景区和 38 元/景区。旺季平均门票价格还是主题游乐类景区最高，为 88 元/景区，其次是科技教育和度假休闲类景区，分别为 50 元/景区和 43 元/景区。

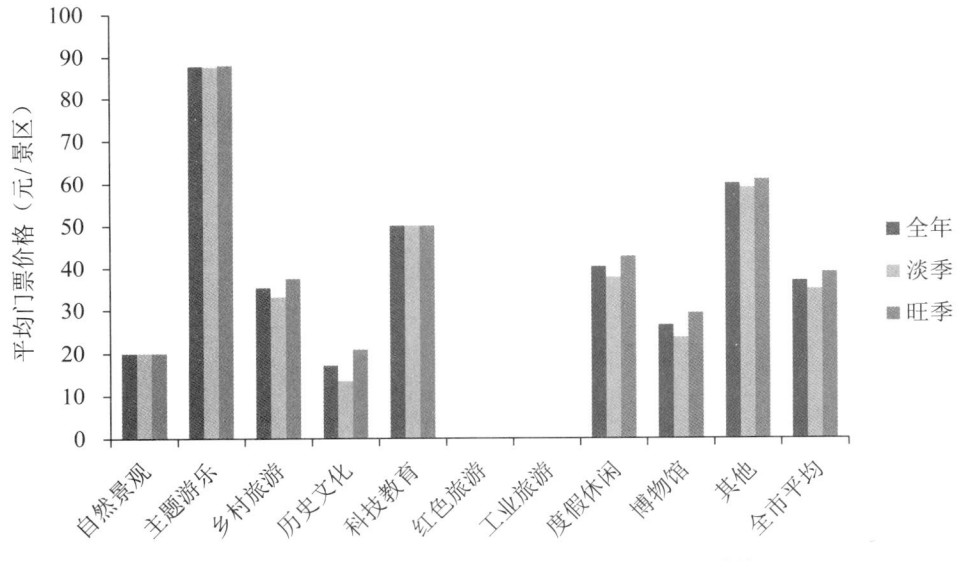

图 26　2015 年上海市 A 级景区分类型平均门票价格

4. 分体制 A 级景区门票价格

从景区经营体制来看，2015 年上海市 A 级景区以企业为经营主体的景区数量最多，共 69 家，占全市 A 级景区总数的 77.53%；其次是以事业单位为经营主体的景区，共 20 家，占比为 22.47%。

以企业为经营主体的景全年平均门票价格区最高，为 41 元/景区，其次是以事业单位为经营主体的景区，为 24 元/景区。淡季平均门票价格同样也以企业为经营主体的景区最高，为 39 元/景区，其次是以事业单位为经营主体的景区为 22 元/景区。旺季平均门票价格也以企业为经营主体的景区最高，为 43 元/景区，其次是以事业单位为经营主体的景区为 25 元/景区。

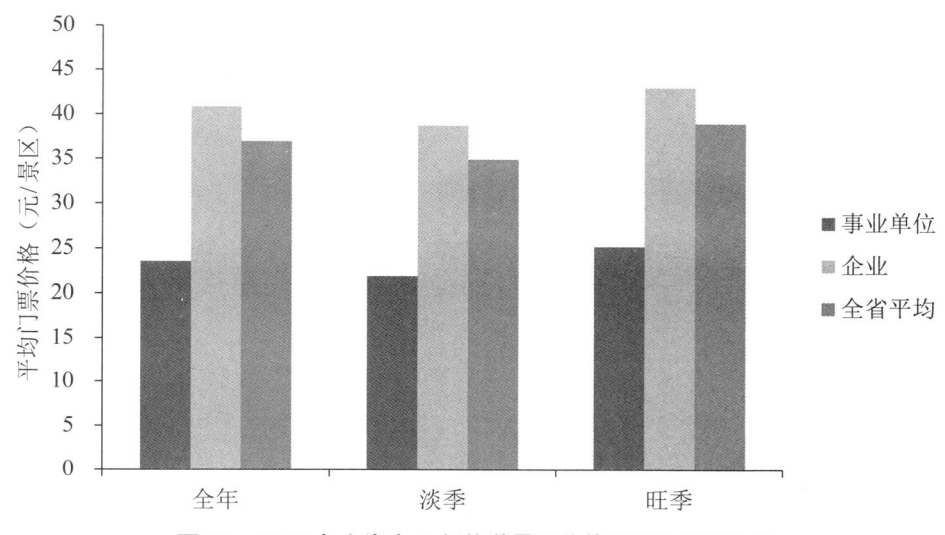

图 27　2015 年上海市 A 级旅游景区分体制平均门票价格

（二）江苏省

江苏省辖江临海，扼淮控湖，教育发达，文化昌盛，经济繁荣。地跨长江、淮河南北，京杭大运河从中穿过，具有吴、金陵、淮扬、中原四大多元文化，被誉为中国古代文明的发祥地之一。江苏省旅游资源富饶，人文景观与自然景观交相辉映，拥有众口颂传的千年名刹、烟波浩渺的湖光山色、精美雅致的古典园林、小桥流水人家的古镇水乡、雄伟壮观的都城遗址、规模宏大的帝王陵寝，粗犷雄浑与纤巧清秀交汇融合，可谓"吴韵汉风，各擅所长"。目前苏州古典园林、明孝陵、京杭大运河已名列世界文化遗产名录，中国海上丝绸之路、徐州汉楚王陵墓群和明清城墙正在准备申遗中。

2015 年，江苏省共有 A 级旅游景区 622 家，其中 5A 级景区 7 家，免门票和收门票景区分别为 363 家和 259 家，分别占全省 A 级景区总数的 58.36% 和 41.64%。景区旅游总收入达 212.92 亿元，其中门票收入为 51.63 亿元，占景区旅游总收入的 24.25%。游客接待量共计 4.73 亿人次，其中政策性免票游客和购票游客分别为 27 044.87 万人次和 20 265.21 万人次，分别占全省 A 级景区游客接待总量的 57.17% 和 42.83%。

2015 年，江苏省许多政府定价的高 A 级景区均未涨价。全省包括夫子庙、苏州园林、周庄古镇等 14 家 5A 级景区在内的 169 家景区签订"5A、4A 级景区带头不上涨门票价格"协议，承诺三年内不涨价。

1. 总体价格情况

2015 年，江苏省共有 622 家 A 级景区收门票，其中 63 家景区票价实行淡旺季。全省 A 级景区全年平均门票价格为 19 元/景区，较上年略有下降，降幅为 5.00%，但与全国 A 级景区平均门票价格相比，低出 38.71 个百分点。全省 A 级景区淡旺季平均门票价格分别为 18 元/景区和 20 元/景区。

表 27 2014—2015 年江苏省 A 级景区全年及淡旺季平均门票价格总体情况（元/景区）

全年平均门票价格			淡季平均门票价格	旺季平均门票价格
2015 年	2014 年	增长率（%）		
19	20	−5	18	20

景区游客负担及门票福利：2015 年江苏省 A 级景区所有游客人均门票负担和购票游客人均门票负担分别为 10.91 元/人次和 25.48 元/人次，其中所有游客人均门票负担较上年减少 0.57 元/人次，下降 4.97%，购票游客人均门票负担较上年增加 4.55 元/人次，上涨 21.74%，两者较全国所有游客和购票门票负担，分别下降 48.56% 和 33.16%。此外，2015 年江苏省 A 级景区门票福利共计 51.14 亿元，占全国景区门票福利总额的 9.85%，较上年增加 15.23 亿元，增长 42.41%。

表 28 2014—2015 年江苏省 A 级景区分等级门票负担及门票福利统计

	2014 年	2015 年	增量	增长率（%）
所有游客门票负担（元/人次）	11.48	10.91	−0.57	−4.97
购票游客门票负担（元/人次）	20.93	25.48	4.55	21.74
门票福利（亿元）	35.91	51.14	15.23	42.41

景区平均门票价格与居民平均月收入、消费占比：2015 年江苏省城镇、农村及全省居民平均月可支配收入分别为 3098 元、1355 元和 2462 元，江苏省全省居民平均月消费支出为 1713 元。A 级景区平均门票价格分别占城镇、农村及全省居民平均月可支配收入的 0.61%、1.40% 和 0.77%，平均门票价格占全省居民平均月消费支出的 1.11%。与上年相比，四个比值均有所下降，其中平均门票价格与农村居民月可支

配收入占比降速最快,下降了22.22%,平均门票价格与全省居民消费支出占比降速最慢,下降了11.20%。

表29 2014—2015年江苏省A级景区平均门票价格与居民平均月收入、消费支出占比(%)

年份	居民可支配收入			居民消费支出		
	城镇	农村	全省	城镇	农村	全省
2015年	0.61	1.40	0.77	—	—	1.11
2014年	0.77	1.80	0.88	—	—	1.25

2. 分等级A级景区门票价格

从景区等级结构来看,2015年江苏省2A级、3A级以及4A级景区相对较多,分别为222家、207家以及173家,分别占全省A级景区总数的35.69%、33.28%以及27.81%;5A级景区相对较少,为20家,占比为3.22%。

各等级A级景区平均门票价格以5A级景区最高,为119元/景区,其次是4A级和3A级景区,分别为36元/景区、11元/景区,2A级景区最低,仅4元/景区。淡旺季平均门票价格同样也以5A级景区最高,分别为116元/景区和123元/景区,其次是4A级景区,分别为34元/景区和38元/景区,3A级景区分别为10元/景区和12元/景区,2A级景区淡旺季平均门票价格最低,都是4元/景区。

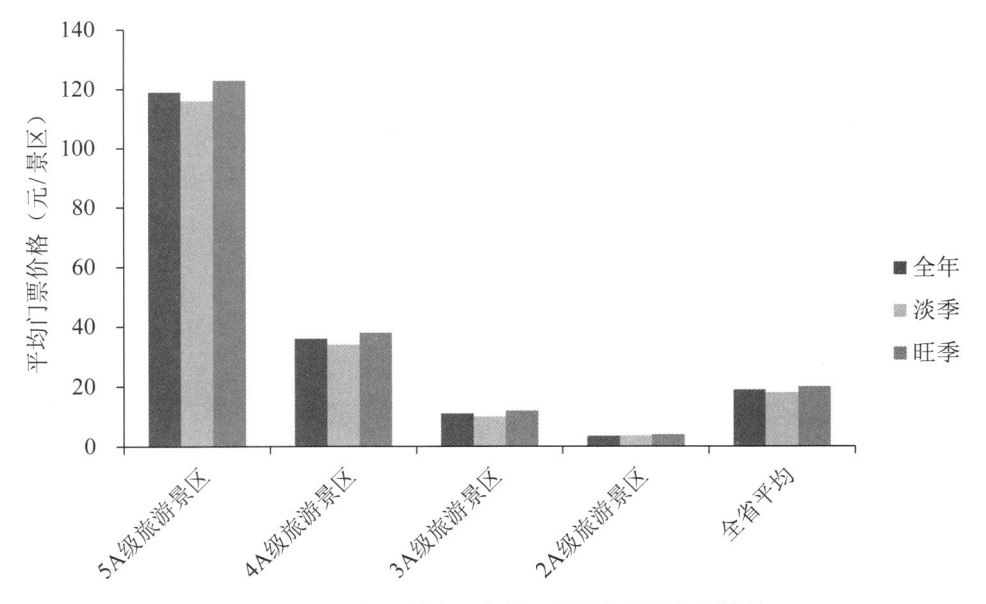

图28 2015年江苏省A级景区分等级平均门票价格

3. 分类型 A 级景区门票价格

从景区类型来看，2015 年江苏省 A 级景区历史文化和自然景观景区数量远高于其他类型景区，分别为 164 家和 145 家，占全省 A 级景区总数的 26.37% 和 23.31%；其次是博物馆、乡村旅游、度假休闲以及红色旅游景区，分别为 63 家、61 家、56 家以及 52 家，占比分别为 10.13%、9.81%、9.00% 以及 8.36%；科技教育和工业旅游类景区相对较少，分别为 9 家和 5 家，占比分别为 1.45% 和 0.80%。

全年平均门票价格以主题游乐类景区最高，为 47 元/景区，其次是度假休闲、自然景观和历史文化类景区，分别为 30 元/景区、23 元/景区和 23 元/景区，博物馆、科技教育和乡村旅游类景区平均门票价格相对较低，分别为 10 元/景区、8 元/景区和 7 元/景区，红色旅游类景区平均门票价格最低，为 2 元/景区。此外，淡季平均门票价格依然是主题游乐类景区最高，为 42 元/景区，其次是度假休闲类景区，为 29 元/景区。旺季平均门票价格也以主题游乐类景区最高，为 53 元/景区，其次是度假休闲类景区，为 32 元/景区，科技教育和红色旅游类景区的淡旺季平均门票价格基本一致，区别不大。

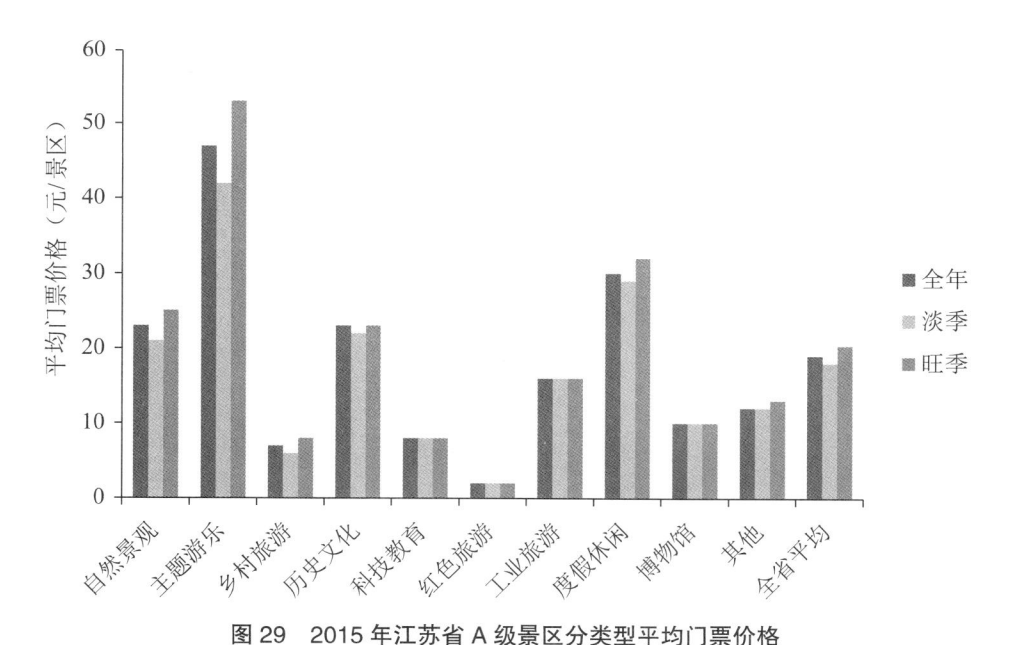

图 29 2015 年江苏省 A 级景区分类型平均门票价格

4. 分体制 A 级景区门票价格

从景区经营体制来看，2015 年江苏省 A 级景区以企业为经营主体的景区数量最多，共 363 家，占全省 A 级景区总数的 58.36%；其次是以事业单位为经营主体的景区，共248家，占比为39.87%；以行政单位为经营主体的景区最少，仅11家，占比为1.77%。

全年平均门票价格以行政单位为经营主体的景区最高，为60元/景区，其次是以企业为经营主体的景区，为21元/景区，以事业单位为经营主体的景区平均门票价格最低，为14元/景区。淡旺季平均门票价格同样也以行政单位为经营主体的景区最高，分别为55元/景区和65元/景区，其次是以企业为经营主体的景区，分别为20元/景区和22元/景区，以事业单位为经营主体的景区淡旺季平均门票价格最低，分别为13元/景区和15元/景区。

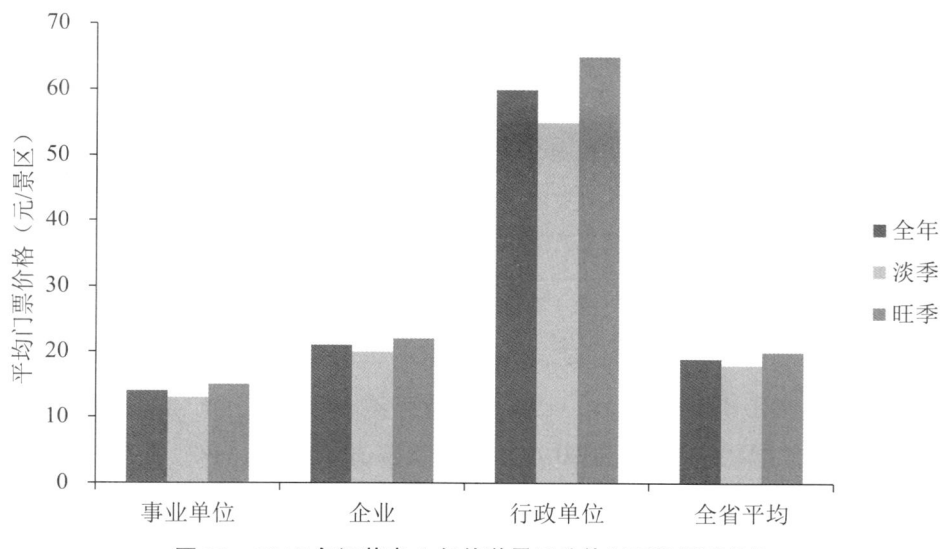

图30　2015年江苏省A级旅游景区分体制平均门票价格

（三）浙江省

浙江省地处中国东南沿海长江三角洲南翼，东临东海，南接福建，西与安徽、江西相连，北与上海、江苏接壤。浙江是中国古代文明的发祥地之一，是江南文化、吴越文化的发源地。原始人类"建德人"早在5万年前的旧石器时代就在这里活动，距今7000年的河姆渡文化、距今6000年的马家浜文化和距今5000年的良渚文化也在这里。它是典型的鱼米之乡、山水江南，有"丝绸之府""鱼米之乡"的称号。境内拥有浙江江郎山"中国丹霞""西湖文化景观"，以及中国大运河等世界自然和文化遗产。

2015年，浙江省共有A级旅游景区445家，其中5A级景区14家，免门票和收门票景区分别为161家和284家，分别占全省A级景区总数的36.18%和63.82%。

景区旅游总收入达 178.56 亿元，其中门票收入为 62.10 亿元，占景区旅游总收入的 34.78%。游客接待量共计 2.99 亿人次，其中政策性免票游客和购票游客分别为 0.97 亿人次和 2.01 亿人次，分别占全省 A 级景区游客接待总量的 32.63% 和 67.37%。

2015 年，中国旅游景区协会发出"5A、4A 级景区带头不上涨门票价格"倡议，浙江省积极支持并响应。全省 132 家 A 级景区，其中 5A 级景区 7 家，4A 级景区 125 家都承诺在三年内不涨价。但仍有部分景区偷偷涨价，如绍兴市兰亭景区将门票价格上调为 80 元 / 张，比现价 40 元 / 张上涨了一倍。

1. 总体价格情况

2015 年，浙江省共有 284 家 A 级景区收门票，其中 30 家景区票价实行淡旺季。全省 A 级景区全年平均门票价格为 42 元 / 景区，较上年略有下降，降幅为 2.33%，但与全国 A 级景区平均门票价格相比，仍高出 35.48 个百分点。全省 A 级景区淡旺季平均门票价格分别为 41 元 / 景区和 43 元 / 景区。

表 30　2014—2015 年浙江省 A 级景区全年及淡旺季平均门票价格总体情况（元 / 景区）

全年平均门票价格			淡季平均门票价格	旺季平均门票价格
2015 年	2014 年	增长率（%）		
42	43	-2.33	41	43

景区游客门票负担及门票福利：2015 年浙江省 A 级景区所有游客人均门票负担和购票游客人均门票负担分别为 20.79 元 / 人次和 30.86 元 / 人次，其中所有游客人均门票负担较上年减少 5.21 元 / 人次，下降 20.04%，购票游客人均门票负担较上年减少 4.54 元 / 人次，下降 12.82%，分别低于全国平均水平 1.98 和 19.05 个百分点。此外，2015 年浙江省 A 级景区门票福利共计 40.95 亿元，占全国景区门票福利总额的 7.89%，较上年增加 12.76 亿元，增长 45.26%。

表 31　2014—2015 年浙江省 A 级景区分等级门票负担及门票福利统计

	2014 年	2015 年	增量	增长率（%）
所有游客门票负担（元 / 人次）	26.00	20.79	-5.21	-20.04
购票游客门票负担（元 / 人次）	35.40	30.86	-4.54	-12.82
门票福利（亿元）	28.19	40.95	12.76	45.26

景区平均门票价格与居民平均月收入、消费占比：2015 年浙江省城镇、农村及全省居民平均月可支配收入分别为 3643 元、1760 元和 2961 元，浙江省城镇、农村及全省居民平均月消费支出为 2388 元、1342 元和 2010 元。A 级景区平均门票价

格分别占城镇、农村及全省居民平均月可支配收入的1.15%、2.39%和1.42%，分别占城镇、农村及全省居民平均月消费支出的1.76%、3.13%和2.09%。与上年相比，六个比值均呈下降态势，其中平均门票价格与农村居民消费支出占比降速最快，为10.06%，平均门票价格与城镇居民人均月消费支出占比降速最慢，为4.86%。

表32 2014—2015年浙江省A级景区平均门票价格与居民平均月收入、消费支出占比（%）

年份	居民可支配收入			居民消费支出		
	城镇	农村	全省	城镇	农村	全省
2015年	1.15	2.39	1.42	1.76	3.13	2.09
2014年	1.25	2.60	1.54	1.85	3.48	2.23

2. 分等级A级景区门票价格

从景区等级结构来看，2015年浙江省4A级和3A级景区数量相对较多，分别为164家和143家，分别占全省A级景区总数的36.85%和32.13%；5A级和1A级景区相对较少，分别为14家和4家，分别占全省A级景区总数的3.15%和0.90%。

5A级景区全年平均门票价格最高，为157元/景区，其次是4A级景区，为66元/景区，3A和2A级景区相对较低，分别为28元/景区和13元/景区。淡季平均门票价格同样也以5A级景区最高，为158元/景区，其次是4A级景区，为65元/景区。旺季平均门票价格同样也以5A级景区最高，为161元/景区，其次是4A级和3A级景区，分别为67元/景区和29元/景区。

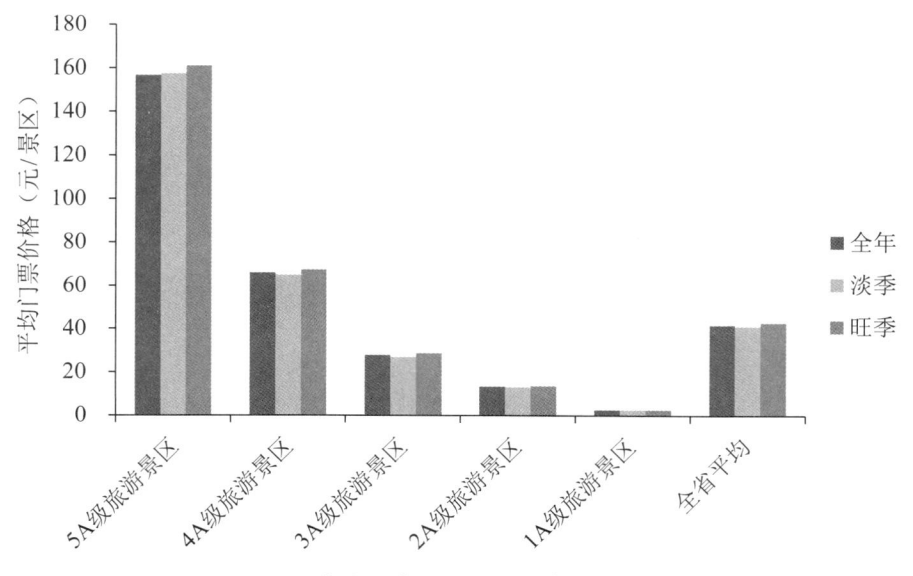

图31 2015年浙江省A级景区分等级平均门票价格

3. 分类型 A 级景区门票价格

从景区类型来看，2015 年浙江省 A 级景区以自然景观类景区数量最多，共 146 家，占全省 A 级景区总数的 32.81%；其次是历史文化类和乡村旅游类景区，分别为 70 家和 66 家，占比为 15.73% 和 14.83%；工业旅游、红色旅游和科技教育类景区相对较少，分别为 15 家、10 家和 4 家，占比分别为 3.37%、2.25% 和 0.90%。

全年平均门票价格以主题游乐类景区最高，为 115 元/景区；其次是科技教育和自然景观类景区，分别为 53 元/景区和 51 元/景区；乡村旅游、工业旅游和博物馆类景区全年平均门票价格相对较低，分别为 20 元/景区、12 元/景区和 13 元/景区。此外，淡季平均门票价格同样以主题游乐类景区最高，为 113 元/景区，其次是科技教育和自然景观类景区，分别为 53 元/景区和 50 元/景区。旺季平均门票价格还是主题游乐类景区最高，为 119 元/景区，其次是科技教育和自然景观类景区，均为 53 元/景区。

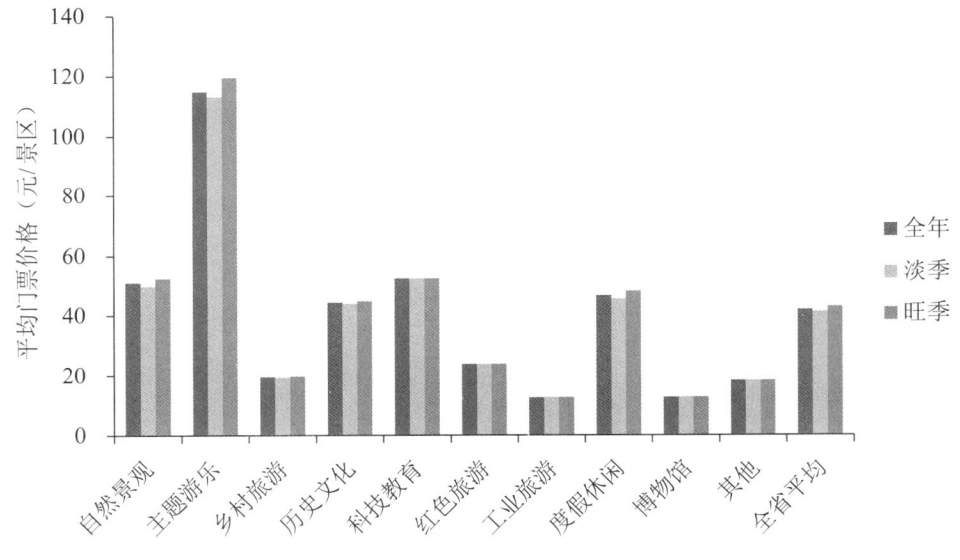

图 32 2015 年浙江省 A 级景区分类型平均门票价格

4. 分体制 A 级景区门票价格

从景区经营体制来看，2015 年浙江省 A 级景区以企业为经营主体的景区数量最多，共 371 家，占全省 A 级景区总数的 83.37%；其次是以事业单位为经营主体的景区，共 61 家，占比为 13.71%；以行政单位为经营主体的景区最少，为 13 家，占比为 2.92%。

各经营体制 A 级景区平均门票价格以企业为经营主体的景区最高，为 45 元/景区，其次是以行政单位为经营主体的景区，为 29 元/景区，以事业单位为经营主体的景区平均门票价格最低，为27元/景区。淡季平均门票价格同样也以企业为经营主体的景区最高，为44元/景区，其次是以行政单位和事业单位为经营主体的景区，分别为28元/景区和27元/景区。旺季平均门票价格同样也以企业为经营主体的景区最高，为46元/景区，其次是以行政单位和事业单位为经营主体的景区，分别为30元/景区和28元/景区。

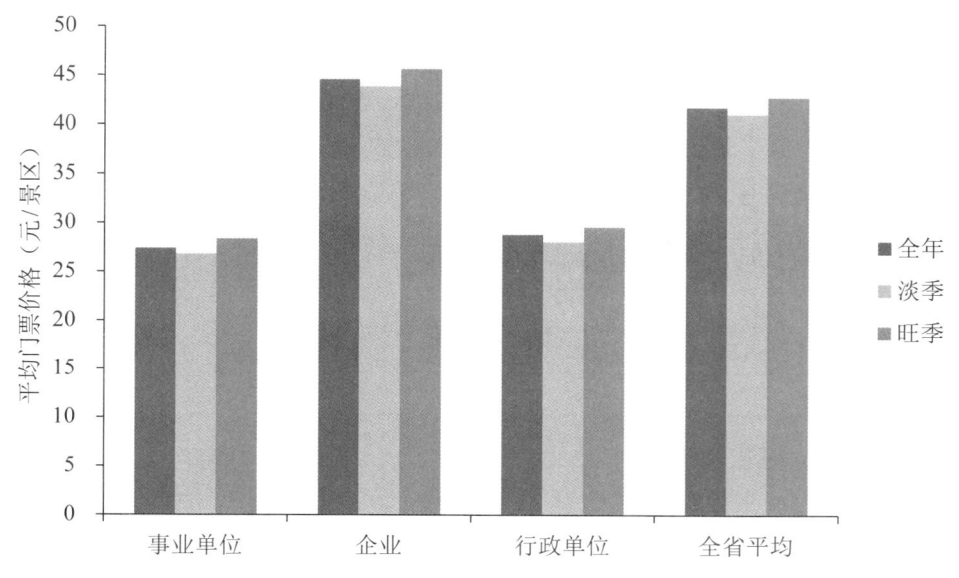

图33　2015年浙江省A级旅游景区分体制平均门票价格

（四）安徽省

安徽省地处长江、淮河中下游，长江三角洲腹地，居中靠东、沿江通海，东连江苏、浙江，西接湖北、河南，南邻江西，北靠山东。地跨长江、淮河、新安江三大流域，世称江淮大地。地形地貌由淮北平原、江淮丘陵、皖南山区组成。境内的巢湖是中国五大淡水湖之一。安徽是中国史前文明的重要发祥地，拥有淮河、新安、庐州、皖江四大文化圈。境内拥有黄山、西递、宏村三处世界文化遗产。

2015年，安徽省共有A级旅游景区443家，其中5A级景区9家，免门票和收门票景区分别为239家和204家，分别占全省A级景区总数的53.95%和46.05%。景区旅游总收入达233.33亿元，其中门票收入为33.96亿元，占景区旅游总收入的14.55%。游客接待量共计1.89亿人次，其中政策性免票游客和购票游客分别为8312.05万人次和10 564.5万人次，分别占全省A级景区游客接待总量的44.03%和55.97%。

2015年,安徽省积极支持响应中国旅游景区协会"5A、4A级景区带头不上涨门票价格"倡议,全省承诺三年内不涨价的A级景区共有91家,主要包括皖南古村落的西递景区、九华山风景区、天堂寨风景区、天柱山风景区、古徽州文化旅游区(呈坎、唐模、徽州古城、棠樾牌坊群·鲍家花园、潜口民宅)等5家5A级景区,同时还有合肥野生动物园等86家4A级景区。

1. 总体价格情况

2015年,安徽省共有204家A级景区收门票,其中44家景区票价实行淡旺季。全省A级景区全年平均门票价格为26元/景区,较上年略有上涨,增幅为4.00%,且与全国A级景区平均门票价格相比,仍低出13.33个百分点。淡旺季平均门票价格分别为25元/景区和28元/景区。

表33 2014—2015年安徽省A级景区全年及淡旺季平均门票价格总体情况(元/景区)

全年平均门票价格			淡季平均门票价格	旺季平均门票价格
2015年	2014年	增长率(%)		
26	25	4	25	28

景区游客负担及门票福利:2015年安徽省A级景区所有游客人均门票负担和购票游客人均门票负担分别为17.99元/人次和32.14元/人次,其中所有游客人均门票负担较上年减少14.23元/人次,下降44.17%,购票游客人均门票负担较上年减少25.22元/人次,下降43.97%,分别低于全国平均水平15.18%和15.69%。此外,2015年安徽省A级景区门票福利共计21.99亿元,占全国景区门票福利总额的4.24%,较上年增长2.66亿元,增长13.76%。

表34 2014—2015年安徽省A级景区分等级门票负担及门票福利统计

	2014年	2015年	增量	增长率(%)
所有游客门票负担(元/人次)	32.22	17.99	−14.23	−44.17
购票游客门票负担(元/人次)	57.36	32.14	−25.22	−43.97
门票福利(亿元)	19.33	21.99	2.66	13.76

景区平均门票价格与居民平均月收入、消费占比:2015年安徽省城镇、农村及全省居民平均月可支配收入分别为2245元、902元和1530元,安徽省城镇、农村居民平均月消费支出为1436元和748元。A级景区平均门票价格分别占城镇和农村居民平均月可支配收入的1.16%和2.88%,分别占城镇和农村居民平均月消费支出的1.81%和3.48%。与上年相比,四个比值均呈下降态势,其中平均门票价格与农村

居民月消费支出占比下降了 7.45%。

表 35　2014—2015 年安徽省 A 级景区平均门票价格与居民平均月收入消费支出占比（%）

年份	居民可支配收入			居民消费支出		
	城镇	农村	全省	城镇	农村	全省
2015 年	1.16	2.88	1.70	1.81	3.48	—
2014 年	1.21	3.03	—	1.86	3.76	—

2. 分等级 A 级景区门票价格

从景区等级结构来看，2015 年安徽省 2A、3A 和 4A 级景区相对较多，分别为 150 家、146 家和 137 家，分别占全省 A 级景区总数的 33.86%、32.96% 和 30.93%；1A 级和 5A 级景区相对较少，分别为 1 家和 9 家，分别占全省 A 级景区总数的 0.23% 和 2.03%。

5A 级景区全年平均门票价格最高，为 131 元 / 景区，其次是 4A 级景区，为 47 元 / 景区，3A 级和 2A 级景区门票价格分别为 18 元 / 景区和 10 元 / 景区，1A 级景区门票价格最低，为 2 元 / 景区。淡旺季平均门票价格同样也以 5A 级景区最高，淡旺季价格分别为 122 元 / 景区和 141 元 / 景区，其次是 4A 级景区，淡旺季价格分别为 17 元 / 景区和 19 元 / 景区，1A 级景区淡旺季平均门票价格最低，均为 2 元 / 景区。

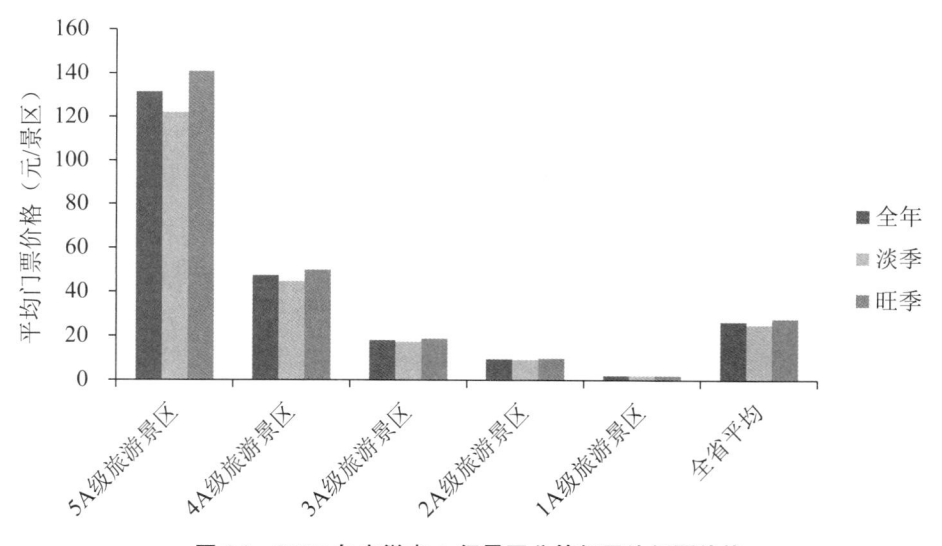

图 34　2015 年安徽省 A 级景区分等级平均门票价格

3. 分类型 A 级景区门票价格

从景区类型来看，2015 年安徽省 A 级景区以自然景观类景区数量最多，共 119 家，占全省 A 级景区总数的 26.86%；其次是历史文化和度假休闲类景区，分别为 90 家和 68 家，分别占比 20.32% 和 15.35%；乡村旅游和红色旅游类景区分别为 43 家和 32 家，分别占比 9.71% 和 7.22%，主题游乐、工业旅游以及科技教育类景区相对较少，分别为 9 家、9 家以及 4 家，分别占比为 2.03%、2.03% 以及 0.90%。

主题游乐类景区占据全年平均门票价格的榜首，为 91 元/景区，其次是科技教育和自然景观类景区，分别为 36 元/景区、45 元/景区，红色旅游、工业旅游类景区平均门票价格相对较低，分别为 2 元/景区和 3 元/景区。此外，淡季平均门票价格中主题游乐类景区最高，为 83 元/景区，其次是自然景观和科技教育类景区，分别为 43 元/景区、31 元/景区。主题游乐景区在旺季平均门票价格同样是最高，为 99 元/景区，其次是科技教育和自然景观类景区，分别为 41 元/景区和 47 元/景区，淡旺季平均门票价格一致且偏低的是红色旅游和工业旅游类景区，分别为 2 元/景区和 3 元/景区。

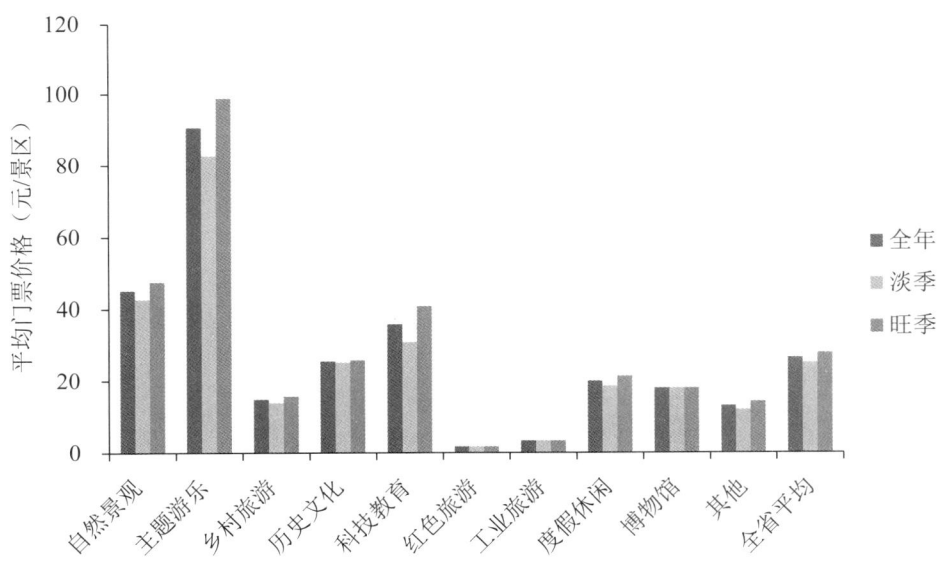

图 35　2015 年安徽省 A 级景区分类型平均门票价格

4. 分体制 A 级景区门票价格

从景区经营体制来看，2015 年安徽省 A 级景区以企业为经营主体的景区数量最多，共 341 家，占全省 A 级景区总数的 76.98%；其次是事业单位为经营主体的景区，共89家，占比为20.09%；行政单位为经营主体的景区最少，仅13家，占比为2.93%。

全年平均门票价格以企业为经营主体的景区最高，为31元/景区，其次是以事业单位为经营主体的景区，为11元/景区，以行政单位为经营主体的景区平均门票价格最低，仅为2元/景区。淡旺季平均门票价格同样也以企业为经营主体的景区最高，分别为30元/景区和33元/景区，其次是以事业单位为经营主体的景区，分别为10元/景区和12元/景区，以行政单位为经营主体的景区淡旺季平均门票价格最低，均为2元/景区。

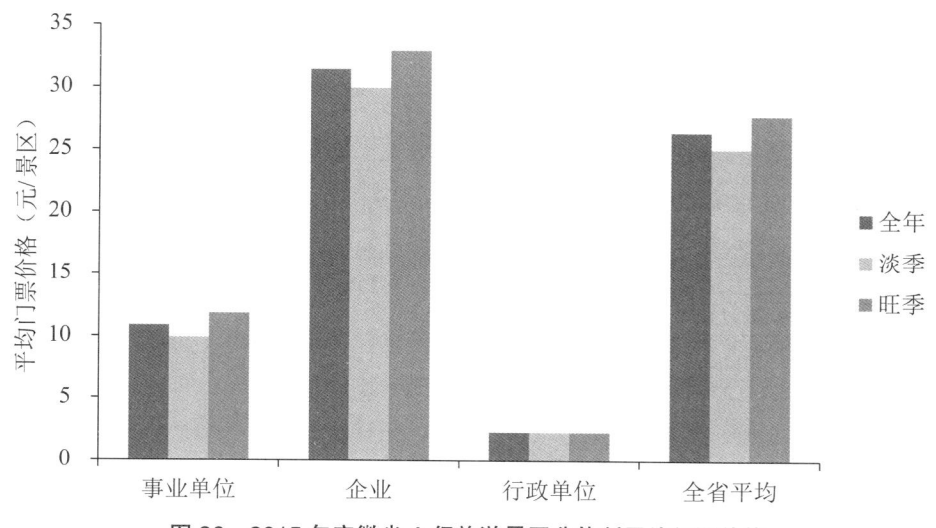

图36　2015年安徽省A级旅游景区分体制平均门票价格

（五）福建省

福建省位于中国东南沿海，东北与浙江省毗邻，西、西北与江西省接界，西南与广东省相连，东隔台湾海峡与台湾相望。福建省"依山傍海"，九成陆地面积为丘陵地带，被称为"八山一水一分田"。福建的海岸线长度居全国第二位，海岸曲折，陆地海岸线长达3751.5千米，以侵蚀海岸为主，岛屿众多，岛屿星罗棋布，共有岛屿1500多个，海坛岛现为全省第一大岛。福建省还是历史上海上丝绸之路、郑和下西洋的起点，也是海上商贸集散地。境内拥有世界文化与自然双遗产武夷山、世界文化遗产福建土楼、世界自然遗产中国丹霞（福建泰宁）。

2015年，福建省共有A级旅游景区188家，其中5A级景区9家，免门票和收门票景区分别为74家和114家，分别占全省A级景区总数的39.36%和60.64%。景区旅游总收入达60.12亿元，其中门票收入为22.34亿元，占景区旅游总收入的37.16%。游客接待量共计1.15亿人次，其中政策性免票游客和购票游客分别为4828.08万人次和6667.35万人次，分别占全省A级景区游客接待总量的41.98%和57.98%。

2015年，福建省积极响应中国旅游景区协会"5A、4A级景区带头不涨价"倡议，全省共有58家景区承诺不涨价，主要包括以厦门鼓浪屿旅游区、武夷山风景名胜区、三明泰宁旅游区等为代表的7家5A级景区和莆田九鲤湖旅游区、湄洲岛旅游度假区、莆田九龙谷景区等51家4A级景区。但仍有部分景区出现涨价现象，如清源山景区门票价格由55元/人（含老君岩、千手岩、奇峰醉月景区），上涨至70元/人。

1. 总体价格情况

2015年，福建省共有114家A级景区收门票，其中26家景区票价实行淡旺季。全省A级景区全年平均门票价格为37元/景区，较上年下降13.95%，但与全国A级景区平均门票价格相比，仍高出19.35个百分点。全省A级景区淡旺季平均门票价格分别为35元/景区和39元/景区。

表36　2014—2015年福建省A级景区全年及淡旺季平均门票价格总体情况（元/景区）

全年平均门票价格			淡季平均门票价格	旺季平均门票价格
2015年	2014年	增长率（%）		
37	43	-13.95	35	39

景区游客门票负担及门票福利：2015年福建省A级景区所有游客人均门票负担和购票游客人均门票负担分别为19.35元/人次和33.36元/人次，其中所有游客人均门票负担较上年减少5.19元/人次，下降21.15%，购票游客人均门票负担较上年减少3.91元/人次，下降10.49%，分别低于全国平均水平8.77和12.49个百分点。此外，2015年福建省A级景区门票福利共计17.86亿元，占全国景区门票福利总额的3.44%，较上年增加4.52亿元，增长33.88%。

表37　2014—2015年福建省A级景区分等级门票负担及门票福利统计

	2014年	2015年	增量	增长率（%）
所有游客门票负担（元/人次）	24.54	19.35	-5.19	-21.15
购票游客门票负担（元/人次）	37.27	33.36	-3.91	-10.49
门票福利（亿元）	13.34	17.86	4.52	33.88

景区平均门票价格与居民平均月收入、消费占比：2015年福建省城镇、农村及全省居民平均月可支配收入分别为2773元、1149元和2117元，福建省城镇、农村及全省居民平均月消费支出为1966元、997元和1571元。A级景区平均门票价格分

别占城镇、农村及全省居民平均月可支配收入的 1.33%、3.22% 和 1.75%，分别占城镇、农村及全省居民平均月消费支出的 1.88%、3.71% 和 2.36%。与上年相比，平均门票价格与农村居民可支配收入占比降速最快，为 8.28%，平均门票价格与城镇居民可支配收入占比降速最慢，为 7.89%。

表 38　2014—2015 年福建省 A 级景区平均门票价格与居民平均月收入、消费支出占比（%）

年份	居民可支配收入			居民消费支出		
	城镇	农村	全省	城镇	农村	全省
2015 年	1.33	3.22	1.75	1.88	3.71	2.36
2014 年	1.45	3.51	1.90	—	—	—

2. 分等级 A 级景区门票价格

从景区等级结构来看，2015 年福建省 4A 级和 3A 级景区数量相对较多，分别为 83 家和 82 家，分别占全省 A 级景区总数的 44.15% 和 43.62%；5A 级和 2A 级景区相对较少，分别为 9 家和 14 家，分别占全省 A 级景区总数的 4.79% 和 7.45%。

5A 级景区全年平均门票价格最高，为 108 元 / 景区，其次是 4A 级景区，为 50 元 / 景区，3A 级和 2A 级景区相对较低，分别为 20 元 / 景区和 17 元 / 景区。淡季平均门票价格仍以 5A 级景区最高，为 103 元 / 景区，其次是 4A 级景区，为 47 元 / 景区，3A 和 2A 级景区相对较低，分别为 19 元 / 景区和 16 元 / 景区。旺季平均门票价格也以 5A 级景区最高，为 113 元 / 景区，其次是 4A 级和 3A 级景区，分别为 54 元 / 景区和 21 元 / 景区，2A 级景区最低，为 18 元 / 景区。

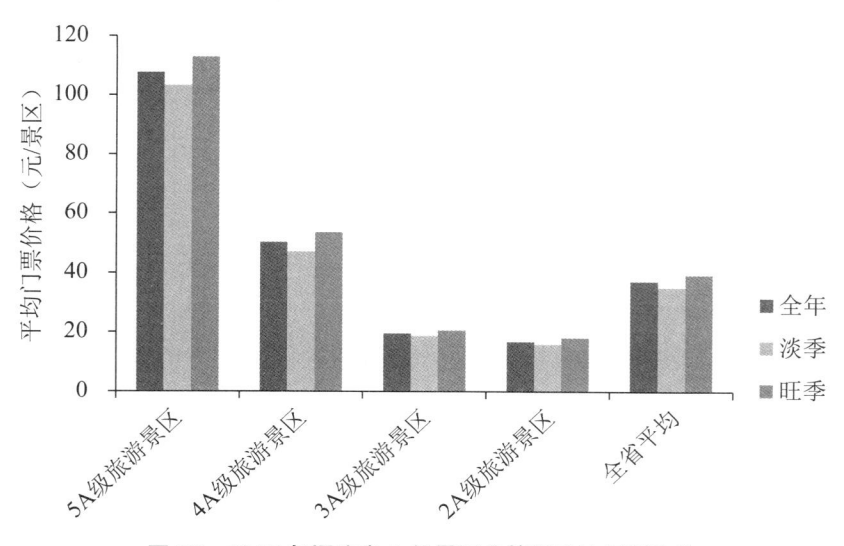

图 37　2015 年福建省 A 级景区分等级平均门票价格

3. 分类型 A 级景区门票价格

从景区类型来看，2015 年福建省 A 级景区以自然景观类景区数量最多，共 56 家，占全省 A 级景区总数的 29.79%；其次是历史文化和度假休闲类景区，分别为 39 家和 36 家，占比分别为 20.74% 和 19.15%；工业旅游、红色旅游和主题游乐类景区相对较少，分别为 4 家、6 家和 9 家，占比分别为 2.13%、3.19% 和 4.79%。

除红色旅游和工业旅游类景区不收门票外，其他类型景区均收门票。其中全年平均门票价格以主题游乐类景区最高，为 82 元/景区，其次是度假休闲和自然景观类景区，分别为 64 元/景区和 43 元/景区，乡村旅游和博物馆类景区全年平均门票价格相对较低，分别为 13 元/景区和 22 元/景区。此外，淡季平均门票价格仍以主题游乐类景区最高，为 76 元/景区，其次是度假休闲和自然景观类景区，分别为 60 元/景区和 40 元/景区。旺季平均门票价格也是主题游乐类景区最高，为 88 元/景区，其次是度假休闲和自然景观类景区，分别为 68 元/景区和 46 元/景区。

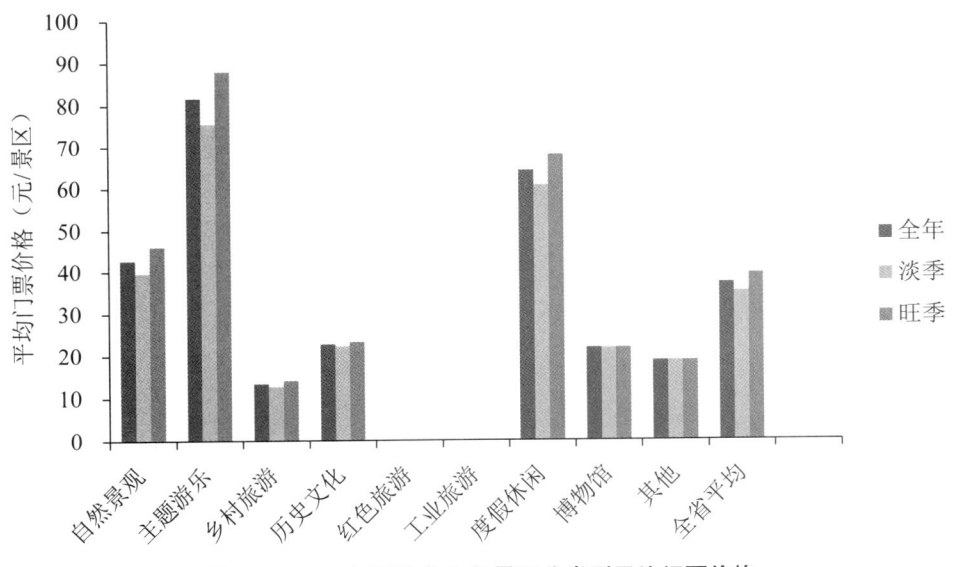

图 38　2015 年福建省 A 级景区分类型平均门票价格

4. 分体制 A 级景区门票价格

从景区经营体制来看，2015 年福建省 A 级景区以企业为经营主体的景区数量最多，共 138 家，占全省 A 级景区总数的 73.40%；其次是以事业单位为经营主体的景区，共 46 家，占比为 24.47%；以行政单位为经营主体的景区最少，仅 4 家，占比为 2.13%。

全年平均门票价格以企业为经营主体的景区最高，为 43 元/景区，其次是以行政单位为经营主体的景区，为 27 元/景区，以事业单位为经营主体的景区平均门票价格最低，为 22 元/景区。淡季平均门票价格仍以企业为经营主体的景区最高，为 40 元/景区，其次是以行政单位和事业单位为经营主体的景区，分别为 27 元/景区和 21 元/景区。旺季平均门票价格仍以企业为经营主体的景区最高，为 45 元/景区，其次是以行政单位和事业单位为经营主体的景区，分别为 27 元/景区和 23 元/景区。

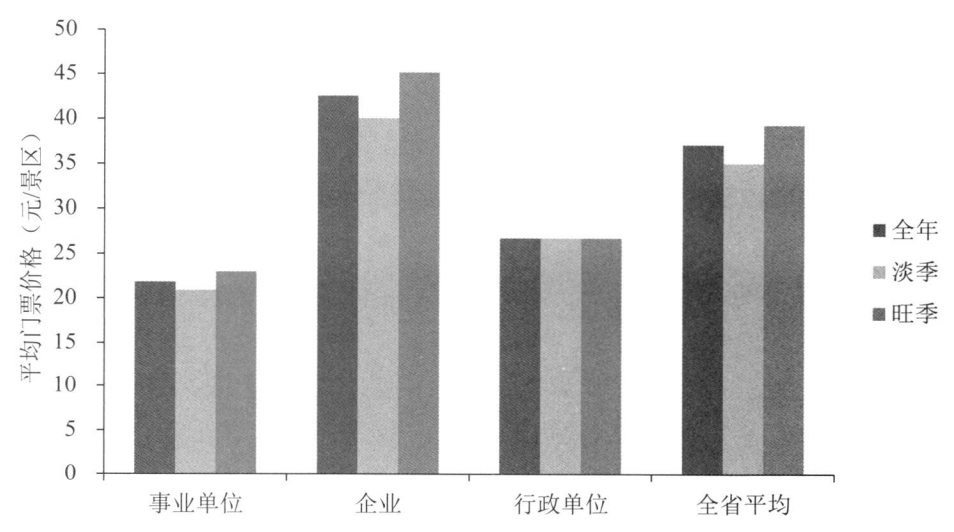

图 39　2015 年福建省 A 级旅游景区分体制平均门票价格

（六）江西省

江西省别称赣鄱大地，是江南"鱼米之乡"。江西地处中国东南偏中部长江中下游南岸，古称"吴头楚尾，粤户闽庭"，乃"形胜之区"，东邻浙江、福建，南连广东，西靠湖南，北毗湖北、安徽而共接长江。境内拥有庐山、三清山、中国丹霞［龙虎山（龟峰）］三处世界自然、文化遗产。

2015 年，江西省共有 A 级旅游景区 212 家，其中 5A 级景区 8 家，免门票和收门票景区分别为 98 家和 114 家，分别占全省 A 级景区总数的 46.23% 和 53.77%。景区旅游总收入达 537.07 亿元，其中门票收入为 47.03 元，占景区旅游总收入的 8.76%。游客接待量共计 1.46 亿人次，其中政策性免票游客和购票游客分别为 4688.55 万人次和 9950.77 万人次，分别占全省 A 级景区游客接待总量的 32.03% 和 67.97%。

2015 年，江西省积极响应中国旅游景区协会"5A、4A 级景区带头不涨价"倡议，全省共有 84 家 A 级景区列入首批不涨价景区名单，签署了倡议书，承诺景区门票三年内不涨价。

1. 总体价格情况

2015年，江西省共有114家A级景区收门票，其中16家景区票价实行淡旺季。全省A级景区全年平均门票价格为40元/景区，较上年略有下降，降幅为6.98%，但与全国A级景区平均门票价格相比，仍高出29.03个百分点。全省A级景区淡旺季平均门票价格分别为39元/景区和41元/景区。

表39　2014—2015年江西省A级景区全年及淡旺季平均门票价格总体情况（元/景区）

全年平均门票价格			淡季平均门票价格	旺季平均门票价格
2015年	2014年	增长率（%）		
40	43	-6.98	39	41

景区游客门票负担及门票福利：2015年江西省A级景区所有游客人均门票负担和购票游客人均门票负担分别为32.13元/人次和47.26元/人次，其中所有游客人均门票负担较上年减少1.09元/人次，下降3.28%，购票游客人均门票负担较上年增加0.99元/人次，上涨2.14%，两者分别较全国平均水平上涨51.49%和23.98%。此外，2015年江西省A级景区门票福利共计18.88亿元，占全国景区门票福利总额的3.64%，较上年增加2.57亿元，增长15.76%。

表40　2014—2015年江西省A级景区分等级门票负担及门票福利统计

	2014年	2015年	增量	增长率（%）
所有游客门票负担（元/人次）	33.22	32.13	-1.09	-3.28
购票游客门票负担（元/人次）	46.27	47.26	0.99	2.14
门票福利（亿元）	16.31	18.88	2.57	15.76

景区平均门票价格与居民平均月收入、消费占比：2015年江西省城镇、农村及全省居民平均月可支配收入分别为2208元、928元和1536元，江西省城镇、农村及全省居民平均月消费支出为1394元、707元和1034元。A级景区平均门票价格分别占城镇、农村及全省居民平均月可支配收入的1.81%、4.31%和2.60%，分别占城镇、农村及全省居民月消费支出的2.87%、5.66%和3.87%。与上年相比，六个比值均呈下降态势，其中平均门票价格与农村居民月消费支出占比降速最快，为17.25%，平均门票价格与城镇居民可支配收入占比降速最慢，为14.62%。

表 41　2014—2015 年江西省 A 级景区平均门票价格与居民平均月收入、消费支出占比（%）

年份	居民可支配收入			居民消费支出		
	城镇	农村	全省	城镇	农村	全省
2015 年	1.81	4.31	2.60	2.87	5.66	3.87
2014 年	2.12	5.10	3.08	3.41	6.84	4.65

2. 分等级 A 级景区门票价格

从景区等级结构来看，2015 年江西省 3A 和 4A 级景区相对较多，分别为 84 家和 78 家，分别占全省 A 级景区总数的 39.62% 和 36.79%；2A 和 5A 级景区相对较少，分别为 42 家和 8 家，占比分别为 19.81% 和 3.77%。

各等级 A 级景区全年平均门票价格以 5A 级景区最高，为 136 元/景区，其次是 4A 级和 3A 级景区，分别为 67 元/景区和 22 元/景区，2A 级景区最低，仅 6 元/景区。淡、旺季平均门票价格同样也以 5A 级景区最高，分别为 131 元/景区和 142 元/景区，其次是 4A 级景区，分别为 66 元/景区和 68 元/景区，2A 级景区淡旺季平均门票价格最低，分别为 6 元/景区和 7 元/景区。

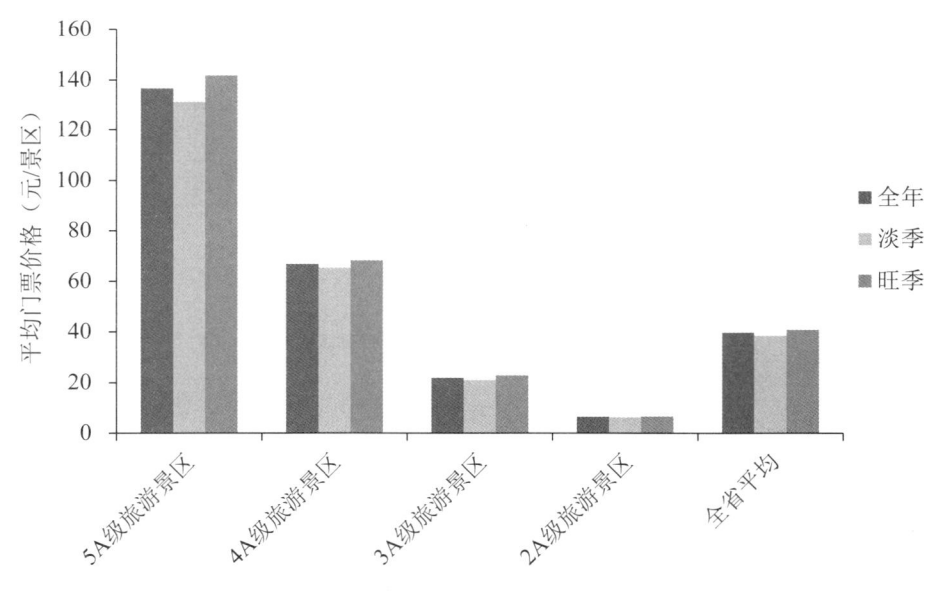

图 40　2015 年江西省 A 级景区分等级平均门票价格

3. 分类型 A 级景区门票价格

从景区类型来看，2015 年江西省 A 级景区以自然景观类景区数量最多，共 51 家，占全省 A 级景区总数的 24.06%；其次是历史文化、乡村旅游和度假休闲类景区，分别为 35 家、33 家和 32 家，占比分别为 16.51%、15.57% 和 15.09%；科技教育和工业旅游类景区相对较少，分别为 2 家和 6 家，占比分别为 0.94% 和 2.83%。

各类型 A 级景区全年平均门票价格以主题游乐和自然景观类景区最高，均为 68 元/景区，其次是乡村旅游和度假休闲类景区，分别是 38 元/景区和 52 元/景区，全年平均门票价格相对较低的是红色旅游和工业旅游类景区，分别为 14 元/景区和 7 元/景区，平均门票价格为 0 元/景区的是博物馆和科技教育类景区。此外，自然景观类景区在淡季平均门票价格中最高，为 67 元/景区，其次是度假休闲和主题游乐类景区，分别为 52 元/景区和 64 元/景区。旺季平均门票价格以主题游乐类景区最高，为 73 元/景区，其次是自然景观和度假休闲类景区，分别为 70 元/景区和 52 元/景区。科技教育和博物馆类景区的淡旺季平均门票价格也均为零。

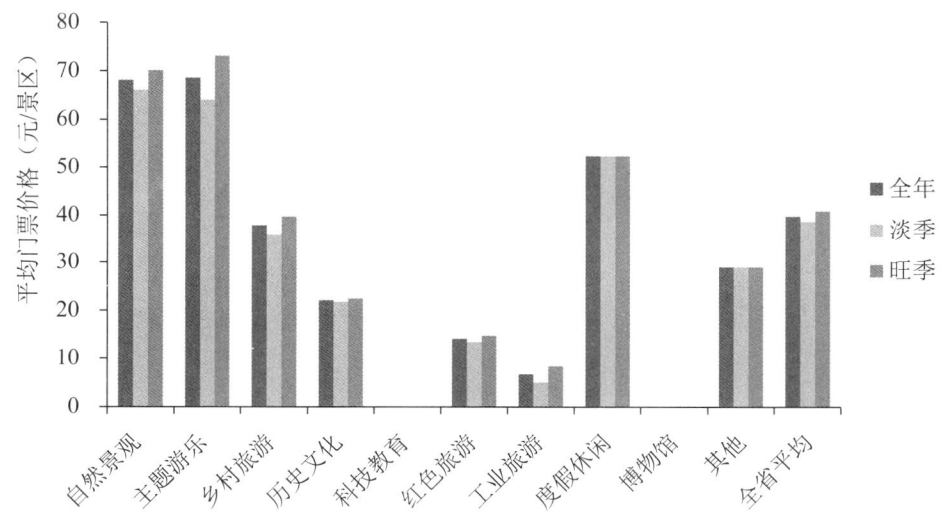

图 41　2015 年江西省 A 级景区分类型平均门票价格

4. 分体制 A 级景区门票价格

从景区经营体制来看，2015 年江西省 A 级景区以企业为经营主体的景区数量最多，共 149 家，占全省 A 级景区总数的 70.28%；其次是以事业单位为经营主体的景区，共 55 家，占比为 25.94%；以行政单位为经营主体的景区最少，仅 8 家，占比为 3.77%。

各经营体制 A 级景区全年平均门票价格以行政单位为经营主体的景区最高，为 58 元/景区，其次是以企业为经营主体的景区，为 44 元/景区，以事业单位为经营主体的景区全年平均门票价格最低，为 24 元/景区。淡旺季平均门票价格同样也以行政单位为经营主体的景区最高，均为 58 元/景区，其次是以企业为经营主体的景区，分别为 44 元 / 景区和 45 元 / 景区，以事业单位为经营主体的景区淡、旺季平均门票价格最低，分别为 23 元 / 景区和 25 元 / 景区。

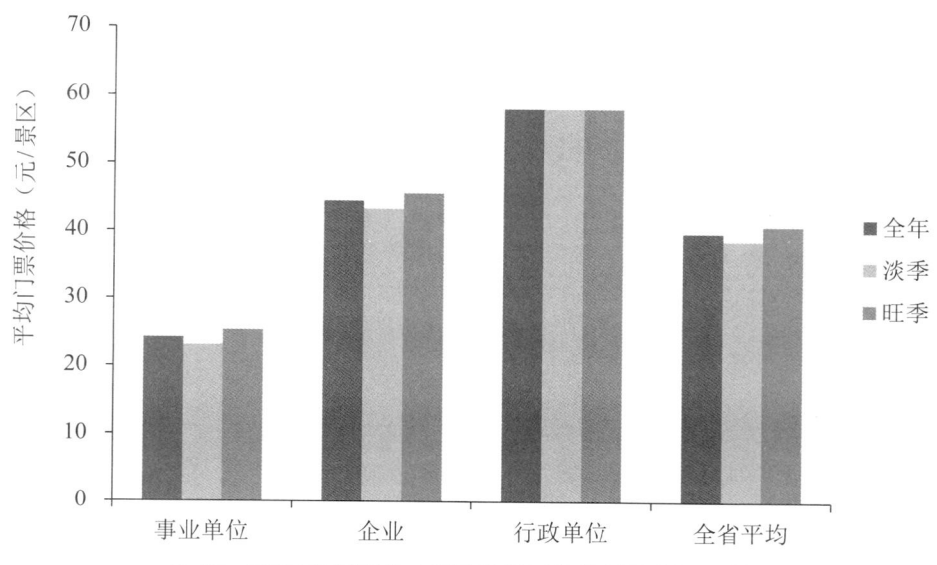

图 42　2015 年江西省 A 级旅游景区分体制平均门票价格

（七）山东省

山东省地处黄河下游、华东沿海、京杭大运河中北段。华东地区的最北端省份就是山东省。伸入黄海的山东半岛在东部，北隔渤海海峡与辽东半岛相对、拱卫京津与渤海湾，东隔黄海与朝鲜半岛相望，东南则临靠较壮阔的黄海、遥望日本南部列岛及东海；西部接内陆，从北向南分别与河北、河南、安徽、江苏四省接壤；中部高突，全境最高点是泰山。山东是儒家文化发源地，境内拥有泰山、三孔、齐长城和大运河山东段等世界自然、文化遗产。

2015 年，山东省共有 A 级旅游景区 795 家，其中 5A 级景区 9 家，免门票和收门票景区分别为 342 家和 453 家，分别占全省 A 级景区总数的 43.02% 和 56.98%。景区旅游总收入达 226.36 亿元，其中门票收入为 61.96 亿元，占景区旅游总收入的 27.37%。游客接待量共计 3.39 亿人次，其中政策性免票游客和购票游客分别为 17 054.54 万人次和 16 839.65 万人次，分别占全省 A 级景区游客接待总量的 50.32% 和 49.68%。

2015 年，山东省 191 家 A 级景区积极支持响应中国旅游景区协会"5A、4A 级景区带头不上涨门票价格"倡议，其中 9 家 5A 级景区，182 家 4A 级景区。青岛市共计 21 家 A 级景区在列，包括崂山风景区、青岛海滨风景区、青岛极地海洋世界、青岛啤酒博物馆、青岛市奥帆中心旅游区、青岛葡萄酒博物馆、青岛金沙滩景区、青岛野生动物世界等。

1. 总体价格情况

2015年,山东省共有453家A级景区收门票,其中115家景区票价实行淡旺季。全省A级景区全年平均门票价格为27元/景区,较上年略有下降,降幅为10.00%,且与全国A级景区平均门票价格相比,仍低出10个百分点。全省A级景区淡旺季平均门票价格分别为25元/景区和29元/景区。

表42 2014—2015年山东省A级景区全年及淡旺季平均门票价格总体情况(元/景区)

全年平均门票价格			淡季平均门票价格	旺季平均门票价格
2015年	2014年	增长率(%)		
27	30	−10.00	25	29

景区游客负担及门票福利:2015年山东省A级景区所有游客人均门票负担和购票游客人均门票负担分别为18.28元/人次和36.79元/人次,其中所有游客人均门票负担较上年减少5.71元/人次,下降23.80%,购票游客人均门票负担较上年减少1.46元/人次,下降3.82%,分别低于全国平均水平13.81%和3.49%。此外,2015年山东省A级景区门票福利共计46.05亿元,占全国景区门票福利总额的8.87%,较上年增长17.18亿元,增长59.51%。

表43 2014—2015年山东省A级景区分等级门票负担及门票福利统计

	2014年	2015年	增量	增长率(%)
所有游客门票负担(元/人次)	23.99	18.28	−5.71	−23.80
购票游客门票负担(元/人次)	38.25	36.79	−1.46	−3.82
门票福利(亿元)	28.87	46.05	17.18	59.51

景区平均门票价格与居民平均月收入、消费占比:2015年山东省城镇、农村及全省居民平均月可支配收入分别为2629元、1075元和1892元,山东省城镇、农村及全省居民平均月消费支出为1655元、729元和1215元。A级景区平均门票价格分别占城镇、农村及全省居民平均月可支配收入的1.03%、2.51%和1.43%,分别占城镇和农村居民平均月消费支出的1.63%、3.70%和2.22%。与上年相比,平均门票价格与农村居民月消费支出占比降速最快,为18.14%,平均门票价格与城镇居民可支配收入占比降速最慢,为16.26%。

表44　2014—2015年山东省A级景区平均门票价格与居民平均月收入、消费支出占比（%）

年份	居民可支配收入			居民消费支出		
	城镇	农村	全省	城镇	农村	全省
2015年	1.03	2.51	1.43	1.63	3.70	2.22
2014年	1.23	3.03	1.73	1.96	4.52	—

2. 分等级A级景区门票价格

从景区等级结构来看，2015年山东省3A级景区数量最多，为347家，占全省A级景区总数的43.65%；其次是4A级和2A级景区，分别为186家和250家，分别占全省A级景区总数的23.4%和31.45%；5A级和1A级景区数量相对较少，分别为9家和3家，分别占全身A级景区总数的1.13%和0.38%。

5A级景区全年平均门票最高，为140元/景区，其次是4A级景区，为55元/景区，3A级景区平均门票价格为20元/景区，2A级和1A级景区平均门票价格相对较低，分别为12元/景区和13元/景区。淡季平均门票价格同样也以5A级景区最高，为133元/景区，其次是4A级景区，为51元/景区，2A级景区最低，为12元/景区；旺季门票价格以5A级景区最高，为148元/景区，其次是4A级景区，为59元/景区，2A级和1A级景区价格最低，均为13元/景区。

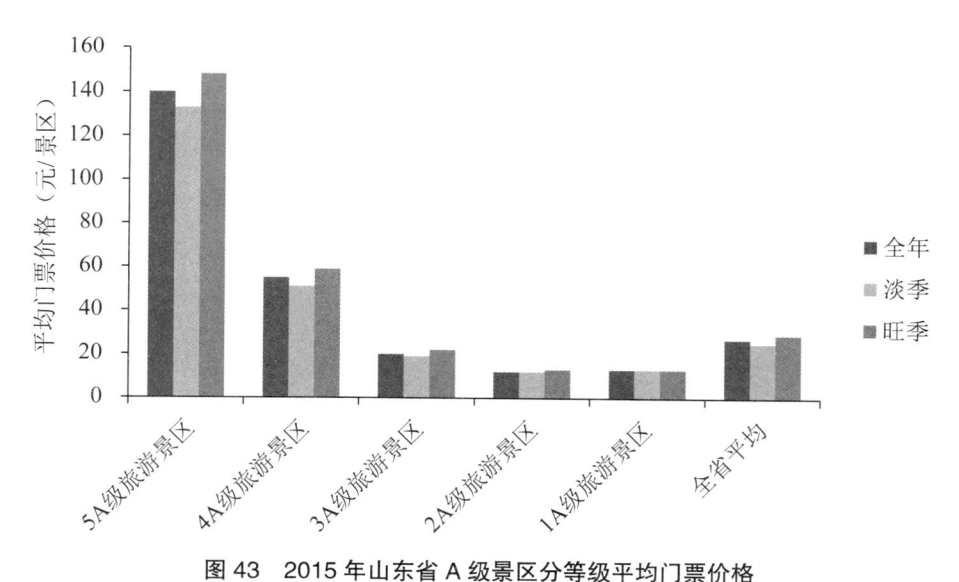

图43　2015年山东省A级景区分等级平均门票价格

3. 分类型A级景区门票价格

从景区类型来看，2015年山东省A级景区以自然景观类景区数量最多，共189

家，占全省 A 级景区总数的 23.77%；其次是度假休闲和历史文化类景区，分别为 154 家和 135 家，占比为 19.37% 和 16.98%；乡村旅游类景区为 100 家，占比为 12.58%，博物馆和主题游乐类景区分别为 50 家和 47 家，占比分别为 6.29% 和 5.91%，红色旅游和工业旅游类景区数量同为 26 家，占比均为 3.27%，科技教育类景区最少，为 10 家，占比为 1.26%。

全年平均门票价格以科技教育类景区最高，为 50 元 / 景区，主题游乐类价格紧随其后，为 49 元 / 景区，其次是自然景观和度假休闲类景区，分别为 33 元 / 景区和 29 元 / 景区，工业旅游类景区平均门票价格最低，仅为 11 元 / 景区。淡季平均门票价格中以科技教育类景区最高，为 50 元 / 景区，其次是主题游乐类景区，为 46 元 / 景区，自然景观和度假休闲类景区，分别为 31 元 / 景区和 27 元 / 景区，工业旅游类景区价格最低，为 11 元 / 景区；旺季平均门票价格以主题游乐类景区最高，为 53 元 / 景区，其次是科技教育类景区，为 51 元 / 景区，自然景观和度假休闲类景区，分别为 35 元 / 景区和 31 元 / 景区，工业旅游类景区旺季平均门票价格最低，为 12 元 / 景区。

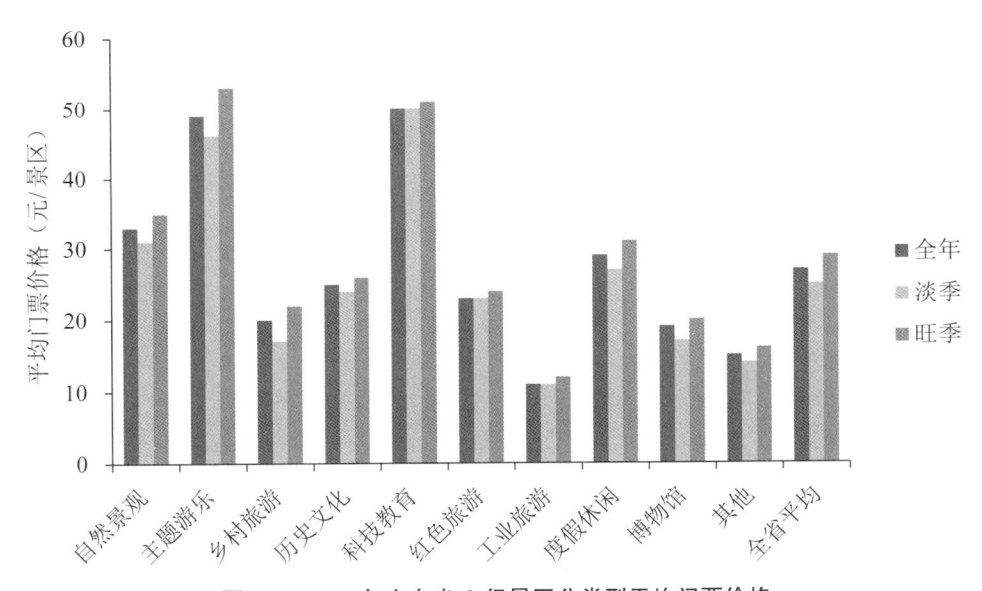

图 44　2015 年山东省 A 级景区分类型平均门票价格

4. 分体制 A 级景区门票价格

从景区经营体制来看，2015 年山东省 A 级景区以企业为经营主体的景区数量最多，共 558 家，占全省 A 级景区总数的 70.19%；其次是以事业单位为经营主体的景区，共 220 家，占比为 27.67%；以行政单位为经营主体的景区较少，为 16 家，占比为 2.01%，以部队为经营主体的景区最少，仅 1 家，占比为 0.13%。

全年平均门票价格以部队为经营主体的景区最高，为50元/景区，其次是以企业和事业单位为经营主体的景区，分别为30元/景区和20元/景区，以行政单位为经营主体的景区价格最低，为16元/景区。淡季平均门票价格以部队为经营主体的景区最高，为50元/景区，其次是以企业为经营主体的景区，为28元/景区，以事业单位和行政单位为经营主体的景区相对较低，分别为19元/景区和15元/景区。旺季平均门票价格同样以部队为经营主体的景区最高，为50元/景区，以企业和事业单位为经营主体的景区紧随其后，分别为32元/景区和21元/景区，以行政单位为经营主体的景区最低，为17元/景区。

图45　2015年山东省A级旅游景区分体制平均门票价格

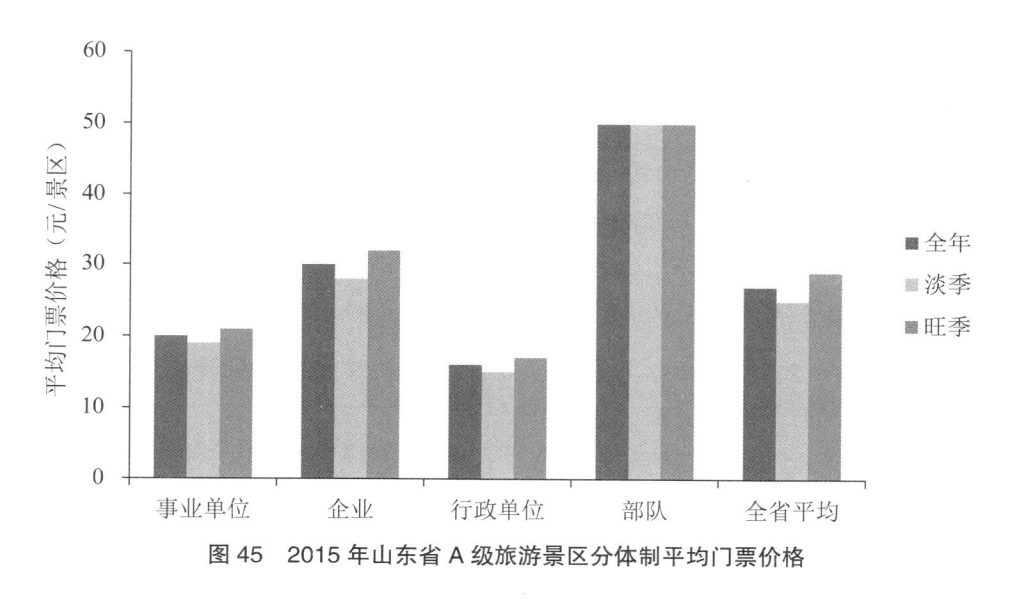

四、中南片区A级景区门票价格情况

我国中南片区主要包括广东省、海南省、河南省、湖北省、湖南省和广西壮族自治区六个省（自治区）。中南片区旅游资源丰富，旅游景区数量较多，其中A级景区1397家，5A级景区48家，拥有龙门石窟、安阳殷墟、天地之中历史建筑群、武当山古建筑群、神农架等世界级旅游资源。该片区A级景区全年平均门票价格为44元/景区，其中海南省最高，为55元/景区，高于全片区A级景区平均票价25.00个百分点。河南省平均门票价格最低，为36元/景区，低于全片区平均票价18.18个百分点。

（一）广东省

广东省是中国大陆南端沿海的一个省份，地处南岭以南，南海之滨，与澳门、香港、湖南、广西、福建和江西接壤，与海南隔海相望。广东是岭南文化的重要传承地。广东省自然人文资源丰富，拥有开平碉楼与村落，中国丹霞（韶关丹霞山）两处世界自然、文化遗产。

2015年，广东省共有A级旅游景区286家，其中5A级景区11家，免门票和收门票景区分别为74家和212家，分别占全省A级景区总数的25.87%和74.13%。景区旅游总收入达137.14亿元，其中门票收入为59.92亿元，占景区旅游总收入的43.69%。游客接待量共计1.97亿人次，其中政策性免票游客和购票游客分别为7676.60万人次和1.20亿人次，分别占全省A级景区游客接待总量的39.04%和60.96%。

2015年，广东省积极响应中国旅游景区协会"5A、4A景区带头不涨价"倡议，全省共有63家A级景区签订该协议，承诺三年内不涨价。

1. 总体价格情况

2015年，广东省共有212家A级景区收门票，其中32家景区票价实行淡旺季。全省A级景区全年平均门票价格为45元/景区，较上年略有上涨，增幅为2.27%，但与全国A级景区平均门票价格相比，仍高出45.16个百分点。全省A级景区淡旺季平均门票价格分别为44元/景区和47元/景区。

表45 2014—2015年广东省A级景区全年及淡旺季平均门票价格总体情况（元/景区）

全年平均门票价格			淡季平均门票价格	旺季平均门票价格
2015年	2014年	增长率（%）		
45	44	2.27	44	47

景区游客门票负担及门票福利：2015年广东省A级景区所有游客人均门票负担和购票游客人均门票负担分别为30.47元/人次和49.99元/人次，其中所有游客人均门票负担较上年增加1.54元/人次，增长5.32%，购票游客人均门票负担较上年增加9.69元/人次，增长24.04%，分别高于全国平均水平43.66和31.14个百分点。此外，2015年广东省A级景区门票福利共计34.54亿元，占全国景区门票福利总额的6.65%，较上年增加11.84亿元，增长52.16%。

表46 2014—2015年广东省A级景区分等级门票负担及门票福利统计

	2014年	2015年	增量	增长率（%）
所有游客门票负担（元/人次）	28.93	30.47	1.54	5.32
购票游客门票负担（元/人次）	40.30	49.99	9.69	24.04
门票福利（亿元）	22.70	34.54	11.84	52.16

景区平均门票价格与居民平均月收入、消费占比：2015年广东省城镇、农村及全省居民平均月可支配收入分别为2896元、1113元和2322元，A级景区平均门票价格分别占城镇、农村及全省居民平均月可支配收入的1.55%、4.04%和1.94%。与上年相比，平均门票价格与城镇居民可支配收入占比降速最快，为29.22%，平均门票价格与全省居民可支配收入占比降速最慢，为7.62%。

表47 2014—2015年广东省A级景区平均门票价格与居民平均月收入、消费支出占比（%）

年份	居民可支配收入			居民消费支出		
	城镇	农村	全省	城镇	农村	全省
2015年	1.55	4.04	1.94	—	—	—
2014年	2.19	4.41	2.10	—	—	—

2.分等级A级景区门票价格

从景区等级结构来看，2015年广东省4A级和3A级景区数量相对较多，分别为158家和104家，分别占全省A级景区总数的55.24%和36.36%；5A级和1A级景区相对较少，分别为11家和13家，占比分别为3.85%和4.55%。

5A级景区全年平均门票价格最高，为109元/景区，其次是4A级和3A级景区，分别为58元/景区和24元/景区，2A级景区最低，为8元/景区。淡季平均门票价格仍以5A级景区最高，为110元/景区，其次是4A级景区，为56元/景区。旺季平均门票价格也以5A级景区最高，为110元/景区，其次是4A级和3A级景区，分别为60元/景区和25元/景区，2A级景区最低，为8元/景区。

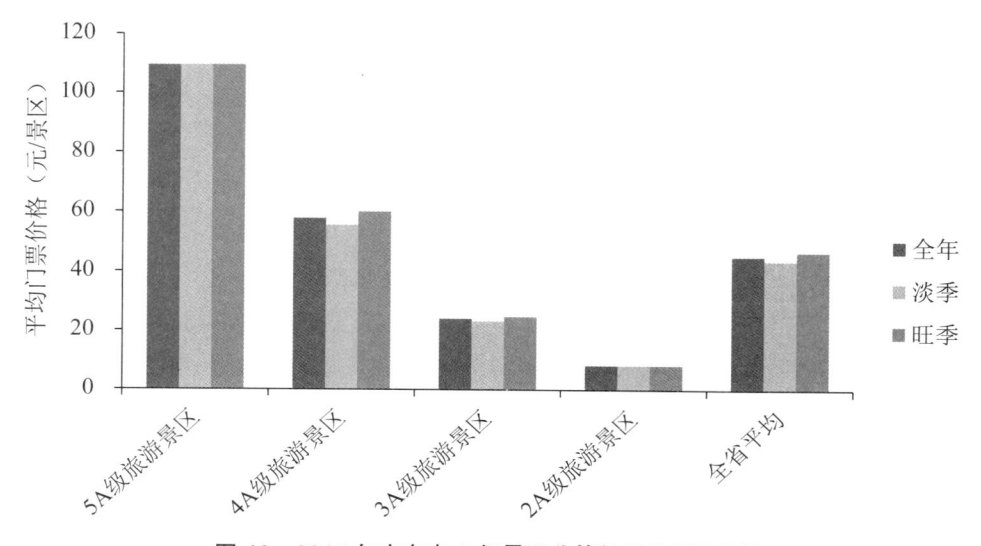

图46 2015年广东省A级景区分等级平均门票价格

3. 分类型 A 级景区门票价格

从景区类型来看，2015 年广东省 A 级景区以度假休闲类景区数量最多，共 81 家，占全省 A 级景区总数的 28.32%；其次是自然景观和历史文化景区，分别为 62 家和 49 家，占比分别为 21.68% 和 17.13%；红色旅游、科技教育、乡村旅游和工业旅游类景区相对较少，分别为 7 家、10 家、12 家和 12 家，占比分别为 2.45%、3.50%、4.20% 和 4.20%。

全年平均门票价格以主题游乐类景区最高，为 102 元 / 景区，其次是度假休闲和自然景观类景区，分别为 71 元 / 景区和 42 元 / 景区，红色旅游和乡村旅游类景区全年平均门票价格相对较低，分别为 1 元 / 景区和 13 元 / 景区。此外，淡季平均门票价格仍以主题游乐类景区最高，为 101 元 / 景区，其次是度假休闲类景区，为 67 元 / 景区，自然景观、历史文化类景区紧随其后，分别为 42 元 / 景区和 23 元 / 景区。旺季平均门票价格也是主题游乐类景区最高，为 103 元 / 景区，其次是度假休闲和自然景观类景区，分别为 75 元 / 景区和 43 元 / 景区。

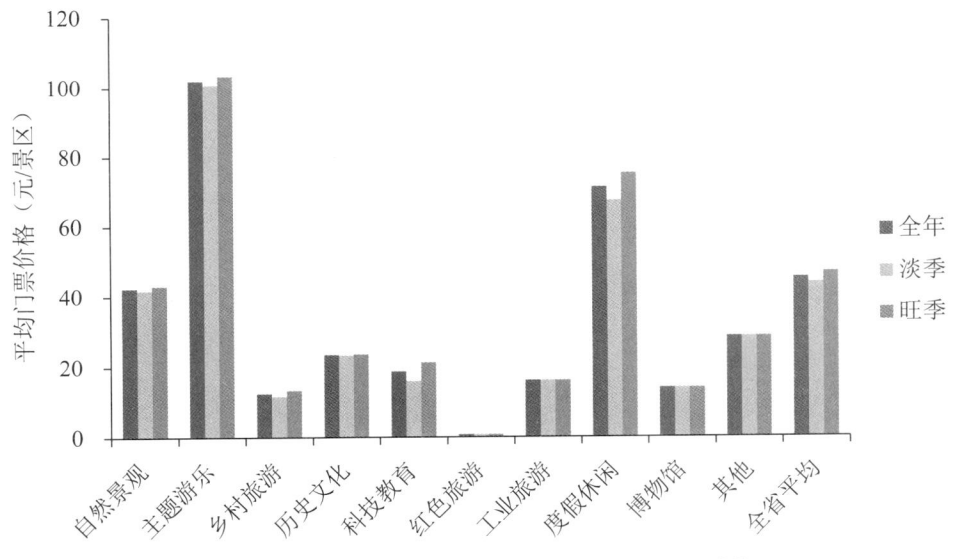

图 47　2015 年广东省 A 级景区分类型平均门票价格

4. 分体制 A 级景区门票价格

从景区经营体制来看，2015 年广东省 A 级景区以企业为经营主体的景区数量最多，共 206 家，占全省 A 级景区总数的 72.03%；其次是以事业单位为经营主体的景区，共 78 家，占比为 27.27%；以行政单位为经营主体的景区最少，仅 2 家，占比为 0.70%。

全年平均门票价格以行政单位为经营主体的景区最高，为 65 元 / 景区，其次是以企业为经营主体的景区，55元/景区，以事业单位为经营主体的景区平均门票价格最低，为19元/景区。淡季平均门票价格仍以行政单位为经营主体的景区最高，为65元/景区，其次是以企业和事业单位为经营主体的景区，分别为53元/景区和19元/景区。以行政单位为经营主体的景区淡旺季平均门票价格最低，均为10元/景区。旺季平均门票价格以行政单位和企业为经营主体的景区相对较高，分别为65元/景区和57元/景区，其次是以事业单位为经营主体的景区，为20元/景区。

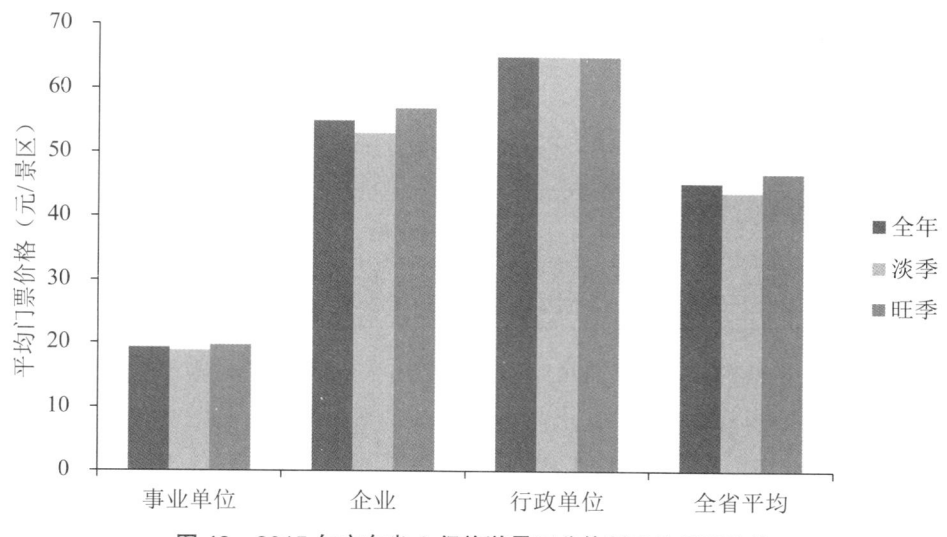

图48 2015年广东省A级旅游景区分体制平均门票价格

（二）海南省

海南省位于中国南端，是中国国土面积（陆地面积加海洋面积）第一大省，海南经济特区是唯一的省级经济特区和中国最大的省级经济特区，仅次于台湾岛的中国第二大岛就是海南岛。海南省北以广东省与琼州海峡划界，西临北部湾与越南和广西壮族自治区相对，东濒南海与台湾省对望，南边和东南在为隆起核心，向外围逐级下降。山地、丘陵、台地、平原构成环形层状地貌，梯级结构明显，南接南海中与菲律宾、文莱和马来西亚为邻。海南岛四周低平，中间高耸，以五指山、鹦哥岭为明显。

2015年，海南省共有A级旅游景区55家，其中5A级景区5家，免门票和收门票景区分别为10家和45家，分别占全省A级景区总数的18.18%和81.82%。景区旅游总收入达26.38亿元，其中门票收入为12.35亿元，占景区旅游总收入的46.82%。游客接待量共计0.33亿人次，其中政策性免票游客和购票游客分别为743.54万人次和 2596.32 万人次，分别占全省 A 级景区游客接待总量的 22.26% 和 77.74%。

2015 年，海南省许多景区逐步摆脱"门票经济"依赖，不断实行门票价格优惠政策。每年 5 月至 9 月海南景区景点门票价格优惠 10% 至 20%。同时各景区还结合抗日战争胜利 70 周年、教师节等纪念日、节日，推出特色活动向游客提供优惠。

1. 总体价格情况

2015 年，海南省共有 45 家 A 级景区收门票，其中 18 家景区票价实行淡旺季。全省 A 级景区全年平均门票价格为 55 元 / 景区，较上年略有下降，降幅为 5.17%，但与全国 A 级景区平均门票价格相比，仍高出 77.42 个百分点。全省 A 级景区淡旺季平均门票价格分别为 50 元 / 景区和 59 元 / 景区。

表 48　2014—2015 年海南省 A 级景区全年及淡旺季平均门票价格总体情况（元 / 景区）

全年平均门票价格			淡季平均门票价格	旺季平均门票价格
2015 年	2014 年	增长率（%）		
55	58	-5.17%	50	59

景区游客负担及门票福利：2015 年海南省 A 级景区所有游客人均门票负担和购票游客人均门票负担分别为 36.98 元 / 人次和 47.57 元 / 人次，其中所有游客人均门票负担较上年减少 8.5 元 / 人次，降低 18.69%，购票游客人均门票负担较上年减少 2.53 元 / 人次，下降 5.05%，分别高于全国平均水平 74.35% 和 24.79%。此外，2015 年海南省 A 级景区门票福利共计 4.09 亿元，占全国景区门票福利总额的 0.79%，较上年增长 2.64 亿元，增长 182.07%。

表 49　2014—2015 年海南省 A 级景区分等级门票负担及门票福利统计

	2014 年	2015 年	增量	增长率（%）
所有游客门票负担（元 / 人次）	45.48	36.98	-8.50	-18.69
购票游客门票负担（元 / 人次）	50.10	47.57	-2.53	-5.05
门票福利（亿元）	1.45	4.09	2.64	182.07

景区平均门票价格与居民平均月收入、消费占比：2015 年海南省城镇、农村及全省居民平均月可支配收入分别为 2196 元、905 元和 1582 元，A 级景区平均门票价格分别占城镇、农村及全省居民平均月可支配收入的 2.50%、6.08% 和 3.48%。与上年相比，平均门票价格与农村居民可支配收入占比降速最快，下降了 13.39%，平均门票价格与全省居民可支配收入占比降速最慢，为 5.01%。

表50　2014—2015年海南省A级景区平均门票价格与居民平均月收入、消费支出占比（%）

年份	居民可支配收入			居民消费支出		
	城镇	农村	全省	城镇	农村	全省
2015年	2.50	6.08	3.48	—	—	—
2014年	2.84	7.02	3.98	—	—	—

2.分等级A级景区门票价格

从景区等级结构来看，2015年海南省3A级景区数量最多，为29家，占全省A级景区总数的52.73%；其次是4A级景区，共16家，均占全省A级景区总数的29.09%；5A级和2A级景区数量相对较少，均为5家，均占全省A级景区总数的9.09%。

5A级景区全年平均门票最高，为102元/景区，其次是4A级景区，为78元/景区，3A级和2A级景区平均门票价格分别为40元/景区和15元/景区。淡季平均门票价格同样也以5A级景区最高，为94元/景区，其次是4A级景区，为74元/景区，3A级景区为35元/景区，2A景区最低，为13元/景区；旺季门票价格以5A级景区最高，为106元/景区，其次是4A级景区，为74元/景区，2A级门票价格最低，为13元/景区。

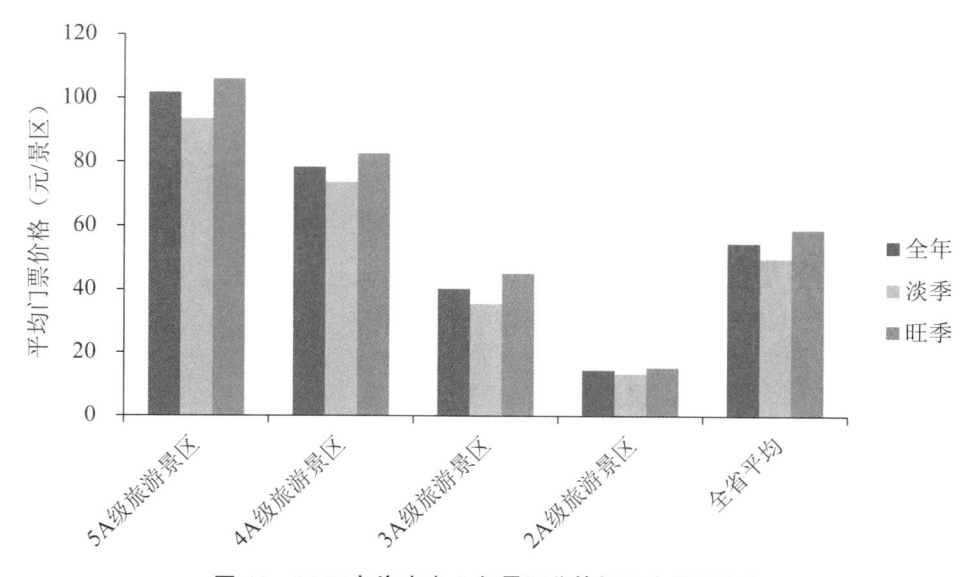

图49　2015年海南省A级景区分等级平均门票价格

3. 分类型 A 级景区门票价格

从景区类型来看，2015 年海南省 A 级景区以自然景观类景区数量最多，共 16 家，占全省 A 级景区总数的 29.09%；其次是度假休闲和历史文化类景区，分别为 8 家和 7 家，占比为 14.55 和 12.73%；主题游乐和乡村旅游类景区均为 4 家，占比均为 7.27%，红色旅游和博物馆类景区最少，均为 1 家，占比均为 1.82%。

全年平均门票价格以乡村旅游类景区最高，为 78 元/景区，其次是度假休闲和自然景观类景区，分别为 65 元/景区和 64 元/景区，博物馆类景区免票，除博物馆类景区外，景区平均门票价格最低的是红色旅游类景区，为 33 元/景区，且淡旺季价格一致。此外，淡季平均门票价格中以乡村旅游类景区最高，为 77 元/景区，其次是度假休闲和自然景观类景区，分别为 64 元/景区和 56 元/景区，除免票的博物馆类景区外，平均门票价格最低的是红色旅游类景区，为 33 元/景区；旺季平均门票价格同样是乡村旅游类景区最高，为 80 元/景区，其次是自然景观和度假休闲类景区，分别为 72 元/景区和 67 元/景区，除博物馆类景区免票外，平均门票价格最低的是红色旅游类景区，为 33 元/景区。

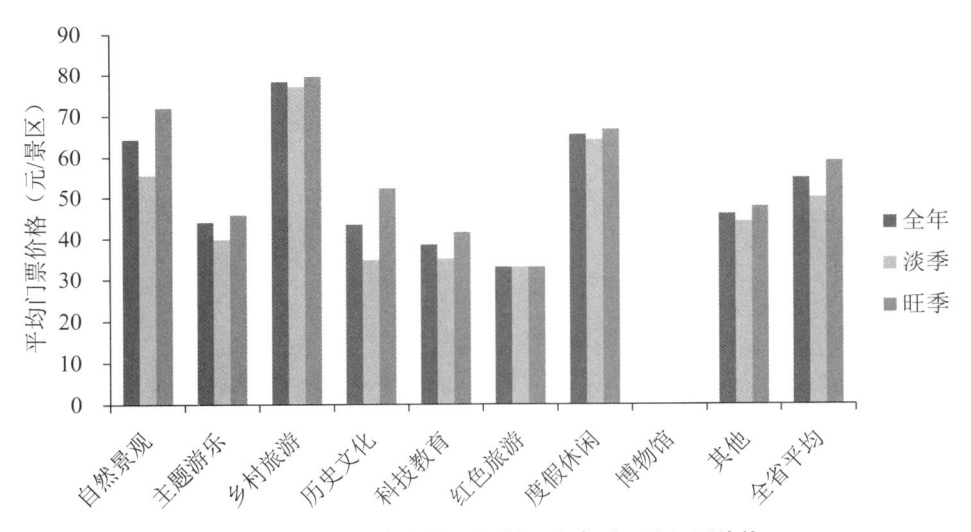

图 50　2015 年海南省 A 级景区分类型平均门票价格

4. 分体制 A 级景区门票价格

从景区经营体制来看，2015 年海南省 A 级景区以企业为经营主体的景区数量最多，共 49 家，占全省 A 级景区总数的 89.09%；其次是以事业单位为经营主体的景区，共 6 家，占比为 10.91%；没有以行政单位为经营主体的景区。

全年平均门票价格以企业为以经营主体的景区最高，为 58 元/景区，以事业单位为经营主体的景区，为 29 元 / 景区。淡季平均门票价格同样也以企业为经营主体的景区最高，为 52 元 / 景区，以事业单位为经营主体的景区，为 29 元 / 景区；旺季平均门票价格以企业为经营主体的景区最高，为 62 元 / 景区，以事业单位为经营主体的景区，为 30 元 / 景区。

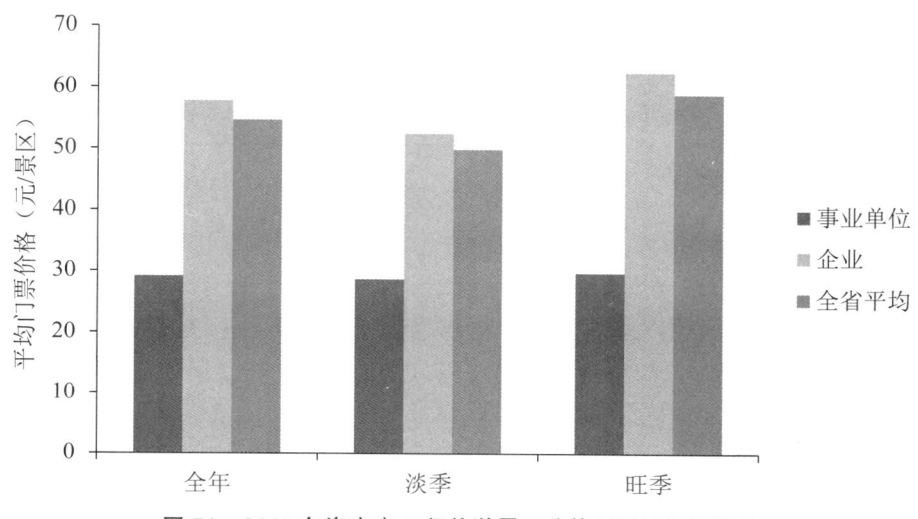

图 51　2015 年海南省 A 级旅游景区分体制平均门票价格

（三）河南省

河南省古称中原、豫州、中州，地处黄河中下游、中国中东部，东接山东、安徽、北界山西、河北，西连陕西，南临湖北，有承东启西、望北向南之势。中华民族与中华文明的主要发祥地之一就是河南，中国古代四大发明中的火药、指南针、造纸三大技术均发明于河南。历史上先后有 20 多个朝代建都或迁都河南，诞生了安阳、洛阳、郑州、商丘、开封等古都，中国古都数量最多最密集的省区就是河南。河南文物古迹众多，旅游资源丰富，境内拥有龙门石窟、安阳殷墟、天地之中历史建筑群、中国大运河以及丝绸之路五处世界文化遗产。

2015 年，河南省共有 A 级旅游景区 249 家，其中 5A 级景区 11 家，免门票和收门票景区分别为 79 家和 170 家，分别占全省 A 级景区总数的 31.73% 和 68.27%。景区旅游总收入达 82.91 亿元，其中门票收入为 29.11 亿元，占景区旅游总收入的 35.11%。游客接待量共计 1.32 亿人次，其中政策性免票游客和购票游客分别为 5031.56 万人次和 8153.08 万人次，分别占全省 A 级景区游客接待总量的 38.16% 和 61.84%。

2015 年，河南省积极响应中国旅游景区协会"5A、4A 景区带头不涨价"倡议，全省共有 51 家 A 级景区签订该协议，承诺三年内不涨价。

1. 总体价格情况

2015 年，河南省共有 170 家 A 级景区收门票，其中 31 家景区票价实行淡旺季。全省 A 级景区全年平均门票价格为 36 元/景区，较上年略有下降，降幅为 2.70%，但与全国 A 级景区平均门票价格相比，仍高出 16.13 个百分点。全省 A 级景区淡旺季平均门票价格分别为 34 元/景区和 38 元/景区。

表 51　2014—2015 年河南省 A 级景区全年及淡旺季平均门票价格总体情况（元/景区）

全年平均门票价格			淡季平均门票价格	旺季平均门票价格
2015 年	2014 年	增长率（%）		
36	37	-2.70	34	38

景区游客门票负担及门票福利：2015 年河南省 A 级景区所有游客人均门票负担和购票游客人均门票负担分别为 22.08 元/人次和 35.71 元/人次，其中所有游客人均门票负担较上年减少 4.74 元/人次，下降 17.67%，购票游客人均门票负担较上年减少 5.47 元/人次，下降 13.28%。所有游客人均门票负担高于全国平均水平 4.10 个百分点，购票游客人均门票负担低于全国平均水平 6.32 个百分点。此外，2015 年河南省 A 级景区门票福利共计 18.11 亿元，占全国景区门票福利总额的 3.49%，较上年增加 2.01 亿元，增长 12.48%。

表 52　2014—2015 年河南省 A 级景区分等级门票负担及门票福利统计

	2014 年	2015 年	增量	增长率（%）
所有游客门票负担（元/人次）	26.82	22.08	-4.74	-17.67
购票游客门票负担（元/人次）	41.18	35.71	-5.47	-13.28
门票福利（亿元）	16.10	18.11	2.01	12.48

景区平均门票价格与居民平均月收入、消费占比：2015 年河南省城镇、农村及全省居民平均月可支配收入分别为 2131 元、904 元和 1427 元，河南省城镇、农村及全省居民平均月消费支出为 1430 元、657 元和 986 元。A 级景区平均门票价格分别占城镇、农村及全省居民平均月可支配收入的 1.69%、3.98% 和 2.52%，分别占城镇、农村及全省居民平均月消费支出的 2.52%、5.48% 和 3.65%。与上年相比，平均门票价格与农村居民月消费支出占比降速最快，为 18.33%，平均门票价格与城镇居民月可支配收入占比降速最慢，为 4.52%。

表53 2014—2015年河南省A级景区平均门票价格与居民平均月收入、消费支出占比（%）

年份	居民可支配收入			居民消费支出		
	城镇	农村	全省	城镇	农村	全省
2015年	1.69	3.98	2.52	2.52	5.48	3.65
2014年	1.77	4.59	2.75	2.75	6.71	3.93

2. 分等级A级景区门票价格

从景区等级结构来看，2015年河南省3A级景区数量最多，为102家，占全省A级景区总数的40.96%；其次是4A级和2A级景区，分别为69家和67家，占比分别为27.71%和26.91%；5A级景区最少，为11家，占比4.42%。

5A级景区全年平均门票价格最高，为135元/景区，其次是4A级和3A级景区，分别为54元/景区和29元/景区，2A级景区最低，为12元/景区。淡季平均门票价格同样也以5A级景区最高，为134元/景区，其次是4A级和3A级景区，分别为50元/景区和29元/景区。旺季平均门票价格也以5A级景区最高，为135元/景区，其次是4A级景区，为57元/景区，2A级景区最低，为14元/景区。

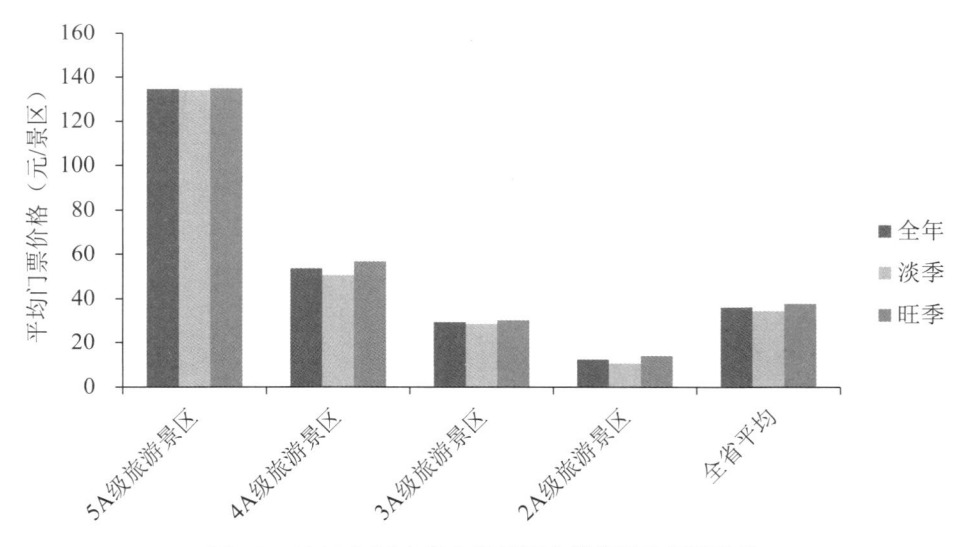

图52 2015年河南省A级景区分等级平均门票价格

3. 分类型A级景区门票价格

从景区类型来看，2015年河南省A级景区以自然景观和历史文化两类传统景区数量较多，分别为73家和64家，分别占全省A级景区总数的29.32%和25.70%；其次是度假休闲和博物馆类景区，分别为27家和25家，占比分别为10.84%和10.04%；

科技教育和乡村旅游类景区相对较少，分别为1家和9家，占比分别为0.40%和3.61%。

全年平均门票价格以科技教育类景区最高，为70元/景区，其次是自然景观和度假休闲类景区，分别为50元/景区和43元/景区，红色旅游和博物馆类景区全年平均门票价格相对较低，分别为7元/景区和11元/景区。此外，淡季平均门票价格同样以科技教育类景区最高，为70元/景区，其次是自然景观和度假休闲类景区，分别为48元/景区和41元/景区。旺季平均门票价格还是科技教育类景区最高，为70元/景区，其次是自然景观类景区，为52元/景区，红色旅游类景区最低，为7元/景区。

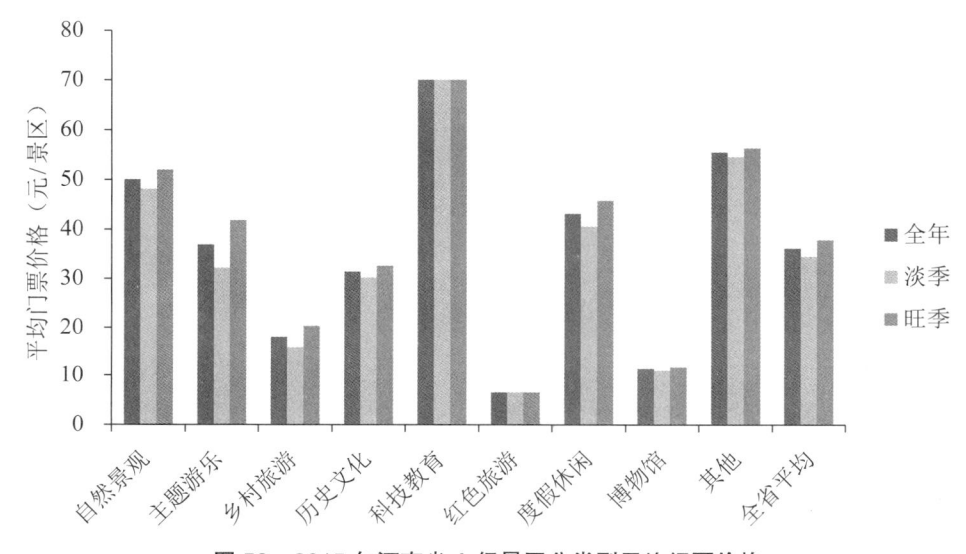

图53　2015年河南省A级景区分类型平均门票价格

4. 分体制A级景区门票价格

从景区经营体制来看，2015年河南省A级景区以企业为经营主体的景区数量最多，共152家，占全省A级景区总数的61.04%；其次是以事业单位为经营主体的景区，共94家，占比37.75%；以行政单位为经营主体的景区数量最少，仅3家，占比1.20%。

以企业为经营主体的景区全年平均门票价格最高，为42元/景区，其次是以事业单位为经营主体的景区，为27元/景区，以行政单位为经营主体的景区最低，为17元/景区。淡季平均门票价格仍以企业为经营主体的景区最高，为40元/景区，其次是以事业单位和行政单位为经营主体的景区，分别为26元/景区和15元/景区。旺季平均门票价格也是以企业为经营主体的景区最高，为44元/景区，其次是以事业单位为经营主体的景区为 28 元 / 景区，以行政单位为经营主体的景区最低，为 19 元 / 景区。

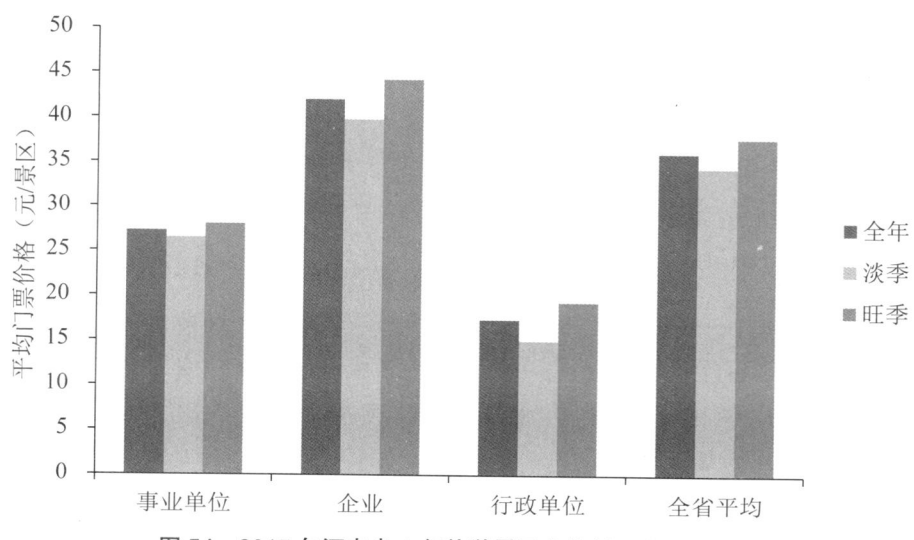

图 54　2015 年河南省 A 级旅游景区分体制平均门票价格

（四）湖北省

湖北省位于中国中部偏南、长江中游，洞庭湖以北，南邻江西、湖南，东连安徽，北接河南，西连重庆，西北与陕西为邻。湖北西、北、东三面环山，中部为"鱼米之乡"的江汉平原。湖北省文化底蕴深厚，也是中华民族的始祖炎帝的故里。楚文化是由春秋战国时期的楚国在长达 800 多年的历史中创造的。境内拥有武当山古建筑群、明显陵、唐崖土司城遗址和神农架四处世界自然和文化遗产。

2015 年，湖北省共有 A 级旅游景区 301 家，其中 5A 级景区 10 家，免门票和收门票景区分别为 106 家和 195 家，分别占全省 A 级景区总数的 35.22% 和 64.78%。景区旅游总收入达 143.12 亿元，其中门票收入为 34.26 亿元，占景区旅游总收入的 23.94%。游客接待量共计 1.21 亿人次，其中政策性免票游客和购票游客分别为 4089.84 万人次和 8003.83 万人次，分别占全省 A 级景区游客接待总量的 33.82% 和 66.18%。

2015 年国庆期间，湖北省许多城市如黄冈市、宜昌市景区门票未涨价，遵循平常收费标准。但仍有部分景区出现门票价格上涨现象，如钟祥市黄仙洞景区拟将景区门票价格从 60 元调升至 80 元，涨幅为 33.33%，超过了 30% 的上限。川大水井景区门票价格由每人次 50 元调整为每人次 65 元，涨幅为 30.00%。

1. 总体价格情况

2015年,湖北省共有195家A级景区收门票,其中42家景区票价实行淡旺季。全省A级景区全年平均门票价格为43元/景区,与上年保持一致,但与全国A级景区平均门票价格相比,仍高出38.71个百分点。全省A级景区淡旺季平均门票价格分别为41元/景区和45元/景区。

表54　2014—2015年湖北省A级景区全年及淡旺季平均门票价格总体情况(元/景区)

全年平均门票价格			淡季平均门票价格	旺季平均门票价格
2015年	2014年	增长率(%)		
43	43	0.00	41	45

景区游客门票负担及门票福利:2015年湖北省A级景区所有游客人均门票负担和购票游客人均门票负担分别为28.33元/人次和42.80元/人次,其中所有游客人均门票负担较上年减少3.78元/人次,下降11.77%,购票游客人均门票负担较上年减少1.18元/人次,下降2.68%,分别高于全国平均水平33.57和12.28个百分点。此外,2015年湖北省A级景区门票福利共计17.59亿元,占全国景区门票福利总额的3.39%,较上年增加5.25亿元,增长42.54%。

表55　2014—2015年湖北省A级景区分等级门票负担及门票福利统计

	2014年	2015年	增量	增长率(%)
所有游客门票负担(元/人次)	32.11	28.33	-3.78	-11.77
购票游客门票负担(元/人次)	43.98	42.80	-1.18	-2.68
门票福利(亿元)	12.34	17.59	5.25	42.54

景区平均门票价格与居民平均月收入、消费占比:2015年湖北省城镇、农村及全省居民平均月可支配收入分别为2254元、987元和1669元,A级景区平均门票价格分别占城镇、农村及全省居民平均月可支配收入的1.91%、4.36%和2.58%。与上年相比,平均门票价格与全省居民可支配收入占比降速最快,为8.51%,平均门票价格与城镇居民可支配收入占比降速最慢,为8.17%。

表56　2014—2015年湖北省A级景区平均门票价格与居民平均月收入、消费支出占比(%)

年份	居民可支配收入			居民消费支出		
	城镇	农村	全省	城镇	农村	全省
2015年	1.91	4.36	2.58	—	—	—
2014年	2.08	4.76	2.82	—	—	—

2. 分等级 A 级景区门票价格

从景区等级结构来看，2015 年湖北省 5A 和 4A 级景区数量相对较多，分别为 126 家和 108 家，分别占全省 A 级景区总数的 41.86% 和 35.88%；2A 级和 1A 级景区相对较少，分别为 3 家和 54 家，占比分别为 1.00% 和 17.94%。

5A 级景区全年平均门票价格最高，为 131 元 / 景区，其次是 4A 级和 3A 级景区，分别为 72 元 / 景区和 25 元 / 景区，2A 级和 1A 级景区相对较低，分别为 12 元 / 景区和 18 元 / 景区。淡季平均门票价格仍以 5A 级景区最高，为 121 元 / 景区，其次是 4A 级景区，为 69 元 / 景区。旺季平均门票价格也以 5A 级景区最高，为 140 元 / 景区，其次是 4A 级和 3A 级景区，分别为 75 元 / 景区和 26 元 / 景区，2A 级和 1A 级景区相对较低，分别为 12 元 / 景区和 19 元 / 景区。

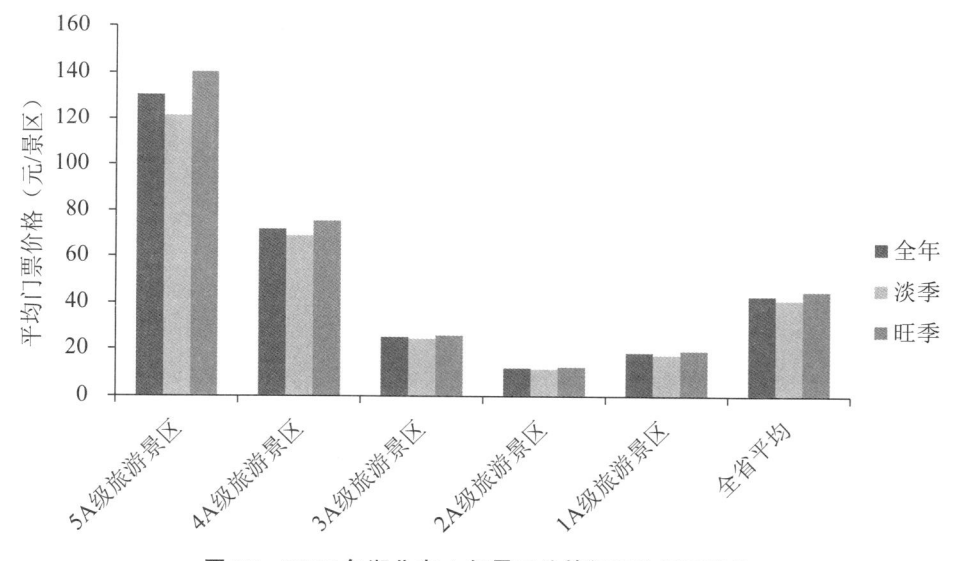

图 55　2015 年湖北省 A 级景区分等级平均门票价格

3. 分类型 A 级景区门票价格

从景区类型来看，2015 年湖北省 A 级景区以自然景观类景区数量最多，共 104 家，占全省 A 级景区总数的 34.55%；其次是历史文化和度假休闲类景区，分别为 52 家和 46 家，占比分别为 17.28% 和 15.28%；科技教育、工业旅游类景区相对较少，分别为 3 家和 5 家，占比分别为 1.00% 和 1.66%。

全年平均门票价格以主题游乐类景区最高，为 91 元 / 景区，其次是自然景观和度假休闲类景区，分别为 61 元 / 景区和 49 元 / 景区，历史文化、科技教育和乡村旅游类景区紧随其后，分别为 32 元 / 景区、31 元 / 景区和 30 元 / 景区，博物馆和红色旅游类景区最低，均为 6 元 / 景区。此外，淡季平均门票价格仍以主题游乐类景区最高，为 91 元 / 景区，其次是自然景观和度假休闲类景区，分别为 59 元 / 景区和 47 元 / 景区。旺季平均门票价格也是主题游乐类景区最高，为 91 元 / 景区，其次是自然景观和度假休闲类景区，分别为 65 元 / 景区和 51 元 / 景区。

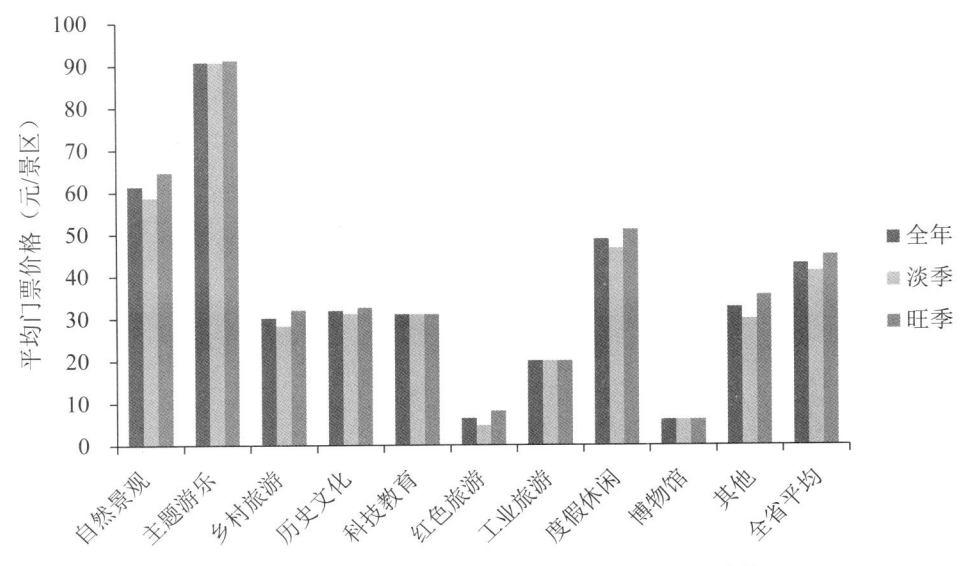

图 56　2015 年湖北省 A 级景区分类型平均门票价格

4. 分体制 A 级景区门票价格

从景区经营体制来看，2015 年湖北省 A 级景区以企业为经营主体的景区数量最多，共 219 家，占全省 A 级景区总数的 72.76%；其次是以事业单位为经营主体的景区，共 75 家，占比为 24.92%；以行政单位为经营主体的景区最少，为 7 家，占比为 2.33%。

全年平均门票价格以行政单位为经营主体的景区最高，为 82 元 / 景区，其次是企业为经营主体的景区，为 51 元 / 景区，以事业单位为经营主体的景区平均门票价格最低，为 16 元 / 景区。淡季平均门票价格仍以行政单位为经营主体的景区最高，为 81 元 / 景区，其次是以企业和事业单位为经营主体的景区，分别为 49 元 / 景区和 15 元 / 景区。旺季平均门票价格也是以行政单位为经营主体的景区最高，为 84 元 / 景区，其次是以企业为经营主体的景区，为 53 元 / 景区，以事业单位为经营主体的景区最低，为 16 元 / 景区。

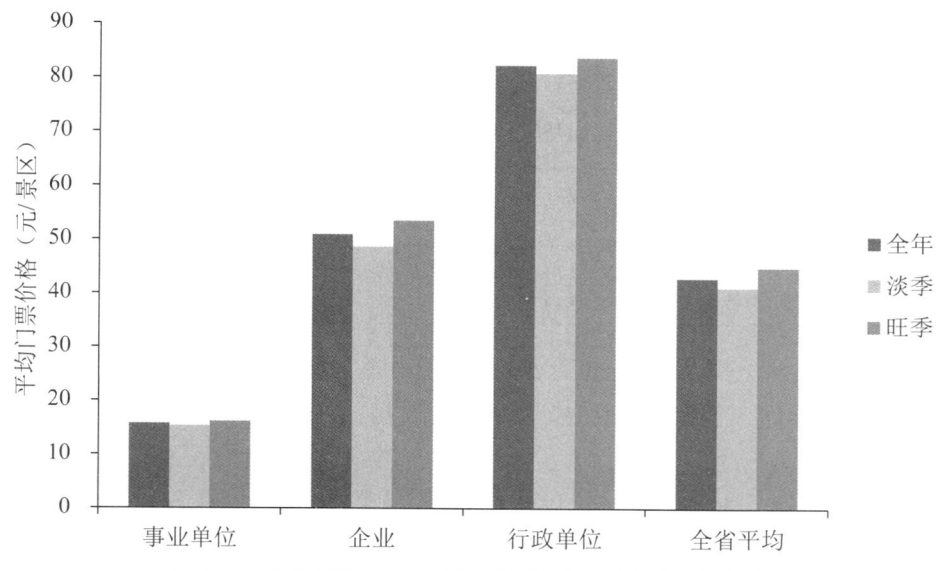

图 57　2015 年湖北省 A 级旅游景区分体制平均门票价格

（五）湖南省

湖南省自古盛植木芙蓉，五代时就有"秋风万里芙蓉国"之说，因此又有"芙蓉国"之称。西以云贵高原东缘连贵州；西北以武陵山脉毗邻重庆；东以武功诸山系与幕阜江西交界；北以滨湖平原与湖北接壤；南枕南岭与广西、广东相邻。境内拥有张家界武陵源风景名胜区、中国丹霞（邵阳新宁崀山）和中国土司遗产（湖南老司城）三处世界自然、文化遗产。

2015 年，湖南省共有 A 级旅游景区 257 家，其中 5A 级景区 7 家，免门票和收门票景区分别为 93 家和 164 家，分别占全省 A 级景区总数的 36.19% 和 63.81%。景区旅游总收入达 213.25 亿元，其中门票收入为 47.46 亿元，占景区旅游总收入的 22.26%。游客接待量共计 1.54 亿人次，其中政策性免票游客和购票游客分别为 6843.89 万人次和 8604.50 万人次，分别占全省 A 级景区游客接待总量的 44.30% 和 55.70%。

2015 年，湖南省积极支持响应中国旅游景区协会"5A、4A 级景区带头不上涨门票价格"倡议。包括张家界武陵源、天门山、凤凰古城、南岳、岳阳楼等在内的 72 家 A 级景区纷纷承诺不上涨门票，其中 5A 级景区有 7 家，4A 级景区为 65 家。

1. 总体价格情况

2015 年，湖南省共有 164 家 A 级景区收门票，其中 27 家景区票价实行淡旺季。全省 A 级景区全年平均门票价格为 43 元/景区，较上年略有下降，降幅为 4.44%，但与全国 A 级景区平均门票价格相比，仍高出 38.71 个百分点。淡、旺季平均门票价格分别为 42 元 / 景区和 45 元 / 景区。

表 57　2014—2015 年湖南省 A 级景区全年及淡旺季平均门票价格总体情况（元 / 景区）

全年平均门票价格			淡季平均门票价格	旺季平均门票价格
2015 年	2014 年	增长率（%）		
43	45	-4.44	42	45

景区游客门票负担及门票福利：2015 年湖南省 A 级景区所有游客人均门票负担和购票游客人均门票负担分别为 30.72 元 / 人次和 55.16 元 / 人次，其中所有游客人均门票负担较上年增加 4.12 元 / 人次，增长 15.49%，购票游客人均门票负担较上年增加 9.20 元 / 人次，增长 20.02%，分别高于全国平均水平 44.84 和 44.70 个百分点。此外，2015 年湖南省 A 级景区门票福利共计 29.43 亿元，占全国景区门票福利总额的 5.67%，较上年增加 5.14 亿元，增长 21.16%。

表 58　2014—2015 年湖南省 A 级景区分等级门票负担及门票福利统计

	2014 年	2015 年	增量	增长率（%）
所有游客门票负担（元 / 人次）	26.60	30.72	4.12	15.49
购票游客门票负担（元 / 人次）	45.96	55.16	9.20	20.02
门票福利（亿元）	24.29	29.43	5.14	21.16

景区平均门票价格与居民平均月收入消费占比：2015 年湖南省城镇、农村及全省居民平均月可支配收入分别为 2403 元、916 元和 1610 元，湖南省城镇、农村居民平均月消费支出为 1625 元和 808 元。A 级景区平均门票价格分别占城镇、农村及全省居民平均月可支配收入的 1.79%、4.69% 和 2.67%，分别占城镇、农村居民平均月消费支出的 2.65% 和 5.32%。与上年相比，平均门票价格与全省居民可支配收入占比降速最快，为 8.87%，平均门票价格与城镇居民消费支出占比降速最慢，为 5.69%。

表 59　2014—2015 年湖南省 A 级景区平均门票价格与居民平均月收入、消费支出占比（%）

年份	居民可支配收入			居民消费支出		
	城镇	农村	全省	城镇	农村	全省
2015 年	1.79	4.69	2.67	2.65	5.32	—
2014 年	1.94	5.13	2.93	2.81	5.72	—

2. 分等级 A 级景区门票价格

从景区等级结构来看，2015 年湖南省 3A 级景区数量最多，为 127 家，占全省 A 级景区总数的 49.42%；其次是 4A 级景区，为 87 家，占比 33.85%；1A 级和 5A 级景区相对较少，分别为 2 家和 7 家，占比分别为 0.78% 和 2.72%。

5A 级景区全年平均门票价格最高，为 150 元/景区，其次是 4A、3A 级景区，分别为 61 元/景区和 32 元/景区，1A 级和 2A 级景区相对较低，分别为 2 元/景区和 20 元/景区。淡季平均门票价格仍以 5A 级景区最高，为 143 元/景区，其次是 4A 级景区，为 60 元/景区，1A 级景区最低，仅为 1 元/景区。旺季平均门票价格也以 5A 级景区最高，为 172 元/景区，其次是 4A、3A 级景区，分别为 63 元/景区和 33 元/景区。

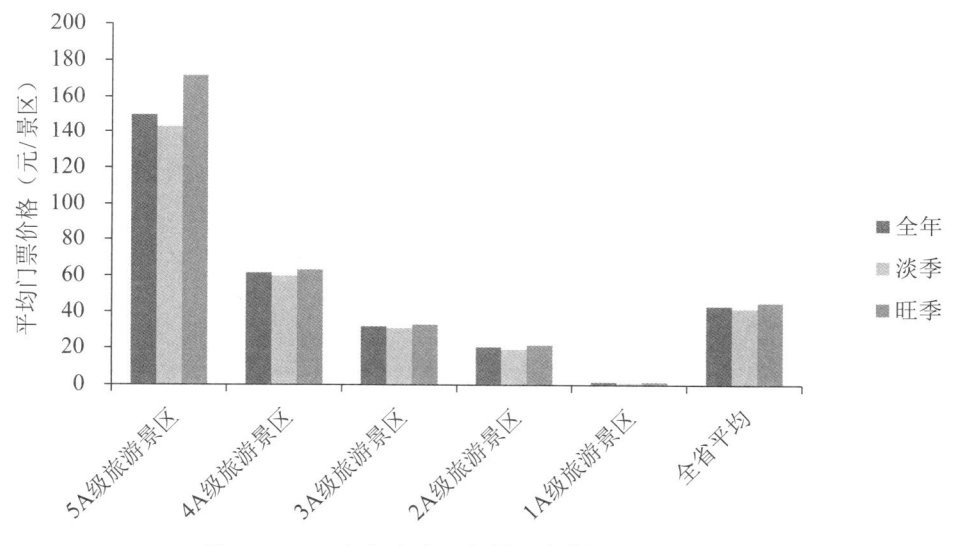

图 58　2015 年湖南省 A 级景区分等级平均门票价格

3. 分类型 A 级景区门票价格

从景区类型来看，2015 年湖南省 A 级景区以自然景观类景区数量最多，共 73 家，占全省 A 级景区总数的 28.40%；其次是度假休闲和历史文化类景区，分别为 49 家和 35 家，占比分别为 19.07% 和 13.62%；科技教育和工业旅游类景区相对较少，分别为 1 家和 7 家，占比分别为 0.39% 和 2.72%。

全年平均门票价格以主题游乐、科技教育类景区最高，分别为 100 元/景区和 98 元/景区，其次是自然景观和度假休闲类景区，分别为 49 元/景区和 47 元/景区，博物馆类景区全年平均门票价格最低，为 6 元/景区。此外，淡季平均门票价格以科技教育类景区最高,为 98 元/景区,其次是主题游乐类景区,为 96 元/景区。旺季平均门票价格以主题游乐类景区最高,为 105 元/景区,其次是科技教育和自然景观景区,分别为 98 元/景区和 52 元/景区。

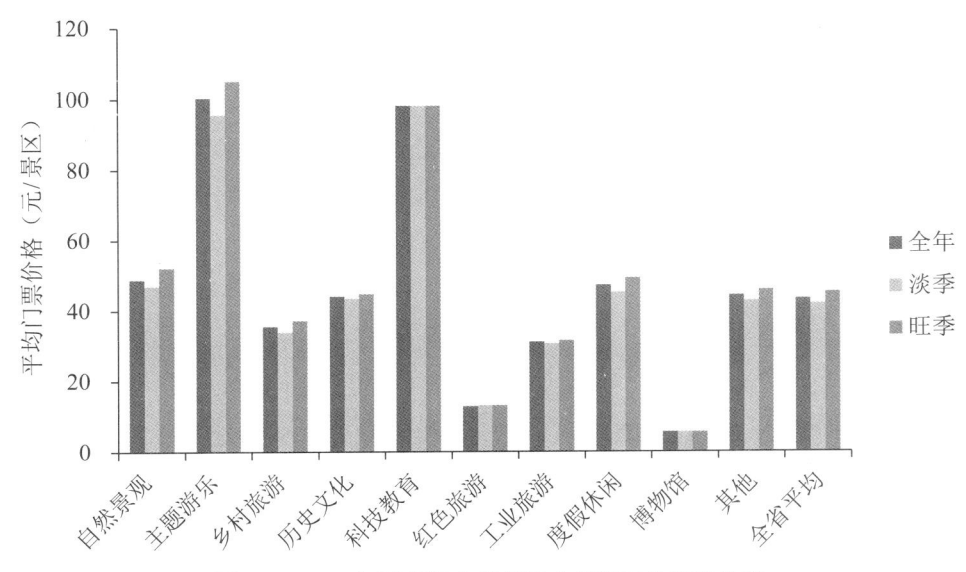

图 59　2015 年湖南省 A 级景区分类型平均门票价格

4. 分体制 A 级景区门票价格

从景区经营体制来看,2015 年湖南省 A 级景区以企业为经营主体的景区数量最多,共 140 家,占全省 A 级景区总数的 54.47%;其次是以事业单位为经营主体的景区,共 111 家,占比为 43.19%;以行政单位为经营主体的景区最少,仅 6 家,占比为 2.33%。

全年平均门票价格以企业为经营主体的景区最高,为 54 元/景区,其次是以行政单位为经营主体的景区,为 44 元/景区,以事业单位为经营主体的景区平均门票价格最低,为 30 元/景区。淡季平均门票价格仍以企业为经营主体的景区最高,为 52 元/景区,其次是以行政单位和事业单位为经营主体的景区,分别为 39 元/景区和 29 元/景区。旺季平均门票价格也是以企业为经营主体的景区最高,为 55 元/景区,其次是以行政单位和事业单位为经营主体的景区,分别为 49 元/景区和 32 元/景区。

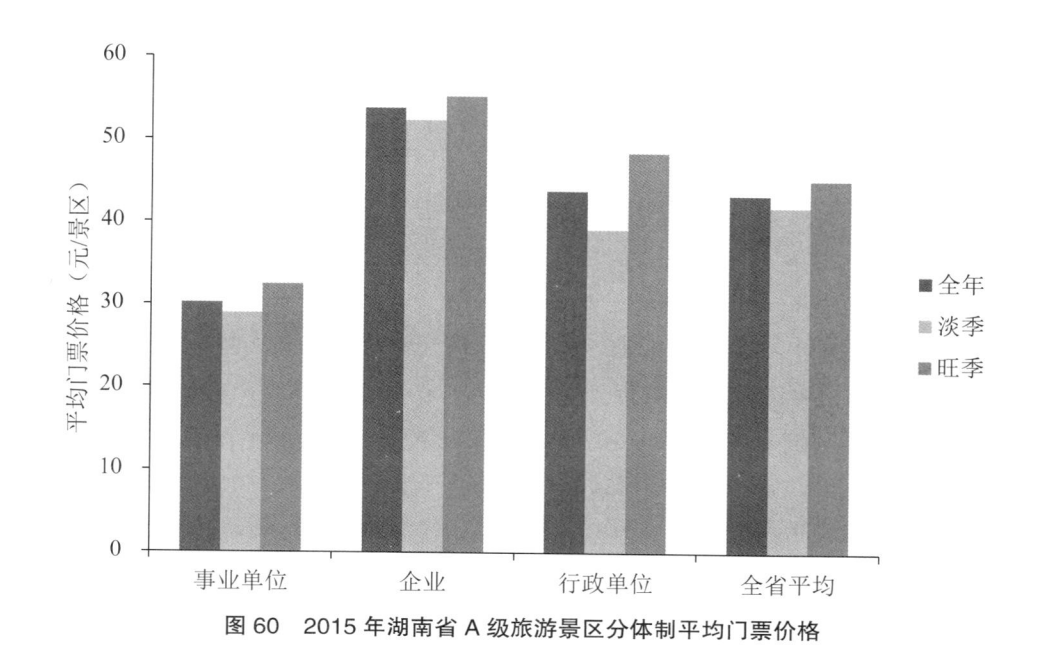

图 60　2015 年湖南省 A 级旅游景区分体制平均门票价格

（六）广西壮族自治区

广西壮族自治区是中国唯一一个沿海自治区，地处中国华南地区西部，从东至西分别与广东、湖南、贵州、云南接壤，面向东南亚，南濒北部湾，西南与越南毗邻，西南地区最便捷的出海通道便是它，它在中国与东南亚的经济交往中占有重要地位[139]。广西拥有奇特的喀斯特地貌，灿烂的文物古迹，浓郁的民族风情，境内拥有南方喀斯特（广西桂林、广西环江）、广西左江花山岩画两处世界自然、文化遗产。

2015 年，自治区共有 A 级旅游景区 249 家，其中 5A 级景区 4 家，免门票和收门票景区分别为 74 家和 175 家，分别占全区 A 级景区总数的 29.72% 和 70.28%。景区旅游总收入达 52.88 亿元，其中门票收入为 18.91 亿元，占景区旅游总收入的 35.76%。游客接待量共计 1.07 亿人次，其中政策性免票游客和购票游客分别为 4884.70 万人次和 5838.40 万人次，分别占全区 A 级景区游客接待总量的 45.65% 和 54.56%。

2015 年，自治区部分 A 级景区仍出现门票价格上涨现象，如桂林银子岩景区门票价格从 65 元/人次调至 84 元/人次，从年底开始执行。

1. 总体价格情况

2015 年，广西壮族自治区共有 175 家 A 级景区收门票，其中 29 家景区票价实行淡旺季。全省 A 级景区全年平均门票价格为 51 元/景区，较上年略有下降，降幅为 7.27%，但与全国 A 级景区平均门票价格相比，仍高出 64.52 个百分点。淡、旺季平均门票价格分别为 49 元 / 景区和 54 元 / 景区。

表 60 2014—2015 年广西壮族自治区 A 级景区全年及淡旺季平均门票价格总体情况（元 / 景区）

全年平均门票价格			淡季平均门票价格	旺季平均门票价格
2015 年	2014 年	增长率（%）		
51	55	−7.27	49	54

景区游客门票负担及门票福利：2015 年广西壮族自治区 A 级景区所有游客人均门票负担和购票游客人均门票负担分别为 17.63 元 / 人次和 32.39 元 / 人次，其中所有游客人均门票负担较上年减少 0.30 元 / 人次，下降 1.67%，购票游客人均门票负担较上年增加 4.19 元 / 人次，增长 14.86%，分别低于全国平均水平 16.88 和 15.03 个百分点。此外，2015 年广西壮族自治区 A 级景区门票福利共计 24.91 亿元，占全国景区门票福利总额的 4.80%，较上年增加 6.84 亿元，增长 37.85%。

表 61 2014—2015 年广西壮族自治区 A 级景区分等级门票负担及门票福利统计

	2014 年	2015 年	增量	增长率（%）
所有游客门票负担（元 / 人次）	17.93	17.63	−0.30	−1.67
购票游客门票负担（元 / 人次）	28.20	32.39	4.19	14.86
门票福利（亿元）	18.07	24.91	6.84	37.85

景区平均门票价格与居民平均月收入、消费占比：2015 年广西壮族自治区城镇、农村及全区居民平均月可支配收入分别为 2201 元、789 元和 1406 元，广西壮族自治区城镇、农村及全区居民平均月消费支出为 1360 元、632 元和 950 元。A 级景区平均门票价格分别占城镇、农村及全区居民平均月可支配收入的 2.32%、6.46% 和 3.63%，分别占城镇、农村及全区居民平均月消费支出的 3.75%、8.07% 和 5.37%。与上年相比，六个比值均呈下降态势。其中平均门票价格与农村居民月消费支出占比降速最快，为 18.40%，平均门票价格与城镇居民平均月可支配收入占比降速最慢，为 13.43%。

表 62 2014—2015 年广西壮族自治区 A 级景区平均门票价格与居民平均月收入、消费支出占比（%）

年份	居民可支配收入			居民消费支出		
	城镇	农村	全区	城镇	农村	全区
2015 年	2.32	6.46	3.63	3.75	8.07	5.37
2014 年	2.68	7.60	4.24	4.39	9.89	6.44

2. 分等级 A 级景区门票价格

从景区等级结构来看，2015 年广西壮族自治区 4A 和 3A 级景区数量相对较多，分别为 117 家和 102 家，分别占全区 A 级景区总数的 46.99% 和 40.96%；5A 级和 1A 级景区相对较少，分别为 4 家和 26 家，占比分别为 1.61% 和 10.44%。

5A 级景区全年平均门票价格最高，为 75 元/景区，其次是 4A 级景区，为 69 元/景区，3A 级和 2A 级景区相对较低，分别为 40 元/景区和 13 元/景区。淡季平均门票价格仍以 5A 级景区最高，为 75 元/景区，其次是 4A、3A 级景区，分别为 68 元/景区和 36 元/景区。旺季平均门票价格以 5A 和 4A 级景区相对较高，分别为 75 元/景区和 74 元/景区，其次是 3A 级景区，为 43 元/景区，2A 级景区最低，为 14 元/景区。

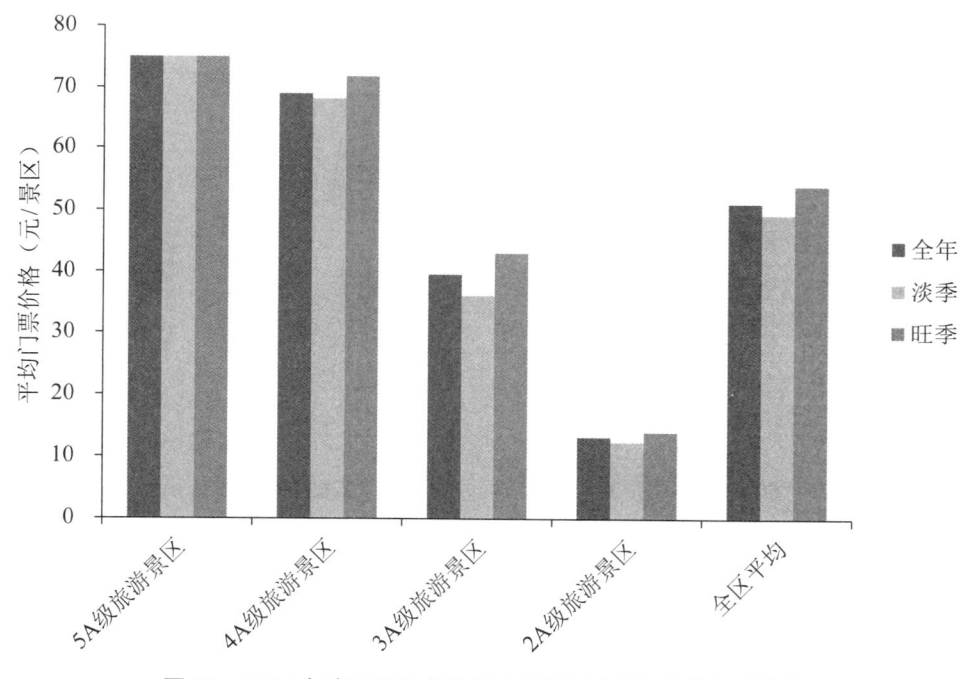

图 61 2015 年广西壮族自治区 A 级景区分等级平均门票价格

3. 分类型 A 级景区门票价格

从景区类型来看，2015 年广西壮族自治区 A 级景区以自然景观类景区数量最多，共 92 家，占全区 A 级景区总数的 36.95%；其次是度假休闲和历史文化类景区，分别为 50 家和 39 家，占比分别为 20.08% 和 15.66%；科技教育、工业旅游和红色旅游类景区相对较少，分别为 2 家、4 家和 5 家，占比分别为 0.80%、1.61% 和 2.01%。

各类型 A 级景区除红色旅游类景区免门票外，其他类型景区均收门票。其中全年平均门票价格以主题游乐类景区最高，为 104 元/景区，其次是度假休闲、自然景观、乡村旅游和历史文化类景区，分别为 74 元/景区、54 元/景区、45 元/景区和 38 元/景区；工业旅游和博物馆类景区全年平均门票价格相对较低，分别为 8 元/景区和 13 元/景区。此外，淡季平均门票价格仍以主题游乐类景区最高，为 100 元/景区，其次是度假休闲和自然景观类景区，分别为 70 元/景区和 51 元/景区。旺季平均门票价格也是主题游乐类景区最高，为 109 元/景区，其次是度假休闲和自然景观类景区，分别为 83 元/景区和 56 元/景区。

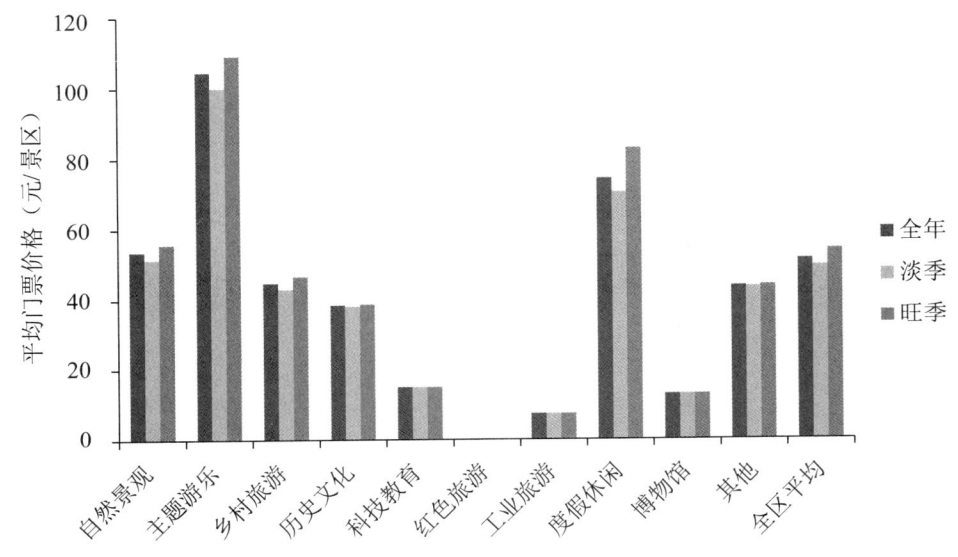

图 62　2015 年广西壮族自治区 A 级景区分类型平均门票价格

4. 分体制 A 级景区门票价格

从景区经营体制来看，2015 年广西壮族自治区 A 级景区以企业为经营主体的景区数量最多，共 196 家，占全区 A 级景区总数的 78.71%；其次是以事业单位为经营主体的景区，共 50 家，占比为 20.08%；以行政单位和部队为经营主体的景区最少，分别为 2 家和 1 家，占比分别为 0.80% 和 0.40%。

除以行政单位、部队为经营主体的景区免门票外，其他经营主体的景区均收门票。其中全年平均门票价格以企业为经营主体的景区最高，为 57 元/景区，其次是以事业单位为经营主体的景区，为 32 元/景区。淡季平均门票价格也以企业为经营主体的景区最高，为 55 元/景区，其次是以事业单位为经营主体的景区，为 32 元/景区。以企业和事业单位为经营主体的景区，旺季平均门票价格分别为 61 元/景区和 32 元/景区。

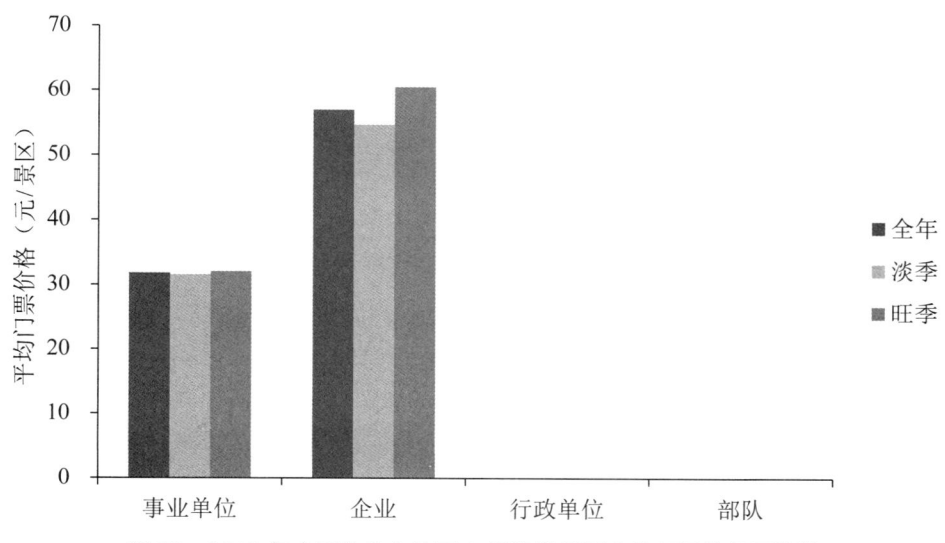

图 63　2015 年广西壮族自治区 A 级旅游景区分体制平均门票价格

五、西南片区 A 级景区门票价格情况

我国西南片区主要包括贵州省、四川省、云南省、重庆市、西藏自治区五个省（直辖市、自治区），西藏自治区因景区数据填报不全，未纳入本部分。西南片区旅游资源丰富，旅游景区数量较多，其中 A 级景区 863 家，5A 级景区 29 家，拥有南方喀斯特、中国丹霞、中国土司遗址、大熊猫栖息地、丽江古城等世界级旅游资源。该片区 A 级景区全年平均门票价格为 31 元/景区，其中贵州省最高，为 42 元/景区，高于全片区 A 级景区平均票价 35.48 个百分点。四川省 A 级景区全年平均门票价格最低，为 24 元/景区，低于全片区平均票价 22.58 个百分点。

（一）贵州省

贵州省位于中国西南部高原山地，境内地势西高东低，自中部向北、东、南三面倾斜，平均海拔在 1100 米左右。高原、山地、丘陵和盆地构成了贵州省四种基本地貌类型，高原山地居多，素有"八山一水一分田"之说，是全国唯一没有平原支撑的省份。贵州是古人类发祥地之一，境内拥有中国南方喀斯特（贵州荔波、贵州施秉）、中国丹霞（贵州赤水）、中国土司遗址（贵州海龙屯遗址）三处世界自然、文化遗产。

2015 年，贵州省共有 A 级旅游景区 135 家，其中 5A 级景区 4 家，免门票和收门票景区分别为 48 家和 87 家，分别占全省 A 级景区总数的 35.56% 和 64.44%。景区旅游总收入达 121.24 亿元，其中门票收入为 17.91 亿元，占景区旅游总收入的14.77%。游客接待量共计0.84亿人次,其中政策性免票游客和购票游客分别为4469.58万人次和3892.54万人次,分别占全省A级景区游客接待总量的53.45%和46.55%。

2015年,贵州省积极响应中国旅游景区协会"5A、4A级景区带头不涨价"倡议,全省84家景区加入首批不涨价景区的名单,承诺全面实行一票制;价格欺诈行为在全景区不会存在;对老年人、军人、学生、青少年、残疾人的门票优惠政策将全面落实;对预约门票实行价格优惠;将自愿公布真实的门票价格构成;将自愿承诺三年内不上涨门票价格。此外,黔南州主要景区的门票多年来均未涨价,其中最为出名的5A景区荔波樟江景区,六年来都保持原有价格。

1. 总体价格情况

2015年,贵州省共有87家A级景区收门票,其中25家景区票价实行淡旺季。全省A级景区全年平均门票价格为42元/景区,较上年略有下降,降幅为2.33%,但与全国A级景区平均门票价格相比,仍高出35.48个百分点。全省A级景区淡旺季平均门票价格分别为39元/景区和45元/景区。

表63 2014—2015年贵州省A级景区全年及淡旺季平均门票价格总体情况(元/景区)

全年平均门票价格			淡季平均门票价格	旺季平均门票价格
2015年	2014年	增长率(%)		
42	43	-2.33	39	45

景区游客门票负担及门票福利:2015年贵州省A级景区所有游客人均门票负担和购票游客人均门票负担分别为21.42元/人次和46.01元/人次,其中所有游客人均门票负担较上年减少3.05元/人次,下降12.46%,购票游客人均门票负担较上年减少5.94元/人次,下降11.43%,分别高于全国平均水平0.99和20.70个百分点。此外,2015年贵州省A级景区门票福利共计18.77亿元,占全国景区门票福利总额的3.61%,较上年增加5.48亿元,增长41.23%。

表64 2014—2015年贵州省A级景区分等级门票负担及门票福利统计

	2014年	2015年	增量	增长率(%)
所有游客门票负担(元/人次)	24.47	21.42	-3.05	-12.46
购票游客门票负担(元/人次)	51.95	46.01	-5.94	-11.43
门票福利(亿元)	13.29	18.77	5.48	41.23

景区平均门票价格与居民平均月收入、消费占比:2015年贵州省城镇、农村及全

省居民平均月可支配收入分别为 2045 元、616 元和 1141 元，贵州省城镇、农村居民平均月消费支出为 1410 元和 554 元。A 级景区平均门票价格分别占城镇、农村及全省居民平均月可支配收入的 2.05%、6.82% 和 3.68%，分别占城镇、农村居民平均月消费支出的 2.98% 和 7.58%。与上年相比，平均门票价格与农村居民消费支出占比降速最快，为 12.27%，平均门票价格与城镇居民可支配收入占比降速最慢，为 10.48%。

表 65　2014—2015 年贵州省 A 级景区平均门票价格与居民平均月收入消费支出占比（%）

年份	居民可支配收入			居民消费支出		
	城镇	农村	全省	城镇	农村	全省
2015 年	2.05	6.82	3.68	2.98	7.58	—
2014 年	2.29	7.73	4.17	3.38	8.64	5.55

2. 分等级 A 级景区门票价格

从景区等级结构来看，2015 年贵州省 4A、3A 级景区数量最多，分别为 60 家和 58 家，分别占全省 A 级景区总数的 44.44% 和 42.96%；5A 级和 1A 级景区相对较少，分别为 4 家和 13 家，占比分别为 2.96% 和 9.63%。

5A 级景区全年平均门票价格最高，为 146 元/景区，其次是 4A 级和 3A 级景区，分别为 57 元/景区和 27 元/景区，2A 级景区最低，为 9 元/景区。淡季平均门票价格仍也以 5A 级景区最高，为 131 元/景区，其次是 4A 级景区，为 53 元/景区。旺季平均门票价格也以 5A 级景区最高，为 161 元/景区，其次是 4A 级和 3A 级景区，分别为 61 元/景区和 29 元/景区，2A 级景区最低，为 9 元/景区。

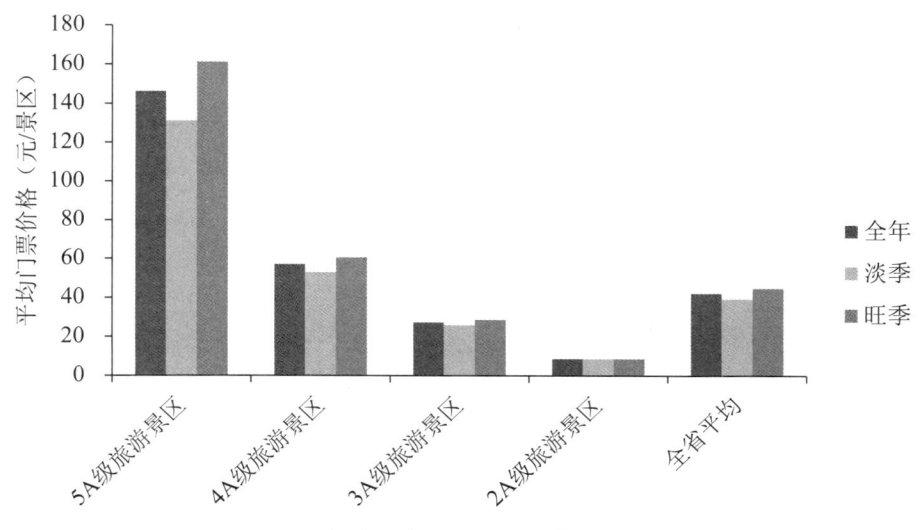

图 64　2015 年贵州省 A 级景区分等级平均门票价格

3. 分类型 A 级景区门票价格

从景区类型来看，2015 年贵州省 A 级景区以自然景观类景区数量最多，共 46 家，占全省 A 级景区总数的 34.07%；其次是度假休闲、乡村旅游和历史文化类景区，分别为 25 家、19 家和 17 家，占比分别为 18.52%、14.07% 和 12.59%；科技教育、博物馆、工业旅游和主题游乐类景区相对较少，分别为 2 家、2 家、3 家和 3 家，占比分别为 1.48%、1.48%、2.22% 和 2.22%。

全年平均门票价格以主题游乐类景区最高，为 76 元 / 景区，其次是自然景观、度假休闲、乡村旅游和历史文化类景区，分别为 59 元 / 景区、48 元 / 景区、32 元 / 景区和 32 元 / 景区；工业旅游、科技教育和红色旅游类景区相对较低，分别为 5 元 / 景区、6 元 / 景区和 7 元 / 景区。此外，淡季平均门票价格仍以主题游乐类景区最高，为 68 元 / 景区，其次是自然景观和度假休闲类，分别为 53 元 / 景区和 45 元 / 景区。旺季平均门票价格也以主题游乐类景区最高，为 84 元 / 景区，其次是自然景观和度假休闲类，分别为 64 元 / 景区和 51 元 / 景区。

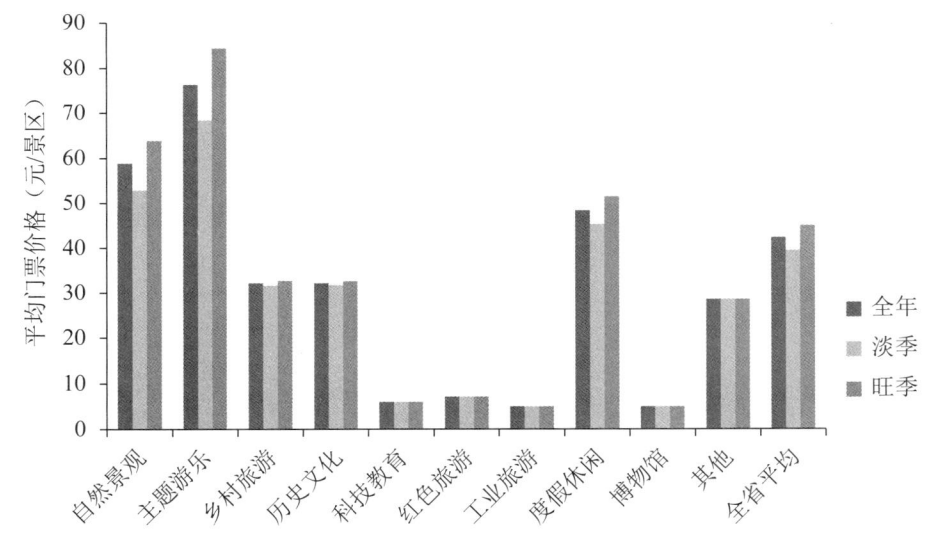

图 65　2015 年贵州省 A 级景区分类型平均门票价格

4. 分体制 A 级景区门票价格

从景区经营体制来看，2015 年贵州省 A 级景区以企业为经营主体的景区数量最多，共 98 家，占全省 A 级景区总数的 72.59%，其次是以事业单位为经营主体的景区，共 36 家，占比为 26.67%；以行政单位为经营主体的景区最少，仅 1 家，占比为 0.74%。

除了以行政单位为经营主体的景区免门票外，其他经营体制的景区均收门票。全年平均门票价格以企业为经营主体的景区最高，为48元/景区，其次是以事业单位为经营主体的景区，为29元/景区。淡季平均门票价格仍以企业为经营主体的景区最高，为45元/景区，其次是以事业单位为经营主体的景区，均为25元/景区。旺季平均门票价格仍以企业为经营主体的景区最高，为50元/景区，其次是以事业单位为经营主体的景区，均为32元/景区。

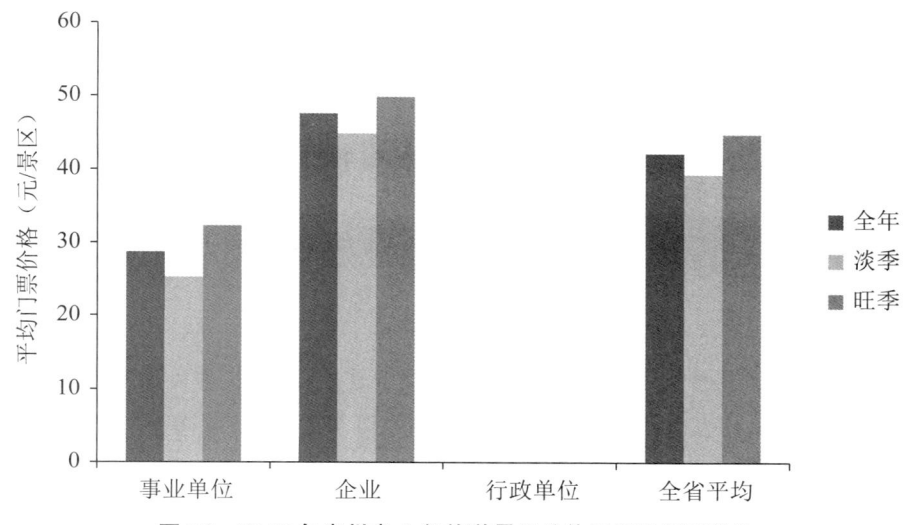

图66 2015年贵州省A级旅游景区分体制平均门票价格

（二）四川省

四川省位于中国大陆西南腹地，自古就有"天府之国"之称。中国西部门户，大熊猫故乡就是四川省。四川东部为川中丘陵和川东平行岭谷，西部为川西高原，中部为成都平原。该省历史悠久，文化灿烂，自然风光绚丽多彩，拥有黄龙国家级名胜区、九寨沟国家级名胜区、峨眉山—乐山风景名胜区、青城山—都江堰、大熊猫栖息地五处世界自然、文化遗产。

2015年，四川省共有A级旅游景区327家，其中5A级景区10家，免门票和收门票景区分别为175家和152家，分别占全省A级景区总数的53.52%和46.48%。景区旅游总收入达367.66亿元，其中门票收入为47.99亿元，占景区旅游总收入的13.05%。游客接待量共计2.38亿人次，其中政策性免票游客和购票游客分别为1.38亿人次和1.0亿人次，分别占全省A级景区游客接待总量的57.94%和42.06%。

2015年，四川省积极支持响应中国旅游景区协会"5A、4A级景区带头不上涨门票价格"倡议。全省共有116家A级景区承诺不涨价，其中包括青城山—都江堰、广安邓小平故里、峨眉山、九寨沟—黄龙、广元剑门关等 6 个 5A 级风景区。成都市共有 13 家 A 级景区签订"不上涨门票价格"承诺，主要包括青城山—都江堰旅游景区、武侯祠博物馆、杜甫草堂博物馆等 A 级景区。但仍有部分景区门票价格上涨，如碧峰峡野生动物园将票价从 150 元调至 180 元，上涨幅度达 20%。

1. 总体价格情况

2015 年，四川省共有 152 家 A 级景区收门票，其中 30 家景区票价实行淡旺季。全省 A 级景区全年平均门票价格为 24 元 / 景区，较上年略有下降，降幅为 4.00%，且与全国 A 级景区平均门票价格相比，仍低出 22.58 个百分点。淡旺季平均门票价格分别为 23 元 / 景区和 26 元 / 景区。

表 66　2014—2015 年四川省 A 级景区全年及淡旺季平均门票价格总体情况（元 / 景区）

全年平均门票价格			淡季平均门票价格	旺季平均门票价格
2015 年	2014 年	增长率（%）		
24	25	-4.00	23	26

景区游客门票负担及门票福利：2015 年四川省 A 级景区所有游客人均门票负担和购票游客人均门票负担分别为 20.19 元 / 人次和 47.99 元 / 人次，其中所有游客人均门票负担较上年减少 2.56 元 / 人次，下降 11.25%，购票游客人均门票负担较上年减少 2.20 元 / 人次，下降 4.38%。所有游客人均门票负担低于全国平均水平 4.81 个百分点，购票游客人均门票负担高于全国平均水平 25.89 个百分点。此外，2015 年四川省 A 级景区门票福利共计 33.06 亿元，占全国景区门票福利总额的 6.37%，较上年增加 5.58 亿元，增长 20.31%。

表 67　2014—2015 年四川省 A 级景区分等级门票负担及门票福利统计

	2014 年	2015 年	增量	增长率（%）
所有游客门票负担（元 / 人次）	22.75	20.19	-2.56	-11.25
购票游客门票负担（元 / 人次）	50.19	47.99	-2.20	-4.38
门票福利（亿元）	27.48	33.06	5.58	20.31

景区平均门票价格与居民平均月收入、消费占比：2015 年四川省城镇、农村及全省居民平均月可支配收入分别为 2188 元、854 元和 1435 元，四川省城镇、农村居民平均月消费支出为 1606 元、771 元。A 级景区平均门票价格分别占城镇、农村及全省居民平均月可支配收入的 1.10%、2.81% 和 1.67%，分别占城镇、农村居民平均月消费支出的 1.49%、3.11%。与上年相比，除平均门票价格与农村居民月平

均可支配收入占比有所上升,其他比值均呈下降态势,平均门票价格与农村居民月可支配收入占比上升了75.63%,平均门票价格与城镇居民消费支出占比降速最快,为54.33%,平均门票价格与城镇居民可支配收入占比降速最慢,为6.78%。

表68 2014—2015年四川省A级景区平均门票价格与居民平均月收入消费支出占比(%)

年份	居民可支配收入			居民消费支出		
	城镇	农村	全省	城镇	农村	全省
2015年	1.10	2.81	1.67	1.49	3.11	—
2014年	1.18	1.60	—	3.27	4.17	—

2. 分等级A级景区门票价格

从景区等级结构来看,2015年四川省4A级景区数量最多,为151家,其次是2A级和3A级景区,分别为92家和73家,分别占全省A级景区总数的28.13%和22.32%;1A级和5A级景区相对较少,分别为1家和10家,分别占全省A级景区总数的0.31%和3.06%。

除1A级景区免门票外,其他等级A级景区均收门票。其中5A级景区全年平均门票价格最高,为100元/景区,其次是4A级景区,为36元/景区,3A级和2A级景区相对较低,分别为13元/景区和5元/景区。淡、旺季平均门票价格同样也以5A级景区最高,分别为83元/景区和118元/景区,其次是4A级景区,分别为34元/景区和38元/景区。

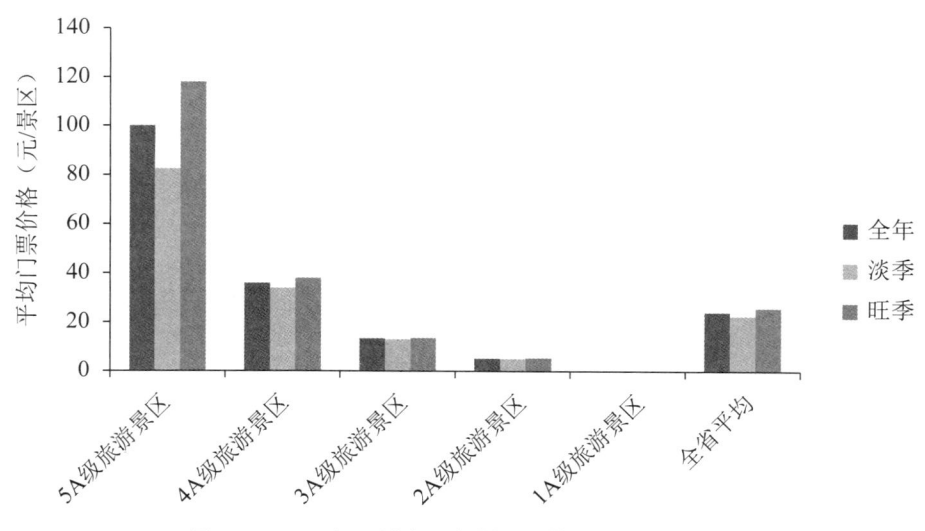

图67 2015年四川省A级景区分等级平均门票价格

3. 分类型 A 级景区门票价格

从景区类型来看，2015 年四川省 A 级景区以自然景观类景区数量最多，共 94 家，占全省 A 级景区总数的 28.75%；其次是历史文化、乡村旅游和度假休闲类景区，分别为 59 家、56 家和 42 家，占比分别为 18.04%、17.13% 和 12.84%；主题游乐、科技教育和工业旅游类景区相对较少，分别为 4 家、5 家和 7 家，占比分别为 1.22%、1.53% 和 2.14%。

主题游乐类景区在全年平均门票价格中最高，为 84 元/景区，其次是自然景观和博物馆类景区，分别为 41 元/景区和 33 元/景区，全年平均门票价格相对较低的是工业旅游和乡村旅游类景区，分别为 9 元/景区和 3 元/景区。此外，淡季平均门票价格同样以主题游乐类景区最高，为 80 元/景区，其次是自然景观和博物馆类景区，分别为 37 元/景区、31 元/景区。旺季平均门票价格还是主题游乐类景区最高，为 88 元/景区，其次是自然景观和博物馆类景区，分别为 45 元/景区和 34 元/景区。

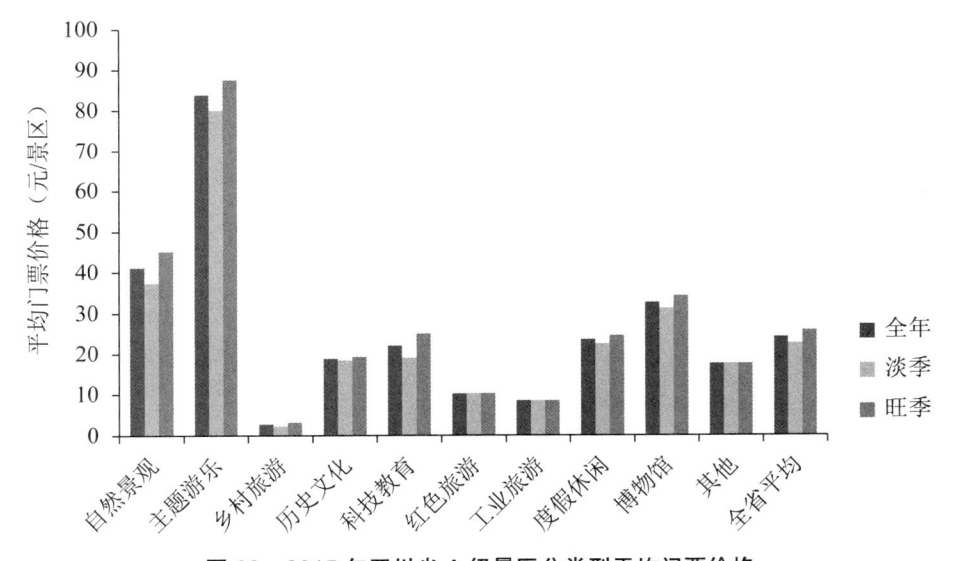

图 68　2015 年四川省 A 级景区分类型平均门票价格

4. 分体制 A 级景区门票价格

从景区经营体制来看，2015 年四川省 A 级景区以企业为经营主体的景区数量最多，共 176 家，占全省 A 级景区总数的 53.82%；其次是事业单位为经营主体的景区，共 131 家，占比为 40.06%；行政单位为经营主体的景区最少，为 20 家，占比为 6.12%。

以事业单位和企业为经营主体的景区全年平均门票价格最高，均为 25 元/景区，行政单位为经营主体的景区平均门票价格最低，为 8 元 / 景区。淡季平均门票价格以事业单位为经营主体的景区最高，为 24 元 / 景区，其次是以企业和行政单位为主体的景区，分别为 23 元 / 景区和 6 元 / 景区。以事业单位和企业为经营主体的景区旺季平均门票价格也最高，均为 27 元 / 景区，以行政单位为经营主体的景区平均门票价格最低，为 9 元 / 景区。

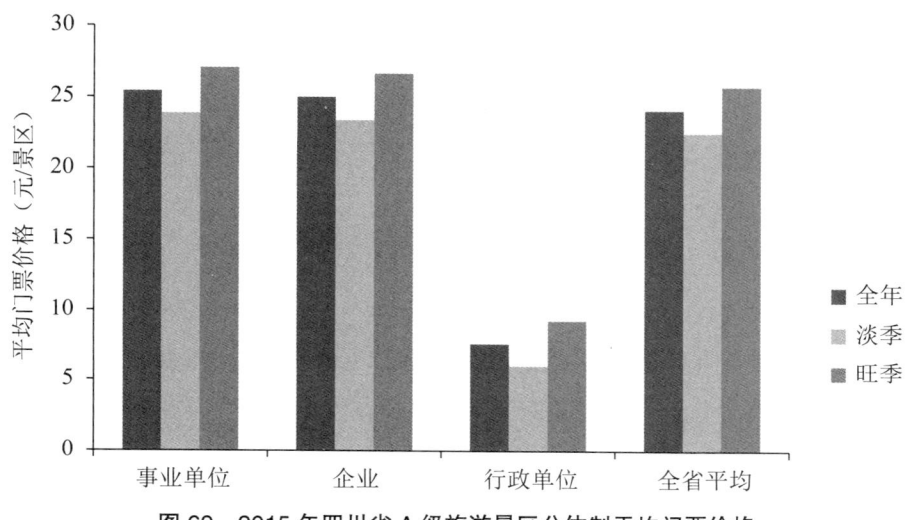

图 69　2015 年四川省 A 级旅游景区分体制平均门票价格

（三）云南省

云南省位于中国西南的边陲，是人类文明重要发源地之一。截至 2013 年，发现的中国和亚洲最早人类是生活在距今 170 万年前的云南元谋人。战国时期，滇族部落的生息之地就是这里。云南即"七彩云南""彩云之南"，另一说法是因位于"云岭之南"而得名。云南历史文化悠久，自然风光绚丽，拥有中国南方喀斯特（云南石林）、云南丽江古城、"三江并流"自然景观、澄江化石地、红河哈尼梯田文化景观五处世界自然、文化遗产。

2015 年，云南省共有 A 级旅游景区 199 家，其中 5A 级景区 6 家，免门票和收门票景区分别为 65 家和 134 家，分别占全省 A 级景区总数的 32.66% 和 67.34%。景区旅游总收入达 82.63 亿元，其中门票收入为 29.05 亿元，占景区旅游总收入的 35.16%。游客接待量共计 1.01 亿人次，其中政策性免票游客和购票游客分别为 3477.34 万人次和 6583.57 万人次，分别占全省 A 级景区游客接待总量的 34.56% 和 65.44%。

2015 年，云南省积极支持响应中国旅游景区协会"5A、4A 级景区带头不上涨门票价格"倡议。包括 5A、4A 级景区在内的 49 家高等级景区，约占全省 5A 和 4A 级景区总数的 69%，签订"不上涨门票价格"协议，承诺三年内不涨价。

1. 总体价格情况

2015 年，云南省共有 134 家 A 级景区收门票，其中 12 家景区票价实行淡旺季。全省 A 级景区全年平均门票价格为 39 元 / 景区，较上年略有下降，降幅为 4.88%，但与全国 A 级景区平均门票价格相比，仍高出 25.81 个百分点。全省 A 级景区淡旺季平均门票价格分别为 38 元 / 景区和 40 元 / 景区。

表 69　2014—2015 年云南省 A 级景区全年及淡旺季平均门票价格总体情况（元 / 景区）

全年平均门票价格			淡季平均门票价格	旺季平均门票价格
2015 年	2014 年	增长率（%）		
39	41	−4.88	38	40

景区游客门票及门票福利：2015 年云南省 A 级景区所有游客人均门票负担和购票游客人均门票负担分别为 28.87 元 / 人次和 44.12 元 / 人次，其中所有游客人均门票负担较上年减少 9.86 元 / 人次，下降 25.46%，购票游客人均门票负担较上年减少 9.3 元 / 人次，下降 17.41%，两者分别较全国平均水平上涨 36.12% 和 15.74%。此外，2015 年云南省 A 级景区门票福利共计 13.56 亿元，占全国景区门票福利总额的 2.61%，较上年减少 0.61 亿元，下降 4.30%。

表 70　2014—2015 年云南省 A 级景区分等级门票负担及门票福利统计

	2014 年	2015 年	增量	增长率（%）
所有游客门票负担（元 / 人次）	38.73	28.87	−9.86	−25.46
购票游客门票负担（元 / 人次）	53.42	44.12	−9.30	−17.41
门票福利（亿元）	14.17	13.56	−0.61	−4.30

景区平均门票价格与居民平均月收入、消费占比：2015 年云南省城镇、农村及全省居民平均月可支配收入分别为 2025 元、687 元和 1296 元，云南省城镇、农村居民平均月消费支出为 1473 元和 569 元。A 级景区平均门票价格分别占城镇、农村及全省居民平均月可支配收入的 1.77%、5.68% 和 3.01%，分别占城镇和农村居民平均月消费支出的 2.65% 和 6.85%。与上年相比，五个比值均呈下降态势，其中平均门票价格与农村居民月消费支出占比降速最快，为 16.05%，平均门票价格与城镇居民消费支出占比降速最慢，为 12.25%。

表71 2014—2015年云南省A级景区平均门票价格与居民平均月收入消费支出占比（%）

年份	居民可支配收入			居民消费支出		
	城镇	农村	全省	城镇	农村	全省
2015年	1.77	5.68	3.01	2.65	6.85	—
2014年	2.02	6.60	3.57	3.02	8.16	—

2. 分等级A级景区门票价格

从景区等级结构来看，2015年云南省2A、3A和4A级景区相对较多，分别为67家、52家和68家，分别占全省A级景区总数的33.67%、26.13%和34.17%；1A级和5A级景区相对较少，均为6家，占比均为3.02%。

各等级A级景区平均门票价格以5A级景区最高，为143元/景区，其次是3A级和4A级景区，分别为65元/景区和29元/景区，1A级景区最低，仅9元/景区。淡旺季平均门票价格同样也以5A级景区最高，分别为145元/景区和143元/景区，其次是4A级景区，分别为64元/景区和65元/景区，1A级景区淡旺季平均门票价格最低，均为9元/景区。

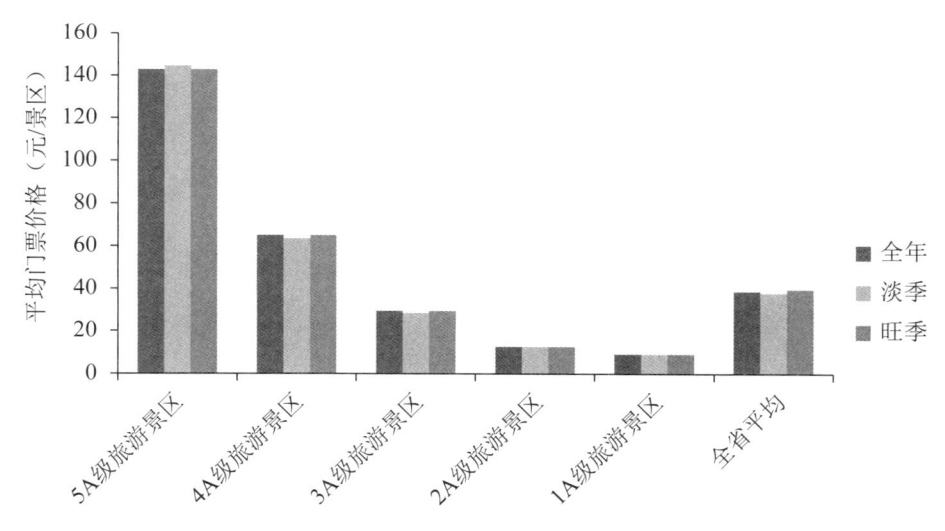

图70 2015年云南省A级景区分等级平均门票价格

3. 分类型A级景区门票价格

从景区类型来看，2015年云南省A级景区以自然景观类景区数量最多，共76家，占全省A级景区总数的38.19%；其次是历史文化和度假休闲类景区，分别为40家和21家，占比分别为20.1%和10.55%；科技教育、红色旅游和工业旅游类景区相对较少，分别为2家、2家和6家，占比分别为1.01%、1.01%和3.02%。

全年平均门票价格以主题游乐类景区最高，为50元/景区，且该类型景区的淡旺季价格相等，均为50元/景区，其次是历史文化、度假休闲和自然景观类景区，分别为38元/景区、41元/景区和46元/景区，平均门票价格相对较低的是红色旅游和博物馆类景区，分别为13元/景区和17元/景区，工业旅游类景区平均门票价格为零。此外，淡季平均门票价格除主题游乐类景区外，以自然景观类景区最高，为44元/景区，其次是度假休闲、历史文化、科技教育和乡村旅游类景区，分别为40元/景区、38元/景区、19元/景区和19元/景区。旺季平均门票价格除主题游乐类景区外，以自然景观类景区最高，为47元/景区，其次是度假休闲、历史文化、乡村旅游和科技教育类景区，分别为41元/景区、39元/景区、19元/景区和19元/景区，工业旅游类景区的淡旺季平均门票价格均为0元/景区。

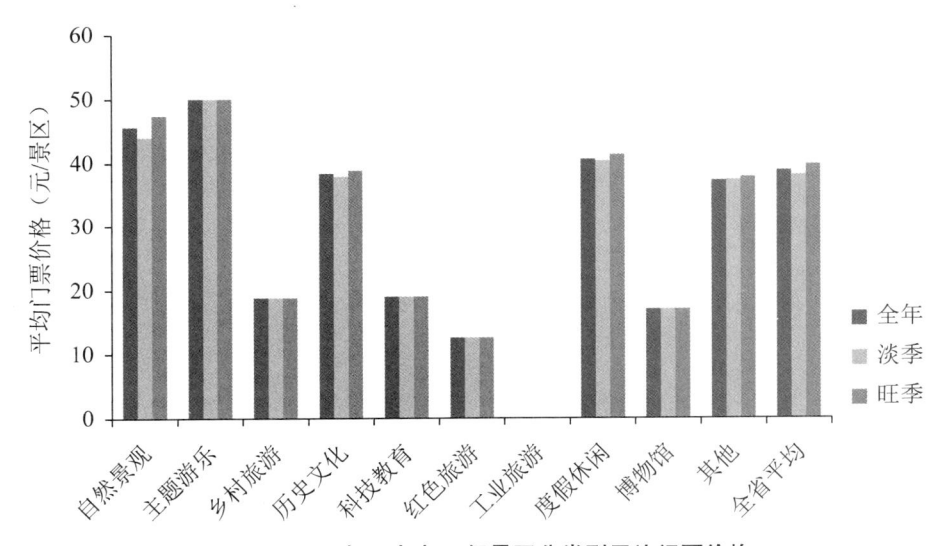

图71　2015年云南省A级景区分类型平均门票价格

4. 分体制A级景区门票价格

从景区经营体制来看，2015年云南省A级景区以企业为经营主体的景区数量最多，共144家，占全省A级景区总数的72.36%；其次是以事业单位为经营主体的景区，共43家，占比为21.61%；以行政单位为经营主体的景区最少，仅12家，占比为6.03%。

全年平均门票价格以企业为经营主体的景区最高，为45元/景区，其次是以行政单位为经营主体的景区，为29元/景区，以事业单位为经营主体的景区平均门票价格最低，为19元/景区。淡、旺季平均门票价格同样也以企业为经营主体的景区最高，分别为45元/景区和47元/景区，其次是以行政单位为经营主体的景区，均为29元/景区，以事业单位为经营主体的景区淡旺季平均门票价格最低，均为19元/景区。

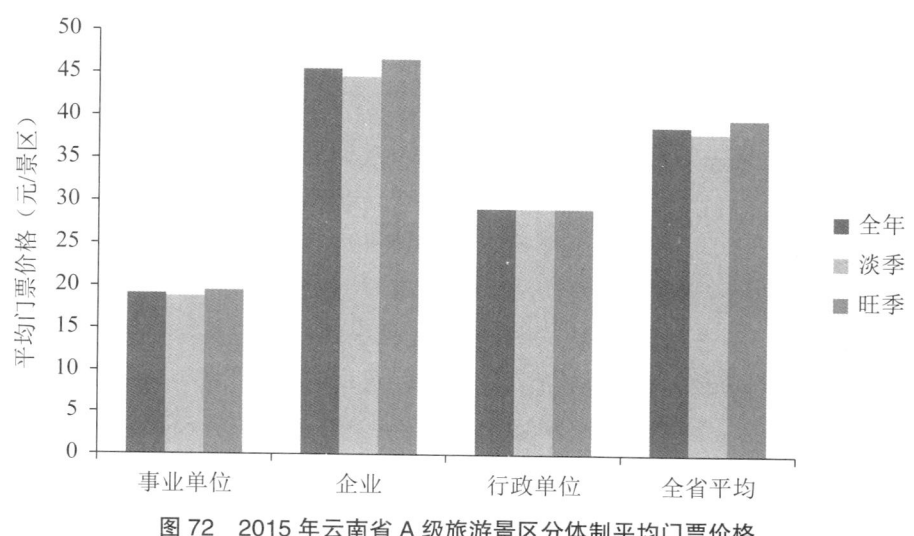

图72　2015年云南省A级旅游景区分体制平均门票价格

（四）重庆市

重庆市位于长江上游地区，地处中国西南部，其北部、东部及南部分别有大巴山、巫山、武陵山、大娄山环绕。地貌以山地、丘陵为主，坡地面积较大，有"山城"之称。重庆地势由南北向长江河谷逐级降低，中部和西北部以低山、丘陵为主，东南部连武陵山和东北部靠大巴山两座大山脉。具有三千多年悠久历史的重庆旅游资源极为富饶，既拥有集水、山、泉、林、峡、瀑、洞等为一体的壮丽自然景色，又拥有民族文化、三峡文化、移民文化、巴渝文化、陪都文化、都市文化等浓郁文化景观，拥有重庆大足石刻、中国南方喀斯特（重庆武隆）两处世界文化、自然遗产。

2015年，重庆市共有A级旅游景区198家，其中5A级景区7家，免门票和收门票景区分别为104家和94家，分别占全市A级景区总数的52.53%和47.47%。景区旅游总收入达91.32亿元，其中门票收入为13.42亿元，占景区旅游总收入的14.70%。游客接待量共计0.87亿人次，其中政策性免票游客和购票游客分别为4855.40万人次和3882.95万人次，分别占全市A级景区游客接待总量的55.56%和44.44%。

2015年，重庆市积极支持响应中国旅游景区协会"5A、4A级景区带头不上涨门票价格"倡议。全市包括5A级景区在内的数十家高等级景区签订"不上涨门票价格"协议,承诺三年内不涨价。

1. 总体价格情况

2015年,重庆市共有94家A级景区收门票,其中27家景区票价实行淡旺季。全市A级景区全年平均门票价格为25元/景区,较上年略有下降,降幅为7.41%,且低于全国平均门票价格19.35个百分点。淡旺季平均门票价格分别为23元/景区和28元/景区。

表72 2014—2015年重庆市A级景区全年及淡旺季平均门票价格总体情况(元/景区)

全年平均门票价格			淡季平均门票价格	旺季平均门票价格
2015年	2014年	增长率(%)		
25	27	-7.41	23	28

景区游客门票负担及门票福利:2015年重庆市A级景区所有游客人均门票负担和购票游客人均门票负担分别为15.36元/人次和34.57元/人次,其中所有游客人均门票负担较上年减少3.87元/人次,下降20.12%,购票游客人均门票负担较上年减少1.98元/人次,下降5.42%,分别低于全国平均水平27.58和9.31个百分点。此外,2015年重庆市A级景区门票福利共计12.14亿元,占全国景区门票福利总额的2.34%,较上年增加3.46亿元,增长39.86%。

表73 2014—2015年重庆市A级景区分等级门票负担及门票福利统计

	2014年	2015年	增量	增长率(%)
所有游客门票负担(元/人次)	19.23	15.36	-3.87	-20.12
购票游客门票负担(元/人次)	36.55	34.57	-1.98	-5.42
门票福利(亿元)	8.68	12.14	3.46	39.86

景区平均门票价格与居民平均月收入、消费占比:2015年重庆市城镇、农村及全省居民平均月可支配收入分别为2270元、875元和1676元,重庆市城镇、农村及全省居民平均月消费支出为1645元、745元和1262元。A级景区平均门票价格分别占城镇、农村及全省居民平均月可支配收入的1.10%、2.86%和1.49%,分别占城镇、农村及全省居民平均月消费支出的1.52%、3.36%和1.98%。与上年相比,五个比值均呈下降态势,其中平均门票价格与农村居民月消费支出占比降速最快,为10.64%,平均门票价格与城镇居民消费支出占比降速最慢,为7.32%。

表74 2014—2015年重庆市A级景区平均门票价格与居民平均月收入消费支出占比（%）

年份	居民可支配收入			居民消费支出		
	城镇	农村	全市	城镇	农村	全市
2015年	1.10	2.86	1.49	1.52	3.36	1.98
2014年	1.19	3.16	1.63	1.64	3.76	—

2. 分等级A级景区门票价格

从景区等级结构来看，2015年重庆市3A和4A级景区数量相对较多，分别为77家和68家，分别占全省A级景区总数的38.89%和34.34%；1A级和5A级景区相对较少，分别为2家和7家，分别占全省A级景区总数的1.01%和3.54%。

除1A级景区免门票外，其他等级A级景区均收门票。其中5A级景区全年平均门票价格最高，为158元/景区，其次是4A级景区，为36元/景区，2A级和3A级景区相对较低，分别为12元/景区和11元/景区。淡旺季平均门票价格同样也以5A级景区最高，分别为140元/景区和178元/景区，其次是4A级景区，分别为32元/景区和40元/景区。

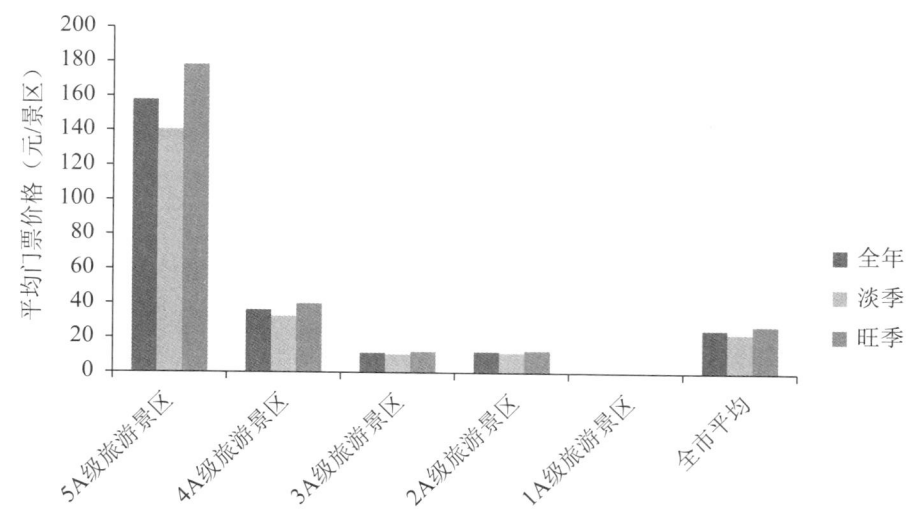

图73 2015年重庆市A级景区分等级平均门票价格

3. 分类型A级景区门票价格

从景区类型来看，2015年重庆市A级景区以度假休闲类景区数量最多，共48家，占全省A级景区总数的24.24%；其次是自然景观类景区，分别为44家，占比22.22%；主题游乐、工业旅游和科技教育类景区相对较少，分别为5家、4家及3家，占比分别为 2.53%、2.02% 和 1.52%。

主题游乐类景区在各类型 A 级景区全年平均门票价格中最高，为 75 元 / 景区，其次是科技教育和自然景观类景区，分别为 35 元 / 景区和 48 元 / 景区，全年平均门票价格相对较低的是博物馆和红色旅游类景区，分别为 7 元 / 景区和 4 元 / 景区。此外，淡季平均门票价格同样以主题游乐类景区最高，为 72 元 / 景区，其次是自然景观和科技教育类景区，分别为 43 元 / 景区和 30 元 / 景区。旺季平均门票价格还是主题游乐类景区最高，为 80 元 / 景区，其次是自然景观和科技教育类景区，分别为 54 元 / 景区和 40 元 / 景区。

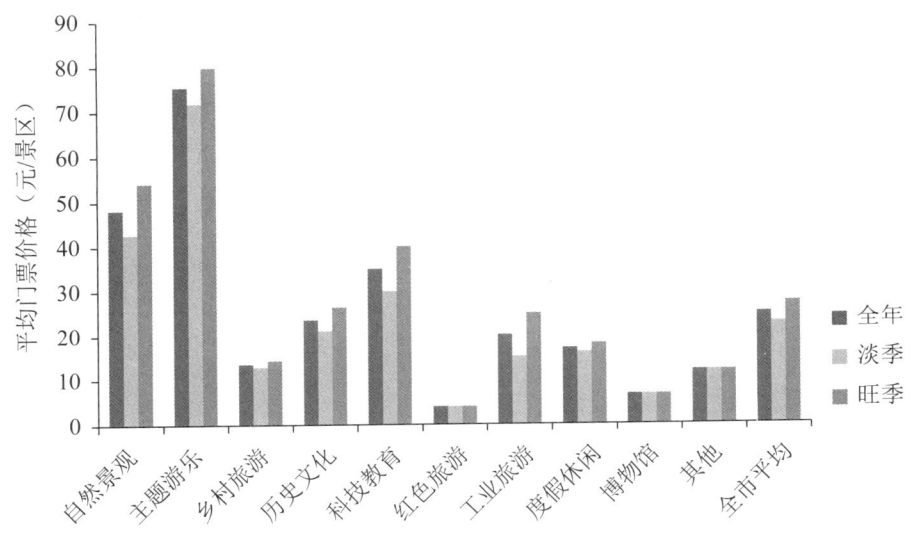

图 74　2015 年重庆市 A 级景区分类型平均门票价格

4. 分体制 A 级景区门票价格

从景区经营体制来看，2015 年重庆市 A 级景区以企业为经营主体的景区数量最多，共 135 家，占全省 A 级景区总数的 68.18%；其次是以事业单位为经营主体的景区，共 57 家，占比为 28.79%；以行政单位为经营主体的景区最少，仅 6 家，占比为 3.03%。

各经营体制 A 级景区除行政单位性质的景区免门票外，其他体制景区均收门票。其中全年平均门票价格以企业为经营主体的景区最高，为 30 元 / 景区，其次是以事业单位为经营主体的景区，为 17 元 / 景区。淡、旺季平均门票价格同样也以企业为经营主体的景区最高，分别为 27 元 / 景区和 33 元 / 景区，其次是以事业单位为经营主体的景区，淡、旺季平均门票价格分别为 33 元 / 景区和 17 元 / 景区。

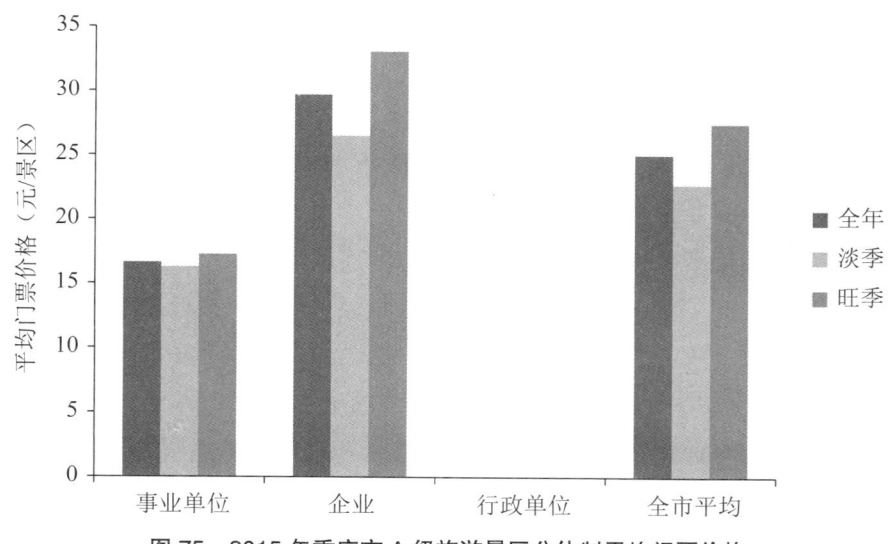

图 75　2015 年重庆市 A 级旅游景区分体制平均门票价格

六、西北片区 A 级景区门票价格情况

我国西北片区主要包括甘肃省、青海省、陕西省、宁夏回族自治区、新疆维吾尔自治区和新疆生产建设兵团六个省（自治区、兵团）。西北片区旅游资源丰富，旅游景区数量较多，其中 A 级景区 952 家，5A 级景区 26 家，拥有丝绸之路、秦始皇陵及兵马俑、敦煌莫高窟、新疆天山等世界级旅游资源。该片区 A 级景区全年平均门票价格为 21 元 / 景区，其中宁夏回族自治区最高，为 34 元 / 景区，高于全片区 A 级景区平均票价 61.90 个百分点。新疆生产建设兵团 A 级景区全年平均门票价格最低，为 10 元 / 景区，低于全片区平均票价 52.38 个百分点。

（一）甘肃省

甘肃省地控黄河上游，沟通黄土高原、青藏高原、内蒙古高原，东通陕西，南瞰巴蜀、青海；西达新疆；北扼内蒙古、宁夏；西北出蒙古国，辐射中亚。甘肃历史跨越八千余年，是中华民族和华夏文明的重要发祥地之一，也是中医药学的发祥地之一，被誉为"河岳根源、羲轩桑梓"。境内拥有敦煌莫高窟、丝绸之路（麦积山石窟、炳灵寺石窟、锁阳城遗址、悬泉置遗址、玉门关遗址）两处世界自然、文化遗产。

2015 年，甘肃省共有 A 级旅游景区 217 家，其中 5A 级景区 4 家，免门票和收门票景区分别为 117 家和 100 家，分别占全省 A 级景区总数的 53.92% 和 46.08%。景区旅游总收入达 54.18 亿元，其中门票收入为 12.43 亿元，占景区旅游总收入的 22.94%。游客接待量共计 0.71 亿人次，其中政策性免票游客和购票游客分别为3683.36万人次和3385.50万人次，分别占全省A级景区游客接待总量的52.11%和47.89%。

2015年，甘肃莫高窟、麦积山景区门票违规涨价被相关媒体通报。通报指出，甘肃省原计划于同年10月10日起将麦积山门票价格从70元调整为110元，一次性调涨幅度达57%，由于涨幅超限，属"超标提价"。数字展示中心门票被莫高窟打包进入景区门票，违反了"相邻的参观点门票合并成联票，应低于各参观点价格相加总和"的规定。因此，对于麦积山、莫高窟等景区，甘肃省发改委对其门票价格调整方案进行了修改，景区统一门票将不再包含莫高窟数字展示中心门票，由游客自由选择；原本准备由70元上调至110元的麦积山景区门票将下降至90元，涨价幅度降为28.57%[140]。

1. 总体价格情况

2015年，甘肃省共有100家A级景区收门票，其中16家景区票价实行淡旺季。全省A级景区全年平均门票价格为16元/景区，较上年略有上涨，增幅为6.67%，但与全国A级景区平均门票价格相比，低出48.39个百分点。全省A级景区淡旺季平均门票价格分别为15元/景区和17元/景区。

表75　2014—2015年甘肃省A级景区全年及淡旺季平均门票价格总体情况（元/景区）

全年平均门票价格			淡季平均门票价格	旺季平均门票价格
2015年	2014年	增长率（%）		
16	15	6.67	15	17

景区游客门票负担及门票福利：2015年甘肃省A级景区所有游客人均门票负担和购票游客人均门票负担分别为17.58元/人次和36.71元/人次，其中所有游客人均门票负担较上年减少1.15元/人次，下降6.14%，购票游客人均门票负担较上年减少6.60元/人次，下降15.24%，分别低于全国平均水平17.11和3.70个百分点。此外，2015年甘肃省A级景区门票福利共计5.89亿元，占全国景区门票福利总额的1.13%，较上年增加1.93亿元，增长48.74%。

表76　2014—2015年甘肃省A级景区分等级门票负担及门票福利统计

	2014年	2015年	增量	增长率（%）
所有游客门票负担（元/人次）	18.73	17.58	-1.15	-6.14
购票游客门票负担（元/人次）	43.31	36.71	-6.60	-15.24
门票福利（亿元）	3.96	5.89	1.93	48.74

景区平均门票价格与居民平均月收入、消费占比：2015年甘肃省城镇、农村居民平均月可支配收入分别为1981元和578元，甘肃省城镇、农村居民平均月消费支出为1454元和569元。A级景区平均门票价格分别占城镇、农村居民平均月可支配收入的0.81%和2.77%，分别占城镇、农村居民平均月消费支出的1.10%和2.81%。与上年相比，平均门票价格与农村居民消费支出占比降速最快，为22.80%，平均门票价格与城镇居民消费支出占比降速最慢，为11.29%。

表77　2014—2015年甘肃省A级景区平均门票价格与居民平均月收入消费支出占比（%）

年份	居民可支配收入			居民消费支出		
	城镇	农村	全省	城镇	农村	全省
2015年	0.81	2.77	—	1.10	2.81	—
2014年	0.92	3.35	—	1.24	3.64	—

2.分等级A级景区门票价格

从景区等级结构来看，2015年甘肃省2A级和4A级景区数量相对较多，分别为77家和70家，分别占全省A级景区总数的35.48%和32.26%；其次是3A级景区，为64家，占比29.49%；1A级和5A级景区相对较少，分别为2家和4家，占比分别为0.92%和1.84%。

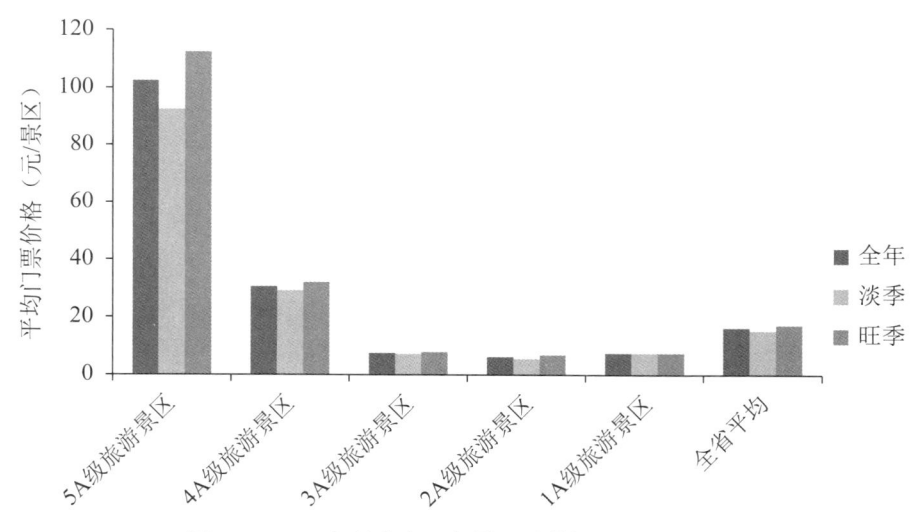

图76　2015年甘肃省A级景区分等级平均门票价格

5A级景区全年平均门票价格最高，为103元/景区，其次是4A级景区，为31元/景区，3A和1A级景区平均门票价格相等，均为8元/景区，2A级景区最低，为6元/

景区。淡季平均门票价格同样也以 5A 级景区最高，为 93 元 / 景区，其次是 4A 级景区，为 29 元 / 景区。旺季平均门票价格也以 5A 级景区最高，为 113 元 / 景区，其次是 4A 级景区，为 32 元 / 景区。

3. 分类型 A 级景区门票价格

从景区类型来看，2015 年甘肃省 A 级景区以自然景观、历史文化类景区数量相对较多，分别为 68 家和 56 家，分别占全省 A 级景区总数的 31.34% 和 25.81%；其次是度假休闲类景区，为 41 家，占比 18.89%；科技教育、工业旅游和乡村旅游类景区相对较少，分别为 2 家、2 家和 3 家，占比分别为 0.92%、0.92% 和 1.38%。

各类型 A 级景区除红色旅游类景区免门票外，其他类型景区均收门票。其中全年平均门票价格以主题游乐类景区最高，为 51 元 / 景区，其次是工业旅游和自然景观类景区，分别为 25 元 / 景区和 23 元 / 景区，度假休闲和博物馆类景区全年平均门票价格相对较低，分别为 5 元 / 景区和 12 元 / 景区。此外，淡季平均门票价格同样以主题游乐类景区最高，为 49 元 / 景区，其次是工业旅游和自然景观类景区，分别为 25 元 / 景区和 21 元 / 景区。旺季平均门票价格还是自然景观类景区最高，为 53 元 / 景区，其次是工业旅游和自然景观类景区，分别为 25 元 / 景区和 26 元 / 景区。

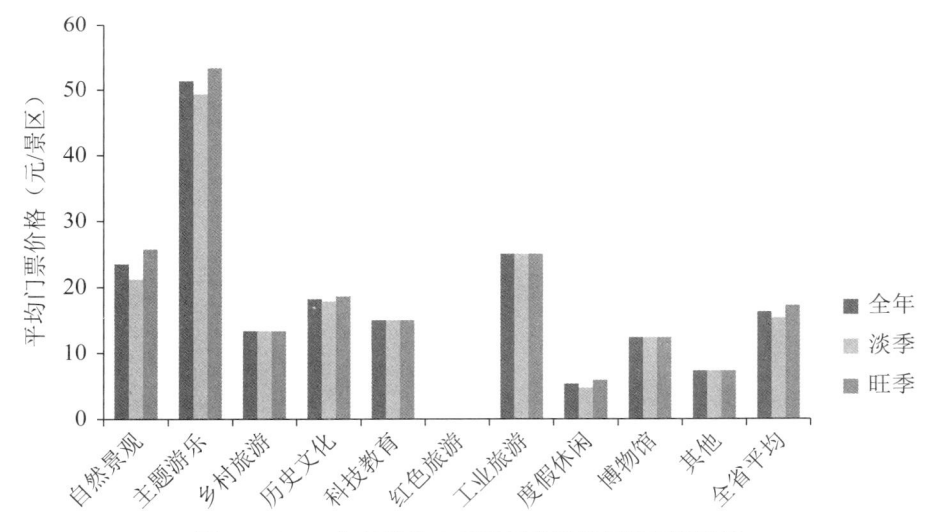

图 77　2015 年甘肃省 A 级景区分类型平均门票价格

4. 分体制 A 级景区门票价格

从景区经营体制来看，2015 年甘肃省 A 级景区以事业单位为经营主体的景区数量最多，共 114 家，占全省 A 级景区总数的 52.53%；其次是以企业为经营主体的景区，共 101 家，占比为 46.54%；以行政单位为经营主体的景区最少，仅 2 家，占比为 0.92%。

以行政单位为经营主体的景区全年平均门票价格最高，为 18 元/景区，其次是以企业为经营主体的景区，为 17 元/景区，以事业单位为经营主体的景区平均门票价格最低，为 15 元/景区。淡季平均门票价格同样也以行政单位为经营主体的景区最高，为 18 元/景区，其次是以企业和事业单位为经营主体的景区，分别为 16 元/景区和 15 元/景区。旺季平均门票价格以企业和行政单位为经营主体的景区最高，均为 18 元/景区，其次是以事业单位为经营主体的景区，为 16 元/景区。

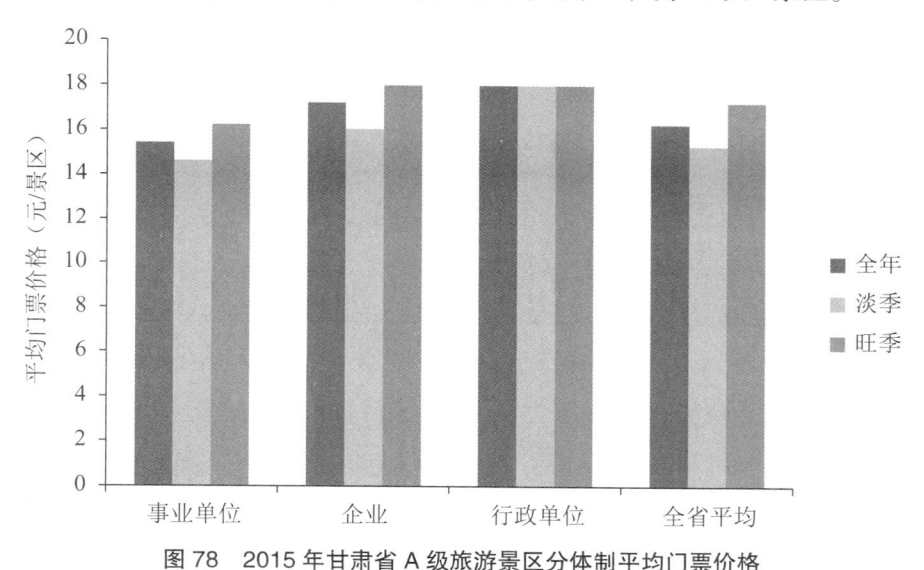

图 78　2015 年甘肃省 A 级旅游景区分体制平均门票价格

（二）青海省

青海省因境内有中国最大的内陆咸水湖青海湖而得名，地处中国西部的青藏高原东北部，与甘肃、四川、新疆、西藏四省区比邻。青海省是黄河、澜沧江、长江的发源地，有"中华水塔""江河源头"的称号。由于青海处在中国地形三大阶梯的第一级上，因此青海绝大部分属于"世界屋脊"——青藏高原。境内呈现峡谷、高原、高山、盆地、台地等复杂多样的地形地貌。青海自然风光雄奇壮美，独具青藏高原特色。以古墓群、古寺庙、古岩画、古城堡为特征的名胜古迹众多，至今仍保留着丰富多彩的民族风情和习俗。

2015 年，青海省共有 A 级旅游景区 79 家，其中 5A 级景区 2 家，免门票和收门票景区分别为 52 家和 27 家，分别占全省 A 级景区总数的 65.82% 和 34.18%。景区旅游总收入达 29.75 亿元，其中门票收入为 4.12 亿元，占景区旅游总收入的 13.85%。

游客接待量共计 0.20 亿人次，其中政策性免票游客和购票游客分别为 745.43 万人次和 1220.88 万人次，分别占全省 A 级景区游客接待总量的 37.91% 和 62.09%。

2015 年，青海省许多旅游门票均未涨价。在中国旅游景区协会的大力倡议下，包括青海湖、塔尔寺 2 家 5A 级景区和 17 家 4A 级景区签订不上涨门票价格协议，承诺三年内不涨价。

1. 总体价格情况

2015 年，青海省共有 27 家 A 级景区收门票，其中 11 家景区票价实行淡旺季。全省 A 级景区全年平均门票价格为 17 元/景区，较上年上涨 13.33%，且与全国 A 级景区平均门票价格相比高出 45.16 个百分点。淡旺季平均门票价格分别为 15 元/景区和 18 元/景区。

表 78 2014—2015 年青海省 A 级景区全年及淡旺季平均门票价格总体情况（元/景区）

全年平均门票价格			淡季平均门票价格	旺季平均门票价格
2015 年	2014 年	增长率（%）		
17	15	13.33	15	18

景区游客门票负担及门票福利：2015 年青海省 A 级景区所有游客人均门票负担和购票游客人均门票负担分别为 20.95 元/人次和 33.74 元/人次，其中所有游客人均门票负担较上年增加 13.86 元/人次，增速高达 195.49%，购票游客人均门票负担较上年增加 25.69 元/人次，增速高达 319.13%，但分别低于全国平均水平 1.23 和 11.49 个百分点。此外，2015 年青海省 A 级景区门票福利共计 1.27 亿元，占全国景区门票福利总额的 0.24%，较上年增加 0.55 亿元，增长 76.39%。

表 79 2014—2015 年青海省 A 级景区分等级门票负担及门票福利统计

	2014 年	2015 年	增量	增长率（%）
所有游客门票负担（元/人次）	7.09	20.95	13.86	195.49
购票游客门票负担（元/人次）	8.05	33.74	25.69	319.13
门票福利（亿元）	0.72	1.27	0.55	76.39

景区平均门票价格与居民平均月收入、消费占比：2015 年青海省城镇、农村及全省居民平均月可支配收入分别为 2045 元、661 元和 1318 元，青海省城镇、农村居民平均月消费支出为 1600 元、714 元。A 级景区平均门票价格分别占城镇、农村及全省居民平均月可支配收入的 0.83%、2.57% 和 1.29%，分别占城镇、农村居民平均月消费支出的 1.06%、2.38%。与上年相比，平均门票价格与城镇居民消费支出占比

降速最快，为9.40%，平均门票价格与农村居民消费支出占比降速最慢，为4.03%。

表80　2014—2015年青海省A级景区平均门票价格与居民平均月收入消费支出占比（%）

年份	居民可支配收入			居民消费支出		
	城镇	农村	全省	城镇	农村	全省
2015年	0.83	2.57	1.29	1.06	2.38	—
2014年	0.91	2.80	—	1.17	2.48	—

2. 分等级A级景区门票价格

从景区等级结构来看，2015年青海省3A级景区数量最多，为52家，占全省A级景区总数的65.82%；其次是4A级景区，为18家，占比22.78%；5A级和2A级景区相对较少，分别为2家和7家，分别占全省A级景区总数的2.53%和8.86%。

5A级景区全年平均门票价格最高，为174元/景区，其次是4A级景区，为39元/景区，3A和2A级景区相对较低，分别为5元/景区和1元/景区。淡季平均门票价格同样也以5A级景区最高，为175元/景区，其次是4A级景区，为33元/景区；旺季平均门票价格也以5A级景区最高，为175元/景区，其次是4A级景区，为44元/景区。

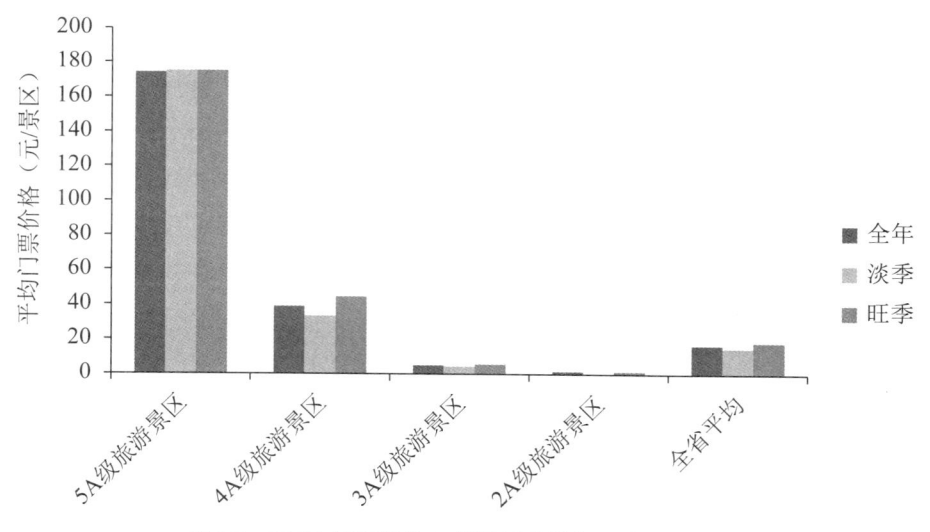

图79　2015年青海省A级景区分等级平均门票价格

3. 分类型A级景区门票价格

从景区类型来看，2015年青海省A级景区以自然景观类景区数量最多，共31家，占全省A级景区总数的39.24%；其次是历史文化类景区，分别为23家，占比为 29.11%；乡村旅游、红色旅游和博物馆类景区相对较少，分别为 1 家、1 家和 5 家，占比分别为 1.27%、1.27% 和 6.33%。

各类型 A 级景区除乡村旅游类景区免门票外，其他类型景区均收门票。其中全年平均门票价格以红色旅游类景区最高，为 115 元 / 景区，其次是自然景观和历史文化类景区，分别为 22 元 / 景区和 13 元 / 景区，度假休闲和博物馆类景区全年平均门票价格相对较低，分别为 10 元 / 景区和 12 元 / 景区。此外，淡季平均门票价格同样以红色旅游类景区最高，为 105 元 / 景区，其次是自然景观和历史文化类景区，分别为 19 元 / 景区和 13 元 / 景区。旺季平均门票价格还是红色旅游类景区最高，为 125 元 / 景区，其次是自然景观和历史文化类景区，分别为 24 元 / 景区和 14 元 / 景区。

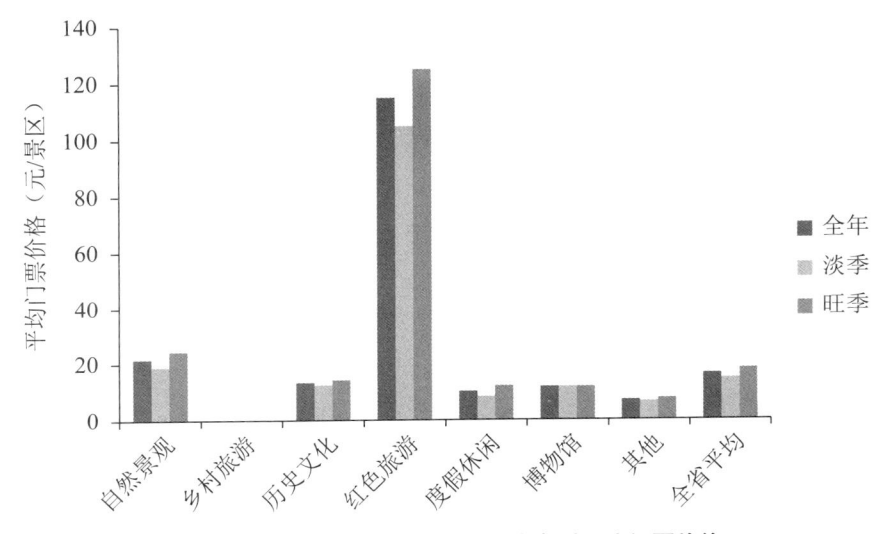

图 80 2015 年青海省 A 级景区分类型平均门票价格

4. 分体制 A 级景区门票价格

从景区经营体制来看，2015 年青海省 A 级景区以企业为经营主体的景区数量最多，共 58 家，占全省 A 级景区总数的 73.42%；其次是以事业单位为经营主体的景区，共 12 家，占比为 15.19%；以行政单位为经营主体的景区最少，为 9 家，占比为 11.39%。

以企业为经营主体的景区全年平均门票价格最高，为 20 元 / 景区，其次是以事业单位和行政单位为经营主体的景区，均为 6 元 / 景区。淡季平均门票价格同样也以企业为经营主体的景区最高，为 18 元 / 景区，其次是以事业单位和行政单位为经营主体的景区，分别为 6 元 / 景区和 5 元 / 景区。旺季平均门票价格也以企业为经营主体的景区最高，为 23 元 / 景区，其次是以事业单位和行政单位为经营主体的景区，分别为 6 元 / 景区和 7 元 / 景区。

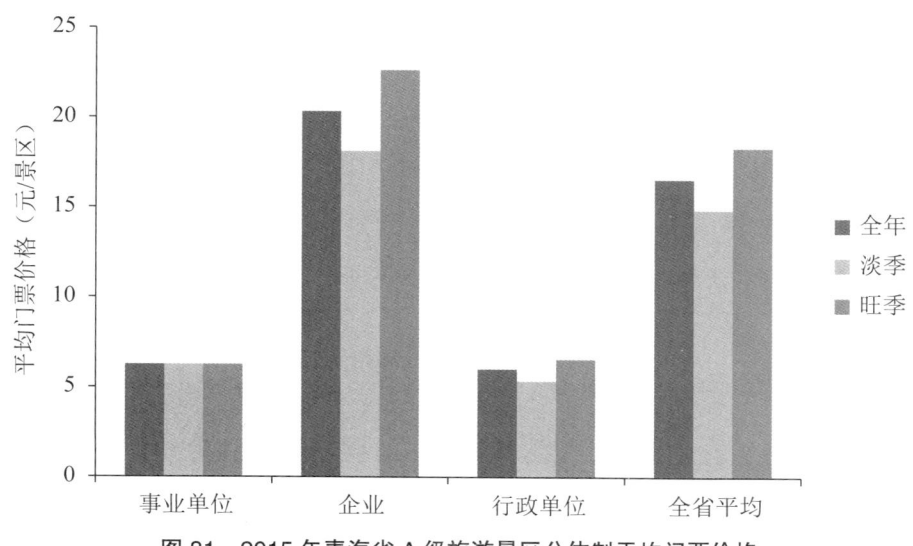

图81　2015年青海省A级旅游景区分体制平均门票价格

（三）陕西省

陕西省位于西北内陆腹地，横跨黄河和长江两大流域中部，为连接中国东、中部地区和西北、西南的重要枢纽。陕西历史悠久，是中华文明的重要发祥地之一，上古时为雍州、梁州所在，是炎帝故里及黄帝的葬地。西周初年，周成王以陕原为界，原西由召公管辖，后人遂称陕原以西为"陕西"。陕西自古是帝王建都之地，九个大一统王朝中有五个建都西安（咸阳），留下的帝王陵墓共79座，被称为"东方金字塔"。境内拥有陕西秦始皇陵及兵马俑、丝绸之路（汉长安城未央宫遗址、唐长安城大明宫遗址、彬县大佛寺石窟、张骞墓、大雁塔小雁塔、兴教寺塔）两处世界文化遗产。

2015年，陕西省共有A级旅游景区313家，其中5A级景区7家，免门票和收门票景区分别为114家和199家，分别占全省A级景区总数的36.42%和63.58%。景区旅游总收入达82.29亿元，其中门票收入为30.58亿元，占景区旅游总收入的37.16%。游客接待量共计1.46亿人次，其中政策性免票游客和购票游客分别为5883.78万人次和8716.79万人次，分别占全省A级景区游客接待总量的40.30%和59.70%。

2015年，陕西省以5A级景区为代表的高A级景区未涨价。陕西省2014年申报成功的丝绸之路世界文化遗产的7处遗产点（汉长安城未央宫遗址、唐长安城大明宫遗址、大雁塔、小雁塔、兴教寺塔、彬县大佛寺石窟、张骞墓）也未涨价，但游客却大幅增长。

1. 总体价格情况

2015 年，陕西省共有 199 家 A 级景区收门票，其中 102 家景区票价实行淡旺季。全省 A 级景区全年平均门票价格为 29 元 / 景区，较上年略有下降，降幅为 3.33%，且低于全国平均门票价格 6.45 个百分点。淡旺季平均门票价格分别为 26 元 / 景区和 33 元 / 景区。

表 81　2014—2015 年陕西省 A 级景区全年及淡旺季平均门票价格总体情况（元 / 景区）

全年平均门票价格			淡季平均门票价格	旺季平均门票价格
2015 年	2014 年	增长率（%）		
29	30	-3.33	26	33

景区游客负担及门票福利：2015 年陕西省 A 级景区所有游客人均门票负担和购票游客人均门票负担分别为 20.95 元 / 人次和 35.08 元 / 人次，其中所有游客人均门票负担较上年减少 4.19 元 / 人次，下降 16.67%，购票游客人均门票负担较上年减少 1.67 元 / 人次，下降 4.54%，分别低于全国平均水平 1.23% 和 7.97%。此外，2015 年陕西省 A 级景区门票福利共计 50.96 亿元，占全国景区门票福利总额的 9.81%，较上年增长 24.84 亿元，增长 95.1%。

表 82　2014—2015 年陕西省 A 级景区分等级门票负担及门票福利统计

	2014 年	2015 年	增量	增长率（%）
所有游客门票负担（元 / 人次）	25.14	20.95	-4.19	-16.67
购票游客门票负担（元 / 人次）	36.75	35.08	-1.67	-4.54
门票福利（亿元）	26.12	50.96	24.84	95.10

景区平均门票价格与居民平均月收入、消费占比：2015 年陕西省城镇、农村及全省居民平均月可支配收入分别为 2202 元、724 元和 1450 元，陕西省城镇和农村居民平均月消费支出为 1539 元和 658 元。A 级景区平均门票价格分别占城镇、农村及全省居民平均月可支配收入的 1.32%、4.01% 和 2.00%，分别占城镇和农村居民平均月消费支出的 1.88% 和 4.41%。与上年相比，除平均门票价格与城镇居民可支配收入占比有所上升外，其他比值均呈下降态势，其中平均门票价格与全省居民可支配收入占比降速最快，下降了 11.89%，平均门票价格与城镇居民月消费支出占比降速最慢，为 8.29%，平均门票价格与城镇居民可支配收入占比上升了 1.54%。

表 83 2014—2015 年陕西省 A 级景区平均门票价格与居民平均月收入消费支出占比（%）

年份	居民可支配收入			居民消费支出		
	城镇	农村	全省	城镇	农村	全省
2015 年	1.32	4.01	2.00	1.88	4.41	—
2014 年	1.30	4.54	2.27	2.05	4.97	—

2. 分等级 A 级景区门票价格

从景区等级结构来看，2015 年陕西省 3A 级景区数量最多，为 182 家，占全省 A 级景区总数的 58.15%；其次是 4A 级和 2A 级景区，分别为 80 家和 43 家，分别占全省 A 级景区总数的 25.56% 和 13.74%；5A 级和 1A 级景区数量相对较少，分别为 7 家和 1 家，分别占全省 A 级景区总数的 2.24% 和 0.32%。

5A 级景区全年平均门票最高，为 109 元 / 景区，其次是 4A 级景区，为 50 元 / 景区，3A 级和 1A 级景区平均门票价格分别为 22 元 / 景区和 30 元 / 景区，2A 级景区平均门票价格最低，仅为 8 元 / 景区。淡季平均门票价格同样也以 5A 级景区最高，为 99 元 / 景区，其次是 4A 级景区，为 43 元 / 景区，2A 级景区最低，为 7 元 / 景区；旺季门票价格以 5A 级景区最高，为 137 元 / 景区，其次是 4A 级景区，为 57 元 / 景区，2A 级门票价格最低，为 8 元 / 景区。

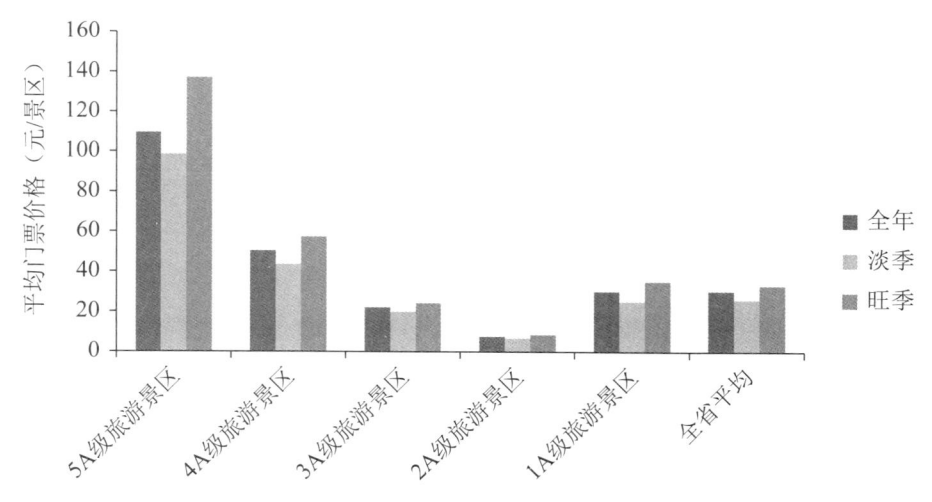

图 82 2015 年陕西省 A 级景区分等级平均门票价格

3. 分类型 A 级景区门票价格

从景区类型来看，2015 年陕西省 A 级景区以自然景观类景区数量最多，共 85 家，占全省 A 级景区总数的 27.16%；其次是历史文化和博物馆类景区，分别为 82 家和 49

家，占比为 26.20% 和 15.65%；度假休闲类景区，为 31 家，占比为 9.90%，科技教育类景区最少，仅 2 家，占比为 0.64%。

全年平均门票价格以主题游乐类景区最高，为 51 元 / 景区，其次是自然景观和度假休闲类景区，分别为 40 元 / 景区和 32 元 / 景区，红色旅游类景区平均门票价格最低，仅为 4 元 / 景区。淡季平均门票价格中以主题游乐类景区最高，为 45 元 / 景区，其次是自然景观和度假休闲类景区，分别为 33 元 / 景区、28 元 / 景区，红色旅游类景区价格最低，为 4 元 / 景区；旺季平均门票价格同样是主题游乐类景区最高，为 57 元 / 景区，其次是自然景观和度假休闲类景区，分别为 46 元 / 景区和 36 元 / 景区，红色旅游类景区旺季平均门票价格最低，为 5 元 / 景区。

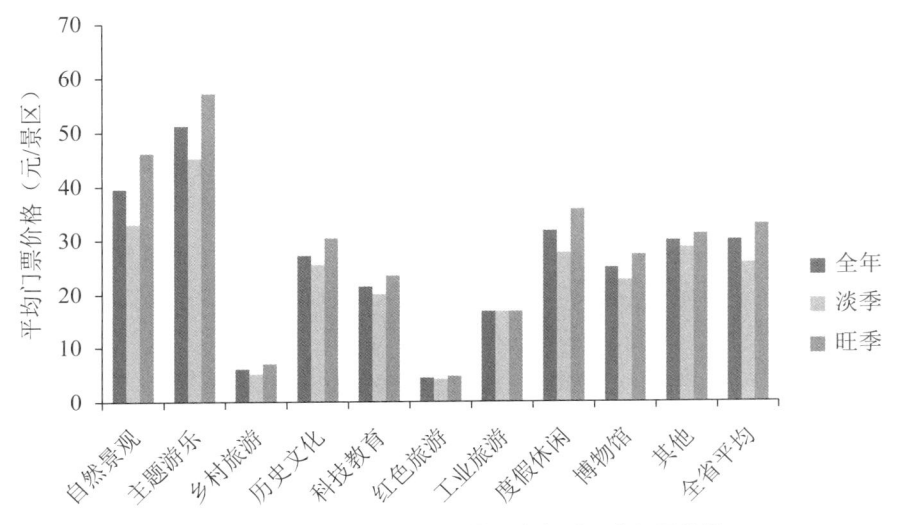

图 83　2015 年陕西省 A 级景区分类型平均门票价格

4. 分体制 A 级景区门票价格

从景区经营体制来看，2015 年陕西省 A 级景区以企业为经营主体的景区数量最多，共 178 家，占全省 A 级景区总数的 56.87%；其次是以事业单位为经营主体的景区，共 132 家，占比为 42.17%；以行政单位为经营主体的景区最少，仅 3 家，占比为 0.96%。

全年平均门票价格以企业为经营主体的景区最高，为 34 元 / 景区，其次是以事业单位为经营主体的景区，为 24 元 / 景区，以行政单位为经营主体的景区免票。淡季平均门票价格同样也以企业为经营主体的景区最高，为 29 元 / 景区，以事业单位为经营主体的景区，为 22 元 / 景区；旺季平均门票价格以企业为经营主体的景区最高，为 38 元 / 景区，以事业单位为经营主体的景区，为 27 元 / 景区。

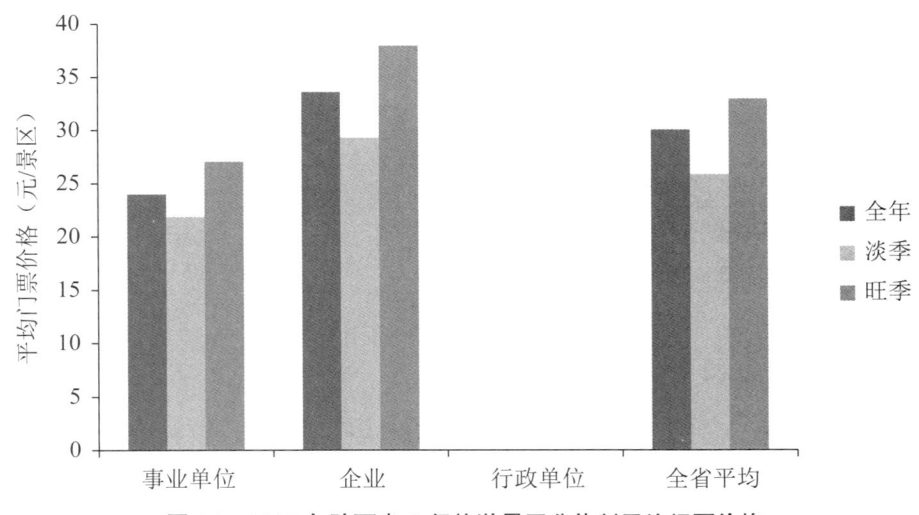

图 84 2015 年陕西省 A 级旅游景区分体制平均门票价格

（四）宁夏回族自治区

宁夏回族自治区位于中国西部的黄河上游地区，北部、西部接内蒙古自治区，南部与甘肃省相连，东邻陕西省。宁夏是中华文明的发源地之一，位于"丝绸之路"上，历史上曾是东西部交通贸易的重要通道，由于黄河流经此地，因此这里同样有古老悠久的黄河文明。宁夏早在三万年前就已有了人类生息的痕迹，党项族的首领李元昊在 1038 年建立了西夏王朝，并形成了西夏文化。古今被称为"塞上江南"。

2015 年，自治区共有 A 级旅游景区 40 家，其中 5A 级景区 4 家，免门票和收门票景区分别为 6 家和 34 家，分别占全区 A 级景区总数的 15.00% 和 85.00%。景区旅游总收入达 10.40 亿元，其中门票收入为 4.67 亿元，占景区旅游总收入的 44.90%。游客接待量共计 0.17 亿人次，其中政策性免票游客和购票游客分别为 494.60 万人次和 1169.99 万人次，分别占全区 A 级景区游客接待总量的 29.71% 和 70.29%。

2015 年，自治区积极响应国家旅游局为期三年的"全国旅游价格信得过景区"创建活动，全区共计 10 家 A 景区（其中 1 家 5A 级、9 家 4A 级）上榜，承诺三年内景区门票价格不上涨，主要包括港中旅（宁夏）沙坡头旅游景区、西夏陵风景名胜区、苏峪口国家森林公园、水洞沟旅游区、鸣翠湖国家湿地公园、青铜峡黄河大峡谷·中华黄河坛旅游区、腾格里沙漠湿地·金沙岛旅游区、须弥山旅游区、固原博物馆、宁夏科学技术馆。

1. 总体价格情况

2015 年，宁夏回族自治区共有 34 家 A 级景区收门票，其中 13 家景区票价实行淡旺季。全区 A 级景区全年平均门票价格为 34 元 / 景区，与上年保持一致，但较全国平均门票价格高出 9.68%。淡旺季平均门票价格分别为 29 元 / 景区和 38 元 / 景区。

表 84　2014—2015 年宁夏回族自治区 A 级景区全年及淡旺季平均门票价格总体情况（元 / 景区）

全年平均门票价格			淡季平均门票价格	旺季平均门票价格
2015 年	2014 年	增长率（%）		
34	31	9.68	31	38

景区游客门票负担及门票福利：2015 年宁夏回族自治区 A 级景区所有游客人均门票负担和购票游客人均门票负担分别为 28.03 元 / 人次和 39.88 元 / 人次，其中所有游客人均门票负担较上年减少 9.52 元 / 人次，下降 25.35%，购票游客人均门票负担较上年减少 11.23 元 / 人次，下降 21.97%，分别高于全国平均水平 32.15 和 4.62 个百分点。此外，2015 年宁夏回族自治区 A 级景区门票福利共计 1.68 亿元，占全国景区门票福利总额的 0.32%，较上年增加 0.72 亿元，增长 75.00%。

表 85　2014—2015 年宁夏回族自治区 A 级景区分等级门票负担及门票福利统计

	2014 年	2015 年	增量	增长率（%）
所有游客门票负担（元 / 人次）	37.55	28.03	−9.52	−25.35
购票游客门票负担（元 / 人次）	51.11	39.88	−11.23	−21.97
门票福利（亿元）	0.96	1.68	0.72	75.00

景区平均门票价格与居民平均月收入、消费占比：2015 年宁夏回族自治区城镇、农村及全区居民平均月可支配收入分别为 2099 元、760 元和 1444 元，A 级景区平均门票价格分别占城镇、农村及全区居民平均月可支配收入的 1.62%、4.47% 和 2.35%。与上年相比，平均门票价格与全区居民月可支配收入占比降速最快，为 8.20%，平均门票价格与城镇居民月可支配收入占比降速最慢，为 7.43%。

表 86　2014—2015 年宁夏回族自治区 A 级景区平均门票价格与居民平均月收入消费支出占比（%）

年份	居民可支配收入			居民消费支出		
	城镇	农村	全区	城镇	农村	全区
2015 年	1.62	4.47	2.35	—	—	—
2014 年	1.75	4.85	2.56	—	—	—

2. 分等级 A 级景区门票价格

从景区等级结构来看，2015 年宁夏回族自治区 3A 级景区数量最多，为 16 家，占全区 A 级景区总数的 40.00%；4A 级和 2A 级景区相对较少，均为 10 家，占比25.00%，5A级景区最少，为4家，占比为10.00%。

5A级景区全年平均门票价格最高，为74元/景区，其次是4A级和3A级景区，分别为37元/景区和34元/景区，2A级景区最低，为16元/景区。淡季平均门票价格同样也以5A级景区最高，为63元/景区，其次是4A级景区，为34元/景区，2A级景区最低，为14元/景区。旺季平均门票价格也以5A级景区最高，为84元/景区，其次是4A和3A级景区，分别为39元/景区和38元/景区。

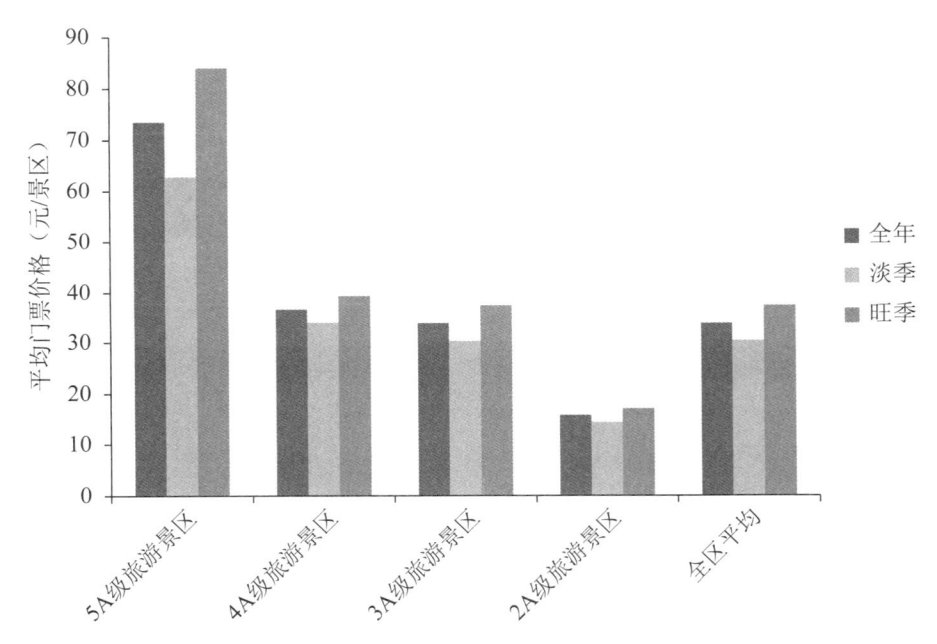

图85　2015年宁夏回族自治区A级景区分等级平均门票价格

3. 分类型A级景区门票价格

从景区类型来看，2015年宁夏回族自治区A级景区以自然景观类景区数量最多，为12家，占全区A级景区总数的30.00%；其次是历史文化类景区，为10家，占比为25.00%；科技教育、红色旅游和工业旅游类景区最少，均为1家，占比均为2.50%。

除科技教育、红色旅游类景区免门票外，其他类型景区均收门票。其中全年平均门票价格以历史文化类景区最高，为52元/景区，其次是自然景观和度假休闲类景区，分别为48元/景区和31元/景区，工业旅游和博物馆类景区全年平均门票价格相对较低，分别为20元/景区和3元/景区。此外，淡季平均门票价格同样以历史文化类景区最高，为48元/景区，其次是自然景观和度假休闲类景区，分别为42

元/景区、29元/景区。旺季平均门票价格还是历史文化类景区最高，为56元/景区，其次是自然景观和度假休闲类景区，分别为53元/景区和34元/景区。

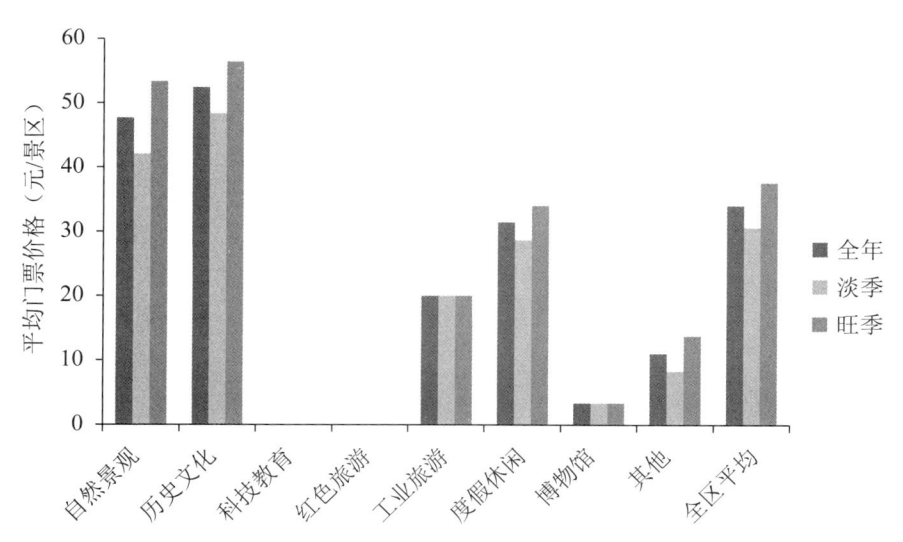

图86 2015年宁夏回族自治区A级景区分类型平均门票价格

4. 分体制A级景区门票价格

从景区经营体制来看，2015年宁夏回族自治区A级景区以企业为经营主体的景区数量最多，共29家，占全区A级景区总数的72.50%；其次是以事业单位为经营主体的景区，共11家，占比为27.50%。

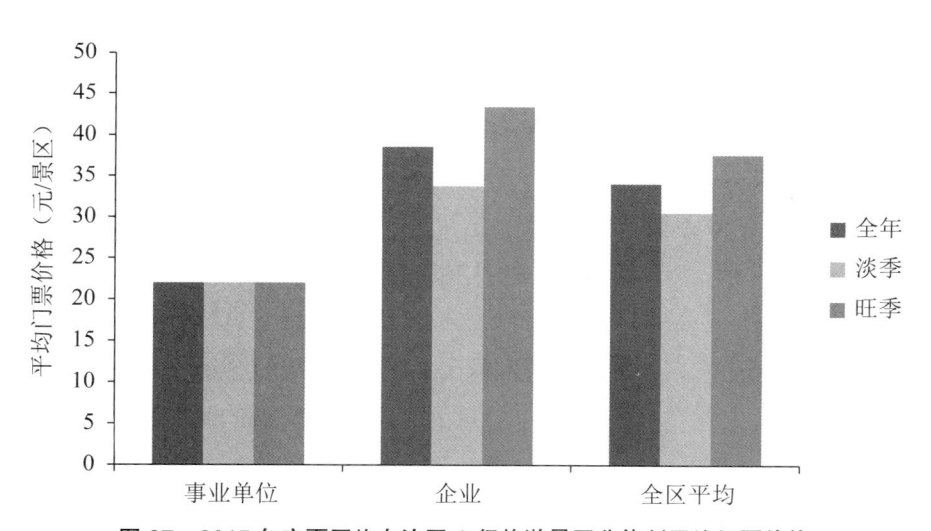

图87 2015年宁夏回族自治区A级旅游景区分体制平均门票价格

以企业为经营主体的景区全年平均门票价格最高，为39元/景区，其次是以事业单位为经营主体的景区，为22元/景区。淡季平均门票价格同样也以企业为经营主体的景区最高，为34元/景区，其次是以事业单位为经营主体的景区，为22元/景区。旺季平均门票价格也以企业为经营主体的景区最高，为43元/景区，其次是以事业单位为经营主体的景区，为22元/景区。

（五）新疆维吾尔自治区

新疆维吾尔自治区地处亚欧大陆腹地，周边与哈萨克斯坦、俄罗斯、吉尔吉斯斯坦、巴基斯坦、塔吉克斯坦、印度、蒙古、阿富汗斯坦八国接壤，在历史上是古丝绸之路的重要通道，现在是第二座"亚欧大陆桥"的必经之地。新疆地域辽阔，地大物博，山川壮丽，瀚海无垠，古迹遍地，民族众多，民俗奇异，是举世闻名的歌舞之乡、瓜果之乡、黄金玉石之邦。旅游资源极为丰富，全国旅游资源共有68种，而新疆就有56种，占全国旅游资源类型的83%，其中新疆天山、丝绸之路（克孜尔尕哈烽燧、克孜尔石窟、苏巴什佛寺遗址、高昌故城、交河故城、北庭故城遗址）先后被评为世界自然和文化遗产。

2015年，自治区共有A级旅游景区262家，其中5A级景区9家，免门票和收门票景区分别为116家和146家，分别占全区A级景区总数的44.27%和55.73%。景区旅游总收入达45.86亿元，其中门票收入为6.36亿元，占景区旅游总收入的13.87%。游客接待量共计0.36亿人次，其中政策性免票游客和购票游客分别为1714.59万人次和1873.38万人次，分别占全区A级景区游客接待总量的47.79%和52.21%。

2015年，自治区积极响应国家旅游局有关抑制景区门票上涨的倡议，先后有108家景区进入"全国旅游价格信得过景区"名单，42家景区签订"不上涨门票价格"承诺。此外，自治区还大力推出新疆旅游"卡卡通"、节庆门票优惠等活动。但仍有部分景区纷纷上涨门票价格，如天池景区门票价格由每人次100元上调为125元；乌鲁木齐天山大峡谷景区门票价格由每人次50元上调为75元；喀纳斯景区门票价格由每人次150元上调为185元；吐鲁番葡萄沟景区门票价格由每人次60元上调为75元；巩留县库尔德宁景区门票价格由每人次35元上调为60元；那拉提景区门票价格由每人次75元上调为95元；巴音布鲁克天鹅湖景区门票价格由每人次48元上调为65元。

1. 总体价格情况

2015年，新疆维吾尔自治区共有146家A级景区收门票，其中31家景区票价实行淡旺季。全区A级景区全年平均门票价格为17元/景区，较上年略有上涨，增幅为6.25%，但低于全国平均门票价格45.16个百分点。淡旺季平均门票价格分别为16元/景区和19元/景区。

表87 2014—2015年新疆维吾尔自治区A级景区平均门票价格总体情况（元/景区）

全年平均门票价格			淡季平均门票价格	旺季平均门票价格
2015年	2014年	增长率（%）		
17	16	6.25	16	19

景区游客门票负担及门票福利：2015年新疆维吾尔自治区A级景区所有游客人均门票负担和购票游客人均门票负担分别为17.72元/人次和33.94元/人次，其中所有游客人均门票负担较上年增加3.58元/人次，增长25.32%，购票游客人均门票负担较上年增加9.52元/人次，增长37.46%，分别低于全国平均水平16.45和10.97个百分点。此外，2015年新疆维吾尔自治区A级景区门票福利共计2.91亿元，占全国景区门票福利总额的0.56%，较上年增加1.09亿元，增长59.89%。

表88 2014—2015年新疆维吾尔自治区A级景区分等级门票负担及门票福利统计

	2014年	2015年	增量	增长率（%）
所有游客门票负担（元/人次）	14.14	17.72	3.58	25.32
购票游客门票负担（元/人次）	24.69	33.94	9.25	37.46
门票福利（亿元）	1.82	2.91	1.09	59.89

景区平均门票价格与居民平均月收入、消费占比：2015年新疆维吾尔自治区城镇、农村及全区居民平均月可支配收入分别为2190元、785元和1405元。A级景区平均门票价格分别占城镇、农村及全区居民平均月可支配收入的0.78%、2.17%和1.21%。与上年相比，三个比值均呈下降态势，其中平均门票价格与城镇居民可支配收入占比降速最快，为64.06%，平均门票价格与农村居民可支配收入占比降速最慢，为62.46%。

表89 2014—2015年新疆维吾尔自治区A级景区平均门票价格与居民平均月收入消费支出占比（%）

年份	居民可支配收入			居民消费支出		
	城镇	农村	全区	城镇	农村	全区
2015年	0.78	2.17	1.21	—	—	—
2014年	2.17	5.78	3.34	—	—	—

2.分等级A级景区门票价格

从景区等级结构来看，2015年新疆维吾尔自治区2A级和3A级景区数量相对较多，分别为110家和75家，分别占全区A级景区总数的41.98%和28.63%；5A级和1A级景区相对较少，分别为9家和14家，分别占全区A级景区总数的3.44%和5.34%。

5A级景区全年平均门票价格最高，为74元/景区，其次是4A级景区，为29元/景区，2A级和1A级景区相对较低，分别为10元/景区和5元/景区；淡季平均门票价格同样也以5A级景区最高，为63元/景区，其次是4A级和3A级景区，分别为27元/景区和14元/景区，2A级和1A级景区相对最低，分别为9元/景区和5元/景区；旺季淡季平均门票价格也以5A级景区最高，为86元/景区，其次是4A级和3A级景区，分别为32元/景区和17元/景区，2A和1A级景区相对最低，分别为10元/景区和5元/景区。

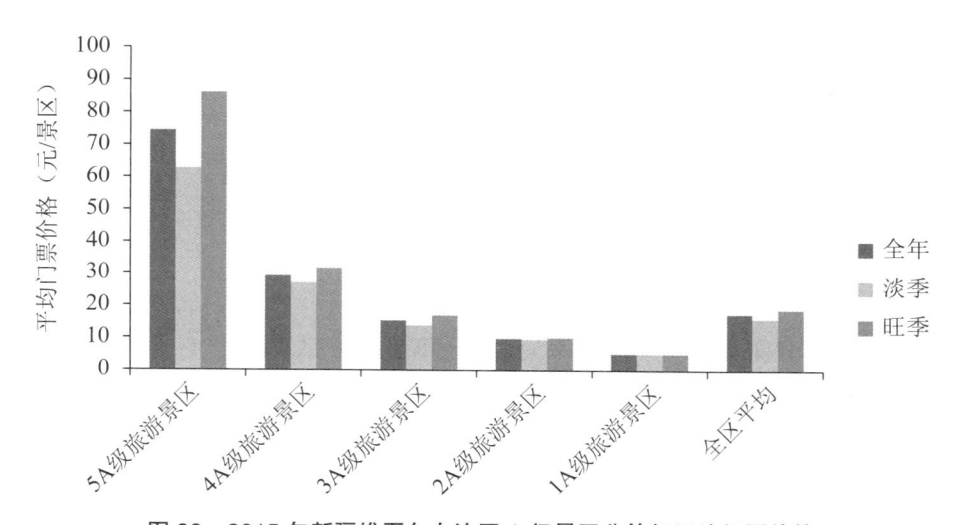

图88　2015年新疆维吾尔自治区A级景区分等级平均门票价格

3. 分类型A级景区门票价格

从景区类型来看，2015年新疆维吾尔自治区A级景区以自然景观类景区数量最多，为103家，占全区A级景区总数的39.31%；其次是自然景观和度假休闲类景区，分别为40家和37家，占比分别为15.27%和14.12%；工业旅游、红色旅游和科技教育类景区相对较少，分别为8家、8家和4家，占比分别为3.05%、3.05%和1.53%。

全年平均门票价格以自然景观类景区最高，为25元/景区，其次是历史文化和科技教育类景区，分别为20元/景区和17元/景区，度假休闲、工业旅游和博物馆类景区全年平均门票价格相对较低，分别为9元/景区、6元/景区和5元/景区。此外，淡季平均门票价格同样以自然景观类景区最高，为22元/景区，其次是历史文化和科技教育类景区，分别为19元/景区和17元/景区。旺季平均门票价格还是自然景观类景区最高，为27元/景区，其次是历史文化和科技教育类景区，分别为21元/景区和17元/景区。

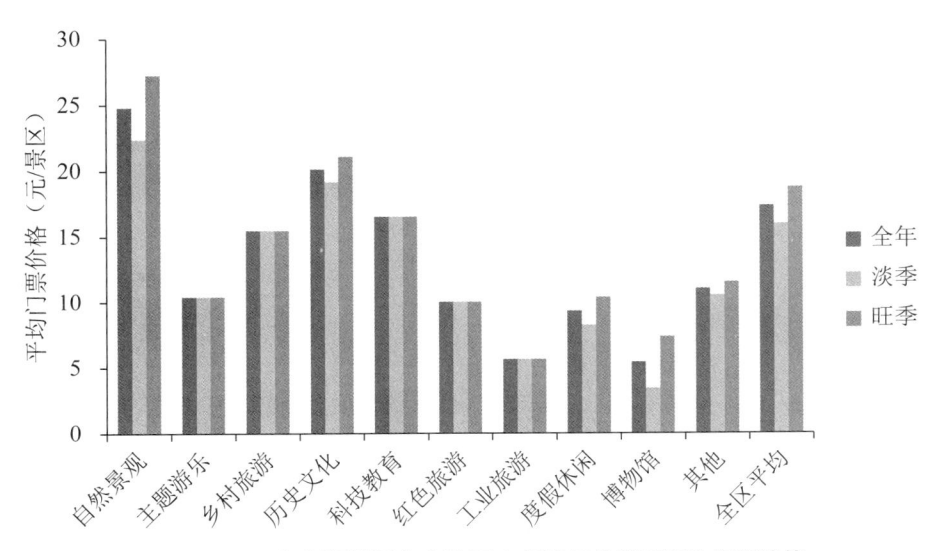

图89 2015年新疆维吾尔自治区A级景区分类型平均门票价格

4. 分体制A级景区门票价格

从景区经营体制来看，2015年新疆维吾尔自治区A级景区以企业为经营主体的景区数量最多，共162家，占全区A级景区总数的61.83%；其次是以事业单位为经营主体的景区，共83家，占比为31.68%；以行政单位为经营主体的景区最少，为17家，占比为6.49%。

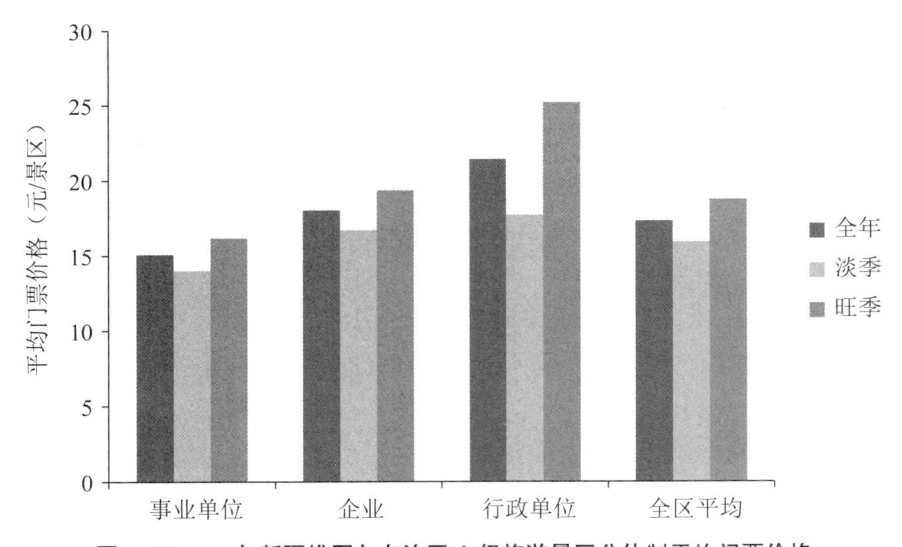

图90 2015年新疆维吾尔自治区A级旅游景区分体制平均门票价格

各经营体制 A 级景区平均门票价格以行政单位为经营主体的景区最高,为 21 元/景区,其次是以企业为经营主体的景区,为 18 元/景区,以事业单位为经营主体的景区平均门票价格最低,为 15 元/景区。淡季平均门票价格同样也以行政单位为经营主体的景区最高,为 18 元/景区,其次是以企业和事业单位为经营主体的景区,分别为 17 元/景区和 14 元/景区。旺季平均门票价格同样也以行政单位为经营主体的景区最高,为 25 元/景区,其次是以企业和事业单位为经营主体的景区,分别为 19 元/景区和 16 元/景区。

(六)新疆生产建设兵团

新疆生产建设兵团位于新疆维吾尔自治区境内,是中国最大的兼具戍边屯垦、实行"军、政、企合一"的特殊社会组织,也是中国现存的最后一个生产建设兵团。兵团团部驻乌鲁木齐市;克孜勒苏以外的新疆全境几乎都有分支机构,主要靠近"两周一线"[即"两大沙漠"和一个边境线(中国西北边境)],多个县级市被其管理,拥有健全的政治、经济、文化、司法、卫生、教育机构[141]。近年来,兵团围绕"中国屯垦旅游"品牌,依托兵团富饶的旅游资源,实行"一师一色,一团一品"战略,深度开发农业观光体验旅游、休闲度假旅游、边境旅游、军垦文化旅游、工业旅游等多种旅游产品。

2015 年,兵团共有 A 级旅游景区 41 家,其中免门票和收门票景区分别为 22 家和 19 家,分别占全团 A 级景区总数的 53.66% 和 46.34%。景区旅游总收入达 2.81 亿元,其中门票收入为 0.25 亿元,占景区旅游总收入的 8.90%。游客接待量共计 0.36 亿人次,其中政策性免票游客和购票游客分别为 1714.59 万人次和 1873.38 万人次,分别占全团 A 级景区游客接待总量的 47.63% 和 52.04%。

2015 年,新疆生产建设兵团积极响应中国旅游景区协会"5A、4A 级景区带头不涨价"倡议,在首批不涨价景区的名单,新疆生产建设兵团 A 级景区共计 11 家。

1. 总体价格情况

2015 年,新疆生产建设兵团共有 19 家 A 级景区收门票,其中 7 家景区票价实行淡旺季。全团 A 级景区全年平均门票价格为 10 元/景区,较上年上涨 11.11%,但较全国 A 级景区平均门票价格低出 67.74 个百分点。淡旺季平均门票价格分别为 8 元/景区和 11 元/景区。

表 90 2014—2015 年新疆生产建设兵团 A 级景区平均门票价格总体情况(元/景区)

全年平均门票价格			淡季平均门票价格	旺季平均门票价格
2015 年	2014 年	增长率(%)		
10	9	11.11	8	11

景区游客门票负担及门票福利：2015年新疆生产建设兵团A级景区所有游客人均门票负担和购票游客人均门票负担分别为6.26元/人次和11.74元/人次，其中所有游客人均门票负担较上年增加0.86元/人次，增长15.93%。购票游客人均门票负担较上年减少1.80元/人次，下降13.29%，分别低于全国平均水平70.49和69.20个百分点。此外，2015年新疆生产建设兵团A级景区门票福利共计0.19亿元，占全国景区门票福利总额的0.04%，较上年增加0.01亿元，增长5.56%。

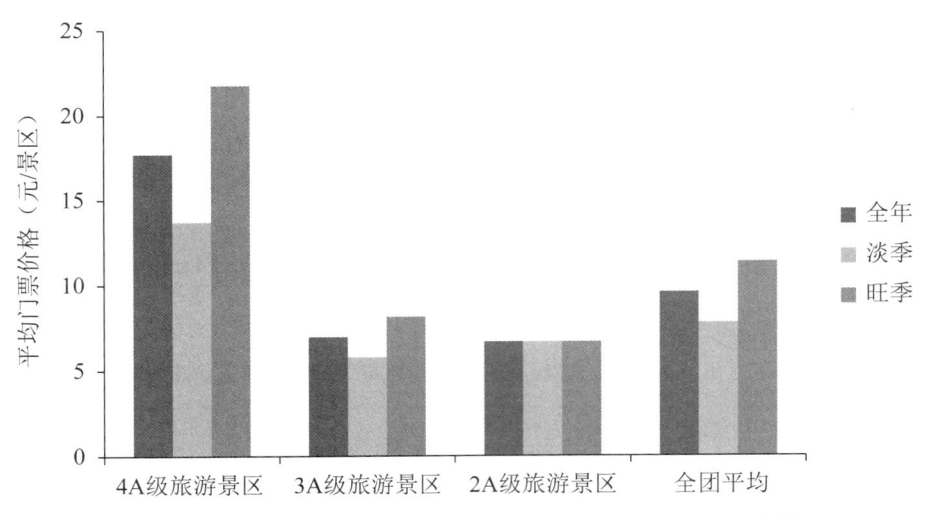

表91　2014—2015年新疆生产建设兵团A级景区分等级门票负担及门票福利统计

	2014年	2015年	增量	增长率（%）
所有游客门票负担（元/人次）	5.40	6.26	0.86	15.93
购票游客门票负担（元/人次）	13.54	11.74	−1.80	−13.29
门票福利（亿元）	0.18	0.19	0.01	5.56

2. 分等级A级景区门票价格

从景区等级结构来看，2015年新疆生产建设兵团3A级景区数量最多，为28家，占全团A级景区总数的68.29%；其次是4A级景区，为10家，占比24.39%；2A级景区最少，仅3家，占比7.32%。

4A级景区全年平均门票价格最高，为18元/景区，其次是3A级和2A级景区，均为7元/景区。淡季平均门票价格同样也以4A级景区最高，为14元/景区，3A级和2A级景区分别为6元/景区和7元/景区。旺季平均门票价格也是4A级景区最高，为22元/景区，3A级和2A级景区平均门票价格分别为8元/景区和7元/景区。

图91　2015年新疆生产建设兵团A级景区分等级平均门票价格

3. 分类型 A 级景区门票价格

从景区类型来看，2015 年新疆生产建设兵团 A 级景区以自然景观类景区数量最多，共 13 家，占全团 A 级景区总数的 31.71%；其次是度假休闲类景区，为 10 家，占比 24.39%；科技教育和博物馆类景区相对最少，均为 1 家，占比 2.44%。

各类型 A 级景区除科技教育、工业旅游和博物馆等四类景区免门票外，其他类型景区均收门票。其中全年平均门票价格以乡村旅游类景区最高，为 17 元/景区，其次是自然景观和度假休闲类景区，分别为 15 元/景区和 11 元/景区。此外，淡季平均门票价格同样以乡村旅游类景区最高，为 17 元/景区，其次是自然景观和历史文化类景区，分别为 11 元/景区和 7 元/景区。旺季平均门票价格以自然景观景区最高，为 19 元/景区，其次是乡村旅游和度假休闲类景区，分别为 17 元/景区和 13 元/景区。

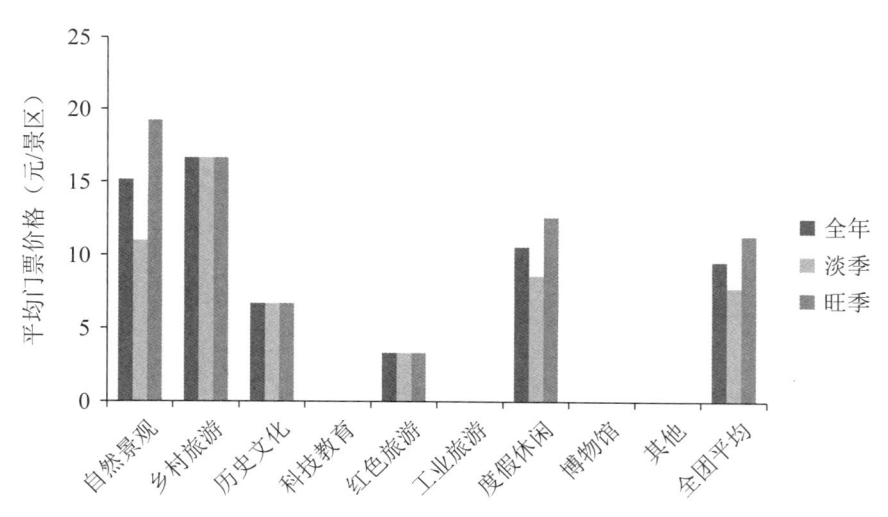

图 92　2015 年新疆生产建设兵团 A 级景区分类型平均门票价格

4. 分体制 A 级景区门票价格

从景区经营体制来看，2015 年新疆生产建设兵团 A 级景区以企业为经营主体的景区数量最多，共 31 家，占全团 A 级景区总数的 75.61%；其次是以事业单位为经营主体的景区，共 8 家，占比为 19.51%；以行政单位为经营主体的景区最少，仅 2 家，占比为 4.88%。

全年平均门票价格以事业单位和行政单位为经营主体的景区最高，均为 10 元/景区，其次是以企业为经营主体的景区，为 9 元/景区。淡季平均门票价格以行政单位为经营主体的景区最高，为 10 元/景区，其次是以事业单位和企业为经营主体的景区，分别为 9 元 / 景区和 7 元 / 景区。旺季平均门票价格以事业单位和企业为经营主体的景区，均为 11 元 / 景区，以行政单位为经营主体的景区最低，为 10 元 / 景区。

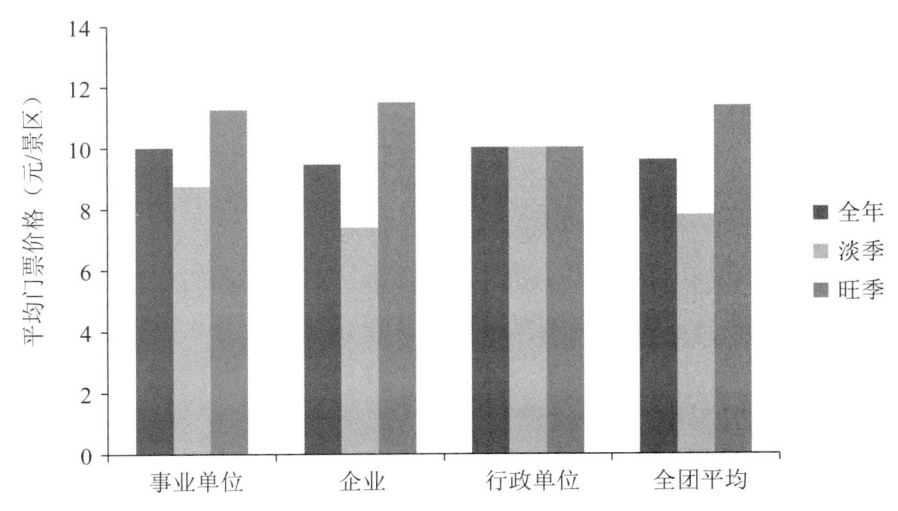

图 93　2015 年新疆生产建设兵团 A 级旅游景区分体制平均门票价格

附录二
全国景区门票价格热点事件分析

一、景区门票价格主要热点事件

2004年，北京六家世界遗产景区集中听证涨价引起社会强烈反响，景区门票价格问题开始进入公众视野，并时不时地成为了社会关注热点。根据百度的关键词检索和百度指数的综合判断，以下列出24个有代表性的热点景区门票价格事件。

表92 景区门票价格热点事件梳理（2004—2014年）

事件类型	序号	事件名称	百度检索网页（万个）	发生年度
价格上涨事件	1	张家界门票欲从158元涨至243元听证会各方争议大	0.08	2004年
	2	故宫、颐和园等北京六家世界遗产门票拟涨价遭质疑	290	2004年
	3	黄山景区门票价格听证：消费者的声音在哪里	0.08	2005年
	4	门票听证庐山涨价之争	3	2006年
	5	平遥古城门票涨价遭质疑	35	2010年
	6	曲阜"三孔"景区门票拟涨价引热议	1	2010年
	7	西递宏村门票涨价遭质疑	0.08	2011年
	8	瘦西湖景区门票涨价引争议	249	2013年
集中涨价事件	9	众多景区"五一"前集中涨价引起社会强烈反响	1	2005年
	10	杭州周边景区上演涨价风	206	2007年
	11	国内景区酝酿集体涨价	279	2008年
	12	"限涨令"到期后的又一轮涨价风潮开始袭来	0.1	2009年
	13	全国20余个知名景区门票集中涨价	447	2012年

续表

事件类型	序号	事件名称	百度检索网页（万个）	发生年度
价格下调及免费事件	14	国家发展改革委先后公布两批次共170余家游览参观点降价名单	241	2012年
平稳调价事件	15	崂山景区平稳涨价事件	9	2010年
价格优惠事件	16	应对全球金融危机，全国多城市发放旅游消费券	769	2009年
	17	国庆节期间，全国约1400家景区门票价格优惠	263	2013年
票制改革事件	18	西湖景区免费开放事件	955	2003年
	19	丽江古城票制改革事件	89	2007年
	20	凤凰古城"围城收费"事件	479	2013年
门票价格关联事件	21	国民党副主席蒋孝严批大陆景点门票贵，发改委回应	5	2010年
	22	西安大雁塔门票涨价物价部门"失误"风波	11	2013年
	23	《旅游法》一周年遇景区门票集中涨价	27	2014年
	24	寺院门票收费的争议	349	2014年

二、调价依据、幅度与频次类事件

（一）张家界门票成本构成无依据，听证会各方争议大

2004年12月28日张家界举行武陵源核心景区调整门票价格听证会。针对从158元上调至243元的涨价提议，出席会议的代表各抒己见，争论激烈[142]。

经营管理方认为，武陵源景区面积大、地质结构复杂，保护的难度大，景区超负荷经营，作为"老、少、边、穷"地区的张家界，自身财力非常有限，拿出一大笔经费进行保护不切合实际。通过适当上调景区门票，以获得保护遗产经费[142]。

消费者认为额外成本不能转嫁消费者。公路建设费、机场建设费不作为门票价格成本，有的游客不是乘坐飞机抵达，不能被强制交纳机场建设费，机场、污水处理厂等都应属于自负盈亏的企业，应该利用市场化手段寻求发展，而不是把这些不相关的费用转嫁给消费者。

（二）北京六家世界遗产景区涨价依据不足引质疑

2004年11月19日，北京市发展改革委员会在其官方网站上发布公告，北京市

将在 2004 年 11 月 30 日上午召开"关于调整世界文化遗产游览参观点门票价格听证会"。因是国内首次世界遗产集中听证涨价，公告一经发布，就引起社会各方人群的强烈关注。在此之前，已有多家景区进行调价：3 月泰山，6 月苏州园林，10 月大足石刻，12 月张家界，社会公众情绪已有酝酿。在此背景下，听证会如期举行。申请听证人员陈述，在目前条件下，单靠政府财政扶持很难做到完善的保护和可持续发展，且目前北京市六家世界文化遗产游览参观点门票价格低于国内同类景点门票价格。

新闻媒体于 12 月 1 日发布了听证会召开的新闻，并公布了价格变动详细情况，随后舆论开始发酵，质疑声、反对声此起彼伏。2004 年 12 月 10 日，迫于舆论压力六家景点首次就门票涨价问题回应公众质疑，后涨价动议不了了之，六家景点门票价格维持原有水平，并一直延续至 2014 年。事件从公告开始，到回应为止，前后历时 20 余天。

人民网、《人民日报》、新华网、《中国青年报》等国家级媒体平台以及新京报等地方媒体进行了跟踪连续报道，新浪网、搜狐网等门户网站以专题、置首等形式进行连续转载传播。主体声音为反对、质疑和批评。反对的声音以网民最为强大，新华网设立专门论坛进行了调查，结论是 95% 网民表示反对。质疑声音以新华网、人民网、《人民日报》等国家级媒体的主流观点为主，质疑内容包括听证代表组成、涨价依据、遗产地收取高门票的合理性等，主要观点是有人提出应该对涨价单位的管理机构的运行成本进行审计；有人对代表的组成、代表的独立性、听证会的程序等提出了疑问；部分媒体基于此对各国世界遗产景点服务百姓的态度进行了对比，认为国外低价和免费与这次六个遗产景区的涨价做法形成了巨大的反差[143]。批评声音以地方媒体为主，批评内容包括涨价过高、听证会流于形式等，主要观点是公共财产的价值不应该用收费来体现；提高门票价格是对低收入者权益的侵害；多次涨价服务质量却没有提高；涨价也难以控制客流，涨价的理由牵强；不应该由消费者来承担保护文物的全部责任等。

表 93　北京六家世界遗产景区集中听证涨价事件社会舆论梳理

社会反应	传播内容	传播平台
反对声音	故宫票价拟涨九成网民反对	《新京报》首发，新浪网、搜狐网等转载
	网络调查，了解民众意见	新华网论坛
	北京六大景点门票拟涨价，读者齐声说不	新华网
	向北京六大景点的门票涨价大声喊"不"	新华网首发，新浪网等转载

续表

社会反应	传播内容	传播平台
质疑声音	北京故宫等门票听证会代表众口一词耐人寻味	新华网
	北京六大景点门票该不该涨价	人民网、《人民日报》首发，新浪网、搜狐网等转载
	故宫颐和园等景点门票涨价提议遭到强烈质疑	人民网、《人民日报》首发，新浪网、搜狐网等转载
	故宫门票涨价能保护遗产？	《哈尔滨日报》首发，新浪网、搜狐网等转载
	故宫等景区门票涨价：北京人听证外地人埋单	《中国青年报》
	关注北京世遗门票调价：怎能用涨价解决一切难题	新华网
批评声音	故宫景点门票涨价听证代表意见与公众背道而驰	《京华时报》首发，新浪网、搜狐网等转载
	门票涨价是抽刀断水	人民网首发，新浪网、搜狐网等转载
反思声音	故宫拟涨价引发争议 国外景区门票收费可资借鉴	《北京青年报》首发，新浪网、搜狐网等转载

该事件为我国景区门票价格审批权下放后第一次具有社会影响的景区门票涨价听证，后由于社会争议过大、听证人员组成不合理等原因，涨价未能实行。事件影响深远，一是将景区门票价格问题推到了公众面前；二是掀开了我国景区门票价格近10年连续上涨的历史；三是突显了互联网在门票价格等热点问题传播过程中的独特作用；四是人们开始关注景区门票收取方式、门票价格成本构成、门票价格监管等深层问题；五是国家价格主管部门开始意识到听证人员的组成对于听证过程的公正性具有巨大影响，在其后出台的相关政策中，对此进行了专门规范。

（三）平遥古城涨价依据不足遭质疑

2010年7月19日，山西平遥举行古城门票价格调整听证会。门票价格由100元调整到125元，参加听证的代表来自晋中市和平遥县，共27人，25名代表中有24人赞同调整方案，代表称25%涨幅游客可以接受（据2010年7月19日中国新闻网）。

涨价原因有三点。

一是古城保护的任务重，压力大，遗产保护、旅游环境和基础设施配套水平与游客的多层次需求的矛盾日渐突出。

二是通过提高古城门票价格这一杠杆作用，适当调节来平遥游客的增长幅度，为古城的长效保护奠定基础。

三是平遥古城的门票定价一直偏低，同为世界遗产地的武当山、武陵源、黄山、九寨沟等景区门票价格远高于平遥古城[144]。

2010年6月以来，媒体有很多的报道，让原本就名声在外的山西平遥古城知名度进一步飙升。最初是爆出不堪公务接待负担，后来公布25%的涨价计划，最后举行了一个门票价格听证会[145]。旅游名城不堪公务接待重负的讨论热度还未散去，古城门票就要涨价的消息，接着释放出来，让平遥站在了舆论的风口浪尖上。听证会的详细情况披露后，引起了众多媒体、专家学者、网民的质疑。

2010年7月22日，中央电视台《今日观察》以"平遥古城要涨价：调控游客数量还是转嫁接待成本"为题就平遥古城涨价问题做了一期节目，节目对"听证会的代表意见空前一致"、听证会代表人员组成、门票涨价的理由都提出了质疑。中国青年报"平遥门票涨价，挤干接待成本再说"，人民网"平遥古城门票为谁而涨？网友：岂能为公务接待埋单！"，新华网"公务接待一年'吃掉'千头牛，平遥古城要涨价？"，三家媒体的报道都对平遥门票涨价的原因提出了质疑，并将其与公务接待成本过高关联起来。

"公务接待""自听自证""还可涨得更高"成为平遥古城门票涨价事件的关键词。

（四）曲阜"三孔"景区涨价依据不足引热议

2010年5月30日上午，山东"三孔"门票价格调整听证会在曲阜举行，由此拉开了景区门票上涨的大幕，引发网友热议。根据山东省物价局提供的听证方案，三孔景区联票价格计划由原来的每人150元现调整为每人185元，孔林、孔府、孔庙三个景点的分门票价格将分别提高10元、15元和20元。在曲阜"三孔"景区提交的门票价格调整方案中，涨价的主要理由有四条：遗产保护、景区建设、提升旅游品质和体现文化价值。

听证会上，代表们的态度基本上一边倒，27位代表中有23位同意票价上涨，3位代表反对涨价，1位代表弃权。

支持涨价的听证代表们认为，"三孔"遗产保护需要大量的资金投入，而且曲阜市致力于发展旅游、保护环境，缺乏大工业项目，一定程度上造成了曲阜市的财政紧张，适当上调门票价格，可以理解[146]。同时代表们认为，"三孔"门票的价格与全国同类景区的价格相比明显偏低。

反对涨价的听证代表们认为，一般的老百姓已经很难接受目前的门票价格，门票价格不应该再上涨。

（五）庐山景区涨价过高引争议

2006年11月21日，庐山风景区管理局拟将门票价格由135元调整为230元，上调幅度达70%。参加听证会的专家学者、消费者、经营者等相关代表发表了不同意见。多方人士认为，庐山门票价格调整应综合考虑，不宜上涨过快[147]。

庐山风景区管理局认为，庐山的旅游资源与旅游基础设施亟待进一步开发和完善；庐山门票价格较目前同类世界级风景区门票价格水平明显偏低。

多数参加听证会的代表都对庐山门票价格拟上调70%的幅度提出质疑[147]。来自工会和消费群体的代表认为，调整庐山门票价格应多考虑消费者、低收入者的承受力。此次涨幅达70%，与目前社会经济增长和百姓收入增长不一致。对于工薪族来说，如果一家三口同上庐山，进山门就需要700元买门票，负担过重。

（六）瘦西湖景区连年涨价引热议

据媒体报道，十二年前，杭州西湖成为全国首个免费开放的5A级风景区，同为国家5A级的扬州瘦西湖景区近年来却连续涨价。作为扬州市唯一的5A级风景区，2012年10月，扬州瘦西湖票价由原先的基价60元、旺季票价90元调整为120元，涨幅33%；2013年3月起开始执行旺季150元、淡季120元的票价政策，涨幅25%，如与2012年相比，则涨幅达到了67%。

同时有关媒体还指出，连续涨价，有违国家发改委涨价频次不得低于3年的规定，也有违"50元（含50元）至100元的（不含100元），一次提价幅度不得超过原票价的30%"的门票价格调整幅度规定。还有媒体提出批评，认为"瘦西湖的特殊性在于其城市公园的属性，要兼顾公益性"，根据国家规定，"对具有社会公益性的城市公园、博物馆、纪念馆等游览参观点，要结合政府财政拨款情况从低制定门票价格或免费"[148]，认为瘦西湖景区的连续涨价与此背道而驰。

三、听证过程类事件

（一）黄山景区门票涨价本地听证代表过多引争议

黄山市物价局发布公告声明从2005年6月1日起黄山风景区门票开始涨价，引来民众嘘声。在众多的质疑中，听证会的公正性成为众矢之的。

2005年春节后，黄山市物价局接到黄山风景区管委会提交的关于召开调整风景区门票价格听证会的申请。物价局对黄山风景区的运营成本立即进行测算、评估、论证、调查，同时多方征求社会意见，并决定于2005年3月25日进行价格听证。按照以往的惯例，物价局除了邀请黄山市人大、政府、政协等有关部门及旅游企业代表和专家代表外，也会通过市内电台、电视台、报纸等媒体公开征集报名者，在30多位报名者中随机选定6位，通过面试后在听证会上担任消费者代表。听证会的结果是23名代表（包括5名旁听代表）一致同意门票涨价，只是对涨价幅度略有分歧。市物价局根据占代表数72.2%的意见，将旺季门票价格从130元调整为200元；淡季门票价格从 85 元调整为 120 元[149]。

公众对听证会消费者声音的质疑弱化，参加听证会的 6 名消费者代表全部来自黄山本地，而以往外地游客占比超过 90%，这样的地域构成明显不合理，其代表性很难使公众信服[149]。

（二）西递宏村门票涨价听证代表的产生遭质疑

2010 年 8 月 4 日，黄山市物价局在网上发布公告称，黄山市物价局委托黟县物价局于 2010 年 6 月 28 日举行了西递、宏村景区门票价格调整听证会。根据调整方案，西递、宏村景区门票价格由 80 元调到 104 元。听证代表来自黟县人大、政协等机关和有关方面的 17 名代表，其中消费者代表共有 7 人，其中 6 人为本地人员，仅有 1 位外地代表。

消息一经媒体公布，立刻引发了大家的关注。网上质疑声一片。对此，当地物价部门表示"门票涨价程序没有问题"；相关专家则称，听证会不能只走程序，外地游客不应缺席；网民质疑听证代表的产生。

四、集中涨价类事件

（一）众多景区"五一"前集中涨价引起社会强烈反响

受北京世界遗产景点门票涨价风潮影响，2005 年"五一"黄金周前，国内多数知名景点包括黄山景区、九寨沟景区、黄龙景区、张家界景区、鼓浪屿景区、嵩山少林寺景区、武当山景区、九华山景区等纷纷举行价格听证会，制订新票价方案，准备在黄金周到来前实施。

黄山景区门票涨价方案（旺季门票 130 元涨至 200 元）一直广受关注，虽然"涨与不涨"的争论令决策者亦承受了很大压力。但黄山风景区 3 月 25 日举行门票价格听证会后，涨价方案已制订，只是刻意避开了"五一"涨价风[150]，门票价格执行惯常的旺季票价，涨价方案于 6 月 1 日开始实行。

九寨沟景区关门搞涨价，门票价格由 145 元涨至 200 元以上，听证涨价方案保密。3 月 17 日，九寨沟景区和黄龙景区向四川省物价局申请门票调价的听证会在成都开幕。听证会保密举行，只有屈指可数的几家媒体被获准进入听证会旁听，参加听证的人员也被有关部门告诫不得向媒体透露听证会的具体内容。后据新华社报道，新价格方案确定后，九寨沟风景区和黄龙风景区"五一"期间票价可能分别从 110 元/人次和 145 元/人次上涨到 180 元以上/人次和 200 元以上/人次（旺季标准）。

张家界景区"五一"期间涨价方案（每人次由 158 元涨至 245 元）已经正式出台，涨价原因是"减轻景区压力"。根据张家界武陵源核心景区门票价格的新标准，从 4 月 16 日开始，武陵源核心景区大门票与环保车票合并价格将由现行的每人次 158 元调整为每人次 245 元。其中，大门票价格由每人次 108 元调整为 180 元，环保车票价由每人次 50 元调整为 65 元。

鼓浪屿景区门票价格由 3 元涨到 50 元，民间学术界对此同声反对，涨价方案一拖再拖。鼓浪屿有常住居民 2.3 万人，尽管该岛是闻名全国的旅游佳地，但为了照顾岛上居民交通，长期以来，参观者只需付 3 元上岛费便可岛上观光。每日在厦门岛和鼓浪屿岛之间通行的人次有 2 万余。既是景区又是居民区的鼓浪屿，酝酿十年的门票改制在 2003 年 8 月有了结果——《鼓浪屿旅游管理和票务制度改革方案》。厦门市政府在 2004 年 9 月 21 日召开新闻发布会，决定从 2004 年 12 月 20 日开始实行票改，试运行期间的"大门票"定价每人 50 元，待时机成熟过渡为每人 80 元。然而，由于民间和学术界的压力过大，鼓浪屿票改实施日期不得不一再往后推迟，最近一次"期限"定于 2005 年 4 月 1 日起实施[151]。

除以上景区外，明确涨价的景区还有嵩山少林寺风景区票价由 40 元涨至 100 元（2005 年 5 月 10 日后执行）；武当山景区进山门票价格从 4 月中旬起，由每张 70 元上调到每张 110 元。

对于此轮景区门票涨价，公众表示了强烈的不满和质疑，媒体也纷纷发出不同声音，同时，专家学者也从更专业的角度进行了理性分析与专业性的探讨。

人民网认为任何一个景点都有其绝对的独特性、不可替代性。由于旅游者存在着"偏好"差异，任何一个景点都不愁客源，任何一个景点都处在实际上的"卖方市场"地位。也许正因如此，几乎所有景点在做出门票涨价决策时，都显得那么从容、那么便当、那么不由分说。更有理由提出诘问的是：在"涨价"背后的决策者动机、心态中，保护世界遗产的真心实意究竟有多少？[152]

新华网认为地方政府的定价，一定要尊重旅游景区的公益属性和国有性质，必须从国情出发，充分尊重民众的意见，特别要考虑大多数老百姓的承受能力，不可随意调价，也不能定价过高。

《中国青年报》认为各种景点名胜不仅在中央层面分属建设、文物、林业、水利等多个部门掌管，事实上具体的管理职责也主要落在各地政府手中，成为景点所在地的地方财产。这样，国家财产部门化、地方化的结果，必然是景点的被工具化、牟利化。

《经济参考报》认为在法律文本上，旅游资源不仅是一种国有资产，而且是一种"公益性国有资产"。各级地方政府也只是国有资产的代理人。自然旅游资源虽然在产权上是一种公共产品，但按照西方产权学派的划分标准：一个高质量、明晰的产权必须具有排他性、可转让性、继承性三个特征[153]。旅游资源却并不完全符合上述标准。因此，大多数旅游资源的产权界定相当不清晰，也不符合自然资源资产化管理的前提条件。

《中华工商时报》认为景区管理部门处处以钱为本而不愿以民为本，实际上则是在无限扩张"看管权"，把景区作为部门私产经营，变相地剥夺公众"共享权"，逐渐使名胜之地沦为有钱有势者的休闲别墅或山水田园。

《中国经营报》认为地方政府的这种态度，可以说是一种必然。地方景点门票价格上涨，为当地带来了更多的旅游收入，从而为政府带来了财政收入；而在不少地方政府官员眼里，门票收入意味着滚滚财源，而不是文化遗产。不过，地方政府"杀鸡取卵"，利用行政权力霸占旅游利润的行为，最终将影响到中国旅游产业的健康发展[154]。

《新京报》认为低收入者参观风景名胜的权利将因此而受到限制，而那些高收入者却可以无限次的参观，这也就意味着，风景名胜区作为公共财产却正转变为富有者的专享，严重违背了风景名胜的公共属性。

一些专家进行了理性分析，有的对世界遗产的公共物品属性进行了分析，有的对世界遗产门票性质从公共管理的角度进行了分析，有的提出对世界遗产的管理体制进行调整。

几个月内全国各地如此多的风景名胜区进行听证涨价，景区历史上属第一次，因此，有网友将2005年戏称为"涨价年"。"五一"黄金周前的集中涨价，突显了门票价格管理的混乱，迫使国家物价主管部门出台政策，进行规范。

（二）杭州周边景区上演涨价风

据杭州市旅委有关负责人介绍，杭州市通过几年的围绕"以游客为中心"的努力，推出了一系列"换乘"、免费赠送旅游宣传品等高品质服务，赢得了自助游散客的口碑。2007年初春，杭州周边景区门票价格纷纷上涨，临安柳溪江竹筏漂流，从30元涨到60元；快艇漂流从48元涨到60元；桐庐的垂云通天河景区从55元调整到65元。余杭的山沟景区、双溪漂流也跟着调高门票。调价行为遭到业内人士特别是旅行社从业人员的抨击。

（三）国内景区酝酿集体涨价

2008年"五一"前，国内的不少景区酝酿着涨价。黄山旅游发展股份有限公司发布公告称，黄山风景区索道价格从4月1日起调整，由原来旺季65元/人次、淡季55元/人次调整为旺季80元/人次、淡季65元/人次。九华山正准备将门票价格从140元/人次提高至200元/人次。

(四)"限涨令"到期后的又一轮涨价风潮袭来

自 2005 年国内景区普遍涨价以来,国家发改委在 2007 年下发通知,规定旅游景区门票价格的调整频次不低于三年,2008 年国家八部委联合下发通知,对门票价格进行整顿规范,同时规定,在清理整顿期间,门票价格及游览参观点内缆车、观光车、游船等交通运输服务价格一律不得提高。原本是为了控制景区门票价格过快上涨的"限涨令",但在实际执行中,却异化成了三年为一周期的"涨价令"[155]。2009 年恰逢这些景区的三年"解禁年"和 2008 年下半年以来的清理整顿完成年,所以各旅游景区都迫不及待地开始涨价。四川乐山、峨眉山在内的多个景区宣布上调门票或索道价格,而贵州的 5 大景区也在酝酿提价。2009 年 8 月起,乐山大佛景区门票由 70 元/人次调为 90 元/人次;天津多个景区景点自 8 月 1 日起也上调价格,如八仙山景区的门票价格从 35 元/人次上涨到 45 元/人次;广东番禺莲花山景区,门票价格由 30 元/人次上调至 40 元/人次。

鉴于此,2009 年 8 月 27 日,国家发改委下发通知,明确规定旅游景点不得在国庆节前集中上调门票价格。9 月 23 日,中国广播网、中国新闻网等媒体发布"全国多地景区门票'十一'前顶风涨价、有的涨幅竟高达 70%"的新闻稿,新浪网、搜狐网等门户网站进行了转载,门票涨价问题又一次在黄金周假期前成为舆论热点,消息牵动着每一个计划出游的人以及各旅游景区和主管部门的神经。9 月 24 日,国家发改委价格局主管副局长进行澄清表示,通过调查发现媒体报道的部分景区并没有涨价,而且这些景区明确向发改委表示,"十一"前和"十一"期间绝对不会调整门票价格。

而实际上,一些景区仍然"顶风涨",有的景区则酝酿把涨价劲头延迟到节后。2009 年 8 月 31 日,由昆明市发改委委托石林县发改局组织举行了听证会,拟调整石林景区门票价格,由每人次 140 元上涨为 200 元,涨幅达到 40%。安徽天柱山门票近期已举行了调价听证会,旺季门票可能从 120 元调整至 150 元,10 月 1 日起涨价,但暂缓执行;重庆市大足石刻宝顶门票价格由 80 元上调至 100 元,北山石刻门票价格由 60 元上调至 80 元,将于 10 月 15 日执行;广德县太极洞风景区门票价格自 9 月 14 日由每人次 60 元涨至 90 元,但暂缓执行。对于那些不具备上调门票价格条件的景区,则调高了索道价格。峨眉山景区日前宣布,上调峨眉山金顶索道和峨眉山万年寺索道价格,其中金顶索道上下行价格上涨 25 元,万年寺索道上下行分别上涨 25 元和 15 元。这是继 2008 年以后国内又一次大规模的集中涨价。

因此在澄清的同时,为进一步"限价",国家发改委再次发出通知,要求各地政府价格主管部门进一步加强国庆假期市场价格监管工作。

根据中国广播网的报道,"十一"期间,仍然有少部分景区经过当地物价部门或当地发改委备案审核后提了价,这其中浙江普陀山景区门票从每人次160元涨到200元,海宁盐官观潮城的票价从每人次25元涨到60元,涨了140%;西安大唐芙蓉园、翠华山等地则结束前段时间的半价优惠,开始执行全价门票。

中国广播网首先爆出"顶风涨"新闻,国家价格主管部门进行澄清和说明,同时进一步下发通知,加强价格监管,随后记者深入旅行社和景区进行调查,了解"十一"假期景区涨价实际情况。媒体的主要观点有:"国家发改委三令五申,景区涨价依旧"(中国广播网);"发改委难抑景区涨价冲动,确有景区涨价70%"(中国广播网);"发改委难限景区涨价,地方政府用国有资源牟利"(央视"新闻1+1");"'限涨令'不奏效:多少景点冲动提价"(新华网)。

"顶风涨""涨价潮""三令五申,涨价依旧"成为2009年门票价格事件的关键词。通过此次事件,旧有景区门票价格管理机制的弊端开始突显出来,人们开始反思门票价格管理机制本身存在的不足。

(五)全国20余知名景区门票集中涨价

2012年4月25日,"经济之声"报道,游旺季到来,全国20多个知名景区门票即将涨价,最高涨幅达6成。从2012年4月起到7月,河北省赵云庙景区、赵州桥、隆兴寺、江西省井冈山核心景区等旅游景区门票价格上涨20%以上,山东台儿庄古城门票价格由原来的每人次100元上涨为每人次160元,一次性涨价幅度达60%。同时,还有一批景区也正在酝酿门票提价,山东泰山、蓬莱阁等景区已经向价格管理部门申请调高门票价格[156]。

除此之外,一些和市民生活相关的城市公园也进入本轮门票涨价的行列。如武汉植物园的门票将由30元调整为40元;石家庄动物园门票将由40元调整为50元。

五、票制改革类事件

(一)西湖景区免费开放受好评

2002年,杭州开始探索试行"免费西湖模式",西湖南线环湖景区的涌金公园、柳浪闻莺、学士公园、长桥公园等四大公园,率先免费向市民开放。2003年,花港观鱼、曲院风荷、杭州花圃、中山公园等也进入免费开放名单。5月18日,西湖景区内的六大博物馆——中国茶叶博物馆、南宋官窑博物馆、杭州历史博物馆、章太炎纪念馆、苏东坡纪念馆、张苍水先生祠全部免费开放。2004年10月,西湖综合保护工程整治后的15个历史文化景点中,13处实行免费开放。2005年,西湖博物馆和韩美林艺术馆等景点免费开放。2006年,免费开放龙井八景和吴山伍公庙景区。2007

年,免费开放八卦田景区。2008年10月,免费开放杭州孔庙、九溪烟树公园、吴山阮公祠景区等。2009年3月,太子湾围墙被打通后免费开放,意味着西湖沿线的大型公园全部被打通。2010年10月,新建成的江洋畈生态公园,免费向市民开放。至此,"免费西湖"模式已相对成熟。截至2014年,西湖景区绝大部分面积都是免费开放的,仅下属的岳王庙、黄龙洞、飞来峰、郭庄、三潭印月等16处公园收费,但收费都比较低,最高也就45元。在全国游客满意度调查中,游客对西湖风景名胜区的满意率,达到了98.29%。

(二)丽江古城票制改革引关注

2001年经云南省人民政府批准丽江古城维护费开始征收。受限于客观条件,最初只对团队游客及进玉龙雪山主景区的散客进行征收。从2006年4月1日起,各星级酒店受政府委托开始对入住客人代收古城维护费,各景区也开始对古城维护费进行查验,由于当时查收的力度还比较松,存在大部分游客不缴纳的情况。

2007年7月1日起,代收范围扩大到丽江古城内持有丽江风景区准营证的客栈。2007年3月以前,古城维护费的收费标准为每人每天20元,每人次最高40元,2007年3月根据《云南省发展和改革委员会、云南省财政厅关于调整丽江古城维护费收费标准的通知》要求,古城维护费调整为每人次80元。古城维护费的收取,为丽江古城世界文化遗产保护提供了强大的资金保障,成功的遗址保护,除了国际援助和政府拨款,都来源于旅游收入,游客的消费资金和捐赠为保护遗产提供了重要的物质基础。

古城维护费的40%作为贷款还款准备金,另有30%至50%划拨给古城区政府,作为古城区古城环境整治及治理的专项资金。还有环境、卫生、安全等方面维护及行政运转等费用,另有一块是专门用于民族文化传承的专项保护基金[157]。

2008年丽江共征收古城维护费1.806亿元,其中团队代征1.4亿元,宾馆酒店代征2000万元,景区景点补征2000万元左右,稽查队查验追缴300万元左右。

按照游客统计比较,2008年实际征收的游客人数是226万,而游客人次是635万,古城维护费的偷逃现象仍然十分严重。

(三)凤凰古城"围城收费"引争议

2013年4月10日,政府推动湖南凤凰古城开始实施捆绑售票,即一票制,游客进入古城需要购买148元门票。实施门票新规的第一天,古城各个关卡的查验票人员尚未对散客实施严格的门票查验,散客基本和往常一样自由出入古城。

2013年4月11日是凤凰古城正式收费的第二天,隐藏的"矛盾"最终爆发:当地多家商铺集体关门,同时聚集在古城北门码头附近,渡船停运抗议收费,"沱江跳岩站满了人群以及治安警察"的照片风靡各大网站。11日中午，部分无证拉客野导因利益受损，邀约十余家歇业店主从凤凰古城和堂街开始游行，一路要求正在营业的店铺关门停业，行走到北门码头时候，游行队伍在沱江泛舟售票处围堵，占据了北门码头通往沱江泛舟景点及跳岩的旅游通道，导致大量购票游客无法完成行程，游客无法通行和泛舟。在接到报告的情况后，凤凰县委、县政府相关领导率沱江镇、执法局、旅游局等干部进行了长达两个小时的耐心劝导无效，出现越来越多的围观人员。下午1时35分，县执法局依法对旅游通道进行清理，确保游客能正常通行和验票泛舟，期间个别参与人员拒不配合维护秩序，与执法人员发生肢体冲突，被公安干警依法带离了现场。"景区外船夫将没买门票的游客运往城内，被查票人员发现，二者僵持不下，致使场面越闹越大"。

4月12日，住湖南凤凰古城景区内的黄田，原本想带女朋友回家见父母，却被挡在凤凰古城西门检票口。一时间，"本地男"带女友进城被拦引发网友热议，"好女不嫁'凤凰男'，因为每次上门都要钱"。4月14日，网络流行语"横空出世"，两天内获得3000余条转发。

从4月15日起凤凰县邻近的湖南湘西土家族苗族自治州、湖南怀化市、贵州铜仁市三地区居民游凤凰古城均可享受免费待遇；从4月20日起，全国学生到凤凰古城旅游票价从80元降为20元。

据中青舆情监测室统计，6天内，关注凤凰古城"进城费"的日均新闻数，从1000余条攀升至2300余条。每日的微博数量从1.2万条攀升至8.4万条，参与讨论有近50万网民。截至4月16日，凤凰古城"进城费"已发酵为当日最热舆情事件。而中青舆情监测室对1000条网民留言进行抽样分析后显示，有91.3%对"进城费"一事持否定态度。

4月15日，"凤凰居民带外地女友回家被索票"一事，高居百度新闻热搜词第四位。在中青舆情监测室对900余条否定"进城费"网民意见的统计中，指向政府决策的不科学的占比23.6%。网民否定意见中，质疑凤凰县官方决策不公开、不透明的声音更大，有32.8%。中青舆情监测室显示，网民最不满意的，正来源于政府这双"看不见的手"。15日，微博粉丝达65万的全国律师协会行政法专业委员会副主任袁裕来，以一条"政府有权出售城市？"的质疑微博，获得了12小时内转发上万次的响应。他质疑，凤凰县政府被曝和当地旅游公司合股成立景区服务公司，政府持股49%，旅游公司持股51%。"凤凰官方一意孤行强征'进城费'，是在为公司上市做准备？""政府不是凤凰古城的'业主'，有什么权力将凤凰私下交易支配和分割？"人民网认为，令43.6%网民不满的，正是躲在这场"公私合营"背后的东西——凤凰县官方是不是在罔顾政府职能,执意与民争利?[158]面对一个旅游资源,政府应有的职能是什么?这场舆论风波,终于将这一关键问题推出水面。"政府应是市场监管者,不越位不缺位,才是现代政府应有的作为。湘西如画的边城不该承受如此喧嚣。政府职能的转变,期待凤凰涅槃",《人民日报》微博如是评论。

同年底,凤凰古城门票风波被选为2013年中国年度十大旅游热点事件。

凤凰古城收取"进城费"事件,为第一次因景区门票收取问题引发群众集聚。此次事件,将景区的门票收取问题推向了舆论关注的新高度。同时也引发了对于政府职能、政府与市场、政府利益与民众利益的深层思考。

六、优惠打折及集中降价类事件

(一)应对全球金融危机多地发放旅游消费券引关注

自2008年全球金融危机爆发以来,长三角多个旅游城市推出"旅游消费券"来拉动内需、促进消费。2009年2月16日,通过摇号,南京20万户家庭获得乡村旅游消费券,之后开始了旅游消费券的全国首发。宁波、苏州、扬州、无锡,包括广州、武汉等地也纷纷加入发放旅游消费券的行列。之后发放活动扩展到全国其他地区,并延续到2010年。

杭州的旅游消费券分为市本级旅游消费券和区县旅游消费券。市本级的"杭州旅游消费券"单张面额为10元,一份由10张组成,一份价值100元。杭州区县版分淳安、富阳、建德、临安、桐庐、萧山、余杭等7个区、县(市)"杭州旅游消费券"单张面额为10元,一份由5张组成,每份价值50元。使用期限从2009年3月1日至5月31日。此次杭州市政府共计划发行旅游消费券1.5亿元。3月15日前,杭州旅游消费券面向杭州市以外的所有内地及港澳台旅游市场发放,重点地区和城市包括北京、上海、南京、苏州、宁波、芜湖、嘉兴、湖州、合肥、绍兴、深圳、香港、澳门、台湾。

2009年2月,武汉旅游集散中心发放面值分为10、20、50、100、200元的消费券,首批旅游券价值30多万元,每人限领一次,依据规定,省、市劳模领取200元券,中低收入武汉市民领取100元券,55岁以上的中老年人领取50元,大中专院校的学生领取20元。

湖南则通过现场抽奖的方式投放旅游消费券,免费向社会公众提供百万元旅游消费券,可在省内38家4A级以上景区购买门票时使用;全省3A级以上景区免费提供10 000张门票;全省四星级以上酒店免费提供1000间(标准房/天)的客房。其中客房消费券在2009年10月7日前任何时间入住皆可,并且可以转让。

(二)国家发改委公布游览参观点降价名单引热议

2012年9月20日,国家发展改革委公布了各地在中秋、国庆佳节到来之前降价的80家游览参观点名单,社会各方面反响积极。之后的9月27日,国家发展改革委又公布了第二批降价的游览参观点名单,共94家,平均降价幅度为25%,其中4个游览参观点实行免费。

此外,在中秋、国庆节期间,湖北省对辖区内所有实行政府定价、政府指导价管理的游览参观点,按照15%—25%的幅度统一降价;现行门票价格在10元以下的实行免费开放。

综合第一批、第二批以及湖北、广东和云南三省的降价情况,在中秋和国庆期间降价的5A级景区共有14家(其中世界自然和文化遗产3家),4A级景区约140家[159]。

(三)全国上千家景区国庆节期间门票价格优惠受好评

根据国家发改委网站消息,为贯彻落实《中华人民共和国旅游法》,营造良好的旅游价格环境,降低群众旅游成本,各地价格主管部门按照国家发展改革委部署,在2013年国庆节期间推动全国约1400家景区实行门票价格优惠,平均优惠幅度约20%[160]。

据统计,全国有湖北、广东、海南、云南和新疆5个省份辖区内,在国庆期间对实行政府定价和政府指导价的景区实行门票价格优惠,山西辖区内国有A级以上景区门票价格全年实行6—8折优惠。一些著名景区均在优惠之列如山西五台山和云冈石窟、江西庐山、福建武夷山、湖北神农架和武当山、海南天涯海角、广东丹霞山、重庆大足石刻、四川黄龙、贵州黄果树、云南石林和香格里拉等。

七、关联类事件

(一)国民党副主席蒋孝严批大陆景点门票贵

中国国民党副主席蒋孝严2010年7月11日在两岸经贸文化论坛表示,大陆景点观光费用非常高[161],寺庙等历史景点是老祖先留下来的,不应收高费用。黄山、张家界、九寨沟等是中华儿女共同享有的,不应收取高达300元的门票。在台湾,景区往往是低收费甚至不收费。

2010年7月16日,国家发改委有关负责人回应称,为防止门票价格过高、过快上涨,有关部门将采取有效措施防止,并大力推进游览参观点免费向社会开放,逐步摆脱"门票经济"发展模式。

此事经媒体报道后,立即在网络上大量传播,又一次触发了大众对景区门票敏感的神经。至今,以"蒋孝严+门票"为关键词进行百度检索,可以得到48 300条相关信息，可见事件传播之广、关注之高。

通过此事，也可以看到大陆景区门票价格过高的问题，已引起海峡对岸的关注与异议。

（二）西安大雁塔门票涨价物价部门"失误"风波

有游客发现登大雁塔门票淡季20元、旺季30元，投诉其不合理。陕西省物价局经同意取消淡旺季门票，统一价格为40元。此举引发网友不满。

网友认为，游客抱怨登大雁塔的票价淡旺季不同，显然是希望将票价统一起来，不说降价，起码应该就低不就高，比如统一到20元或30元，因为旺季收30元有"趁火打劫"之嫌，而不是希望物价部门趁机提价。

有网友认为，物价局如此涨价，涉嫌违法，并列出2013年起正式施行的《中华人民共和国旅游法》的第四十三条规定——"拟收费或者提高价格的，应当举行听证会，征求旅游者、经营者和有关方面的意见，论证其必要性、可行性"。一方面，物价局未经听证，未征求有关方面意见，属违法行为。另一方面，政府的行政行为如此随意，也未免太过草率。

在网友的质疑下，2013年10月17日晚，陕西物价局官方微博删除16日发布的调价微博，并发表声明称，因工作不细致，误将尚未批准的西安市大雁塔保管所申请的40元/人次的门票价格作为审批价格发布，由此引发了社会影响深表歉意："我们将吸取教训，改进工作，加强人员教育管理"。

据腾讯网附在新闻后的调查显示，95%的网友并不相信物价局"失误"的解释。

（三）《旅游法》实施一周年遇景区门票集中涨价

2014年"十一"黄金周前夕，不少媒体报道知名景区门票价格上涨。9月1日起，广东丹霞山景区和卧龙冈景区分票制整合为一票制，门票价格由原来平日160元、节假日180元统一调整为200元；9月3日，保定涞源十瀑峡景区调价方案获得通过，门票从35元上调至50元。9月16日，国家5A级景区之一的丽江玉龙雪山景区发布调价公告，宣布门票价格将从105元/人次调整为130元/人次，执行时间为2015年5月10日起[162]。此前6月10日，"中国最年轻火山岛"北海涠洲岛火山国家地质公园门票价格由90元调整为115元；7月1日，云南大理苍山景区票价由30元涨到40元，同日，苏州园林主要景点门票价格也进行调整，其中，拙政园旺季票价由70元调整至90元，虎丘从60元调整至80元。此外，宜昌三峡大瀑布景区8月份举行门票价格调整听证会，提出目前门票价格偏低，拟将门票价格由98元/人次调整为128元/人次或130元/人次。

根据百度检索的数据，"多家景区上调门票价格，5A级景区平均票价超百元"

的相关新闻超过了上千条。

游客对《中华人民共和国旅游法》抑制景区涨价具有较高期待,《中华人民共和国旅游法》实施一周年之际,携程旅行网的在线调查显示,游客最关心"禁止景点乱涨价"。而一周年后的景区大规模涨价,实际上打破了大众认为《中华人民共和国旅游法》能抑制景区涨价的希望。

同时也说明,法律是起规范和约束作用,并不解决景区门票价格管理的深层体制问题。

(四)寺院门票收费的争议

寺院收取门票,一直备受争议。宗教界一直主张取消寺院收费,但因多方面原因,寺院收费不仅未取消,而且一直在上涨,由于庙宇带来的巨大收益,使得这一领域成为资本关注的对象。宗教经济学、寺庙资本方兴未艾,寺院商业化、世俗化趋势没有得到根本扭转。与此同时,在宗教界人士的努力下,取消收费问题也有一定进展。

2011年3月22日,厦门南普陀寺取消门票。

2013年4月,重庆慈云寺宣布正式取消门票以抵制商业化侵蚀。

2013年5月10日,包括长沙麓山寺、玉泉寺在内的湖南29所寺院也宣布会主动取消门票。

2014年9月,在国务院旅游工作部际联席会议,一度指挥寺院门票收取工作的宗教事务部门被撤席。中国旅游研究院院长戴斌指出,此番调整将解决有关部门"利用公益性资源收取门票"的问题,呼吁了二十余年的"寺院免门票"将不再遥遥无期。

长久以来,内地庙宇一直将收取门票费用作为寺庙维持成本的主要途径。而历史上,寺庙依靠庙产和信徒的供奉来维持寺庙的基本运作,自佛教传入中国以来,就没有向信徒收取门票的传统。

八、景区门票价格热点事件的归因分析

(一)旅游市场的异地性容易形成全国性关注

"景区"的消费市场具有异地性、跨区性,景区门票的调整往往形成异地关注。外地市场中往往又以中心城市为主,相关信息会直接进入信息传播的中心——中心城市,依托发达的信息传播渠道,在短时间内形成全国性的关注,进而形成热点事件。

另外,景区游走于公益与非公益之间,争议由来已久,民众关注度高、关注人群广,是社会的敏感点,小事情往往形成大关注。

（二）公众对门票价格缺少全面了解扩大了门票价格问题

我国景区数量多，分布广，类型各异，景区门票价格地区间、类型间都存在巨大差异，公众所了解的往往是门票价格的一个方面，公众很难也没有机会对门票价格形成清晰认识，"只见高票价，不见低票价""只见涨价，不见降价""只见收费，不见免费"是公众对门票价格认知的真实写照。

（三）门票涨价的原因及理由缺少说服力成为争议焦点

景区普遍以提高门票价格增加收入来用于旅游资源的保护，同时还通过提高门票来对游客流量进行限制以实现保护目的，作为提高门票价格的两条主要理由，前者由于景区缺乏财务公开、收支透明的实际配套举措进行印证，公众普遍对门票价格增量的用途进行质疑[163]，后者对于当前普遍处于经营性的状态而言，基本无法实现，这些导致社会对门票涨价的合理性进行质疑。

（四）门票定价听证过程不规范侵蚀了政府的公信力

听证会参加人的"游客（消费者）"往往由本地产生，形成"本地游客听证，异地游客买单"的不合理现象。政府作为门票价格定价的主体，也是国有景区的所有人，"裁判"兼"运动员"的审批机制，难免形成有利于自己的裁定，审批人的公正性、中立性难有保障，也成为公众质疑的焦点。我国门票价格听证的监管单位为本级人民政府或者上级政府价格主管部门，从我国十多年的门票价格听证实际执行情况以及听证热点事件来看，地方政府对价格听证的上级监管进行了规避，"价格听证"的最后审批人和监管人多为同一人，形成低效或无效监管模式，听证监管的形式化，也成为公众议论的热点。

（五）景区门票涨价后景区服务跟不上引发游客不满

"质价相符"是消费者对产品质量与价格关系的基本要求。游客认为门票价格过高的原因之一就是"高价低质"的行为。从实际来看，景区涨价后，多数景区的服务并没有实质性的提升，游客在景区并没有感受到"高价高质"的服务和享受。

附录三
境外景区门票制度分析及启示

在开发与经营方式的选取上，不同国家和地区旅游景区更多的是作为公益事业、福利待遇，由国家投资、经营和管理；这些景区一般是开放型的，采取一票制或无票制。在理念上，则强调人的全面发展和生态环境保护，景区的可持续利用以及社区的广泛参与[164]。政府在财政上给予景区有力的支持，把国家拥有的博物馆、美术馆、纪念馆、古代遗址和建筑、乡村公园、森林等景点景区当作公民素质教育的基地[119]，供公民低价或免费游览。在门票制定和经营时主要考虑环境保护和公民教育，淡化经济效益，门票只是作为资源保护费用的补充。目前发达国家对自然景区普遍采取国家公园模式（National Park Mode），其中以美国国家公园最具有代表性。人文景区则以欧洲博物馆的门票制度最具代表性。以下将分别就美国、欧洲各国、亚洲各国家和地区景区门票制度进行具体分析。

一、美国景区门票制度

美国景区门票制度可分为公共景区和私有景区两种模式。公共景区门票制度以美国国家公园为代表，私有景区门票制度以迪士尼乐园为代表。

（一）国家公园门票制度

1872年，美国建立黄石国家公园，是世界上最早建立国家公园的国家。美国对国家公园的定义是"不管现在还是未来，由内政部长通过国家公园管理局管理的以建设公园、文物古迹、历史地、观光大道、游憩区为目的的所有陆地和水域"。自1908年美国维尼亚山国家公园收取机动车准入费之后，美国景区门票收费问题就受到密切关注。早期探讨的问题在于国家公园与其他景区是否应该收取费用。有的学者主张国家公园应该免费，理由为国家公园是公共产品，因此公园一切费用由国家承担;也有学者提出"谁使用谁付费"的原则。在实践操作过程中,公园向机动车收取机动车准入费,但是随着使用机动车的人数增多,这种费用因遭到抵制而迫使削减,后逐渐为游客使用费所取代。到 20 世纪 80 年代的初期,理论界关注的问题发生了改变,从是否应该收费转变为收取多少的问题[9]。目前约有 190 个国家公园向游客收取门票,200 多个公园还收取一些服务设施和服务使用费,如导演解说、停车、宿营等。

美国国家公园采用经营权与管理权彻底分离的管理模式。美国国家公园管理局隶属于美国内政部,有 2 万多名工作人员和 14 万名志愿者。2006 年,国家公园管理局的预算达到了 22 亿美元[165],其主要职能是设施维护和提供服务。国家公园的运转经费主要靠政府预算拨款,门票收入、社会捐赠资金、特殊项目酬金、展示项目酬金等资金的筹集仅用于减轻联邦政府的财政负担。美国有不少针对珍稀物种的基金会,其捐款很多都通过相关的国家公园来实施。从国家公园到免费的社区公园,到处都能见到捐赠箱,游客的捐赠从一两美元到几十美元不等,聚少成多也能为公园分担一定的财政压力[166]。美国国家公园体系内的服务设施全面实行特许经营,向社会公开招标。各类公园的门票和娱乐项目收费的 80% 用于公园自身的维护和管理,其余 20% 上缴国家公园管理局统一支配。

美国国会对国家公园门票的收费问题有专门的立法。现行的定价指南是根据国会 1996 年的立法制定的,其确定了不能收费的地方有哪些,收费的地方应遵循什么样的原则,有的还确定了最高限额。该立法规定所有国家公园门票最高不能超过 20 美元,年卡费用最高为 50 美元。法律还要求,如果调整票价,调整后的门票价格需在公布一年后才能实施[166]。或许是碍于烦琐的法律程序,很多国家公园的门票价格一直保持不变。如著名的黄石国家公园 1916 年时的门票价格为 10 美元,这一标准直到 1996 年国会通过立法后才作了上调。美国人都喜欢驾车出游,景区也主要按"车"收费。通常,5 座小汽车收费 20 美元,黄石国家公园和邻近的大提顿国家公园则采用联票制,一张票 25 美元的。如果选择步行进入黄石国家公园,成人收费是 12 美元,16 岁以下免票。包括黄石和大峡谷在内的大型国家公园,门票都是 7 天有效,游客可以更灵活地安排游览路线和住宿地点。对于盲人和永久性残障人士,国家公园推出"金卡门票",这些特殊游客可凭卡终身免费游览国家公园。景区对老年人也有优待,不过各州对年龄起点规定不一。国家公园大多将 62 岁以上游客视为老年人,并给予 10 美元的半价优惠[166]。此外,美国归属州政府或市县管辖的景区采取较低的门票价格收费方式,票价多在 20 美元以内。比如纽约的自由女神像,成人票价仅为 13 美元。

（二）私营景区门票制度

美国私营旅游景区根据商业运作模式进行定价，景区门票价格较高。但在激烈的市场竞争中，这些景区也都采取灵活的售票方式。如佛罗里达州的迪士尼世界有多个主题公园，游客若购买单个公园单日有效的门票需 90 美元，但若购买多园多日有效的通用票就会便宜许多。洛杉矶的迪士尼乐园也同样如此，游客购买一日游的门票为 34 美元，两日游为 59 美元，三日游为 82 美元。商业旅游景区有时还推出合作项目，如购买迪士尼乐园的门票，可以免费到圣迭戈的海洋世界游览[166]。

（三）非营利性景区门票制度

美国还有一些景区原为私人所有，其后人将其捐献给政府，或成立基金会，由基金会管理，正式对外开放，门票价格不一。

如洛杉矶迪斯康索花园，原系《洛杉矶时报》的创办人及主编鲍迪所建，占地 160 公顷，分为 7 个区，门票价格为 5 美元。又如亨廷顿图书馆、艺术收藏馆和植物园，是一座规模很大的花园，原系铁路和金融巨头亨利·爱德华·亨廷顿所建，1919 年亨廷顿夫妇将它捐赠给美国信托局，并附 800 万美元的委托基金，供扩充和管理之用。该园作为非营利性机构对外开放，虽植物园规模宏大，占地 130 公顷，有 15 个不同特色的花园，但门票不贵，成人每人次 7.5 美元。

至于原来属于私人收藏，后来成为博物馆对外开放的景区，则根据其经济实力来确定收费标准。如位于加州圣西门的赫斯特城堡，原系纽约报业巨头威廉·伦道尔夫·赫斯特于 1919 年初步建成的别墅，直至 1951 年赫斯特 88 岁逝世时，还未最后完成。1957 年赫斯特的子女们将城堡和周边的 7.5 万亩土地赠送给加利福尼亚州政府，建立了一个州公园，向公众开放，命名为赫斯特圣西门州立历史纪念馆。白天门票价格为 14 美元，夜游城堡门票价格为 25 美元。而位于洛杉矶的盖蒂博物馆，由于有美国的亿万富翁保罗·盖蒂从自己 32 亿的财产中拨出的 22 亿美元作为建馆基金，因而该博物馆成为全球资金最充裕的收藏和研究机构之一，所以盖蒂博物馆一直是免费对公众开放的，并免费散发好几种彩色精印不同语种的导游简介资料。

（四）美国景区门票价格优惠措施

美国门票价格制定时常常考虑到如何给来访者以优惠，通常采取各种灵活做法。

（1）优待老年游客。老年游客获得门票优待年龄分别为 55、59、60、62、65 岁以上不等，均由各景区自行确定。

（2）设立免费开放日。如某些博物馆平时虽要收费，但设立免费开放日，确定每月第一个星期二免费对外开放。

（3）实行联票优惠。规模较大的景区需要好几天的时间参观，门票就给予优惠，如优胜美地国家公园，一次入园可最多待 7 天，迪士尼乐园的门票，一日游票价为 34 美元，二日游票价为 59 美元，三日游票价为 82 美元。一些景区还在宣传品上附送优惠券，如凭优惠券去圣迭戈海洋世界或好莱坞环球影城均可优惠 3.5 美元。有些大城市采用联票销售优惠方式，如纽约、芝加哥、波士顿、费城、旧金山、西雅图等六城市以及洛杉矶的好莱坞，均将当地的六七个主要参观游览点列为半价优惠。

二、欧洲景区门票制度

欧洲历史悠久，自然风光优美，名胜古迹众多，景区门票制度以博物馆类门票制度最为典型。英国、法国、意大利是国家公共博物馆的开端，也是最早开始关注博物馆门票议题、计划实施免门票政策的国家；芬兰通过国家法案制定门票收费标准；而以高社会福利著称的瑞典，却在 2007 年将所有国立博物馆从免费转向收费。

（一）英国

英国博物馆门票政策可溯及至 1753 年，大英博物馆成立法案中就主张社会大众有免费使用博物馆的权利，但当时规定参观者须事先申请门票才得以进入参观，且限定每日参观名额。1845 年，英国通过《博物馆法》（Museum Act），确立了博物馆的社会地位，并赋予居民人口在 1 万以上的地方政府加税的权利，以支持地方博物馆的运作。英国博物馆的免门票政策始于 1997 年，博物馆免费开放分为三个阶段逐步进行：1999 年首先实施儿童免费参观博物馆，当年儿童观众人数就增加了 20%；2000 年退休人员免费，使老年参观者人数当年增加 40%；2001 年通过议案，凡被政府指定免费向公众开放的国家博物馆，可保留其全额增值税。

英国共有 2500 家博物馆，其中凡是受到政府公共资金资助的博物馆都向公众免费开放。英国博物馆免费开放包括数座享誉世界的国际级大馆，如 British Museum、The National Gallery、Tate Modern、Victoria and Albert Museum 等。英国国立博物馆的免费政策首开先例，也引领世界潮流，成为文化界瞩目的焦点以及各国博物馆纷纷效仿的对象。

在博物馆经费来源方面，成立国家遗产纪念基金会（National Heritage Memorial Fund）并发行国家遗产彩券，透过彩券基金（Heritage Lottery Fund）和政府直接拨款，以补贴博物馆因免费入馆所造成的经济损失，成为免门票政策的重要基础。博物馆其他资金来源则为私人企业和个人的社会赞助，其次则是博物馆举办各种教育活动与特展的收入。公立博物馆都登记为慈善机构，享受各种税收上的特殊优惠[167]。

（二）法国

法国人文景观数量令人瞠目，主要包括公园、教堂、博物馆和城堡，如卢浮宫、凯旋门、巴黎圣母院、枫丹白露、凡尔赛宫、埃菲尔铁塔、卢瓦尔河谷城堡群等。这些举世闻名的景观每年都能吸引众多游客前来观光。面对这些宝贵的"财富"，法国政府始终坚持"以人为本、着眼未来"的管理原则，不因为这些景点"有名"而对这些景区门票价格随意提高，只要冠以"公园"的名号，公众就可在开放时间自由进出，一年四季免费开放[168]。

由于法国的"文化遗产制度"，其主要人文景观大多属于国家经营。该制度将那些历史悠久的建筑及其附属物归为人类文化遗产，无论是居住还是经营，都必须定期进行修缮维护，否则将受重罚。私营者承受不起就将所管辖"文化遗产"卖给国家，国家通常将这些"文化遗产"交给地方政府管理。法国政府非常看中这些人文景观的教育功能和社会效应，因此会普遍压低门票价格以便让所有人都拥有受教育和受熏陶的机会。

在法国，大多数国立博物馆的票价由政府机构"国立博物馆联合会"制定，基于规模大小和功能差异，各类博物馆可以分为五等，并分别定价。法国的博物馆大多是免费向社会公众开放的，即使有一部分博物馆收费，但所收费用也非常低廉。法国政府规定，被政府列入国家文化遗产保护名单的各类建筑物，都要在政府每年规定的"文化遗产日"免费向游客开放1至2天，如巴黎卢浮宫每月第一个星期天全天免费开放。

在门票优惠方面，法国政府针对不同社会群体，制定不同门票价格，如免费群体、优惠群体等。除了青少年学生这个最大的受惠群体外，对教师群体予以优惠，老年人、现役军人也都在受惠群体之内。如卢浮宫对18岁至26岁年轻人和60岁以上老年人实行半价优惠。此外，不同季节、不同时间段、景点不同游览段分别制定差异化的收费标准。例如，卢浮宫平日9时至18时的门票价格为8.5欧元，18时以后为6欧元；游览埃菲尔铁塔使用不同上升交通工具、到达各层平台均有不同的门票价格。

同时，提供单人票、家庭套票、团体票、周期票等供游客多重自由选择。例如法国巴黎花45欧元购一张5天期的"博物馆通行卡"，可参观巴黎全部博物馆。

（三）意大利

意大利的旅游景区按归属分国家级和地区级两大类。意大利各地的博物馆、画廊、考古遗址、历史性建筑物、公园等旅游景点均由政府文化遗产部管理制定门票价格。只有以下情况才能考虑调整景区门票的价格：在景区的历史价值及建筑与展品的历史和艺术价值发生变化;维持景区正常运转的水、电、能耗明显改变;环境因素所导致的维护成本发生变化。如果确实需调整景区门票价格,各地政府主管部门必须充分酝酿,并提出建议报文化遗产部价格管理委员会审批[168]。意大利政府对旅游景点的管理十分严格,门票收入需要上缴国家财政后统一从国库中支取。目前,意大利用于保护、修缮旅游景区和文物古迹的资金中,政府财政占65%,其余的则通过发行彩票、接受捐赠等途径获得。

博物馆和公园实行收费的有个人票和集体票,但没有年票、季节票和月票。一般来说,以下几类人群可以免费进入公园和博物馆:未满18岁的未成年人;65岁以上的老人;正在艺术、建筑、文物古迹保护专业学习和教学的学生和老师;在文物古迹保护领域内从事学术研究的学者。欧盟各成员国18岁至25岁的学生进入公园可享受半价优惠。意大利政府还经常利用历史性传统节日或其他纪念性节日不定期地为游客提供优惠价格[168]。

(四)芬兰

芬兰有近1000家博物馆,其中有160家左右是专业博物馆。基于博物馆所有权,可以分为国家的、地方的、基金会的、企业的,还有少数博物馆是属于私人的。芬兰国家议会1992年批准的《博物馆收费法》授权芬兰文化教育部负责制定博物馆的收费标准。芬兰文化教育部直属机构文物管理局具体操作价目的制定。该管理局每年年底都要就第二年的博物馆收费标准提出具体意见。文物管理局根据市场的实际情况和民众对价目的反馈,提出继续维持原价还是提高价目的意见,上报文化教育部批准。一般情况下,价目一旦确定下来,就会持续多年,并非是随着人们收入的增加而调高,而是要根据市场实际和广大民众的承受能力提出价格调整意见。由于门票价格的透明度很高,所有国有博物馆都执行文化教育部提出的价格标准,没有一个擅自提高门票价位的单位。每年到博物馆参观的人数增减就是检验民众承受能力的最简单办法。文物管理局不干预其他所有制形式的博物馆收费标准,是根据市场和人们的承受能力进行自我调节的。

(五)瑞典

瑞典国内的19座国立博物馆过去都实行免费参观制度,仰赖政府每年1亿元的预算补助维持运作;2006年底瑞典政权交替,新政府大幅缩减文化相关预算,将博物馆的补助砍半,让许多原本就惨淡经营的博物馆难以继续生存,于是纷纷开始收取博物馆门票,以尽可能平衡博物馆运作的大量开销。

根据瑞典艺术理事会(Swedish Arts Council)公布的研究报告显示,2007年各大国立博物馆开始实施收费以来,观众平均较去年同期减少40%,其中又以斯德哥尔摩建筑博物馆（Stockholm Architecture Museum）所受到的冲击最为惨重。根据统计，该馆参观人次由2006年的40万人次锐减至2011年的8万人次，观众流失幅度高达80%。博物馆开始收费后，这些流失的观众人口以男性观众、郊区居民、教育程度低者以及老年观众的比例下降最为明显，而收费后仍持续参观博物馆的观众，是对艺术文化具有高度兴趣和热情的群体，说明免费与否并不会对原本就有文化消费习惯的观众有所影响。收费之后博物馆商店和餐厅收入也相对减少，例如瑞典世界文化博物馆（The Museum of World Culture in Sweden）自2007年开始收费后，博物馆商店的收入减少30%。

三、亚洲景区门票制度

（一）日本

日本的景区门票制度基本上是根据景区本身性质决定。景区根据其资源属性分为三类：自然景观、文化遗产或人文景观、商业性娱乐设施。

1. 自然景观类景区基本上都不收门票

日本的自然象征如富士山，在非暴风、暴雨或地震、火山预警等特殊情况下，都会常年免费对公众开放。此外，富士山及其周边的湖泊、火山地质层等共同构成的富士伊豆箱根国立公园也是免费的。

2. 文化遗产或人文景观类景区大多会收门票，但往往只是象征性收取

京都的金阁寺、清水寺、二条城，奈良的东大寺、唐招提寺、平城宫遗址，日光的东照宫，冲绳的首里城等被列为世界文化遗产的景点，门票价格多在300至1000日元（折合人民币18到60元）。而国家级文化遗产的门票价则多不超过500日元，如"镰仓大佛"本身的门票仅200日元。此外，不收门票的文化遗产或人文景观也比比皆是，如岐阜县白川乡和广岛原爆纪念遗址等都属世界文化遗产，但免收门票。

3. 商业性娱乐设施类景区基本上都会收费，但价格较为合理

有调查数据显示，日本门票最贵的商业娱乐设施景点是东京迪士尼，每张成人通票高达5500日元，具有异国情调的长崎豪斯登堡门票超过3000日元，东京塔门票为700日元。尽管如此，该类景区门票价格与日本工薪族人均442万日元的年薪（注：据日本DODA2012年统计）相比，并不算昂贵。

（二）韩国

在韩国，与赚取门票费相比，政府更重视文化景点的教育和社会功能；对于名山大川，则更注重为广大国民提供良好的旅游和度假场所。

1. 国立公园均免费开放

从 1975 年开始，韩国政府为了保护森林，制订了《国立公园法》，并将韩国主要的山川景点指定为国立或道立公园，并收取门票。为统一对山川景点的保护和建设，韩国政府随后在山林厅下面建立国立公园管理工团，以完善各种旅游设施，包括清运垃圾、修建步道、建立饮水点、增加指示牌、建立卫生间等。但从 2007 年开始韩国所有的国立公园免费开放，因此减少的景区门票收入由政府财政补贴。以 2006 年为例，20 处国立公园全年所需维护经费约为 1360 亿韩元（约合 7.5 亿元人民币），其中由国库支出的预算为 883 亿韩元（约合 4.9 亿元人民币），而门票收入仅占全部预算的 22%。此外，在通过山林厅认证的国立自然休养林，政府和民间还通过各种方式来修建各种住宿设施（主要是公寓式住宿设施），以低廉的价格提供给需要的游客。2012 年 3 月 1 日，根据修订后的相关法律，全国 38 个国立休养林的住宿价格上涨了 3.8%，主要是应对通货膨胀的因素，而这是 2006 年后的首次涨价。以济州岛为例，岛上共有两个国立休养林，住宿价格上涨后，以住宿 4 人的套房为例，价格上调为 5.8 万韩元（约合 320 元人民币），而在济州岛普通的小旅馆单人房间则要 4 万至 5 万韩元。

2. 文化景点门票低廉

韩国文化体育观光部下属的文化财产厅负责，包括公立博物馆在内的文化设施的门票定价。除了政府拨款外，韩国还设立了文化财产财团，通过接受捐赠等方式自筹资金，以加大对各类古迹和博物馆维修和运营的财政补贴。韩国文化景点的门票大多比较低廉，以王朝宫殿遗迹为例，这是到首尔游客必去的景点，其规模最大、历史最悠久的景福宫和保存最完整的昌德宫门票最贵，但也只需 3000 韩元（约合 16.6 元人民币），而首尔街头咖啡店的一杯咖啡需要 4000 韩元[169]。首尔世界文化遗产宗庙的门票仅为 1000 韩元（约合 5.5 元人民币），且这些园区内基本没有另行收费项目。此外，收费的韩国古迹景点仍采取各种门票优惠措施甚至全免。以景福宫为例，18 周岁以下的少年儿童和 63 周岁以上的老人实行免门票政策，针对 10 人以上的团体门票，可以给予八折优惠。同时，还有价格 1 万韩元（约合人民币 55 元）的 4 宫 1 庙参观套票，游人可以凭借该票在 1 个月的有效期内游遍首尔的王室古迹。而部分国立博物馆则完全免票，以位于首尔的韩国国立中央博物馆（相当于我国的国家博物馆）和战争纪念馆（相当于北京的军事博物馆）为例，其运营和布展等完全靠财政开支和捐款，没有门票，只有特殊展览和租借展览（如欧洲名画展、中国清代宫廷用品展等）销售门票。

3. 所有寺庙不收门票

韩国国内的著名寺庙基本都不收门票，与国内寺院收取高价门票存在明显差异。以韩国佛教主要宗派曹溪宗的曹溪寺为例，其位于首尔市中心，香客和游人可以随便进入，不会进行收费。但是对于山中的名寺，根据有关规定景区可以收取门票，但这些门票价格大多比较低廉[170]。比如，位于江原道五台山的月精寺，其门票价格为 2500 韩元（约合 13.8 元人民币），其中的八角石塔被指定为国宝第 48 号。位于庆尚南道伽耶山的海印寺，是世界文化遗产，其收藏的八万大藏经刻板为韩国国宝第 32 号，其门票价格只有 2000 韩元（约合 11 元人民币）。而韩国最贵的寺庙门票为全罗南道求礼郡的华严寺，门票只有 3000 韩元（约合 16.6 元人民币），其四角石塔为国宝第 12 号。值得注意的是，这些寺庙本身持续反对收取门票，坚决要求政府有关部门取消收取门票的行为[169]。

虽然韩国景区多实行低价门票或免票，但游客进入这些景点也不意味着完全免费，比如停车场和索道等设施就需付费使用。对于名山大川的免票行为，当地居民也是乐观其成，因为游客到了山中自然要住宿、餐饮、购物，这些消费都会带动经济增长。

（三）中国台湾

按照台湾观光局的定义，景区景点分为国家公园、森林游乐区、风景特定区、游乐园区（分民营与公营）、休闲农业区、博物馆、古迹寺庙类、温泉和海水浴场等九大类[171]。到 2008 年 10 月，具有合法标章的旅游景区共 890 处。景区门票大致可分为以下 6 种类型。

1. 社会公共或纪念性景点均免门票

台北中山纪念堂、中正纪念堂和蒋氏夫妇士林官邸均免费参观。"士林官邸公园"集中西式园林于一体，草绿花艳、椰林参天，既是游客的观赏处，也是市民的游憩地。

2. 宗教文化型景点均免门票

宗教寺庙遍及全岛，一律免费进入，在功德箱内捐赠完全出于自愿，即使是新建的中台禅寺也不例外。该寺建筑融合中西工法，庭院中古亭石桥、湖塘莲花赏心悦目，并设有佛教文化博物馆和佛学院，招收中外学生教授中、英、日、韩等语言，将宗教、艺术、文化、教育融为一体。寺内由僧人或义工免费讲解。寺内不卖香，不烧香，佛祖释迦牟尼及达摩祖师、弥勒佛、关公神像前供奉两节檀香木象征点香。殿内空气清新、简洁明亮，开寺庙绿色低碳环保之先河。该寺亦不向旅游团收人头费，旅行社年终时向寺院奉纳一笔善款致谢。

3. 历史文化与科普型景点收取门票，但价格较低

台北故宫博物院成人全票160元新台币（约合38元人民币）。台北海洋动物展览馆票价为100元新台币；台中市"国立"自然科学博物馆展示场票价为100元新台币，太空剧场、立体剧场与热带雨林温室另外收费。位于台中的台湾地理中心标志园、花莲的北回归线标志塔和台湾最南端等地理标志性景点都不收门票。

4. 风景名胜型景点大多免门票或门票价格较低

阿里山森林游乐区票价为150元新台币；日月潭"国家"名胜区票价为150元新台币；太鲁阁"国家公园"票价为220元新台币；台北县的野柳地质公园票价为50元新台币；南端的垦丁"国家公园"内，除森林游乐区（100元新台币）、鹅銮鼻（40元新台币）和佳乐水风景区（100元新台币）收门票外，其余63个风景点不收门票。旅游线沿途的中小型景点，如东海岸的石梯坪滨海地质景点等均不收门票。

5. 主题公园与现代建筑型景点门票价格相对较高

台北101大楼观景台票价为400元新台币；桃源县小人国乐园票价为650元新台币；云林县剑湖山世界主题乐园全票699元新台币；新竹县六福村主题游乐园票价为890元新台币；花莲县新光兆丰休闲农场票价为350元新台币；台南县南元花园休闲农场全票350元新台币；台中苗栗县飞牛牧场票价为220元新台币；彰化县中兴谷堡（稻米文化主题园）参观考察不收门票，食品讲座及美食品尝收费150元新台币（相当于一顿餐饮）。

6. 社会性节会型景点门票价格根据时段、发售形式而不同

2010年11月6日开幕的"台北国际花卉博览会"，1日游门票200元新台币，团体票180元新台币，星光票（下午5时后入场）150元新台币，3日游门票600元新台币，全期（半年）通票2500元新台币。

以上列举的景点门票价格均为成人票价格，对学生、儿童、残障人士和65岁以上老人均有半价、七折、八折优惠或免费。团队参观游览均需预约，有八折左右的优惠。

综上，中国台湾地区旅游景区景点的门票结构与水平大致为：社会公共或政治纪念型和宗教文化型景点全部免费，以社会公共资源为基础的历史文化、风景名胜型和节会型景点门票较低，完全由市场运作的主题公园型景点票价较高。这种门票价格结构体现了公共型、准公共型与市场型产品的区别，与欧美日等大体相似。

四、境外景区门票制度的启示

（一）门票定价策略多样，根据不同情况灵活制定

从景区门票价格制定上看，以上各国家和地区景区门票价格制定并不采取一刀切的手法，而是根据不同的产权主体、经营主体、管理主体灵活地采用多种门票价格制定策略。

世界遗产、博物馆、人文景观等重点景区的设立宗旨是满足公民提高生活情趣、增长知识、接受教育等方面的需要，是一种满足公共需要的公用物，基本采用免费或低门票价格的策略，将之作为一种国民福利待遇，满足国民教育需求。

开发商投资运营的主题公园、游乐场、现代建筑等景区以盈利为重要目的，遵循市场经济规律调节，门票价格由经营者自主决定。

（二）门票价格监管严格，不可随意涨价

从景区门票管理制度上看，一些国家出台相关法律，设置专门机构监管景区门票价格，如美国和意大利。美国等国的景区定价权都在中央政府。国家级公园和公共博物馆的门票价格政策，大多由文化主管部门及其下属的公共机构统一制定，不可随意调高票价[172]。

除了门票收入之外，政府补贴、企业捐赠、环保部门筹款、私人捐助、甚至彩票也可以是景区重要资金来源。

（三）门票运营方式灵活，视情况制定差异化收费标准

从景区门票运营制度上看，以上各国家和地区的景区门票价格采用多种灵活措施。针对不同的社会群体，制定不同的门票价格，如免费群体、优惠群体等。除了青少年学生这个最大的受惠群体外，还对教师群体予以优惠，老年人、现役军人也都在受惠群体之内。不同季节、不同时间段、景点不同游览段分别制定差异化的收费标准。提供单人票、家庭套票、团体票、周期票供游客多重自由选择[173]。

附录四
景区门票降价、影响及应对

2018年政府工作报告明确提出，降低重点国有景区门票价格。2018年6月，国家发改委出台《关于完善国有景区门票价格形成机制 降低重点国有景区门票价格的指导意见》（发改价格〔2018〕951号），要求9月底前，偏高的重点国有景区门票降价取得明显成效。2019年4月，国家发展改革委办公厅下发《关于持续深入推进降低重点国有景区门票价格工作的通知》（发改办价格〔2019〕333号），指出，降低重点国有景区门票价格的景区范围仍然偏小，部分地区落实降价措施力度不够，需要进一步推进落实降价工作。笔者结合日常工作调研及座谈、电话、书面等多种形式，对景区门票价格降价的影响开展调研，现将有关情况报告如下。

一、降价总体情况

（一）景区不同程度做出降价响应

《关于完善国有景区门票价格形成机制 降低重点国有景区门票价格的指导意见》（发改价格〔2018〕951号）发布后，各地发改（物价）做出部署，景区不同程度实施降价。截至2018年9月底，各地已出台实施或发文向社会公布了981个景区免费开放或降价措施（免费开放74个，降价907个）。其中，5A级景区159个，4A级景区534个，二者合计693个，占比70.6%，降价的907个景区中，降幅超过20%的有491个，占54.13%，降幅超过30%的有214个，占23.6%（分区域情况见表94，数据截至2018年10月1日）。

附录四　景区门票降价、影响及应对

表94　各区域景区免费开放或门票降价措施概览

省（自治区、直辖市）	总体情况	备注
北京	降价（免费开放）景区9个，所涉及5A级景区1个，4A级景区3个，3A及以下景区5个	国家体育场"鸟巢"、京东石林峡风景区、古北水镇景区的门票价格下降10元，调价后分别为40、68元和140元，莲花池公园、丰台花园和万芳亭公园此前门票价为2元、1元和1元，现免费开放。怀柔3家景区：红螺寺、青龙峡和喇叭沟门原始森林取消了原定于2018年8月的涨价安排
天津	13个重点国有景区门票降价，降价范围占本市政府定价景区的近50%。其中5A级1个，4A级5个，3A级以下7个，平均降价幅度达26.5%	5A级景区盘山主景区门票价格由108元降为每张78元；5个4A级旅游景点，独乐寺、大沽口炮台遗址博物馆、梨木台景区、天塔湖风景区、天津杨柳青博物馆，降价后的门票价格每张25元至58元。3A级及以下的旅游景区，天津觉悟社纪念馆、天津庄王府2个景点实行免费开放，九龙山国家森林公园、八仙山、庆王府、文庙博物馆、黄花山等5个景区也分别降低了门票价格
上海	5A级景区上海科技馆由60元降至45元	
重庆	降价（免费开放）景区19个，包含16个降价景区和3个免费开放景区，其中降价景区涉及5A级景区12个，4A级景区4个，现已出台。其中，降价景区降幅在20%—35%的景区有7个，包含3个5A级景区，4个4A级景区，降幅在10%—20%的景区有9个，其中5A级景区7个，4A级景区2个	降低大足石刻等全部12个5A级景区和重庆动物园等4个市管4A级景区门票价格，平均降幅为20.33%；同时取消重庆鹅岭公园、两江亭等3个景区门票，免费向游客开放。其中，武隆喀斯特旅游区（芙蓉洞）旺季门票价格将由120元降为80元，大足石刻（北山）景区旺季门票价格由90元降为70元
河北	21个景区门票降价或免费开放，平均降幅21%	5A级景区中，避暑山庄门票由145元下调到130元，避暑山庄联票由原来的320元下调至260元，清东陵、白石山、广府古城降幅均为10%，野三坡（百里峡）降幅为13%，娲皇宫降幅为12.5%，山海关景区的天下第一关、老龙头、迎恩楼、钟鼓楼、望洋楼、山海行宫、龙园门票价格降幅在17%至50%。9个4A以下景区门票价格降幅在10%至23%
山西	国有及国有控股A级以上景区景点门票价格继续实行降价15%不变，执行至2019年底，之后不再延长	
辽宁	降价景区6个，其中涉及5A级景区2个，均已出台。其中降价幅度在10%以下的有1个，降价幅度在10%—20%的有4个，降价幅度在20%以上的有1个	本溪水洞景区内各项门票均下调10元，套票由原来的165元下调至155元；金石滩景区多个景点降价，金石蜡像馆门票价格由100元降为80元，球幕体验馆门票价格由60元降为50元，联票最大降幅达60元

续表

省（自治区、直辖市）	总体情况	备注
吉林	13家景区门票降价，降幅在13%—16%	其中，有3家5A级景区长白山自然保护区、伪满皇宫博物院、敦化六鼎山文化旅游区；3家4A级景区吉林市陨石博物馆、查干湖旅游度假区渔猎文化博物馆、成吉思汗召、妙音寺，拉法山国家森林公园拉法山景区、庆岭景区、老爷岭景区、谷中谷景区、冰湖沟景区
江苏	降价（免费开放）景区10个，涉及5A级景区5个，4A级景区3个，未评级景区2个。其中，免费开放景区2个；降价景区8个，降幅超过30%的2个，降幅在20%—30%之间的2个	扬州瘦西湖风景区票价旺季从150元直降至100元，淡季60元。此外，1月和12月只要30元。苏州沐春园、吴敬梓纪念馆分别取消55元、5元门票，免费开放；苏州西园寺取消25元的门票，实施每人5元的敬香券；苏州常熟沙家浜景区旺季门票价格从110元降至100元。无锡鼋头渚景区门票价格从105元降到90元；茅山风景区门票价格从淡季100元、旺季120元，调整为淡季80元、旺季100元
浙江	降价（免费开放景区）76个，其中4个免费景区，降价景区中5A级景区10个，均已出台。降价景区平均降幅22%	其中千岛湖景区淡季门票、乌镇东栅景区门票降幅最低，均从120元降至110元；杭州黄公望景区、衢州廿八都景区、开化根宫佛国景区的降价幅度最大，前者从60元降到50元，后两者从120元降至100元
安徽	降低黄山等6家国有5A级风景区门票价格，降价幅度在10%—15%的有3个，降价幅度在15%—25%的有2个，降价幅度在30%的1个。今后，安徽省5A级景区景点门票价格将在定期成本监审的基础上动态调整	其中，黄山风景区旺季门票价格由230元降为190元，九华山风景区旺季门票价格由190元降为160元，天柱山风景区旺季门票价格由150元降为130元
福建	9个5A级景区全部实现降价目标，包括武夷山、福州市三坊七巷、鼓浪屿、福鼎太姥山、永定土楼、南靖土楼、屏南白水洋—鸳鸯溪、泰宁风景旅游区、泉州清源山，降幅为10%—50%	其中武夷山景区改变以往一、二、三日游门票价格为一种门票价格，并实行淡旺季价格，即旺季门票价格从160元降为140元，淡季门票价格从160元降为120元。福州市三坊七巷景区联票价格从120元降为90元，降幅达25%。对12个单景点中的王麒故居、鄢家花厅、尤氏民居3个景区免费向社会开放。鼓浪屿景区联票价格由100元降为90元。日光岩由60元降为50元；皓月园由15元降为10元；风琴馆由20元降为15元；刻字馆由10元降为5元
江西	降价景区36个，其中5A级景区7个，4A级景区24个，3A及以下景区5个，均已出台。其中降幅均在10%—20%之间	瑞金共和国摇篮、仙女湖、滕王阁等20个省内景区门票陆续降价，降价景区涉及南昌、赣州、九江、宜春、吉安、萍乡、新余、景德镇、上饶9个设区市。10月10日起，滕王阁景区门票价格将从50元调整为淡季45元、旺季50元。在网络上提前一天购票按淡季价格执行

续表

省（自治区、直辖市）	总体情况	备注
山东	降价（免费）景区162个，其中在2018年新出台并于2018年10月1日前实施的133个，平均降幅为25%，降幅超过20%的78个，超过30%的48个，超过40%的29个，超过50%的20个	全省10处5A级景区，已有9家推出降价措施，其中青岛崂山由245元降为180元，烟台蓬莱阁由140元降为120元，潍坊的云门山由80元降为70元，临沂的云蒙景区和龟蒙景区各由80元降为70元。国有4A级景区降价的达66家，其中，东营黄河口生态旅游区由90元降为60元，孙子文化园由180元降为120元，淄博原山国家森林公园由50元降为35元，济宁微山湖国家湿地公园由60元降为42元，枣庄熊耳山国家地质公园由80元降为60元，烟台望夫礁、仙境源景区都由45元降为35元
河南	23家景区确定门票降价，平均降价幅度超过20%，最高降价达到45%	包括嵩山少林寺、云台山、老君山、红旗渠、太行大峡谷等多家5A级景区，小浪底、八里沟、云梦山、郑州绿博园等省内重点景区。嵩山少林寺门票价格从100元降至80元，焦作云台山景区门票价格由150元降至120元，洛阳龙门石窟票价由100元降至90元，安阳殷墟票价由90元降至70元
湖北	对50个重点国有景区门票实施降价，其中5A级景区9个，4A级景区32个，3A级景区4个，其他景区5个，平均降幅约16%	其中，黄鹤楼门票从80元下调至70元，神农顶景区的门票价格由140元调至130元，大九湖景区由120元调至100元。三峡大坝和武汉市东湖景区的听涛、磨山3个5A级景点，丹江口市沧浪海、马鞍山森林公园2个4A级景点免费开放
湖南	降价（免费开放）景区44个，平均降幅为21%	岳阳楼门票由80元降为70元，桃花源门票由180元下调至128元，顺成老司城由158元降至118元
广东	33家景区降价，最高降幅达66.7%，最低降幅为6%	5A级景区韶关丹霞山、佛山西樵山、清远连州地下河等景区降价明显。韶关丹霞山景区由150元降至100元；佛山西樵山景区由70元降为55元，国庆期间进一步下调至40元；景区清远连州地下河门票由150元降至120元
海南	9家景区价格下调，降幅为10%—30%	三亚大小洞天旅游区、三亚西岛海洋文化旅游区降幅为30%，海南分界洲岛旅游区、槟榔谷黎苗文化旅游区降幅为20%，天涯海角游览区降幅为15%，三亚南山文化旅游区、三亚蜈支洲岛旅游区、呀诺达雨林文化旅游区、亚龙湾热带天堂森林旅游区降幅为10%
四川	降价（免费开放）景区17个，均已出台。涉及5A级景区6个、4A级11个。其中，免费开放景区2个（1个在淡季免费）；降价景区15个，降幅超过30%的6个	九寨沟景区旺季门票价格由220元降为190元，峨眉山风景名胜区旺季票价由185元降为160元，黄龙风景名胜区旺季门票价格由200元降为170元，青城山景区、乐山大佛风景名胜区、都江堰景区门票价格均由90元降为80元

续表

省（自治区、直辖市）	总体情况	备注
贵州	降价（免费开放）景区60个，其中涉及5A级景区6个，4A级景区17个，3A及以下景区27个，均已出台，其中降价景区55个，免费开放景区5个	黄果树等11个景区门票价格下降。其中，黄果树风景名胜区旺季门票价格由180元降为160元，淡季门票价格由160元降为150元；龙宫风景名胜区旺季门票价格由150元降为130元；百里杜鹃风景名胜区非花季（除3、4月外）门票价格由150元降为50元；青岩古镇景区旺季套票价格由80元降为60元；西江千万户苗寨景区旺季门票价格由100元降为90元
云南	6个景区拟免门票，99个景区降价，8个5A级景区平均降幅32.1%，58个4A级景区平均降幅32.6%；14个3A级景区平均降幅33.8%；10个2A级景区平均降幅35.1%；9个未评级景区平均降幅35.7%	取消石林喀斯特地质博物馆现行120元门票，石林喀斯特地质博物馆与石林风景名胜区整合，门票为130元。昆明世界园艺博览园门票由100元降为70元，西双版纳热带植物园门票由104元降为80元，大理崇圣寺三塔文化游览区门票由121元降为75元，丽江玉龙雪山景区门票由130元降为100元，丽江玉龙雪山景区大索道价格由180元降为120元
陕西	80个国有旅游景区门票降价，4个景区免费开放。涉及5A级景区9个，4A级景区38个，3A及以下景区37个。其中降价的5A级景区中，降幅在10%—20%的有5个，降幅在20%—40%的有4个	秦始皇帝陵博物院、华清宫、法门寺、黄帝陵、大雁塔、大慈恩寺、乾陵、汉阳陵、西安碑林博物馆、陕西牛背梁国家级自然保护区等国有旅游景区门票价格下调，降价幅度在10%—20%之间
甘肃	陇南市境内官鹅沟、西狭颂、云屏三峡4A级景区门票价格下降，降价幅度为20%—25%	—
青海	下调青海湖、塔尔寺两个省管景区门票价格，青海湖二郎剑（原151基地）景区旺季门票价格由100元下调为90元，淡季价格保持不变；废止鸟岛景区、沙岛景区门票价格；塔尔寺景区旺季门票价格由80元下调为70元，淡季价格保持不变	—
内蒙古	降价（免费开放）景区7个，其中成吉思汗陵旅游区等4家景区门票下调，最高降价幅度27.3%，内蒙古将军衙署博物院等3个景区免费开放，以上景区平均降价幅度达30.2%	鄂尔多斯市成吉思汗陵旅游区等4个景区下调门票价格，最高降价幅度27.3%；免费开放内蒙古将军衙署博物院、呼和浩特市五塔寺景区和呼和浩特市白塔景区。成吉思汗陵旅游区旺季门票价格由180元降为170元，莫尔道嘎国家森林公园门票价格由160元降为150元，巴丹吉林景区门票价格由220元降为160元，纳林湖景区旺季门票价格由60元降为40元

续表

省（自治区、直辖市）	总体情况	备注
广西	降低自治区管理的4个重点景区和84个桂林市景区门票价格	自治区管理的重点景区南宁大明山风景旅游区的门票价格由128元调整为96元，涠洲岛火山国家地质公园门票价格由115元调整为98元，巴马水晶宫景区门票由180元调整为150元，德天瀑布环保观光车票价由45元调整为35元。84个桂林市景区中，象山景区和七星景区门票在8月20日已下调10元的基础上，再次由70元降价至55元；芦笛景区在8月20日下调10元的基础上，再次由110元降价至90元
宁夏	降价景区4家，均为5A级景区，最高降幅达21%	沙坡头景区门票价格由100元降至80元，沙湖景区门票价格由60元降至50元，水洞沟景区门票价格由76元降至60元，镇北堡西部影城门票价格由100元降至80元
新疆	大幅度降低价格偏高的重点国有景区门票和区间车价格。景区门票价格在150—200元的景区综合降价幅度达30%，门票价格在100—150元的景区综合降价幅度达到20%—30%，门票价格在50—100元的景区综合降价幅度达到20%左右。在降门票价格同时，新疆全面降低区间车价格，整体降幅为30%	新疆喀纳斯、白哈巴、禾木通票旺季价格从295元下调至195元，天山天池旺季门票由125元下调至95元
西藏	珠穆朗玛国家公园景区门票价格由180元/人降为160元/人，纳木错国家公园景区门票价格旺季由120元/人降为110元/人，淡季价格暂时不调整	

《关于持续深入推进降低重点国有景区门票价格工作的通知》发布后，景区降价范围进一步扩大。不完全统计，自通知发出后，截至目前，又陆续有314个景区降价或免费措施，其中5A级景区120多个，4A级景区150多个，占景区总数近90%的比例，在这些景区中，降价幅度20%的景区超过70个，30个景区免费开放。

（二）降价任务任重道远

景区门票降价，涉及利益调整，刀刃向内，因此很多景区都是"挤牙膏"，上级部门压一下，景区降一点。总体来看，景区门票降价任重道远。一是平均价格变化不明显。2017年、2018年景区统计便览显示，2017年5A景区平均门票价格为96元，2018年不降反升，变成97元了。4A景区平均价格仍为50元。3A景区门票价格由2017年的20元降到了2018年的19元。二是参与面还有待提高。以某省为例，11

个收费政府定价或指导价 5A 景区，5 个景区提出降价。三是高 A 级景区门票降价幅度不大。还以上面的省份为例，已公布的降价方案看，5A 景区降价幅度在 13% 至 18% 之间，离工作目标和老百姓期待还有差距。

二、降价主要影响

景区门票降价后，景区收入受到明显影响。加上当前正处于转型升级过程中，消费需求也发生了明显变化，从调研情况，多地景区经营状况不容乐观。张家界武陵源核心景区门票价格经成本核算，已达 287.28 元/人次，现降至 225 元/人次，景区表示，在没有中央、省级补助的情况下，景区将面临亏本经营，将无法更好地维护好保护好风景资源，无法更好、更优地提供旅游服务。安徽黄山门票由 230 元降至 190 元，直接门票减少约 1.5 亿元，景区表示在当前公共服务需求越来越高的情况下，保障高质量发展压力很大。

三、主要应对举措

目前来看，景区主要采取以下三种方式应对、化解门票降价影响。

一是严控成本。门票收入下降后，倒逼各景区优化内部管理，通过各种渠道压减不必要的开支，聚焦主要支出。

二是缩减用工数量。如黄山风景区管委会编制内人员由过去的"退二进一"调整为"退三进一"；编外用工人员也缩减。

三是加大整合力度，开展多元化经营，提升服务。整合以旅游目的地为核心，囊括周边景点、酒店、特色乡村、美食、旅游演艺等在内的资源，实现旅游目的地资源整合式发展，为游客提供整合式创新旅游服务。不断挖掘景区特色、优势，增强游客体验感，打开园门引入商家，通过租金等弥补门票收入的不足；尝试按照"一年四季+白天+晚上"进行开发、建设、运营、营销，把"旅游+"的理念与各景区实际情况结合起来，打造综合化业态，创新景区运营模式，提升景区文化内涵和品质，促进旅游产业融合。

注 释

［1］国家旅游局，2003.国家标准《旅游区（点）质量等级的划分与评定》（GB/T 17775-2003）.

［2］许孝媛.旅游景区开发与经营模式研究［D］.南昌大学，2012.

［3］吴普.深化景区门票价格管理改革的中长期政策建议［J］.价格理论与实践，2018（05）：21-24.

［4］发改委：降低重点国有景区门票价格9月底前应见成效.http://industry.people.com.cn/n1/2018/0629/c413883-30096735.html.

［5］毛彦斌，贾文毓，胡炜霞.完善旅游景区门票价格调控机制的政策建议［J］.价格理论与实践，2013（06）：52-53.

［6］五台山等5个重点国有景区门票再降价.https://www.sohu.com/a/258324150_228233.

［7］发改委要求降低国有景区门票价格5A级景区为重点.http://www.chinanews.com/cj/2018/06-29/8551839.shtml.

［8］黄潇婷.国内旅游景区门票价格研究［D］.山东大学，2006.

［9］刘红霞.景区游客满意度与门票价格容忍度关系研究［D］.陕西师范大学，2011.

［10］何剑波，王珍.国内旅游景区门票价格优化管理问题研究［J］.价格月刊，2012（12）：16-18.

［11］Hardin G.1968. The Tragedy of the Commons.Science, 162 (5364): 1243-1248.

［12］Warren Roger, Rea Phillip.1998.Fee-supported parks：Promoting success. Parks and Recreation, 33 (1): 80-81.

［13］Reiling, S.D., Cheng, H.T., Trott, C.1992. Measuring the discriminatory impact associated with higher recreational fees. Leisure Sciences, 14 (2): 121-137.

［14］朱建安.浅析风景名胜区的价格规制［J］.江西财经大学学报，2004（2）：59-62.

［15］More, T.A., Dustin, D.L., Knopf, R.C.1996. Behavioral consequences of campground to user fees.Journal of park and recreation administration, 14 (1): 81-93.

［16］祝亚.外部性视角下的景区定价研究［J］.首都师范大学学报（社会科学版），2010（05）：56-60.

［17］Vaux, H.J.1975. Distribution of income among wilderness users.Journal of Leisure Research, 7 (1): 29-37.

［18］Bultena, G.L., Field, D.R.1978. Visitors to national parks: a test of the Elitism argument. Leisure Sciences, 1 (4): 395-409.

［19］Kerry Van Sickle, Paul F. J. Eagles. 1998. Budgets, pricing policies and user fees in Canadian parks' tourism. Tourism Management, 19 (3): 225-235.

［20］Jan G. Laarman, Hans M Gregersen.1996. Pricing policy in nature-based tourism. Tourism Management, 17 (4): 247-254.

［21］MacKintosh, B.1984. Visitor fees in the national park system: a look back. Trends, 21 (4): 4-8.

［22］Chase, Lisa C, Lee, David R.1998. Ecotourism demand and differential pricing of national park access in Costa Rica. Land economics, 74 (4): 466-466.

［23］More, Thomas A.1999. A Functionalist Approach to User Fees, Journal of Leisure Research, 31 (3): 227-244.

［24］Jukka Pellinen.2003. Making price decisions in tourism enterprises. International Journal of Hospitality Management, 22 (2): 217-235.

［25］姜甜.基于产业关联的旅游门票经济模式转型研究［D］.北京交通大学，2008.

［26］Gerard T. Kyle.2003. Manipulating Consumer Price Expectations for a lOK Road Race. Journal of Sport Management, 17 (2): 142-155.

［27］Tijen Arin, Randall A. Kramer.2002. Divers' willingness to pay to visit marine sanctuaries: an exploratory study. Ocean and Coastal Management, 45 (2-3): 171-183.

［28］戴斌.自然景区价格形成初探［J］.财贸研究，1995（6）：40-42.

［29］刘辛田.制定旅游景区门票价格的探讨［J］.价格与市场，2005（06）：25-26.

［30］马永立，谈俊忠，万绪才，张安.制定风景区门票价格数学模型的研究［J］.经济地理，2000（01）：93-98.

［31］杨晓霞，张文菊.基于游客角度的我国旅游门票定价探讨［J］.中国物价，2007（04）：32-35.

［32］张帆.旅游景区管理［M］.福州：福建人民出版社，2006.

［33］余丹.确定景区门票价格的因素［J］.价格月刊，2006（04）：21-22.

［34］王伟伟，李理.世界遗产门票价格变动的经济学分析——以辽宁为例［J］.沈阳师范大学学报（社会科学版），2008（02）：36-39.

［35］高栓成.景区门票定价模型研究［J］.郑州航空工业管理学院学报，2010，28（06）：64-67.

[36] 邹统钎, 徐慧君. 中国世界遗产地门票价格的特征与影响因素分析 [J]. 旅游论坛, 2011, 4 (06): 71-75.

[37] 杨正泰. 旅游景点景区开发与管理 [M]. 福州: 福建人民出版社, 2000.

[38] 赵振东, 张念瑜. 收费理论与收费管理 [M]. 北京: 中国物价出版社, 1995.

[39] 吴慕林, 陈松. 游览参观点门票的定价基础与价格形成机制 [J]. 价格月刊, 2003 (06): 27-28.

[40] 刘啸. 关于旅游景点门票价格确定模式的探讨 [J]. 旅游学刊, 2005 (03): 83-86.

[41] 李永翎. 青海省旅游景区的门票价格及经营策略 [J]. 青海师范大学学报 (哲学社会科学版), 2006 (05): 32-34.

[42] 田里. 旅游经济学 [M]. 北京: 科学出版社, 2004.

[43] 李玺. 旅游景区定价模式优化研究 [J]. 价格月刊, 2005 (04): 14-15.

[44] 张昌贵, 李勤等. 旅游景区管理 [M]. 西安: 西安交通大学出版社, 2013.

[45] 张成杰, 傅云新. 旅游景区收益管理框架分析与策略初探 [J]. 商业时代, 2007 (01): 98-99+103.

[46] 王晓东, 段治平, 李佳. 风景名胜区门票上涨与收益管理定价方法研究 [J]. 山东科技大学学报 (社会科学版), 2009, 11 (02): 46-50.

[47] 王庆伟. 我国景区门票定价研究 [J]. 科技信息 (学术研究), 2006 (11): 56.

[48] 孙平, 王庆丰. 旅游产品定价的经济学思考 [J]. 技术经济与管理研究, 2001 (05): 75.

[49] 田勇, 孙艳梅. 旅游景区门票价格模型确立研究 [J]. 价格月刊, 2007 (02): 16-18.

[50] 卢润德, 刘喜梅, 宋瑞敏, 潘立军. 国内旅游景区门票定价模型研究 [J]. 旅游学刊, 2008 (11): 47-50.

[51] 郑玉凤, 龙晓丹, 彭真, 徐佳佳, 任绍伟. 遗产型景区门票定价因素及模型研究 [J]. 旅游纵览 (行业版), 2011 (06): 118-120.

[52] 周彩屏. 国内旅游价格研究综述 [J]. 金华职业技术学院学报, 2009, 9 (01): 69-74.

[53] 丁加栋, 田喜洲. 我国风景名胜区门票定价模型浅析 [J]. 重庆工商大学学报. 西部论坛, 2005 (S1): 84-85.

[54] 郭强, 董骏峰. 旅游景区门票的资源保护型定价模型研究 [J]. 旅游学刊, 2010, 25 (08): 72-77.

[55] 贾真真, 吴小根, 汤澍等. 基于多元价值体系的旅游景区门票价格研究 [J]. 广西社会科学, 2008 (153) 3: 77-81.

[56] 邵鹏. 我国旅游景区门票定价研究 [D]. 陕西师范大学, 2012.

[57] 高书军, 董玉明. 旅游景点门票价格初探 [J]. 海岸工程, 2002 (02): 36-44.

[58] 张雪晶, 李华敏. 服务感知价值对景区旅游产品差别定价的影响 [J]. 北方经济, 2006 (19): 62-63.

[59] 张捷雷. 对我国景区门票价格制定的思考[J]. 价格理论与实践, 2005（07）: 48-49.

[60] 孙靳. 国内外旅游景区门票价格特征对比分析[J]. 科技信息（科学教研）, 2008（05）: 240+223.

[61] 柏宁, 臧岩. 旅游产品价格形成机制及旅游景区门票价格初探[J]. 东北财经大学学报, 2008（01）: 26-29.

[62] 广东省物价局课题组, 陈波, 袁跟穗. 规范游览参观点门票收支管理（下）. 粤港澳市场与价格, 2006, （6）: 32-35.

[63] 庞明川. 重塑新型的中央与地方关系[J]. 经济研究参考, 2005（23）: 15-16.

[64] 熊正德, 张洁. 游览参观点门票价格管理问题研究[J]. 消费经济, 2006（01）: 53-56.

[65] 段治平, 李佳. 我国旅游景区门票价格研究综述[J]. 粤港澳市场与价格, 2007（09）: 8-10.

[66] 戴斌. 自然景区价格形成初探[J]. 财贸研究, 1995（06）: 40-42.

[67] 罗来武, 赵波, 尹敏等. 旅游市场研究[M]. 北京: 经济管理出版社, 2005.

[68] 严泽民. 对完善我国旅游景区门票价格形成机制的探析[J]. 价格理论与实践, 2010（09）: 19-20.

[69] 新华网. 国家发改委: 一年内各地景区门票原则上不得涨价 国庆期间将加强巡查. http://www.xinhuanet.com/politics/2015-09/08/c_1116501327.htm.

[70] 曹宇. 我国风景名胜区的门票价格规制研究[D]. 辽宁大学, 2012.

[71] 黄潇婷. 从门票价格本质探析旅游景区门票价格变化规律[J]. 价格理论与实践. 2007（05）: 47-48.

[72] 谢培培. 国内旅游景区门票价格形成机制与价格管理研究[D]. 成都理工大学, 2011.

[73] 谢北川, 况明生, 代振, 王民中, 刘小燕. 对公共资源类景区收取较高门票问题的思考[J]. 西南农业大学学报（社会科学版）, 2013, 11（11）: 1-5.

[74] 陶卓民, 卢亮. 景区门票价格上涨的形成机理与对策探讨[J]. 价格理论与实践, 2005（06）: 22-23.

[75] 程莉娜. 遗产型旅游景区门票价格上涨的深度研究[D]. 长安大学, 2007.

[76] 臧丽莎, 师守祥. 旅游功能的异化与回归[J]. 桂林旅游高等专科学校学报, 2008（03）: 317-320+325.

[77] 浙江新闻. "超载"西湖是免费的罪过？免还是不免谁说了算？ https://zj.zjol.com.cn/news/638793.html.

[78] 黄潇婷. 国内旅游景区门票价格制定影响因素的实证研究[J]. 旅游学刊. 2007（22）. 05: 73-79.

[79] 古屹. 旅游景区定价机制与定价规律探析[J]. 商业时代, 2010（30）: 127-128.

[80] 王魁. 我国旅游景区门票价格的政府规制研究[D]. 河南大学, 2013.

［81］徐升艳，戴继洲.从旅游产业的视角剖析景区门票涨价问题［J］.广东商学院学报，2006（06）：69-72.

［82］王琳，王振宇.新公共服务理论视角下中国旅游景区票价的政府管理［J］.改革与战略，2013，29（04）：48-51.

［83］黄德林.论建立和完善国家自然遗产管理制度［J］.中国人口·资源与环境，2007（05）：133-137.

［84］陈芸，黄远水.我国景区门票价格管理初探［J］.桂林旅游高等专科学校学报，2006（01）：48-51.

［85］王美云.公共物品理论视角下的景区收费问题反思［J］.长春师范学院学报，2013，32（02）：87-89.

［86］新浪新闻.嵩县4大景区免门票后首个周末，数千游客滞留白云山.http://news.sina.com.cn/o/2012-10-16/112925368497.shtml.

［87］李一川，李岩，薛贝贝.河南嵩县景区免票致游客滞留，旅游局长4次致歉.http://news.xinhuanet.com/yuqing/2012-10/15/c_123821357.htm.

［88］中国新闻网."涨"声中西湖模式为何鲜有后来者？http://www.chinanews.com/cj/2012/08-06/4086974.shtml.

［89］王菁婧.还湖于民，西湖景区免票10年收入不降反升.http://travel.sohu.com/20120807/n350037778.shtml.

［90］依绍华.对景区门票涨价热的冷思考［J］.价格理论与实践，2005（01）：18-19.

［91］杨爱国.旅游大国古迹多，意大利景点门票价格一直不高.http://news.163.com/41205/6/16RRB2RG0001121S.html.

［92］郭淑娟.我国旅游景区免门票经营所需条件初探［J］.法制与经济（下半月），2008（04）：85-86.

［93］潘秋玲，曹三强.中外旅游景区门票价格的比较研究——兼论门票价格的定价依据［J］.地域研究与开发.2008（27）.02：64-69.

［94］国外如何解决景区"门票依赖症"http://www.huaxia.com/ly/lyzx/2014/09/4090172.html.

［95］柯敏.西湖为什么能走免费之路？——探寻"西湖模式"［J］.中华建设，2012（11）：10-13.

［96］张晓.遗产资源所有与占有——从出让风景区开发经营权谈起［J］.中国园林，2002（02）：29-32.

［97］刘思敏.探索破解门票困境［N］.中国旅游报，2012-06-22（002）.

［98］袁昆昆.景区门票定价合理化策略探析——基于门票价格上涨的原因及影响分析［J］.北京第二外国语学院学报，2013，35（07）：72-79.

［99］郭海洋.河北省民俗旅游开发现状及策略研究［J］.河北旅游职业学院学报，2013，18

（04）：55-57.

[100] 周观华，陈永昌.福建泰宁从"门票经济"向"产业经济"转型升级.http://www.china.com.cn/travel/txt/2011-09/30/content_23532315.htm.

[101] 郭立珍."门票经济"向"产业经济"转换——首届河南文化遗产日"免费游"引发的思考[J].价格理论与实践，2006（05）：21-22.

[102] 唐克，陈凤.成都宽窄巷子旅游开发商业模式及其运行问题[J].西南民族大学学报（人文社会科学版），2012，33（10）：147-152.

[103] 刘思敏，刘民英.杭州西湖景区免费模式的实质及可复制性分析[J].旅游学刊，2011，26（10）：50-57.

[104] 新华社.外地客坐索道比本地人贵3元，合情合理or身份歧视？http://www.cq.xinhuanet.com/2009-08/25/content_17492903.htm.

[105] 吕君，吴必虎.国外社区参与旅游发展研究的层次演进与判读[J].未来与发展，2010，31（06）：108-112.

[106] 唐顺铁.旅游目的地的社区化及社区旅游研究[J].地理研究，1998（02）：34-38.

[107] 张建萍.生态旅游与当地居民利益——肯尼亚生态旅游成功经验分析[J].旅游学刊，2003（01）：60-63.

[108] 国家旅游局规划财务司.中国旅游景区发展报告[M].北京：中国旅游出版社，2012.

[109] 苏莉.湖南：修正3件地方性法规，武陵源部分收入补偿居民.http://news.china.com.cn/rollnews/2011-03/31/content_7103866.htm.

[110] 乐山新闻网.峨眉山—乐山大佛景区春节七天暂停实行"市民票"优惠政策.http://www.lsfc.net.cn/Article/news/bdnews/201201/5288.shtml.

[111] 王伯乐等.荷花世界拟向本地居民收半价.http://epaper.nfdaily.cn/html/2012-10/17/content_7133270.htm.

[112] 陈景祺，郭永斌，胡祖铨，侯哲灏.中国A级景区地域分布及升级情况研究[J].广义虚拟经济研究，2013，4（02）：80-84.

[113] 赵瑾，王珊.新媒体时代农业宣传的主要任务[J].河南农业，2012（15）：11.

[114] 刘文涛.对新时期博物馆与媒体合作问题的思考[C].江苏省博物馆学会.小康目标后的江苏博物馆事业——江苏省博物馆学会2011学术年会论文集.江苏省博物馆学会：南京博物院，2011：188-193.

[115] 梁镇华.我国定价听证制度的现状及改进研究[D].中国海洋大学，2011.

[116] 田勇.国外旅游景区门票价格特征及其启迪[J].价格月刊，2003（05）：38-40.

[117] 陈殿阁.国内外旅游景区门票价格比较研究[J].市场营销导刊，2006（02）：54-57.

[118] 吕明晓.旅游经济要算综合账——杭州市西湖风景区公园免费开放的做法与启示[J].宏观经济研究，2005（06）：38-40.

［119］丁萌，李玉辉，范柱国.旅游景区门票价格管理国际经验探索与启示［J］.价格理论与实践，2012（05）：80-81.

［120］高苏.论景区游览费的减免和定价方法的简化［J］.旅游学刊，2009，24（06）：60-66.

［121］杨锐.中国自然文化遗产管理现状分析［J］.中国园林，2003（09）：42-47.

［122］刁秋华，郝淑密.基于传统文化传承的乡村旅游可持续发展研究［J］.产业与科技论坛，2014，13（10）：18-20.

［123］张文，李娜.国外游客管理经验及启示［J］.商业时代，2007（27）：89-91+88.

［124］金彭，李典友，李飞.注意力经济下的旅游业发展［J］.中国集体经济，2011（04）：173-174.

［125］郭益盈.基于SWOT分析的新津旅游新媒体营销策略［J］.四川旅游学院学报，2014（05）：49-52.

［126］丁西峰.旅游门票价格管理创新与发展方向研究［J］.价格与市场，2012（02）：17-21.

［127］李万斌.秦巴地区水资源保护和开发利用研究［J］.四川文理学院学报，2011，21（02）：99-104.

［128］杨芳，王孟，叶闽.南水北调中线工程水源区生态补偿机制研究［J］.人民长江，2010，41（24）：101-104+111.

［129］郭田田，刘东.建立旅游开发生态补偿机制研究［J］.管理学刊，2011，24（03）：65-67.

［130］李丽娟.构建我国森林旅游生态补偿机制初探［J］.西北林学院学报，2012，27（02）：238-241.

［131］胡卫华.景区门票价格上涨的深层次思考［J］.中国物价，2005（05）：40-44.

［132］郑远再.海南旅游延伸产业发展研究［J］.中国商贸，2010（29）：161-162.

［133］张奇.旅游景区投融资模式的创新方向：资产证券化［N］.中国旅游报，2014-04-21（007）.

［134］张慧.中国旅游上市公司经济效益分析［J］.长春理工大学学报（社会科学版），2011，24（11）：40-42.

［135］云育兵，何寒松.试论游览参观点定价成本监审［J］.价格与市场，2011（11）：14-20.

［136］覃文乐.深化景区门票价格改革 推动旅游产业转型升级——关于张家界市景区景点门票价格改革有关问题的思考［J］.价格理论与实践，2010（07）：17-19.

［137］王猛，田勇，张宗亮.价格听证会视角的旅游景区门票价格变动中的政府规制分析［J］.旅游纵览（下半月），2013（03）：139-141.

［138］刘名俭，甘雪娟.我国景区门票价格上涨的调控对策［J］.经济地理，2007（04）：701-704.

［139］张秀挺.广西地方文化资源在思想政治理论课中的运用［J］.智库时代，2019（01）：

228-229.

［140］人民网. 两部委：一年内各地景区门票不得涨价. http://finance.people.com.cn/n/2015/0909/c1004-27559876.html.

［141］耿钰峰, 祖力菲亚. 新疆生产建设兵团机构编制管理法制化的主要途径和措施［J］. 农业工程, 2014, 4（03）：21-23.

［142］中国网. 张家界门票欲从158元涨至243元 听证会上各方争议大. http://www.china.com.cn/chinese/TR-c/743935.htm.

［143］刘德谦. 2004—2005：回顾与前瞻——中国旅游业发展走向的十大事项［J］. 旅游学刊, 2005（01）：7-13.

［144］新华网. 山西平遥古城门票拟涨25% 否认与接待压力大有关. http://www.chinanews.com/gn/2010/07-10/2394126.shtml.

［145］凤凰网. 山西平遥古城涨价被疑转嫁公务接待成本. http://news.ifeng.com/c/7fYt3N4JBeu.

［146］腾讯新闻. 山东"三孔"景区拟涨价 各地景区可能集体涨. https://news.qq.com/a/20100531/000077.htm.

［147］中国广播网. 庐山门票拟由135元涨至230元听证会上遭反对. http://travel.cnr.cn/jxzh/200611/t20061122_504332231.html.

［148］李东芳. 中国遗产型旅游景区门票涨价的分析［J］. 特区经济, 2011（03）：147-149.

［149］人民网. 黄山门票价格听证：消费者声音在哪里？http://society.people.com.cn/GB/1063/3339517.html.

［150］新浪网. 百元收入8元用于资源保护 门票涨价质疑声一片. http://news.sina.com.cn/c/2005-04-30/15525794133s.shtml.

［151］中国广播网. 国内多数知名景点门票将在五一黄金周前涨价. http://www.cnr.cn/newstop/200504130069.html.

［152］人民网. 景区涨价保护说 出自谁人之口. http://opinion.people.com.cn/GB/40604/3363378.html.

［153］肖朝霞. 我国景区市场化经营有关问题的探讨［J］. 保山师专学报, 2005（06）：61-63.

［154］人民网. 如何跳出景区门票"逢听必涨"的魔咒. http://opinion.people.com.cn/n/2014/1229/c159301-26289243.html.

［155］薛选文, 周玉能. 国内游览参观点门票价格上涨原因及解决对策［J］. 价格与市场, 2013（09）：12-14.

［156］肖俭伟. 开放整合社会教育资源, 构建全面素质教育的社会环境研究［J］. 江西广播电视大学学报, 2012（04）：37-45.

［157］中国日报网. 收取丽江古城维护费 细心呵护世界文化遗产. http://www.chinadaily.com.cn/zgzx/2009-08/31/content_8636825.htm.

［158］中青在线．凤凰古城"进城费"风波升级"不嫁凤凰男"调侃出政府决策软肋．http://zqb.cyol.com/html/2013-04/16/nw.D110000zgqnb_20130416_2-03.htm.

［159］华夏经纬网．第二批名单公布 两节期间十四家5A级景区降价．http://www.huaxia.com/xw/dlxw/2012/09/3023586.html.

［160］人民网．全国约1400家景区门票价格优惠．http://culture.people.com.cn/n/2013/0928/c87423-23065347.html.

［161］江西省价格理论研究所、上饶市物价局课题组，冷淑莲，邱鹏．对开征旅游资源使用费的思考——以三清山风景名胜区旅游资源为例［J］．价格月刊，2011（04）：4-10.

［162］董曙光．暴涨的景区票价［J］．新产经，2014（10）：63-64.

［163］中安在线．景区门票涨价问题透析．http://travel.anhuinews.com/system/2010/05/16/002941198_01.shtml.

［164］新浪网．美德日旅游投资开发模式．http://finance.sina.com.cn/leadership/mroll/20130326/145614957323.shtml.

［165］金旺．景区门票"涨价怪圈"［J］．中国工人，2012（11）：32-41.

［166］赵大卉．美国：门票定价有法可依 体现人性化管理［N］．法制日报，2012-05-08（010）．

［167］于勇．博物馆免费开放后的困境及其解决对策研究［D］．中南大学，2009.

［168］人民网．美国法国意大利 国外世界遗产门票咋收．http://www.people.com.cn/GB/shizheng/1026/3034898.html.

［169］人民网．如何对门票依法定价 景区门票制度多国观．http://finance.people.com.cn/GB/70846/17837587.html

［170］王刚．韩国：门票低价位注重社会功能［N］．法制日报，2012-05-08（010）．

［171］王兴斌．透视台湾景区门票［N］．中国青年报，2012-05-25（011）．

［172］中国共产党新闻网．景区光靠涨价没"钱途"．http://cpc.people.com.cn/n/2013/0416/c83083-21150433.html? ol4f.

［173］刘鹏飞，梁留科，刘英．中美国家风景名胜区门票价格比较研究［J］．地域研究与开发，2011，30（05）：108-111+122.

图书在版编目(CIP)数据

景区门票价格管理改革研究 / 吴普，宁志中著．—北京：商务印书馆，2022
ISBN 978-7-100-21538-1

Ⅰ．①景… Ⅱ．①吴… ②宁… Ⅲ．①旅游区—门票—价格—经济改革—研究—中国 Ⅳ．① F592.1

中国版本图书馆CIP数据核字 (2022) 第 142180 号

权利保留，侵权必究。

景区门票价格管理改革研究
吴普 宁志中 著

商务印书馆出版
（北京王府井大街36号 邮政编码100710）
商务印书馆发行
艺堂印刷（天津）有限公司印刷
ISBN 978-7-100-21538-1

2022年8月第1版　　开本 787×1092　1/16
2022年8月第1次印刷　印张 17¼
定价：98.00元